O LIVRO DE HIRAM

MAÇONARIA, VÊNUS E A CHAVE SECRETA PARA A REVELAÇÃO DA VIDA DE JESUS

Christopher Knight e Robert Lomas

O LIVRO DE HIRAM

MAÇONARIA, VÊNUS E A CHAVE SECRETA PARA A REVELAÇÃO DA VIDA DE JESUS

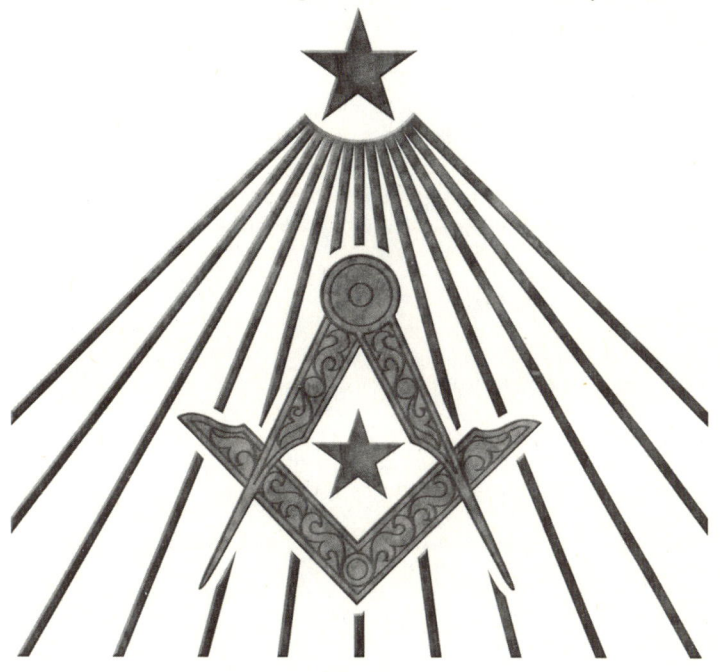

Tradução:
José Arnaldo de Castro

MADRAS®

Publicado originalmente em inglês sob o título *The Book of Hiram*, por Century. The Random House Group Ltd., 20 Vauxhall Bridge Road, London SW1V 25A.
© 2003, Christopher Knight e Robert Lomas.
Direitos de edição e tradução para o Brasil.
Tradução autorizada do inglês.
© 2019, Madras Editora Ltda.

Editor:
Wagner Veneziani Costa

Produção e Capa:
Equipe Técnica Madras

Tradução:
José Arnaldo de Castro

Revisão:
Silvia Massimini
Bruna Maria Martins Fontes
Alessandra J. Gelman Ruiz
Ana Paula Enes

Dados Internacionais de Catalogação na Publicação (CIP)
(Câmara Brasileira do Livro, SP, Brasil)

Knight, Christopher
O livro de Hiram: maçonaria, vênus e a chave secreta para a revelação da vida de Jesus/ Christopher Knight e Robert Lomas; tradução José Arnaldo de Castro.
São Paulo: Madras, 2019.
5. ed.
Título original: The book of Hiram.
Bibliografia.
ISBN 978-85-370-0296-4
1. Maçonaria - História 2. Maçonaria - Rituais
I. Lomas, Robert. II. Título.
05-4501 CDD-366.1209

Índices para catálogo sistemático:
1. Maçonaria: Rituais: Sociedades secretas:
História 366.1209
2. Rituais: Maçonaria: Sociedades secretas:
História 366.1209

Proibida a reprodução total ou parcial desta obra, de qualquer forma ou por qualquer meio eletrônico, mecânico, inclusive por meio de processos xerográficos, incluindo ainda o uso da internet, sem a permissão expressa da Madras Editora, na pessoa de seu editor (Lei nº 9.610, de 19.2.98).

Todos os direitos dessa edição, em língua portuguesa, reservados pela

MADRAS EDITORA LTDA.
Rua Paulo Gonçalves, 88 – Santana
02403-020 – São Paulo – SP
Caixa Postal 12183 – CEP 02013-970 – SP
Tel.: (11) 2281-5555 – Fax: (11) 2959-3090
www.madras.com.br

Para Caroline – CK

*Para minha esposa e filhos, em agradecimento
por seu apoio contínuo – RL*

AGRADECIMENTOS

Este livro não poderia ter sido escrito sem a ajuda e a assistência de muitos maçons e da família de maçons falecidos há muito tempo, que disponibilizaram cópias de rituais já caídos no esquecimento. Por serem tantos, não podemos agradecer individualmente a cada um, mas estamos extremamente gratos por todo o material que forneceram, o que nos permitiu criar *Testamento Maçônico*.

Queremos agradecer também:

Aos irmãos e dirigentes da Grande Loja dos Maçons Antigos, Livres e Aceitos da Escócia por seu aconselhamento e assistência;

A Jenny Finder e à equipe da biblioteca da Escola de Administração da Universidade de Bradford por seu apoio bem-humorado e permanente, assim como pela aptidão na busca de livros antigos e raros;

A Tim Bentley e Stan Houghton do Centro de Computação da Universidade de Bradford por sua ajuda na configuração da "Rede de Hiram";

A Geraint Lomas e Josh Gourlay por seu incansável trabalho, escaneando e revisando os enormes tratados ritualísticos da "Rede de Hiram";

A Niven e Ian Sinclair da *Niven Sinclair Library and Study Centre*, em Noss Head, Wick, por compartilharem conosco seu conhecimento e por nos terem apresentado Ashley Cowie;

A Ashley Cowie por ter dividido conosco suas descobertas sobre os padrões das "Tábuas de Rosslyn";

Ao professor Philip Davies da Universidade de Sheffield por sua assistência contínua e especializada em assuntos bíblicos;

Ao professor Jim Charlesworth da Universidade de Princeton por seu apoio na proposta de uma escavação em Rosslyn;

Ao dr. Jack Millar da Universidade de Cambridge por seus sábios comentários a respeito da estrutura de Rosslyn;

A Robin Heath por suas valiosas opiniões para decifrar as viagens de Enoch;

A Corin Wilson por sua disposição em investigar a Astrologia sem reservas mentais;

A Alan Butler por sua assistência em assuntos relacionados a Astronomia e monumentos megalíticos;

A Tony Batters por suas opiniões e seu entusiasmo;

Ao nosso agente Bill Hamilton, da *A.M.Heath Ltd*, cujo entusiasmo e atenção nos ajudou a manter nosso caminho e objetivo durante a concepção e a prolongada gestação deste livro;

Ao nosso editor Mark Booth, cuja orientação em como apresentar uma história bastante complexa foi inestimável;

A todo o pessoal da *Random House*, que executou o cansativo trabalho de produção necessário para transformar um manuscrito em um livro acabado. Em particular, queremos destacar especiais agradecimentos a Hannah Black, que organizou a equipe, a Steve Cox, que impulsionou a edição, e a Carolyn McAndrew, que revisou a obra.

Nota do Editor

A Madras Editora não participa, endossa ou tem qualquer autoridade ou responsabilidade no que diz respeito a transações particulares de negócio entre o autor e o público.

Quaisquer referências de internet contidas nesse trabalho são as atuais, no momento de sua publicação, mas o editor não pode garantir que a localização específica será mantida.

ÍNDICE

Introdução à Edição Brasileira 13
Introdução 19

Parte Um

Capítulo 1
A Morte dos Construtores 27
    Os Mais Antigos Mistérios da Natureza e da Ciência 27
    A Respeito de Morte e de Vida 28
    A Escuridão do Terceiro Grau 31
    Tecendo a "Rede de Hiram" 35
    Conclusões 40

Capítulo 2
O "Povo do Pote Entalhado" 41
    Os Primeiros Construtores de Pedras 41
    O Enigma da Jarda Megalítica 45
    O Palácio de Cristal 50
    Vênus e Ressurreição 58
    Conclusões 60

Capítulo 3
A Luz do Conhecimento Secreto 63
    Os Cavaleiros do Templo de Salomão 63
    Os Segredos de Rosslyn 70
    Provando as Conexões Maçônicas 75
    Conclusões 77

Capítulo 4
A Conexão Norueguesa 79
    O Brilho Sagrado 79
    A Rainha do Céu Norueguesa 81
    O Primeiro Templo Maçônico 89
    Conclusões 91

Capítulo 5
O Templo de Salomão 93
    Os Artefatos de Enoch 93
    O Alinhamento do Templo de Salomão com Vênus 96
    Hiram, o Mestre Construtor... 100
    Hiram, o Filho de Vênus 104
    Conclusões 110

Capítulo 6
As Conexões Marítimas 113
    O que Aconteceu ao "Povo do Pote Entalhado?" 113
    As Origens do Egito 119
    Os Fenícios 121
    Os Reis Sacerdotes dos Fenícios 128
    Conclusões 142

Capítulo 7
Os Cultos Gêmeos do Judaísmo 145
    A Nova Nação 145
    Homem Rico, Homem Pobre 155
    Conclusões 158

Capítulo 8
Reis Autênticos, Sacrifício Humano e Chuva Mágica 161
    O Fracasso do Último Ato 161
    Pequenas Crianças Sofridas 171
    Abraão e o Sacrifício Infantil 174
    Sacrifício Infantil e Javé 176
    Os Homens que Faziam Chover 184
    Conclusões 189

Capítulo 9
Os Filhos da Aurora 191
    O Relógio de Ahaz 191
    Retorno do Exílio 194
    Astrologia e Culto ao Sol 197
    Conclusões 208

Capítulo 10
A Sagrada *Shekinah* 209
    O Ciclo de Vênus no Judaísmo 209
    Metatron, Shekinah e a *Cabala* 218
    A Estrela de Belém 223
    O Padrão da *Shekinah* 226
    Conclusões 229

Capítulo 11
A Vinda do Messias 231
    O Nascimento da Estrela 231

Quarenta Dias no Deserto 236
O Homem que Seria Rei 239
O Grande Fracasso 243
O Jesus Enoquiano 246
O Culto de Paulo 248
Astrologia, o Grande Segredo? 254
Datas dos Ciclos de Vênus 255
Conclusões 259

Capítulo 12
O Retorno da *Shekinah* 261
O Milênio da Contracultura 261
Decifrando o Código de Rosslyn 266
O Túnel Secreto 272
O Problema de Rosslyn 276
Conclusões 277

Capítulo 13
Nem Inofensivo nem Engraçado 279
O Grande Segredo da Religião Astral 279
Estará em Nossas Estrelas? 284
A História das Estrelas Espalhadas 287
Procurando Padrões 295
Conclusões 301

Capítulo 14
Os Conquistadores da Estrela 303
Aprendizado e Empenho 303
Cavalgando os Ciclos do Sucesso 308
O Fim da Jornada 319
O que é a Maçonaria? 324

Parte Dois: O Testamento Maçônico

Para o Leitor 329
Capítulo 1
Deus Cria a Humanidade 333
Capítulo 2
Enoch Encontra Deus e Conhece seu Nome Verdadeiro 335
Capítulo 3
Noé Constrói a Arca e Sobrevive ao Dilúvio 337
Capítulo 4
A Torre de Babel Destruída por Deus 341
Capítulo 5
Melquisedeque, Rei de Salém, Faz de Abraão um Sumo Sacerdote 343
Capítulo 6
Os Segredos de Moisés 347

Capítulo 7
A Construção do Templo de Salomão..353
Capítulo 8
O Assassinato de Hiram Abiff..361
Capítulo 9
A Conclusão do Primeiro Templo de Jerusalém 371
Capítulo 10
O Retorno do Cativeiro na Babilônia...375
Capítulo 11
A Redescoberta dos Segredos do Templo do Rei Salomão 383
Capítulo 12
A Exaltação de Zorobabel..389
Capítulo 13
O Grande Arquiteto da Igreja...397
Capítulo 14
Graus Primitivos Cristãos 401
Capítulo 15
Os Cavaleiros Templários e os Cavaleiros de São João de Jerusalém.....407
Capítulo 16
A Maçonaria Expandida 413
Linha do Tempo 421
Apêndice 1
O Mistério da Jarda Megalítica Revelado..425
Apêndice 2
Avaliação Estatística dos Losangos de Rosslyn.....................................429
Apêndice 3
Os Nomes de Vênus em Várias Tradições 431
Índice Remissivo..433
Bibliografia...441

Introdução à Edição Brasileira

Quando conheci o trabalho de Christopher Knight e Robert Lomas, fiquei admirado. Comecei a ler seus escritos e não quis mais parar, pois a cada página havia uma surpresa. Encantei-me pela obra deles, tanto é verdade que adquiri todos os seus títulos que não possuíam edição em língua portuguesa, pois tenho certeza de que isso faltava em nosso país. Lógico que muitos estranharão, outros não gostarão; mas eu gostei... Sinto muito, mas querendo ou não, todo maçom, muito em breve, conhecerá as obras desses dois autores e terá que ter, pelo menos, dois exemplares de sua autoria em suas bibliotecas.

Irmãos, saibam que não foram poucas as vezes que nossos livros foram retirados de uma ou de outra livraria, por incomodarem os católicos. Freiras e padres chegaram a ameaçar alguns parceiros comerciais, dizendo: "se for para eu entregar a lista de materiais de nossa escola para os nossos alunos e eles se depararem com esse logotipo (referindo-se ao Senhor Ganesha), prefiro entregá-la em outra livraria." Mas, muitos desses padres e freiras "deram com os burros n'água"; nossos amigos e colaboradores enfrentaram esses desafios e, com profissionalismo, Vontade e muito Amor, vencemos todos os obstáculos. Hoje em dia, vemos nossas obras espalhadas nas melhores livrarias do país. Preconceito ainda existe? Sim, mas é bem menor do que aquele com o qual nos deparamos quando ingressamos com uma nova proposta editorial, uma nova linha de produtos com qualidade superior a deles, prova disso é que somos detentores de três prêmios de qualidade da América do Sul.

Mas, não estou aqui para falar da nossa Madras, e sim para apresentar, com o devido respeito, esta maravilhosa obra dos meus Irmãos Christopher Knight e Robert Lomas. Julgo-os, hoje, os maiores historiadores de nossa Ordem. Isso porque eles foram beber diretamente na fonte, por meio de suas pesquisas arqueológicas, diferentemente de muitos autores que se baseiam apenas em pesquisas técnicas e literárias, o que não lhes tira o mérito.

Perceberemos também que nossos Irmãos não foram poupados pela Santa Igreja, que, em seus periódicos, referira-se aos autores sem nenhum respeito, ridicularizando-os, assim como o seu trabalho. Mas, e o medo que coloquemos suas "verdades" em xeque-mate? Tento, particularmente, fazer isso em todas as nossas obras, pois sinto vergonha só de observar quantas e quantas pessoas há séculos são enganadas, iludidas, em todos os sentidos, por essa instituição.

O Catolicismo não admite discussões teológicas, por não lhe convir enfrentar os argumentos irrespondíveis da crítica científica; foge dela como, segundo sua própria teoria, "o diabo foge da cruz". Seu pavor embarga-lhe a voz. Seu silêncio assemelha-se ao silêncio do cataléptico, embora da discussão tivesse de surgir a salvação de um descrente, pois, o que está escrito não sofre mais discussões; é crer... mesmo no absurdo. Os argumentos contrários são armas de Satanás... os absurdos são Mistérios e Mistérios não se discute!

Diógenes, o cínico, já dizia que "os Mistérios tinham pretensão de garantir a felicidade eterna a celerados, uma vez que fossem iniciados, ao passo que os homens honestos, que deles se afastassem, teriam de sofrer nos Infernos."

Repugna-me aceitar como essência divina a ideia de que um homem virtuoso, caridoso, temente a Deus, possuidor, em suma, de todos os requisitos de um santo, como os há aos milhões em credos contrários, se veja condenado como herege à excomunhão e às penas, não só terrenas, como as de um inferno eterno, só pelo fato de não aceitar os dogmas do Catolicismo, de acordo com o apregoado livre-arbítrio que, por pilhéria, ele preconiza, ao passo que um celerado, assassino, ladrão devasso e hipócrita merecerá todas as honras e regalias do céu, uma vez que tenha abdicado do irônico livre-arbítrio e satisfaça as tabelas absolutórias, ou, na última hora, se tiver tempo, peça perdão a Deus, o que não deixa de ser uma grande comodidade para os bandidos, mas pouco edificantes em moral e religião.

E a massa analfabeta ou dos simplórios e a dos fanáticos, que só se cogita a exterioridade, abandonando a parte espiritual que desconhece, entrega-se inconscientemente, de corpo e alma, nas mãos de uma legião de cegos espirituais, que lhe suga o último vintém, em benefício único do tesouro do Vaticano, senão mesmo atirando-lhe a própria alma nos braços do seu maior agente, Satã! É com tais armas que o Catolicismo se ostenta, e é com tal massa que ele computa a maior parte do Brasil, e que, erroneamente, computava a da Espanha.

Esquecem-se que, por cerca de trezentos anos, a Igreja Romana viveu, por assim dizer, ao deus-dará; cada qual cultuava como entendia, cada um interpretava a seu modo, chegando mesmo a ligar-se ao Paganismo, até que, sobrevindo os Concílios, estes passaram a decretar coisas tais que as consciências se revoltaram entre os próprios adeptos, causando sanguinolentos encontros e as horrorosas guerras das Cruzadas, o Santo Ofício da Inquisição e uma política de perseguições entre os próprios Papas, o que fere o próprio Cristo e abala os fundamentos da alma de quem lê a História do Cristianismo, Antigo e Medieval, para terminar transformando essa doutrina, toda espiritual, em uma organização política romana, que só tem em mira apoderar-se da espada Temporal.

Antes de prosseguir e entrar no mérito da obra *O Livro de Hiram*, quero anunciar que lançamos também a obra *Biblioteca de Nag Hammadi – A Tradução Completa das Escrituras Gnósticas*, organizada por James M. Robinson. Peço especial atenção de todos, pois, sem nenhuma dúvida, essa obra revolucionará a opinião de muitos cristãos (católicos). Trata-se da maior reunião de textos Apócrifos já publicados.

É necessário recorrer aos que estudam desapaixonadamente, com o único fim de procurar a "Verdade" em seu benefício e para o bem da humanidade, livrando-se das garras dos espertalhões ou velhacos. São estes os Sábios que levaram a vida inteira comparando os livros sacros de todas as religiões perante a História e perante a Ciência. Podem seus argumentos serem tachados de errôneos pelos sofismas, mas não podem ser destruídos pela lógica, pela razão e pelas próprias palavras dos Cristos.

E, infelizmente, assim como fizeram na Igreja Romana, tentam fazer na Maçonaria, se já não conseguiram... Para mim, ainda há uma esperança de que os homens que se intitulam LIVRES E DE BONS COSTUMES sejam realmente isso: Livres... e de Boa Conduta...

Alguns Irmãos dizem que estamos errados em comemorar os solstícios e os equinócios dentro de nossos Templos. Que isso não existe e que estamos inventando rituais disso ou daquilo. Santa ignorância! Que esses Irmãos despertem, pois isso deveria acontecer em todas as Oficinas e não apenas na nossa, como eles próprios mencionam, pois é um fato, como poderão ver e CONHECER neste livro. Comecemos por citar a data da fundação da UGLE (Grande Loja Unida da Inglaterra). Trata-se da mesma data em que comemoram o solstício de verão, 24 de junho, no Hemisfério Norte, dia de São João Batista, porque aqui estamos, nessa mesma data, comemorando o solstício de inverno. Recordemos as festas juninas (São João). No dia 25 de dezembro comemoramos o solstício de verão e, no Hemisfério Norte, o solstício de inverno. É a data do nascimento de Avatares como: Krishna, Mitra, Hórus, Buda e Jesus Cristo, todos considerados grandes Sóis (Deuses). Percebam que quem trouxe a Maçonaria para o Hemisfério Sul não se preocupou com isso. Simplesmente copiou seus Templos com as mesmas características, esquecendo-se de "inverter as posições" de suas "estrelas" seus "planetas" e também o altar de nossas Dignidades. Até mesmo a queda d'água, por exemplo; ao darmos descarga em um vaso sanitário no Hemisfério Sul, a água gira para o lado direito e no Hemisfério Norte, para o lado esquerdo.

A Terra faz um movimento de translação ao redor do Sol em uma órbita plana, quase circular, com período definido de um ano. Enquanto isso, ela gira em torno de si mesma, originando os dias. O equinócio é o ponto da órbita da Terra onde a duração do dia e da noite são iguais. É o dia a partir do qual os dias ou as noites começam a crescer (respectivamente primavera e outono), até que se chegue ao solstício, que é o ponto da órbita da Terra onde existe a maior disparidade entre a duração do dia e da noite. Os solstícios são, então, o dia e a noite mais longos do ano (verão e inverno, respectivamente).

Iniciando então no solstício de inverno (noite mais longa do ano), é a partir dessa data que os dias começam a crescer, até que se alcance uma igualdade entre o dia e a noite (equinócio de primavera), e continua até o ápice do dia no solstício de verão (dia mais longo do ano), data a partir da qual os dias diminuirão até que, mais uma vez, a igualdade se faça presente entre dia e noite (equinócio de outono), seguindo, novamente, para o solstício de inverno, onde começamos nossa explicação, em um ciclo perpétuo.

O solstício deve ser comemorado com "ágapes solsticiais". Isso não significa se reunir para comer ou beber, mas sim para compartilhar, agradecer e unir energias a serviço do "Mais Elevado" e da ajuda à humanidade. E por esse motivo, compartilhar uma comida simples.

Os mesmos Irmãos que nos criticam, normalmente dão mais valor aos "sinais e toques", que dizem ser secretos, do que ao estudo astronômico e astrológico do Templo, acreditando nas penalidades de ver sua garganta cortada, sua língua e seu coração arrancados... Só para lembrá-los, isso sim é que não existe, ainda mais nos dias de hoje. Poderíamos vivenciar essa época, descrevendo como **era antes** e relatar que nos tempos antigos, se algum Irmão fosse perjuro ou traísse de qualquer forma a Ordem, sua pena seria... E muitos pagaram com a própria vida, é o que eu acredito, pois disso não se tem provas. Gostaria, também, de ver em todas as Lojas Maçônicas, naquela época (1717), uma Bíblia em cada Altar de Juramentos, afinal, era tão fácil se ter uma Bíblia, não era? Todos conheciam o latim, o grego e o alemão. Ora, deixemos de ser irônicos, sabemos que ter uma Bíblia e saber como lê-la não era para qualquer um... A primeira Bíblia em português foi impressa em 1748. A tradução foi feita a partir da *Vulgata* latina e iniciou-se com Dom Diniz (1279-1325). A *divisão em capítulos* foi introduzida pelo professor universitário parisiense Stephen Langton, em 1227, que viria a ser eleito bispo de Cantuária pouco tempo depois. A *divisão em versículos* foi introduzida em 1551 pelo impressor parisiense Robert Stephanus. Ambas as divisões tinham por objetivo facilitar a consulta e as citações bíblicas, e foi aceita por todos, incluindo os judeus.

Se não bastasse, quero lembrá-los de que todas as nossas palavras "Sagradas e de Passe" são hebraicas e não cristãs. Referem-se ao Antigo Testamento e não ao Novo Testamento.

Os autores Christopher Knight e Robert Lomas descrevem de forma clara e objetiva alguns passos da iniciação, da elevação e da exaltação, e fazem menção à "ressuscitar um cadáver". Pergunto a vocês: isso não é Necromancia? Quer dizer que Hiram, assim como Jesus, foram ressuscitados? E no terceiro dia? E o candidato ao grau três, mesmo que simbolicamente, também não é ressuscitado? A Arte de ressuscitar os mortos não é Necromancia?

Todos os Templários eram enterrados de forma peculiar, pois cruzavam os ossos e separavam sua cabeça, lembrando, assim, mais uma passagem do grau três (seu símbolo). E a bandeira dos piratas, não lembra a cabeça com os ossos cruzados? Não foi nessa mesma época que a Inglaterra se separou da Igreja de Roma?

A construção de um Templo Maçônico está totalmente embasada na Astronomia, e o Grande Arquiteto do Universo é associado ao "Mais Elevado", o Deus Sol. E isso, Irmãos, é fato, não se trata de especulação, pois especulativa é a Maçonaria moderna. Que pena!

Uma outra coincidência refere-se à Estrela de Vênus, na qual os autores encontram respostas, e que são as mesmas que encontrei e registrei, com muito pouca diferença, em minha mais recente obra *Maçonaria — Escola de Mistérios*. Também faço menção no *Diário da Abundância*, no qual citei a Estrela de Vênus como a estrela matutina e vespertina e a comparei com Lúcifer, *Phosphóros*, O Portador da Luz. Isso porque, em seu percurso, ela cai e se levanta, perfazendo um "U", um chifre, daí a referência a Lúcifer como o anjo caído; e ainda a Nut, "que carregava Rá entre seus chifres."

Vênus também era considerado pelos antigos como dois astros diferentes, ao qual davam o nome de Lúcifer e Vesper. Só mais tarde, quando se descobriu tratar-se do mesmo corpo celeste, é que atribuíram a ele o nome de Vênus, pela sua Luz e Beleza, pois quando está no céu, à noite, é o astro mais brilhante depois da Lua. Porém, no século III a.C., Pitágoras já afirmava que Lúcifer e Vênus eram um único corpo celeste. No Brasil, é conhecido como Estrela Dalva.

Os autores de *O Livro de Hiram* vão muito mais longe e nos dão uma verdadeira aula. Eles comparam Vênus à Estrela de Cinco Pontas, com a letra G em seu centro, fazendo também uma referência a Shekinah, o lado feminino do Senhor, a mulher de Deus, bem como toda sua trajetória, seu ciclo de oito anos, sua importância em estudos das ciências. Segundo eles, Vênus é a peça central da civilização e que, tendo por fundo o zodíaco, completa uma estrela de cinco pontas a cada oito anos e retorna à sua posição original depois de quarenta anos. Também, a anunciação da vinda do Messias, em que os três reis magos seguiram uma estrela, mais conhecida como a estrela de Belém, até um estábulo na cidade de Belém, lugar onde havia nascido o rei David um milênio antes.

Uma das descobertas dos autores que mais me chamou a atenção foi que, no Egito, o nome de Vênus era Hathor. Ela era "o olho do Deus do sol,

Rá", "o habitante em seu peito", "a deusa de muitos nomes". O outro nome era Uatchet, a Senhora das Chamas. Além disso, Christopher Knight e Robert Lomas decifram o código de Rosslyn e revelam o projeto e a construção da capela de William St. Clair, seu subsolo, que coincide exatamente com o solo projetado no Templo de Salomão, conforme relatado no ritual maçônico.

Eles nos lembram de que a Maçonaria foi uma máquina de empreender que levou o mundo da escuridão à Luz e dos Homens Grandes e bons que fizeram com que ela prosperasse, florescesse na Europa, na América e em várias cidades do mundo ocidental. Seus altos padrões de Honestidade e Decência sempre foram exigidos, pela Ordem de todo e qualquer Irmão.

Na segunda parte da obra, eles constroem um Testamento Maçônico com 16 capítulos sensacionais, com o cuidado que é muito peculiar em todo o seu trabalho. Mantiveram o estilo de velhas cópias de vários rituais, conservando a essência dos registros originais.

Não tenho dúvidas do sucesso que esta obra atingirá. Mesmo que nos deparemos com a mais dura "verdade".

Eu Sou,
Wagner Veneziani Costa
Editor

Introdução

Já se passaram treze anos desde que juntamos forças para pesquisar as origens e o significado dos misteriosos rituais usados pelos maçons. Durante os primeiros cinco anos, não nos dispusemos a compartilhar nossas descobertas com ninguém – dentro ou fora da Maçonaria. Mas, como o que encontramos parecia ser de grande importância, decidimos escrever um livro a respeito do que descobrimos e, para nossa surpresa, *The Hiram Key* tornou-se um sucesso imediato de vendas, o que motivou sua tradução em mais de 30 idiomas.

Os rituais da Maçonaria constituem a mais remota tradição oral do mundo ocidental. Nossa busca estava longe de terminar com a publicação de nosso primeiro livro, então fomos movidos a escrever duas outras obras que nos levaram, pela história, diretamente à cultura baseada na Astronomia da Inglaterra pré-histórica. Descobrimos que os rituais maçônicos formam um caminho quase esquecido através do passado, ligando povos e eventos que previamente julgávamos independentes. Muitas das nossas descobertas desafiavam ideias antigas, mas fomos agraciados com o apoio de muitos estudiosos notáveis em vários assuntos relacionados ao nosso trabalho.

Graças à enorme ajuda que recebemos ao longo dos anos, nossa busca fez progressos surpreendentes. No entanto, há dois setores em que encontramos oposição inesperada. A primeira oposição veio da Igreja Católica Romana. A segunda diz respeito às nossas tentativas de realizar uma investigação arqueológica em uma construção medieval na Escócia que, aliás, tornou-se um foco importante em nossa investigação.

Nós percebemos a hostilidade da Igreja Católica já no princípio de nosso trabalho. Logo depois que *The Hiram Key* chegou às livrarias, o jornal *Catholic Herald* publicou um pequeno artigo equilibrado, que denotava uma opinião esclarecida. Ficamos inicialmente impressionados com a objetividade do jornal na análise de um livro que assumia uma abordagem inovadora na interpretação da história de Jesus Cristo. Mas, na edição seguinte do jornal, uma segunda reportagem foi publicada, ocupando duas páginas inteiras com fotografias copiadas de nosso livro e uma manchete destacando "A Falsa Aventura de Christopher e Robert", referindo-se a nós. Dessa vez, o artigo estava longe de ser equilibrado, estava cheio de veneno dirigido ao nosso livro, a nós mesmos como autores e a qualquer um que fosse um "tolo" maçom. O objetivo não foi debater ou mesmo mencionar nossas descobertas, mas, exclusivamente, ridicularizar tanto a nós como as nossas opiniões do princípio ao fim.

Nosso próximo livro recebeu o mesmo tratamento, em duas páginas repletas de agressões e que omitiam qualquer menção aos assuntos polêmicos e centrais que havíamos levantado. Novamente, estava claro que o redator tinha lido o livro com pouco cuidado e pouca atenção, porque as raras referências feitas estavam completamente erradas, mesmo quando relacionadas a partes insignificantes do texto.

Quando nosso terceiro livro foi editado, estávamos aguardando com interesse o ataque que certamente nos seria dirigido novamente por aquele veículo de informação da Igreja Católica Romana. Não ficamos desapontados por muito tempo. Os redatores do *Catholic Herald* publicaram uma substancial reportagem a respeito do livro *Uriel's Machine**, com uma escandalosa manchete que afirmava: "Falsa Arqueologia". Esse artigo dizia aos leitores que nosso trabalho era uma completa tolice, mas sem mencionar nossas alegações e sem refutar qualquer evidência.

Nós consideramos estranho que um jornal da comunidade católica romana britânica tivesse examinado extensivamente três livros apenas para rotulá-los de totalmente falsos. Seguramente, se um livro é uma completa inutilidade, ele deveria ser ignorado, e não demandaria tanta perda de tempo e tanta insistência para desacreditá-lo junto ao público.

O livro *Uriel's Machine* recebeu crítica favorável de muitos jornais, no entanto, um outro foi tão agressivo e desleal quanto o *Catholic Herald*. Logo depois da edição do livro fomos entrevistados por um jornalista que enfocou exatamente o mesmo tema para um artigo a ser publicado no *Daily Telegraph*. Talvez a iniciativa e o propósito similar tenham sido obra do acaso, porém, mais tarde, descobrimos que o entrevistador Damian Thompson não era estranho ao *Catholic Herald*.

Depois de gastar o primeiro quarto de hora demonstrando sua inabilidade no manuseio de um gravador, Thompson permaneceu durante as duas horas da entrevista repetindo insistentemente: "Vocês não podem praticar uma ciência dessa forma". Ele admitiu sua ignorância sobre Astronomia e Matemática; mas, mesmo sendo incapaz de entender os métodos de cálculo que havíamos usado, não se conteve em classificar nossas descobertas como erradas – e simplesmente porque ele dizia que estavam erradas. Quando seu artigo foi publicado, não fazia menção à nossa tese central, mas acrescentava afirmações de outros autores a respeito do assunto criando, assim, a falsa

---

*N.E.: *Uriel's Machine – The Ancient Origins of Science*, de Christopher Knight e Robert Lomas, lançamento da Madras Editora.

impressão de que tais declarações tinham partido de nós, ou que, de alguma maneira, apoiávamos tais teses. A extensa manchete dizia:

"Minoanos[1] construíram Stonehenge, a Atlântida está situada na Antártida, Jesus foi enterrado na França. Bem-vindo ao mundo do sucesso editorial da falsa Arqueologia".

De fato, estranhas alegações, nenhuma das quais aceitaríamos. Thompson foi mais longe com a tentativa de desacreditar nosso trabalho, declarando que *The Hiram Key* tinha sido considerado sem valor por historiadores e também por críticos literários. Ele insistia na alegação de incoerência absoluta de nosso primeiro trabalho, reproduzindo uma manchete de um único jornal da época. A manchete reproduzida era "A Falsa Aventura de Christopher e Robert". É claro que a manchete não era outra senão aquela publicada exatamente pelo *Catholic Herald*.

Poderíamos estar pesquisando sobre algo tão importante que algumas pessoas achavam que precisávamos ser desacreditados?

Em abril de 1998, Chris ia se apresentar em um Simpósio Maçônico em Perúgia, Itália. Uma noite antes do evento, o organizador, professor Giancarlo Seri, recebeu uma ligação telefônica de Roma. Na ligação, uma proeminente figura da Igreja Católica Romana perguntava se era verdade que um dos autores do livro *The Hiram Key* se apresentaria aos maçons italianos. O professor Seri confirmou, perguntando se o interlocutor havia lido o livro e, se sim, que opinião tinha a respeito. A resposta do clérigo foi franca: "Sim, eu o li. É um excelente livro, mas há nele certas coisas que não deveriam ser ditas". Ele não disse que a obra era inexata (deixemos o falso de lado); na verdade, sua única objeção ao nosso trabalho parecia ser o fato de estarmos divulgando o que ele julgava inapropriado.

Temos um grande respeito pela Igreja Católica Romana, mas também acreditamos que ninguém tem o direito de impedir a investigação de explicações alternativas do passado. Em seu "período sombrio", a Igreja não tolerava nenhum desvio de sua interpretação do mundo, assassinando populações inteiras se suspeitasse que estavam arquitetando ideias diferentes daquelas que eram pregadas. Desde Galileu, ela vem lutando uma batalha perdida e, ainda hoje, aceita com relutância conceitos como a evolução darwiniana.

Então, o que há em nosso humilde trabalho a respeito das origens do Ritual Maçônico que parece ter tocado um centro nervoso tão delicado? Nós decidimos descobrir e esse livro descreve nossa procura.

O segundo assunto com o qual tivemos problemas foi a resistência à adequada exploração arqueológica da Capela Rosslyn, construção do século XV situada em Lothian Hills, um pouco ao sul de Edimburgo. Em

---

1. N.T.: Minoanos, povo que habitava a ilha de Creta entre 2100 a.C. e 1100 a.C. Sua civilização cultuava a ginástica e as atividades atléticas. Sua principal deidade era o touro e provém deles a lenda do Minotauro.

The Hiram Key, nossa busca terminou nessa antiga construção medieval da Escócia, que acreditávamos que pudesse esconder documentos originalmente enterrados debaixo do Templo de Jerusalém, no tempo em que os primeiros evangelhos do Novo Testamento eram escritos. Nós lançamos a dúvida de que a Capela Rosslyn, como é agora chamada, pode ser a depositária do mais importante manuscrito do Mar Morto*, manuscrito que poderia conter referências diretas a um indivíduo messiânico que é hoje lembrado por seu nome grego: "Jesus Cristo".

Nós entendemos que isso, à primeira vista, é uma afirmação estranha, mas está muito bem amparada pelas evidências. Os pontos-chave são:

1. O Pergaminho de Cobre encontrado dentre os Manuscritos do Mar Morto em Qumran relaciona os pergaminhos e tesouros que foram enterrados sob o Templo de Jerusalém em 68 d.C., ou imediatamente antes dessa data.

2. É sabido que os nove Cavaleiros Cruzados fundadores da Ordem dos Cavaleiros Templários procederam a contínuas escavações sob as ruínas do Templo, entre os anos de 1118 d.C. e 1128 d.C.

3. Uma expedição do exército britânico, no século XIX, escavou sob o Templo e não encontrou nada além dos vestígios da escavação dos Cavaleiros Templários e algumas ferramentas lá deixadas por eles.

4. Os mais antigos rituais da Maçonaria atestam que aqueles Cavaleiros encontraram documentos sob o Templo de Jerusalém e levaram-nos para as propriedades dos St. Clair[2] em Kilwinning, Escócia, em 1140 d.C.

5. Rosslyn foi construída por um membro da família St. Clair entre os anos de 1441 d.C. e 1490 d.C.

6. A mesma família, posteriormente, foi berço dos maçons mais antigos da história da Ordem Maçônica, da qual se tornaram Grão-Mestres hereditários.

7. A planta baixa de Rosslyn é uma cópia cuidadosa e fiel do *layout* do Templo de Herodes em Jerusalém.

8. O dr. Jack Miller, diretor de estudos de Geologia da Universidade de Cambridge, confirma que Rosslyn foi construída com a mesma qualidade de pedra daquela utilizada no Templo de Jerusalém.

9. O muro oeste da "capela" é uma cópia do muro oeste do Templo de Jerusalém, e não a tentativa, precocemente abandonada, de construir uma grande abadia. O dr. Miller demonstrou, também, que o tamanho exagerado do muro oeste era a cópia de uma ruína, não sendo possível ser parte de um edifício projetado.

---

*N.E.: Sobre o assunto, sugerimos a leitura de *O Pergaminho Secreto*, de Andrew Sinclair, Madras Editora.
2. N.T.: Clã St. Clair.

10. O professor reverendo James Charlesworth, da Universidade de Princeton, especialista nos Manuscritos do Mar Morto e professor de Arqueologia em Jerusalém, observou que o muro oeste exibe detalhes deliberados para fazê-lo assemelhar-se à arquitetura do Templo de Jerusalém.
11. Outros especialistas, como o estudioso da Bíblia professor Philip Davies, afirmaram que o edifício claramente não é cristão e que a maior parte das centenas de figuras esculpidas internamente está segurando livros ou pergaminhos.
12. A única inscrição original em todo o edifício é uma única passagem extraída do Livro de Esdras, que se refere à reconstrução do Templo por Zorobabel.
13. As fundações levaram quatro anos para serem concluídas e sabe-se que o construtor mantinha quatro grandes arcas com documentos nas imediações da obra. Esses documentos eram mais importantes para ele do que as mulheres de sua família, e sabe-se disso porque, durante um incêndio, ele insistia em salvar as arcas antes delas.
14. Uma escultura no muro sul prova as conexões com a Maçonaria. O arranjo das colunas interiores corresponde ao proposto nos rituais da Maçonaria e está associado com o ritual que diz que isso é "a chave para encontrar a coisa preciosa".

Quando o livro *The Hiram Key* foi publicado, um dos curadores de Rosslyn declarou publicamente que eles apoiariam uma escavação arqueológica no local, se fosse reunido para tal um grupo de renomados especialistas mundiais, incluindo lideranças acadêmicas escocesas. Depois que levamos o professor Charlesworth a Rosslyn, ele procurou fazer exatamente isso e apresentou uma proposta detalhada de investigação aos curadores, no princípio de 1999. Que saibamos, nenhuma resposta ainda nos foi dada.

Chegamos à conclusão de que uma investigação arqueológica apropriada em Rosslyn não acontecerá em um futuro próximo e, assim, não conseguiremos recuperar os documentos ocultos nem os ensinamentos secretos que, acreditamos, são mantidos velados por ela. O desafio que enfrentamos é contornar esse problema.

Nosso ponto de partida é a grande quantidade de antigos rituais maçônicos que nos foram cedidos ao longo dos anos por maçons colaboradores. Assumimos a enorme tarefa de classificar e organizar, tão cedo quanto possível, o material maçônico, para depois Robert providenciar a criação de um *website* que permitisse a visualização desse material em várias sequências diferentes. O *website* provou ser uma inestimável ferramenta na investigação dos complexos, intrincados e, muitas vezes, descartados mitos da Maçonaria.

Assim que todos esses velhos rituais maçônicos fossem reunidos de uma maneira que pudessem ser escaneados e melhor pesquisados, a história oculta surgiria pintada com novas cores. Um estranho conto histórico está registrado de forma quase aleatória em muitos graus maçônicos, sendo sempre e constantemente repetido. O conteúdo histórico permitiria que o material a ser classificado em ordem cronológica desse origem a um livro, parecido com um Testamento da Bíblia, com muita similaridade aos dois Testamentos existentes (o Velho e o Novo Testamentos), mas contendo, ainda, informações adicionais registradas apenas em outros documentos judaicos da mesma época, tais como os trabalhos do historiador do primeiro século, Flavius Josephus*. Mas, havia ainda uma terceira categoria de informação que, de fato, não aparecia em nenhum lugar. Isso, portanto, poderia ser simples invenção, ou alguma corrente perdida de conhecimento que poderia iluminar tanto o Velho como o Novo Testamento. Estamos convencidos de que se trata dessa última opção.

Assim que começamos a planejar o *The Hiram Key*, decidimos reestruturar todo esse material em um documento que chamamos *Testamento Maçônico*. Isso está apresentado na Parte Dois deste livro e consiste de passagens retiradas dos rituais maçônicos e reunidas em ordem cronológica. As palavras originais do ritual são usadas tanto quanto possível como nele aparecem e mais palavras foram acrescentadas apenas para permitir que a história oculta pudesse ser revelada. Vemos esse documento como algo semelhante a um livro perdido da Bíblia.

Usamos o *Testamento Maçônico* como um documento fonte de informação na Parte Um deste livro e o mencionamos nas notas de rodapé com a abreviação TM seguida pelo capítulo e versículo correspondente (Ex: TM 16:38 para capítulo 16, versículo 38).

Os leitores podem conferir a validade do *Testamento Maçônico* pesquisando quaisquer palavras de qualquer parágrafo em um *site* público que Robert criou na Universidade de Bradford. Ele pode ser encontrado em http://www.bradford.ac.uk/webofhiram.

Esse recurso acadêmico, que chamamos *"The Web of Hiram"*[3] ("Rede de Hiram"), é agora mantido pela Universidade de Bradford como uma ferramenta de consulta, disponível a qualquer pessoa.

O *site* apresenta as evidências que suportam nossas afirmativas e, pela primeira vez, permite que qualquer leitor com acesso à internet possa ver o detalhe por trás da história que contamos. Agora que o leitor pode julgar nossas afirmações por si mesmo, não será mais necessário confiar na opinião de terceiros.

Nossas descobertas atuais levam-nos a acreditar que há um conhecimento de ciência ancestral no âmago dos quase perdidos rituais da Maçonaria. Aí está o propósito final de nossa procura: nós saímos em busca dessa ciência perdida, que tanto parece preocupar a Igreja Católica Romana.

---

*N.E.: Desse autor, sugerimos a leitura de *Seleções de Flavius Josephus – História dos Hebreus*, lançado no Brasil pela Madras Editora.
3. N.T.: Passarei a me referir a *The Web of Hiram* como "Rede de Hiram".

Capítulo Um

A Morte dos Construtores

Os Mais Antigos Mistérios da Natureza e da Ciência

A Maçonaria está morrendo.

Para a maior parte das pessoas, a vida é muito mais complicada do que era há apenas uma geração. Nós trabalhamos mais e temos mais renda disponível. Compromissos de longo prazo são evitados a qualquer custo. Em uma época em que os empregos vêm condicionados a uma série de contratos renováveis, na qual até os casamentos estão fora de moda, não é surpreendente que o homem não entre na fila para assinar um compromisso para toda a vida, realizando rituais antiquados em um salão sem janelas. Espera-se que os candidatos à Ordem assumam uma relação para toda a vida com uma Loja, antes mesmo de saber o que é Maçonaria. Não lhes é dado nenhum esclarecimento nem aviso prévio do que se espera que eles façam, ou que benefício eles terão. Não surpreende que as Grandes Lojas que governam a Maçonaria ao redor do mundo estejam tendo dificuldades em vender uma proposta que não atende aos critérios usuais de um produto comercialmente competitivo.

Uma questão é óbvia: realmente interessa o legado dessa Ordem secreta? Talvez fosse melhor permitir que esse legado caísse silenciosamente no esquecimento.

Como demonstraremos neste livro, a Maçonaria é uma enorme e não aproveitada fonte de informação a respeito de nosso passado, que corre grande risco de ser perdida para sempre. Mas perder a informação enterrada com seus rituais, antes que sejam devidamente entendidos, seria jogar fora um dos maiores tesouros do mundo ocidental.

Nós nos filiamos à Maçonaria, ambos, pela mesma razão: curiosidade. Queríamos saber o que acontecia no interior desse clube secreto de cavalheiros, e a única maneira de conseguir isso era por meio da filiação.

Ambos, independentemente, entendíamos que fazer parte de alguma coisa tão desconhecida não seria um risco tão grande, até porque poderíamos sair, se achássemos a atividade desagradável ou simplesmente entediante. Os rituais, no todo e em suas partes, eram tão estranhos quanto imaginávamos e, lentamente, tornou-se evidente que ninguém, não importando quão antigo fosse na Ordem, era capaz de nos dar qualquer indício do que se tratava realmente a Maçonaria. O trabalho caritativo e filantrópico que a Ordem abraça é impressionante e os ensinamentos morais contidos nos rituais são da mais alta organização, mas isso não explica por que os maçons praticam rituais tão bizarros. Os maçons garantem a antiguidade deles e afirmam que todos contêm ensinamentos raros e preciosos, identificando-os como mistérios.

Quando nos filiamos à Maçonaria, o primeiro mistério compartilhado conosco foi saber que a tecnologia da construção em pedra é um ato sagrado que serve de metáfora para auxiliar o entendimento espiritual. De fato, durante as mais importantes etapas de nosso Primeiro Grau, foi-nos dito textualmente que nossa iniciação na Maçonaria era idêntica ao ato de lançar a pedra fundamental de um edifício espiritual. O ritual diz:

> *É comum, na construção de todos os edifícios majestosos e soberbos, colocar a primeira pedra ou pedra fundamental no canto nordeste da construção. Você, sendo um novo iniciado na Maçonaria, é colocado na parte nordeste da Loja, representando figurativamente aquela pedra; e da fundação lançada essa noite possa você fazer crescer uma superestrutura, perfeita em todas as partes e honorável para o construtor.*

Retrocedendo a 1989, ocasião em que juntamos nossas forças para investigar as origens dos rituais maçônicos, devo dizer que imaginávamos que todos eles fossem provavelmente constituídos de pequenos pedaços ou aglomerados um pouco maiores de tradição esotérica, fluindo por meio de pensadores românticos dos séculos XVI a XIX. Isso aconteceu poucos meses antes de começarmos a entender que essa suposição estava equivocada.

A Respeito de Morte e de Vida

Apesar de a opinião geral predominante no mundo considerar que a Maçonaria é uma irmandade internacional, detendo uma força e uma influência veladas usadas em benefício de seus membros, a realidade é outra. De fato, a Maçonaria não é mais uma organização unificada e solidária, tanto quanto não é a Igreja Cristã ou o movimento comunista. Ela é uma ideia perdida, baseada em centenas de rituais esotéricos, todos reclamando as mais diversas antiguidades. Por consenso, a Grande Loja Unida da Inglaterra,

"UGLE",⁴ é a autoridade maçônica mais antiga no mundo; todavia, ela reconhece apenas quatro, dentre os muitos graus que existem, como sendo "verdadeira Maçonaria".

O termo "organização" parece ser inapropriado para um corpo internacional tão discrepante e mal-estruturado. Afinal, a *UGLE* não tem registro de filiação de milhares de Lojas que ela diretamente controla na Inglaterra e em Gales, sem falar das várias Grandes Lojas ao redor do mundo que estão filiadas a ela. Essa ausência de qualquer informação a respeito dos "membros de Ofício"⁵ assemelha-se à clássica estrutura de células adotada por muitas organizações secretas. Grupos terroristas, por exemplo, operam em camadas, onde a cada membro é dada apenas a identidade dos poucos indivíduos com os quais ele terá de ter contato direto. Isso protege a organização de sofrer sério dano caso haja infiltração exterior em suas fileiras.

A Maçonaria moderna é frequentemente descrita como uma "sociedade secreta", mas ela prefere, em algumas ocasiões, descrever-se a si mesma como "uma sociedade com segredos". Segredos retratados pela *UGLE* como sendo uma série de detalhes cerimoniais não importantes, tais como senhas e toques⁶ que supostamente impedem não maçons de serem admitidos às Lojas.

Existem penalidades tradicionais aplicáveis aos postulantes infiéis em cada um dos principais graus da Maçonaria, já que os candidatos juram manter velados os segredos que serão compartilhados e confiados a eles, não os revelando a quem não for membro daquele grau em particular. Essas penalidades foram retiradas dos rituais aprovados pela *UGLE* alguns anos atrás, mas permanecem em muitas outras Grandes Lojas, inclusive na Grande Loja da Escócia. As obrigações a que se referem não são insignificantes, pois incluem atos como ter a língua e o coração arrancados, a garganta cortada e o corpo desmembrado em uma criativa variedade de formas.

De acordo com a história oficial aprovada da Maçonaria, nada é seguramente conhecido a respeito da Fraternidade antes da instalação de Anthony Sayer como Grão-Mestre no dia do solstício de verão de 1717, quando um grupo de maçons de Londres fundou uma Grande Loja. No entanto, não havia nada particularmente "grande" em um grupo de homens frequentadores de quatro *pubs*⁷ diferentes, concordando todos eles a congregarem em uma unidade formal, especialmente quando era notório que a Maçonaria estava viva e saudável em muitas outras cidades e vilas, notadamente na Escócia.

---

4. N.T.: UGLE – *United Grand Lodge of England* – Grande Loja Unida da Inglaterra.
5. N.T.: Como também são reconhecidos os membros da irmandade.
6. N.T.: Toques: diferentes tipos de apertos de mão ou contatos corporais que identificam a regularidade do maçom e o grau em que ele se encontra.
7. N.T.: *Pub*: bar típico inglês, considerado, mais apropriadamente, um ponto de encontro e descontração.

No entanto, a autoinfligida amnésia a respeito da Maçonaria anterior, que acometeu esse grupo londrino, era completamente compreensível. Apenas três anos antes, o alemão George de Hanover[8] havia se tornado rei da Grã-Bretanha substituindo os soberanos da Dinastia Católica dos Stuart. Os correligionários dos depostos Stuart (os autodenominados jacobitas) promoveram um grande número de complôs para derrubar a nova dinastia protestante. Em 1715, um grupo de nobres jacobitas liderara um levante na Escócia e marchara sobre a Inglaterra em apoio ao filho do rei Jaime II, Jaime Francisco Eduardo Stuart, mais tarde conhecido como *Old Pretender* (Velho Pretendente). Depois de uma batalha perdida com as forças leais ao rei, os jacobitas renderam-se em Preston, Lancashire.

A Maçonaria era reconhecidamente muito próxima dos Stuart e da Escócia em particular; então, admitir ser um membro da Ordem era automaticamente admitir ser correligionário de uma organização terrorista dedicada a derrubar o rei. No mesmo ano em que a Grande Loja de Londres foi formada, a chamada "Tríplice Aliança" era negociada entre a Grã-Bretanha, França e Holanda com o propósito de garantir a sucessão das monarquias reinantes nesses respectivos países. Com a revolta jacobita aparentemente perdida, essa não era uma boa época para ser reconhecido como inimigo de Estado. Que melhor época do que essa para garantir que não haveria um arquivo central de filiados? O famoso arquiteto e membro fundador da "Royal Society",[9] *sir* Christofer Wren, era Grão-Mestre da Maçonaria antes de 1717, mas ele e muitos outros simplesmente saíram da Ordem para não correr o risco de exclusão social ou mesmo de prisão.[10] Por alguma razão, na eclosão da Primeira Guerra Mundial, os registros da *UGLE* foram alterados e foi removido o registro do Grão-Mestre de Wren. Hoje ele é oficialmente negado.

Uma vez que a Maçonaria Inglesa renegou sua herança jacobita, a necessidade de segredo acabou e, hoje, a falta de um registro de filiação de membros seguramente reflete mais uma ausência de necessidade do que uma política deliberada. Quando a *UGLE* deseja comunicar-se com seus filiados, ela se comunica com as várias Grandes Lojas provinciais, as quais escrevem para as Secretarias das Lojas, que, por sua vez, repassam a correspondência aos maçons em sua Lojas.

Sendo maçons como de fato somos, estamos atados por nossas obrigações de manter os segredos da Maçonaria. Alguns companheiros maçons criticaram-nos por revelarmos detalhes de rituais quando publicamos *The Hiram Key*. De fato, nós descrevemos partes de diversos rituais, particularmente elementos-chave do importante terceiro grau da Ordem. No entanto, fomos extremamente cuidadosos em obedecer às regras precisas impostas

---

8. N.T.: Os ingleses referem-se a esse rei como o *german-speaking*, pois ele se exprimia apenas no idioma alemão.
9. N.T.: *Royal Society*: sociedade destinada a congregar sábios reconhecidos.
10. N.A.: Anderson, James: *Livro da Constituição da Grande Loja de Londres*, 1738.

por nossa Grande Loja aqui na Inglaterra e em Gales, e não revelamos nenhum dos toques e senhas que constituem os "segredos" atuais da Ordem.

Enquanto muitos maçons ficam felizes em admitir sua condição de filiados, outros preferem manter o assunto totalmente privado e, em face de possíveis danos no local de trabalho, outros acham necessário, às vezes, negar que são membros da Ordem. Em nosso ponto de vista, a discrição que cerca os maçons individualmente tem origem no desconforto deles em falar sobre a natureza dos rituais que, aos ouvidos de um não maçom, soam estranhos ao extremo. Se perguntados a respeito do que tratam esses rituais, eles têm de confessar que não sabem.

Em outras palavras, acreditamos que a razão que compele ao silêncio entre os maçons não é tanto a compulsão de aderir aos seus votos sagrados, ou o medo de uma retribuição macabra de seus companheiros, mas é muito mais o fato de que eles não entendem nem uma palavra da cerimônia da qual participam, e seu maior medo é que as pessoas riam dos bizarros rituais que eles continuam praticando.

Parece certo que a Maçonaria, em determinado momento, sustentou algum alto propósito, mas hoje não passa de um clube social para idosos que encolhe rapidamente. No Reino Unido, ela oferece uma oportunidade de eles se entregarem a algo teatral e amador, seguido de uma refeição regada a muita cerveja, apesar de nos Estados Unidos ser proibido o álcool nos encontros maçônicos. O complexo e obscuro ritual tem de ser memorizado ao longo de anos de repetição, ao pé da letra, mas apenas pequenas partes do cerimonial podem ser entendidas como simples mensagens alegóricas concernentes à sinceridade de caráter e moral. O restante é uma estranha mistura de palavras sem sentido e descrições cuidadosamente detalhadas de eventos que ocorreram no passado distante.

Os três graus principais são os de Aprendiz (a iniciação), Companheiro (conhecido como um grau intermediário de passagem) e Mestre Maçom (conhecido como o grau da plenitude maçônica). Dentro desses graus, diz-se que os "verdadeiros segredos" da Ordem foram perdidos, tendo sido introduzidos segredos substitutos em seu lugar, até que chegue o tempo em que os verdadeiros sejam redescobertos.

A Escuridão do Terceiro Grau

No primeiro grau da Maçonaria, o candidato é trazido ao "ofício" (cerimônia de iniciação) em um estado que é denominado de "inteligência desnuda", isto é, no nível mais baixo de existência, como uma criança recém-nascida. Os detalhes do ritual podem variar, mas sua mensagem continua a mesma. Aqui, Robert e eu falamos a respeito da tradição que ambos conhecemos. O candidato é vestido com uma rústica túnica branca e devidamente preparado com um laço de corda e é vendado, antes de ser levado para o templo para se tornar um Aprendiz Maçom. Lá, ele tem de se ajoelhar em frente ao líder da Loja daquele ano (o Venerável Mestre), entre as colunas gêmeas do Templo do Rei Salomão.* No ponto-chave da cerimônia, depois de receber seu grau, ele é colocado na parte nordeste do Templo para receber instruções. Essa posição marca o caminho da luz do Sol nascente no dia do solstício de verão, que é celebrado pelos maçons como a Festa de São João, um dos dois dias mais importantes do calendário maçônico. O São João aqui citado é João Batista, de quem se diz ter sido concebido no equinócio de outono e vindo a nascer no solstício de verão.

Alguns meses mais tarde, o candidato é levado ao segundo grau. No momento apropriado, ele é colocado na parte sudeste do Templo para receber um novo nível de instruções, durante as quais é dito que premiam os progressos que ele fez na ciência. Ficando nessa posição, o candidato está na linha do primeiro raio de luz do alvorecer do solstício de inverno. O dia do solstício de inverno, em fins de dezembro,** é outro grande dia na Maçonaria e é também celebrado como Festa de São João, mas, dessa vez, trata-se de São João Evangelista, o autor do *Livro da Revelação*.

Uma vez que o candidato tenha simbolicamente recebido instruções ao amanhecer dos solstícios do verão e de inverno, ele estará pronto para ser um Mestre Maçom, sendo conduzido ao terceiro grau. Essa é uma experiência bem diferente desde seu início.

O candidato é novamente vestido com uma rústica túnica branca, com ambas as pernas de suas calças arregaçadas e ambos os lados de seu peito expostos. Ele não é vendado, mas quando a porta do Templo se abre para admiti-lo, ele pode ver que a sala está imersa em total escuridão, exceto por uma pequena vela protegida por um castiçal queimando no pedestal do Venerável Mestre, na parte leste do Templo. A princípio, a passagem do ambiente externo iluminado para a escuridão interna deixa o candidato cego, e ele tem de confiar nos dois Diáconos que o acompanham para encontrar seu caminho ao longo do piso do Templo.

Nesse grau, a parte mais importante do cerimonial acontece no lado leste do Templo, entre as duas colunas, Boaz e Jachin, que marcam as posições extremas norte-sul por onde passa o Sol nos solstícios à frente do Templo de Javé em Jerusalém. Aqui, conta-se ao candidato a lenda do assassinato de Hiram Abiff, que, conforme lhe é revelado, era o arquiteto do Templo do rei Salomão há três mil anos. Estranhamente, o Venerável Mestre faz referência direta a esse personagem até então desconhecido apesar de que uma pessoa medianamente inteligente já teria percebido sua presença, quando é dito ao candidato:

> ...*os anais da Maçonaria propiciam um glorioso exemplo na inabalável fidelidade e na morte prematura de nosso Grão-Mestre*

---

*N.E.: Sobre o rei Salomão, sugerimos a leitura de *As Chaves de Salomão – O Falcão de Sabá*, de Ralph Ellis, Madras Editora.
**N.E.: Ressaltamos que os autores estão situando os solstícios e as estações de acordo com o Hemisfério Norte.

Hiram Abiff, que perdeu sua vida pouco antes do término do Templo do rei Salomão, de cuja construção ele era o principal arquiteto, como você certamente sabe.

Quando ouvimos essa declaração pela primeira vez, nós a achamos estranha e em *The Hiram Key* dissemos que a figura de Hiram Abiff não parece existir fora dos rituais da Maçonaria. Essa observação motivou um grande número de pessoas a nos escrever dizendo-nos que estávamos errados; portanto, é oportuno analisar aqui mais profundamente que evidência existe no Velho Testamento a respeito do arquiteto do Templo de Salomão. Primeiro achamos que o rei fenício de Tiro, também chamado Hiram, forneceu o projeto, os trabalhadores e muitos materiais para a construção de Salomão. O nome desse rei é escrito de formas diferentes, tais como Hiram, Hirom e Huram, e é provável que, originalmente, fosse "Ahi-ram". Josephus[11] diz que cartas trocadas entre Salomão e esse rei estavam preservadas nos arquivos de Tiro. Ele ainda faz referência aos historiadores Dius e Menander de Éfeso, que dizem que Hiram era filho do rei Abi-baal.

Existe um outro Hiram envolvido na construção do Templo. Esse Hiram era um fundidor que se estabeleceu no vale do Jordão entre Succoth e Zeredata, onde fundiu as duas grandes colunas de Boaz e Jachin, assim como outros grandes ornamentos do Templo, inclusive um enorme recipiente conhecido como "mar de bronze". Essas informações estão expressas em 2Cr. 2:11-14, em que Hiram, rei de Tiro, escreve a Salomão para lhe dizer que aquele Hiram (o Hiram artífice) era filho das filhas da tribo de Dan, mas em 1Reis 7:14 está escrito que ele era filho de uma viúva de uma tribo diferente, no caso, a tribo de Neftali.

Poderia esse artesão fundidor ser considerado o arquiteto do Templo? Um arquiteto é quem concebe o edifício como um todo, e não o confeccionador de seus ornamentos, mas, na versão bisada da Bíblia, esse construtor é mencionado como sendo Huram-abi, nome que guarda muita semelhança com o discutido Hiram Abiff.

Outro fragmento de informação surgiu em março de 1999, quando visitamos a biblioteca da Grande Loja da Escócia em companhia do professor Philip Davies, renomado estudioso bíblico. Nessa ocasião, analisamos um volume não catalogado escrito quase 200 anos antes pelo dr. Anderson (redator da primeira constituição da *UGLE* e membro da Loja Aberdeen) e no qual o referido historiador maçônico explicou o nome Hiram Abiff, segundo aparece em uma versão judaica de 2Cr.4:16, conforme abaixo:

Shelomoh lammelech Abhif Churam ghafah[12]

Enquanto Philip estudava as palavras, seus lábios enrugaram-se em concentração, quando então sugeriu que a citação parecia indicar que Hiram era o

---
11. N.A.: Flavius Josephus, historiador judeu do século I
12. N.T.: Uma transliteração do hebraico.

pai de Salomão. Porém, como todos sabem que Davi era o pai de Salomão, Philip, procurando uma explicação plausível para o que tinha interpretado, sugeriu que talvez Hiram fosse o sogro[13] de Salomão.

Depois de ponderar todas as possibilidades, aceitávamos agora que a pessoa mencionada no ritual maçônico como Hiram Abiff podia ser o artesão fundidor levado por Hiram, rei de Tiro, para trabalhar no Templo de Salomão. No entanto, essa identificação potencial não acrescenta nada que pudesse explicar seu relacionamento com o rei Salomão, ou para esclarecer por que essa lenda é tão importante na Doutrina Maçônica.

No terceiro grau é dito ao candidato que um grupo de 15 companheiros maçons quis ter acesso aos segredos de um Mestre Maçom questionando seu mestre Hiram Abiff. Não sendo atendido, o grupo planejou, então, emboscá-lo quando ele se retirasse em descanso para elevar preces ao deus mencionado como o "Mais Elevado". As palavras do ritual afirmam:

> *Quase no momento de executar a conspiração, 12 dos 15 recuaram, mas três de caráter mais determinado e cruel do que o dos demais persistiram em seus infames desígnios e, com esse propósito, posicionaram-se respectivamente nos portões sul, oeste e leste do Templo para onde nosso Mestre Hiram havia se retirado para prestar adoração ao "Mais Elevado", como era seu hábito, já que era a hora do meio-dia.*

Apesar de o trecho ser entendido como uma referência a Javé, agora elevado ao ponto de chamá-lo simplesmente "Deus", é mais provável que aquele artesão canaanita estivesse adorando o deus Sol em seu zênite no céu; daí chamá-lo o "Mais Elevado". Apesar do Templo em construção destinar-se a abrigar o "novo" deus dos judeus, que estava temporariamente vivendo em uma tenda, ele não era visto como particularmente importante até mesmo por Salomão, que mais tarde deixou de adorá-lo.

No entanto, a escolha religiosa de Hiram não preocupará muito o candidato ao terceiro grau, porque, nesse ponto do ritual, ele perceberá que está prestes a ser vítima de um assassinato. À medida que o Venerável Mestre conta como Hiram foi golpeado na testa no portão sul, o candidato é simbolicamente atingido da mesma maneira e o processo se repete no portão oeste. Depois, no portão leste, acontece o ato final e o candidato é atingido pelo "golpe fatal" desferido no centro de sua cabeça. Isso pode ser feito gentilmente ou não. Os maçons escoceses são particularmente famosos por seu entusiasmo e alguns candidatos são arremessados ao chão.

O candidato é mantido em pé, rígido, e é lentamente curvado para trás até se deitar sobre uma mortalha funerária, com a qual é imediatamente envolvido de tal forma que apenas os olhos apareçam. Nesse ponto, os

---

13. N.T.: Em inglês, sogro é denominado *father-in-law*, cuja tradução literal seria pai perante a lei.

maçons da Loja andam em torno da "sepultura" e, finalmente, são feitas três tentativas de resgatar o irmão dos braços da morte. As duas primeiras falham porque são usados métodos conhecidos nos dois graus anteriores, mas a terceira técnica, peculiar ao terceiro grau, é bem-sucedida.

Com a assistência dos Diáconos, o "cadáver" é "ressuscitado" de sua sepultura por meio de uma garra[14] especial aplicada pelo Venerável Mestre. Ainda em quase total escuridão, o corpo é puxado para cima e sustentado em uma complicada posição cerimonial: trata-se de um abraço em que o Mestre e o candidato tocam-se em cinco pontos distintos. O nome ritualístico desse abraço é "Os Cinco Pontos de Companherismo".* Ainda nessa posição, uma frase de encantamento é sussurrada no ouvido do candidato, a quem é depois mostrada a negra sepultura atrás dele em direção ao oeste, na qual está um crânio humano autêntico e duas tíbias cruzadas junto a ele, representando os restos mortais do próprio candidato. Depois disso, o Venerável Mestre dirige o olhar do candidato em direção ao leste, onde ele pode ver uma estrela de cinco pontas brilhando no escuro entre as colunas Boaz e Jachin. Essa estrela, é dito a ele, é a "estrela brilhante da manhã" – que é o planeta Vênus aparecendo alguns minutos antes do Sol na aurora.

Desse momento em diante, o homem trazido da escuridão de sua sepultura simbólica será um Mestre Maçom pelo resto de sua vida. É importante notar que, apesar de o candidato representar a personalidade de Hiram Abiff até o momento de seu assassinato ritualístico, não é feita menção ao fato de que Hiram não ressuscitou. A informação mais importante dada ao novo elevado é que o verdadeiro segredo do Mestre Maçom foi perdido com a morte do Grão-Mestre Hiram Abiff. Os rituais dos três graus atualmente em uso na Ordem não esclarecem nada a respeito desse assunto e, por algum tempo, pensávamos que os rituais originais que discutiam essa matéria tinham sido completamente destruídos durante o período de censura que seguiu a criação da Grande Loja Unida da Inglaterra, em 1813[15].

Tecendo a "Rede de Hiram"

Quando escrevemos *The Hiram Key,* tínhamos apenas uma vaga noção dos assim chamados "Altos Graus" da Maçonaria, mas depois da publicação desse livro fomos contatados por centenas de pessoas com novas informações. Algumas chegaram via correio e, por vezes, quando estávamos realizando palestras nas Lojas, éramos presenteados com velhos documentos e rituais que haviam ficado em gavetas por gerações. Enquanto estávamos pesquisando para *O Segundo Messias,* encontramos uma fonte particularmente importante que impulsionou nossa pesquisa para a frente.

---

14. N.T.: A garra é um aperto de mão peculiar.
*N.E.: Conhecidos também como os "Cincos Pontos de Perfeição".
15. N.A.: Esses eventos são descritos em *O Segundo Messias* – Knight, C. e Lomas, R., Arrow, 1998, em *A Escola Invisível* – Lomas, College, Headnile, 2002.

Isso aconteceu quando lemos uma conferência chamada "Maçonaria e Catolicismo", escrita por um estudioso da Bósnia-Herzegovina chamado Dimitrije Mitrinovic.[16]

Mitrinovic surgiu em Londres por volta da época da Primeira Guerra Mundial e tornou-se uma liderança do "Grupo de Bloomsbury", um grupo de intelectuais que tomou seu nome do Distrito perto do Museu Britânico, no centro de Londres, onde a maior parte deles morava. A declaração que atraiu nossa atenção foi esta:

> *Cristo revelou a palavra secreta da Maçonaria... para o povo, e ele a proclamou em Jerusalém, mas dizendo a (senate) palavra para a multidão, ele estava à frente de seu tempo... Deixem os maçons receberem Cristo na Maçonaria... A Maçonaria tem sido a expressão da cristandade nos últimos dois mil anos.*

Mitrinovic não era maçom e, usando nosso conhecimento maçônico, pesquisamos durante sete anos para chegar à mesma conclusão que ele. Isso nos intrigou. Descobrimos que ele chegou a essa declaração por meio do estudo de sua extensa biblioteca particular e nós nos mobilizamos para encontrar seus livros. Rastreamos a coleção e descobrimos que ela havia sido encaixotada depois de sua morte e permanecido guardada na garagem de sua sobrinha por mais de 40 anos. Quando surgiu a necessidade de se livrar dos velhos livros, mas querendo doá-los a quem cuidasse deles, sua sobrinha decidiu cedê-los a uma universidade. Afortunadamente, a universidade que se propôs a abrigar a coleção de livros foi a Universidade de Bradford, em que Robert leciona.

Voltando a 1997, quando pela primeira vez interessamos-nos pelos livros de Mitrinovic, não os encontramos publicamente expostos, pois a ampliação da J.B. Priestley Library, em Bradford, não havia sido concluída ainda. Como muitos outros livros obscuros, eles foram temporariamente guardados no porão da biblioteca, em uma área chamada *the slack* (a pilha). Esse lugar consiste em uma grande sala sem janelas, com uma série de prateleiras em estantes instaladas sobre trilhos no chão. Para acessar as prateleiras, as estantes de três metros de altura e dez metros de comprimento têm de ser movidas, usando-se, para isso, uma grande alavanca. Quando Robert requisitou acesso à coleção, demorou quase meia hora apenas para afastar as prateleiras que impediam o acesso aos livros de Mitrinovic.

Em *O Segundo Messias* discutimos as implicações dos comentários maçônicos que Mitrinovic havia feito, mas foi mais tarde, com sua coleção devidamente catalogada e arquivada, deixando-a acessível sem a necessidade de nos espremermos por entre prateleiras cheias e pesadas para alcançá-la, que outros tesouros maçônicos vieram à luz. Dentre os mais diversos volumes, havia antigas cópias de rituais maçônicos que não eram

---

16. N.A.: Mitrinovic, D.: "Freemasonry and Catholicism in the New Order". *Lectures 1926-1950*, JB Priestley Library, Universidade de Bradford, 1995.

mais usados. Um ritual era muito detalhado, datado do começo do século XIX, ilustrado com belíssimas gravuras, abordando todos os graus do "Rito Escocês Antigo e Aceito da Maçonaria". Ele havia sido escrito por E. A. McClenachan, pai do famoso estudioso maçom Charles T. McClenachan, esse do fim do século XIX. O livro por si só já era uma descoberta maravilhosa, pois tratava de rituais que não tinham sido submetidos às enormes e danosas modificações conduzidas por solicitação do Duque de Sussex, o primeiro Grão-Mestre da Grande Loja Unida da Inglaterra, em 1813.

Pesquisando os rituais desse livro fascinante, descobrimos uma seção dedicada à Arca Real de Enoch. Sabíamos que o livro do profeta Enoch* havia sido perdido na época dos primeiros cristãos e que não fora redescoberto até 1774. Além disso, o prefácio desse livro afirmava que os rituais que continha eram de 1740 e podíamos ver que eles descreviam com grandes detalhes a respeito da importância de Enoch e da sua missão de profetizar o Dilúvio. Esses temas não eram largamente aceitos até que se descobriram cópias diversas do *Livro de Enoch* durante o século XX, assunto que discutiremos mais profundamente adiante. Como puderam esses velhos mitos ocupar lugar de honra entre esses rituais descartados a menos que fossem sobreviventes de uma tradição verbal ancestral?

Pesquisando para escrever *Uriel's Machine,* tomamos conhecimento de que existia um ritual maçônico relacionado a Enoch, mas que ele não havia sido usado por mais de 200 anos, desde o tempo do Duque de Sussex. Agora, lendo os trabalhos originais preservados nesse livro de rituais, descobrimos a descrição de um pedestal triangular muito estranho, com os lados exatamente do mesmo tamanho e ângulos de 60 graus fazendo-o equilátero. Esse formato era descrito como o "Delta de Enoch" e era tido como o símbolo por meio do qual o Todo-Poderoso Arquiteto do Universo revelou-se a Enoch. Do pedestal dizia-se ter sido uma importante peça do mobiliário do Templo original construído por Enoch no lugar hoje conhecido como Monte do Templo em Jerusalém. O ritual explicava como os trabalhadores de Salomão encontraram esse altar de três faces enterrado embaixo de ruínas de um templo mais antigo, templo esse atribuído por Salomão aos "pagãos" que ocupavam o local antes que ele fosse tomado por Davi.

Naquele momento, aquilo significava pouco para nós, mas descobriríamos depois que o símbolo do triângulo equilátero tinha um significado enorme na primitiva religião canaanita dos jebusitas, os quais construíram Jerusalém. O que nos surpreendeu, conforme líamos esse ritual impresso de 200 anos, foi perceber que ele parecia estar bastante familiarizado com tradições ancestrais judaicas e com lendas que foram resgatadas e confirmadas em detalhes por meio de escavações arqueológicas realizadas nos últimos 50 anos. Essa edição impressa de um antigo ritual de transmissão verbal parecia estar preservando a história de uma tradição da construção de um

---

*N.E.: *O Livro de Enoch – O Profeta*, lançado no Brasil pela Madras Editora.

Templo canaanita que não tinha registro nem na Bíblia nem em qualquer outra fonte antiga que conhecêssemos.

Quando lemos, não sabíamos de quaisquer templos em Jerusalém antes de Salomão, mas descobrimos rapidamente que há boas evidências arqueológicas sinalizando a hipótese da tradição canaanita. Imaginamos quais outras tradições perdidas esses velhos rituais poderiam conter e como poderíamos sistematizar nossa investigação dos vários temas no antigo ritual.

Nos últimos anos, formamos uma considerável coleção de velhos rituais e trabalhos, mas todos em papel. Os livros de hoje, apesar de frequentemente serem objetos bonitos, não são ideais para pesquisar ou para estabelecer uma análise sequencial de suas informações, por isso percebemos que precisávamos criar uma versão eletrônica do material. Robert assumiu a tarefa de escanear as versões mais velhas de cada grau para incorporá-las em um *site* que chamamos "Rede de Hiram". Enquanto seu trabalho de digitação dos rituais prosseguia, ficava cada vez mais evidente que havia uma história complexa sendo contada pela sequência de graus, e que ela não estava sendo apresentada em ordem cronológica. Esse fato levou-nos a tentar reconstruir a história completa que tinha sido uma vez contada nos rituais maçônicos. Levou bastante tempo para concluirmos a tarefa, mas, como demonstraremos, tínhamos reconstruído uma forma alternativa da história como acreditamos que fosse contada nos rituais maçônicos censurados, esquecidos e descartados. Tudo isso está apresentado em *Testamento Maçônico,* na Parte Dois deste livro. O *site* criado por Robert foi adotado pela Universidade de Bradford e está disponível gratuitamente a qualquer interessado na pesquisa dos mais autênticos rituais da Maçonaria.

Outra de nossas descobertas iniciais era que o ritual do Rito Antigo e Aceito mencionava uma questão que nos incomodava. O que aconteceu depois da morte de Hiram Abiff, quando os verdadeiros segredos da Maçonaria foram perdidos?

Nossa reconstrução alternativa da história contida nos rituais maçônicos, que estávamos chamando de *Testamento Maçônico,* faz o seguinte comentário a respeito dos dois homens que mantiveram os verdadeiros segredos do ritual:

(*Testamento Maçônico* 7:5)

> *Cada maçom aplicará nossos símbolos e cerimônias de acordo com sua fé. Não há outra maneira de garantir a universalidade da Maçonaria – aquela característica que tem sempre sido peculiar a ela desde sua origem, e que torna possível que dois reis, com credos religiosos diferentes, possam sentar-se juntos como Grão-Mestres enquanto as paredes do Primeiro Templo eram construídas; e aos homens de Gedal que veneravam os deuses fenícios, a trabalharem ao lado dos hebreus, para quem esses deuses eram abominações.*

A partir desse comentário, começamos a suspeitar que deve ter havido na tradição alguma tensão entre as religiões de Salomão e do rei de Tiro, a qual deve estar refletida no ritual. De acordo com a tradição maçônica, ambos aceitavam o ritual do terceiro grau como uma substituição aceitável dos segredos perdidos, "até que o tempo revelasse os verdadeiros". Estamos convencidos de que as implicações dessa afirmação no ritual são que ambos os Grão-Mestres sobreviventes aprovavam tanto as palavras como as ações previstas no ritual.

Estávamos começando a suspeitar que um ponto-chave desse grau fosse o fato de a morte e ressurreição do homem acontecer sobre uma linha na qual seus pés ficam no leste e sua cabeça, no oeste. Quando o candidato é erguido de sua sepultura, sua cabeça eleva-se em uma curva dirigida para leste para encontrar Vênus, que também está em elevação no horizonte. A linha leste-oeste demarca o equinócio, o ponto de equilíbrio entre os dois solstícios quando temos 12 horas de luz (dia) e 12 horas de escuridão (noite).

Os três primeiros graus da Maçonaria podem, portanto, ser vistos por um prisma totalmente astronômico. Primeiro, são dadas ao noviço instruções na linha do Sol na aurora do solstício de verão, depois ele é levado ao segundo grau na linha do solstício de inverno e, finalmente, ele é investido do grau de Mestre Maçom na linha que divide precisamente ao meio as duas anteriores: a linha dos equinócios que ocorrem uma vez na primavera e outra vez no outono. Como iremos descobrir, tal fato é inteiramente consistente com os propósitos do Templo do Rei Salomão e das estruturas fenícias bem anteriores a ele.

O Mestre da Loja senta-se no leste entre as duas colunas chamadas Boaz e Jachin na Bíblia. Ele representa o Sol nascente, e o planeta Vênus eleva-se por trás dele antes da aurora, quando um candidato é "levantado de seu túmulo". O Primeiro Vigilante senta-se no oeste para assinalar o Sol poente e o Segundo Vigilante está no sul, representando o Sol ao meio-dia. Nas Lojas inglesas, é normal encontrar a figura de um Sol abrasador no centro do teto circunscrito por uma estrela de cinco pontas e aparecendo no centro do conjunto a letra "G", significando Deus (*God*, Deus em inglês). Essa associação entre o Sol e Deus é evidente no ritual maçônico, quando Ele é reconhecido como o "Mais Elevado", literalmente o mais alto no céu.

Existem dois oficiais conhecidos como Diáconos que se movem internamente ao redor do Templo com o candidato, mas, quando sentados, fazem-no um a nordeste e outro a sudoeste ao longo da linha que demarca o nascer do sol no solstício de verão. Cada um deles carrega uma vara comprida, usualmente conhecida como bastão, que nós acreditamos ter sido usada para marcar o ângulo do amanhecer e do entardecer em razão da sombra por ele projetada. Está registrado que os Diáconos das Lojas escocesas primitivas eram requisitados para alinhar a construção de igrejas. No nosso livro *Uriel's Machine,* dissemos que acreditávamos que as igrejas eram originalmente orientadas em direção ao leste. A primeira sombra projetada pelo bastão do Diácono delinearia a linha da parede norte. Fomos mais longe especulando que poderia ser possível descobrir o nome de uma igreja antiga apenas considerando a topografia local e depois calculando os dois dias do ano aos quais corresponderia o ângulo de sua parede norte. A igreja deveria ter sido chamada de acordo com um dos santos daqueles dois dias. Por exemplo, uma igreja alinhada aos dois solstícios provavelmente seria chamada de Igreja de São João.[17]

A ideia que formamos é que os rituais da Maçonaria são baseados na astronomia e evocam uma tradição de bem mais do que 500 anos. Nós encontramos uma cadeia de crenças que sobreviveu sendo passada para várias culturas diferentes para acabar nos Templos da Maçonaria Moderna, nos quais é agora fielmente recitada, mas sem qualquer entendimento.

Conclusões

Já faz mais de seis anos que publicamos *The Hiram Key* e, durante todo o processo de pesquisa destinada a dois novos livros, acumulamos uma considerável quantidade de material extra que nos trouxe uma grande capacidade de esclarecimento a respeito de questões que originalmente éramos forçados a deixar sem resposta.

Para tentar imaginar e deduzir o que poderia, de fato, estar escondido embaixo de Rosslyn, coletamos tantos rituais maçônicos antigos quanto pudemos e Robert criou um *site* interligado para nos permitir uma visão do material em variadas sequências. Pretendemos utilizar essa inestimável ferramenta de pesquisa para investigar, em um grau nunca tentado anteriormente, os complexos e inexplicáveis mitos da Maçonaria, dando atenção especial àqueles já abandonados ao esquecimento.

Quando destilamos a Maçonaria até seus componentes-chave, ficamos com as seguintes ideias:

- A tecnologia da construção em pedra é vista como um ato espiritual;
- O *layout* do Templo maçônico e os rituais são baseados na astronomia;
- Deus é associado ao Sol;
- A elevação helicoidal de Vênus no equinócio marca a vida restaurada;
- Os solstícios de verão e inverno são importantes;
- O estudo da natureza e das ciências é importante.

Essas não são ideias muito comuns em nossos dias, mas há uma cultura na pré-história que parece ter sido construída exatamente com essas noções. Os portadores dessa cultura são conhecidos como o "Povo do Pote Entalhado".

---

17. N.A.: A Universidade de Hong Kong, Departamento de Ciências Geológicas, cita nossa pesquisa nessa área. Veja Ali, J.R. & Cunih, P.: "A Orientação de Igrejas: Algumas Novas Evidências", *The Antiquaries Journal*, 81 (2001), pp. 155-93.

Capítulo Dois

O "Povo do Pote Entalhado"[18]

Os Primeiros Construtores de Pedras[19]

O povo neolítico chegou às Ilhas Britânicas, ao redor da costa norte da Escócia, há mais ou menos nove mil anos, antes que as planícies do Mar do Norte fossem inundadas e enquanto ainda era possível andar em solo firme até a Noruega. Esse povo chegou logo após as geleiras do Período Glacial terem recuado, descobrindo terras livres de gelo. Quando o nível do mar subiu, as terras secas ficaram separadas, mas os escandinavos neolíticos e as primitivas populações escocesas partilham de uma mesma ancestralidade.[20]

O período neolítico marcou o fim da Idade da Pedra. Nas extremidades da Europa ocidental, esses povos são melhor lembrados como os construtores megalíticos – a palavra significa pedras enormes. Esses primitivos "construtores de pedras" habitavam o que hoje é Gales, Escócia, Irlanda, Inglaterra, França, partes do sul da Escandinávia e norte da Espanha, como também Malta. Hoje, as pessoas transitam naturalmente por esses países sem qualquer lembrança dos povos desconhecidos que em certa época possuíram aquelas terras. Só a Inglaterra ainda conserva mais de 40 mil locais com construções megalíticas identificadas que sobreviveram por mais de cinco mil anos. Nós podemos imaginar como esse fato é impressionante se

---

18. N.T.: O povo que habitava a Grã-Bretanha no Neolítico utilizava potes de uma característica peculiar. Tinham fundo chato e sulcos entalhados em sua parte superior. Daí o nome *grooved ware*, ao pé da letra, "pote entalhado", que veio a ser adotado como identificação para aquele povo. *Grooved ware people* significa então "povo do pote entalhado", referindo-se ao povo neolítico britânico.
19. N.T.: Tradução de *stonemason*, termo utilizado pelos autores que certamente não se referiam aqui a maçons, membros de uma Ordem Maçônica, mas aos construtores que faziam das pedras sua matéria-prima de edificação. Adotamos o termo "construtores de pedras" para identificá-los.
20. N.A.: Wickham-Jones, CR: *Scotland's First Setters*, Historic Scotland, 1994.

perguntarmos a nós mesmos o que restará de nossa própria civilização em cinco mil anos, quando presenciamos frágeis e modernos edifícios serem construídos e demolidos frequentemente durante uma única geração.

O clima nas Ilhas Britânicas naquele tempo era muito mais quente do que é hoje e a terra era coberta por densas florestas, fazendo com que viagens por elas fossem extremamente difíceis. O povo megalítico, no entanto, dispunha de construtores de barcos e de marinheiros, fazendo grande uso do mar, que tratavam como se fosse sua autoestrada. Eles colonizaram as muitas ilhas da costa da Escócia e há muitas evidências indicando que eles comercializavam intensamente. Por exemplo, pedras lavradas encontradas apenas na Ilha de Rum foram usadas em construções no continente e na Ilha Hébrida interior.[21] Essa ligação marítimo-comercial parece que se expandiu até a Escandinávia na época dos mais antigos assentamentos.[22]

Surpreendentemente, sabemos muito pouco a respeito do povo megalítico das Ilhas Britânicas, já que eles não tinham qualquer sistema de escrita que, preservada, pudesse ser lida em nossos dias. Assim, não temos qualquer informação formal a respeito de sua cultura, tal como temos de povos como os sumérios e os antigos egípcios. Arqueólogos chamam-nos simplesmente de o "Povo do Pote Entalhado", por causa dos desenhos gravados em seus potes de pedra. No entanto, eles deixaram para trás um sistema de símbolos que chegava a ser uma proto-escrita, a qual pode ser entendida, às vezes, por causa de suas referências astronômicas.

A maior parte das pessoas conhece os esplêndidos círculos de pedra que eles erigiram, mas eles também construíram os mais antigos edifícios de pedra ainda existentes no mundo, estruturas certamente mil anos mais antigas do que as cidades da Suméria. A qualidade visível do trabalho em pedra varia consideravelmente, desde um aparente e não ordenado empilhamento de placas até câmaras abobadadas de engenharia belíssima, como *Maes Howe,* nas Ilhas Orcadas, cujos padrões de construção foram descritos como "uma das supremas conquistas do Neolítico europeu".[23] Até recentemente, pensava-se que essas edificações eram mais novas que aquelas do Oriente Médio, mas uma cronologia pôde ser estabelecida baseada na datação por meio do rádio-carbono.[24] Isso levantou questões a respeito do povo que construiu essas estruturas. O arqueólogo dr. Euan Mackie comenta:

---

21. N.T.: Ilhas Hébridas são duas. Uma na costa noroeste da Escócia, conhecida como Hébrida exterior, e outra na costa oeste, conhecida como Hébrida interior. Ambas são também conhecidas como *Western Islands*, "Ilhas do Oeste".
22. N.A.: Wickham-Jones, CR: *Os Pimeiros Habitantes da Escócia.*
23. N.A.: Henshall, AS: "The Chambered Cairns" in: *The Prehistory of Orkney*, Universidade de Edimburgo,1993.
24. N.A.: Renfrew, C: *Before Civilisation*, Jonathan Cape, 1973.

Se a Europa megalítica, e mesmo os templos malteses, são mais velhos que as mais velhas cidades conhecidas, então é difícil ver como as sociedades urbanas podem ter contribuído com qualquer parte significativa no grande progresso social que estava a caminho na Europa Atlântica entre 4500 e 2500 a.C. Deve ter havido sociedades proto-urbanas especializadas ou sociedades urbanas estratificadas existindo antes que os mais antigos megalitos tenham aparecido.[25]

As estruturas que esse povo construiu incluem formações de pedras em pé, túneis, aterros e valas. Essas estruturas estendem-se ao longo das costas da Europa desde o sul da Espanha até a longínqua Escandinávia, aparecendo também na costa norte do Mediterrâneo, no sul da Itália e em Malta. Há também evidências de que esse tipo de estrutura de pedra tenha sido construído em partes do norte da África, incluindo o Egito e Israel. Praticamente todas as Ilhas Britânicas estão cobertas de estruturas desse tipo.

Sepulturas escavadas são um tipo de construção primitiva e o conteúdo nelas encontrado frequentemente permite uma datação por rádio-carbono, por isso sabemos que as formações megalíticas da Grã-Bretanha vêm de quatro mil anos a.C.[26] Sempre houve histórias a respeito dos efeitos da luz nos aterros escavados, mas apenas recentemente foi criado um novo ramo da Arqueologia, conhecido como "Arqueoastronomia", que estuda os alinhamentos astronômicos em comparação com o posicionamento das ruínas encontradas.

Em 1901, *sir* Norman Lockyer, que era, naquele tempo, editor da prestigiosa publicação *Nature*, estudava os templos do antigo Egito e percebeu que muitos deles eram construídos de tal maneira que permitiam que o Sol brilhasse em importantes partes de seu interior em dias especiais do ano. Ele avaliou um grande número de sítios[27] na Grã-Bretanha, inclusive Stonehenge, e chegou à conclusão de que alguns dos alinhamentos observados faziam parte de um calendário baseado nos solstícios e equinócios.[28] Depois de um tempo considerável estudando monumentos britânicos, Lockyer publicou sua opinião de que tumbas do período megalítico foram construídas inicialmente como observatórios ou mesmo como casas para abrigar sacerdotes astrônomos, e que o uso delas como sepultura foi posteriormente introduzido por imigrantes que construíram tumbas redondas para os mortos, sem destinar câmaras para

---

25. N.A.: Mackie, E: *The Megalitic Builders*, Phaidon Press, 1977.
26. N.A.: Renfrew, C: *Before Civilisation*.
27. N.T.: Menciono sítios referindo-me a "sítios arqueológicos".
28. N.A.: Lockyer, N: *Stonehenge and other British Stone Monuments Astronomically Considered*, Macmillan, 1909.

sacerdotes.[29] Como sempre acontece quando novas ideias desafiam antigas convenções, Lockyer foi desacreditado pelos companheiros cientistas da época por fazer "declarações malucas".

Meio século antes de Lockyer ter lançado sua teoria, um importante povoado megalítico foi descoberto quando uma grande tempestade levou parte das dunas de areia nas Ilhas Orcadas, fato esse que revelou antigas habitações de pedra. O sítio, conhecido como Skara Brae, não foi adequadamente escavado até que o arqueólogo e professor Gordon Childe começou a fazê-lo em 1920. O que ele encontrou é amplamente reconhecido e aceito como o vilarejo pré-histórico melhor preservado do norte da Europa. Skara Brae foi continuamente ocupada por aproximadamente 600 anos, por volta de 3100 a 2500 a.C., e parece ter sido moradia de sacerdotes astrônomos em treinamento – exatamente o que Lockyer havia previsto.[30]

A maior parte da mobília, bem como as casas, eram construídas de pedra em vez de madeira, o que significa que um grande número de peças sobreviveu para ser estudado. Lareiras, camas, mesas e armários construídos de pedra foram preservados. O sítio arqueológico consiste de sete apartamentos idênticos e ainda o que pode ter sido uma oficina ou uma fábrica de cerveja, e parece também que lá havia mais apartamentos que, no entanto, devem ter sido levados pelo mar.[31]

Sabe-se que naquele local não existia madeira para queimar, por isso a lenha tinha de ser trazida de barco da Escócia. Fica evidente, pelo estudo dos ossos encontrados, que a carne também era trazida de barco, pré-cortada, o que indica que os habitantes daquele lugar eram tão importantes que mereciam os cuidados especiais acima mencionados.[32]

Euan Mackie acredita que uma classe de magos deve ter surgido e progredido nessa sociedade orcadiana[33] estabelecida pelo "Povo do Pote Entalhado":

> *Um tipo bem diferente de sociedade neolítica estratificada pode ser postulado... na qual uma pequena elite de sacerdotes profissionais, sábios e dirigentes era custeada com tributos e taxas por uma população predominantemente camponesa. Tal sociedade pode ter conquistado tudo o que Thom[34] sugeriu, porque os membros da elite estavam livres da obrigação de obter sua própria comida e de construir suas moradias, podendo dedicar-se inteiramente a*

---

29. N.A.: Lockier, N: *Some Questions for Archaeologists*, Nature, vol.73, 1906, p.280.
30. N.A.: Mackie, E: *The Megalithic Builders*.
31. N.A.: Dinely, M: *The First Orkney Brewery*, Orkney Science Festival,2001/A Primeira Cervejaria de Orkney.
32. N.A.: Mackie, E: *The Megalithic Builders*.
33. N.T.: Orcadiano é o habitante das Ilhas Orcadas, ao norte da Escócia.
34. N.A.: Thom, A: *Megalithics Sites in Britain*, Oxford University Press, 1967.

objetivos religiosos, científicos ou qualquer atividade intelectual... o processo de transformar comunidades neolíticas de camponeses primitivos em sociedades estratificadas mais avançadas, com líderes preparados, sábios e outros especialistas pode bem ter começado muito antes. Se nossa hipótese de uma "Revolução Religiosa" está aproximadamente correta, ela começou com o estabelecimento mais amplo e progressivo de um sacerdócio profissional na época neolítica, por volta de 4500 a.C.[35]

Essa opinião implica na existência de algum tipo de treinamento formal para esses especialistas. É impossível provar, mas dada a concentração de estruturas megalíticas nas Ilhas Orcadas, parece ser razoável supor que Skara Brae pode ter sido um tipo de "Universidade Neolítica".

O Enigma da Jarda Megalítica

Nenhum arqueólogo negaria hoje que muitos sítios megalíticos foram construídos obedecendo a alinhamentos específicos com os solstícios e equinócios, como também fixando pontos-chave que revelavam a direção do nascente e poente da lua e de outros corpos celestes. O homem que quase sozinho criou a Arqueoastronomia e fez dela uma ciência reconhecida foi Alexander Thom, um reconhecido professor de Engenharia da Universidade de Oxford. Thom dedicou 50 anos de sua vida à pesquisa e ao estudo de sítios megalíticos e, com isso, conquistou grande conhecimento no campo da Arqueologia.

Thom se interessou pelas estruturas megalíticas desde sua infância, na Escócia. Começou sua pesquisa porque suspeitava que, de fato, os sítios guardavam alinhamentos astronômicos. Seu cuidadoso trabalho de medição de sítio após sítio lentamente produziu um arquivo de dados que indicavam que esses construtores pré-históricos, das ilhas do norte da Escócia até a Bretanha francesa, tinham utilizado um mesmo padrão de medida. Era surpreendente que eles fossem tão bem organizados, que pudessem estabelecer unidades-padrão; a absoluta precisão com a qual aplicavam essas medidas era verdadeiramente espantosa. A jarda megalítica,[36] como Thom chamou-a, foi identificada durante os muitos anos de pesquisa efetuada por ele que a define como sendo igual a 0,82966 metros. A crença entre os arqueólogos era que os habitantes das Ilhas Britânicas no Período Neolítico constituíam um povo muito atrasado e a ideia de que eles tivessem usado conhecimento matemático ou que tivessem estabelecido padrões de medida era tida como

---
35. N.A.: Mackie, E. *The Megalithic Builders*.
36. N.T.: O autor refere-se à unidade de medida jarda, no sistema inglês, e aqui estabelece por comparação o conceito de jarda megalítica.

algo absolutamente ridículo. O trabalho de Thom foi inicialmente ignorado pela comunidade dos arqueólogos, mas, graças a um cuidadoso e bem-ordenado estudo estatístico, ele começou a ser aceito entre muitos cientistas que passaram a acreditar que, de fato, um sistema de medida foi adotado em grandes extensões na Europa pré-histórica.

No entanto, esse fato ainda é ignorado por alguns arqueólogos mal informados que insistem em propostas absurdas, tal como a ideia de que esse respeitável professor de Engenharia enganou a si mesmo quando identificou matematicamente uma medida que, na prática, corresponderia simplesmente ao passo normal de um indivíduo de estatura média daquele período. Se esses críticos investissem um pouco de seu tempo para confirmar o que afirmavam por experimentos, veriam que estavam falando coisas sem sentido.

A existência de uma unidade-padrão primitiva de comprimento demonstra que uma Matemática compartilhada estava em uso, em ampla escala e por uma área geográfica considerável. O professor Thom estava convencido de que tinha encontrado um verdadeiro artefato matemático na "jarda megalítica", mas veio a falecer sem entender como esse povo pôde criar essa medição precisa. Quanto a nós, tivemos condição de resolver o enigma porque chegamos a ele vindos de uma direção totalmente diferente e inesperada. Nosso interesse era um texto judaico datado de 2200 a.C. e encontrado entre os Manuscritos do Mar Morto no antigo assentamento palestino de Qumram, e nunca poderíamos suspeitar que isso nos levaria às origens da jarda megalítica.

O Livro de Enoch, popular nos primeiros séculos da era cristã, foi esquecido e perdido até que o maçom escocês James Bruce foi à sua procura, no século XVIII. Ele encontrou o que procurava escondido na Etiópia e, quando traduziu a versão que havia encontrado, todos que a leram afirmaram que se tratava de uma versão muito corrompida, pois continha material estranho, incluindo uma seção completa de um tipo incompreensível de Astronomia.

A descoberta posterior de várias cópias desse texto muito antigo entre os Manuscritos do Mar Morto demonstrou que Bruce havia encontrado uma versão inteiramente autêntica. Na seção intitulada "O Livro das Luminárias Celestes", o leitor é informado de que o herói bíblico Enoch peregrinou para o norte para aprender os segredos da Astronomia. Pelas datas mencionadas e pela duração dos dias descrita, é possível concluir que latitude norte ele atingiu. No *Uriel's Machine,* explicamos como essa informação nos levou a acreditar que as descrições atribuídas a Enoch referem-se a uma jornada que tinha como destino o local das estruturas megalíticas de Stonehenge na Inglaterra e Newgrange na Irlanda.

Também sabíamos que a tradição judaica coloca Enoch há mais de cinco mil anos, o que coincide com o período em que os sítios megalíticos estavam em atividade. Essa análise surpreende algumas pessoas, porque elas veem a história em pequenas porções separadas por tempo e geografia.

O *Catholic Herald* informou seus leitores em linguagem bastante pitoresca que isso era falsa pesquisa. Seu correspondente, Damian Thompson, disse que estávamos errados. Quando perguntamos a ele o porquê, ele teve de admitir que não entendia os cálculos feitos – mas tínhamos de estar errados, porque nossas conclusões soavam de maneira muito estranha.

Mas não estávamos sozinhos. Viemos a descobrir, mais tarde, que mais alguém, trabalhando independente, também chegou a uma conclusão muito semelhante à nossa a respeito das viagens de Enoch. Robin Heath, um cientista, acadêmico e escritor, teve interesse em estudar o desenvolvimento da civilização desde a Europa Ocidental até as chamadas primeiras civilizações do Oriente Médio. Eis suas próprias palavras:

> *Apesar de a pesquisa de muitas pessoas indicar que os construtores megalíticos eram praticantes de Astronomia e Geometria antes de 3000 a.C., ainda permanece o fato verdadeiro de que essa cultura é largamente desvalorizada como um componente vital de nossa história.*[37]

Robin Heath é filho do falecido professor A.E. Heath, da Universidade de Oxford. O professor Heath ajudou na criação da *Rationalist Press Association,* que encorajava a pesquisa das origens do pensamento científico. Quando criança, Robin Heath conheceu o professor Alexander Thom que também trabalhava na Universidade de Oxford e era amigo de seu pai. Robin fascinou-se pelo trabalho de Thom no campo dos sistemas de medição e, quando ele se aposentou como diretor de Departamento do Instituto Técnico de Gales do Sul, decidiu estudar com mais profundidade a cultura megalítica que Alexander Thom tinha discutido com ele muitos anos antes.

Heath estava interessado, em particular, na investigação da existência de ligações entre os diversos sistemas de medidas usados em civilizações remotas. Como ele disse:

> *A cultura megalítica foi considerada até muito recentemente nada mais que um fenômeno isolado, uma esquisitice cultural, e qualquer possibilidade de haver ligação com outras culturas sempre foi veementemente negada.*[38]

Em particular, ele avaliou as unidades de comprimento usadas pelos egípcios e sumérios e usou testes estatísticos para concluir se havia correlação entre elas e a jarda megalítica. Lançando mão dos levantamentos altamente acurados de Thom, feitos em Stonehenge, ele percebeu superposições entre

---

37. N.A.: Heath, R: Sun, *Moon and Stonehenge. Proof of High Culture in Ancient Britain,* Bluestone Press, 1998.
38. N.A.: Heath, R: Sun, *Moon and Stonehenge. Proof of High Culture in Ancient Britain*, Bluestone Press, 1998.

as unidades de medida egípcias (o cúbito real e a polegada faraônica), o pé sumério e a jarda megalítica. Ele comentou assim o que encontrou:

> *O que não tínhamos o direito de esperar era que a polegada faraônica e a jarda megalítica fossem conectadas; a respeito do pé sumério, alguém poderia supor que, aparentemente, fossem ligadas à cultura egípcia com a cultura de Stonehenge.*

Essa conclusão levou-o a observar que a geometria da plataforma de Stonehenge, uma edificação que sabemos ter sido construída pelo "Povo do Pote Entalhado", usou sistemas de medida de área baseados na antiquíssima unidade de medida de área egípcia chamada "aroura", a qual também foi usada na construção das Grandes Pirâmides de Gizé. A respeito disso, ele disse:

> *Aqui encontramos uma evidência física validando historicamente técnicas de medida que concluímos serem de origem egípcia.*

Ele foi ainda mais longe, acrescentando que essa interpretação deveria ser questionada, já que o aterro de Stonehenge é centenas de anos anterior às Grandes Pirâmides.

Enquanto Heath buscava explicações alternativas mais viáveis para as superposições dos sistemas de medidas, ficou sabendo das observações contidas no *Livro de Enoch* a respeito da duração dos dias, e dos comentários a respeito de sua viagem para o norte. Assim se manifestou Heath a respeito:

> *Quem diz que não existe menção à cultura megalítica europeia e sua astronomia nos registros culturais do Oriente Médio?*

Analisando os dados relativos à duração dos dias, ele concluiu:

> *Parece que as observações de Enoch foram feitas em Stonehenge ou em latitude muito próxima. A razão entre dia e noite relatada é a mesma de Stonehenge, e, se a definição de noite (momento exato em que ela ocorre) for tomada com meia hora de antecedência no intervalo entre o pôr do sol e o amanhecer, assim que as primeiras estrelas são visíveis, então o gráfico das observações de Enoch será coincidente com os gráficos feitos em Stonehenge. Os escritos de Enoch que, como sempre assumimos, contêm sabedoria judaica e/ou oriunda do Oriente Médio, sugerem uma contribuição de uma "maior e mais gloriosa fonte" encontrada em uma latitude próxima de Stonehenge.*[39]

Robert enviou um *e-mail* a Robin Hearth perguntando sua opinião a respeito da possibilidade de Enoch ter de fato visitado Newgrange e até mesmo Stonehenge. O que Heath respondeu-nos foi:

---

39. N.A.: Heath, R: *Sun, Moon and Stonehenge*.

Meu interesse em Enoch foi a Astronomia comparada passo a passo com o calendário. Durante algumas intermináveis e aborrecidas aulas de Matemática, enquanto meus alunos faziam suas provas, eu idealizei um programa em BASIC para encontrar medidas de latitude baseado nos dados do Livro de Enoch. *Ele "gentilmente" informa-nos quatro repetições de cada quarto da onda senoidal*[40] *com a qual ele não estava familiarizado, e eu acredito ser essa uma boa prova de que os dados ajustam-se com perfeição ao original.*

Há problema com os dados. Em que momento a noite está de fato definida como tal? Parece ser um pensamento moderno considerar que a "noite" acontece 20 minutos depois do acender das luzes, como nas estradas, por exemplo, onde vigora o Highway Code[41] *e não sendo eu exatamente um perito em Astronomia, decidi definir noite como o período compreendido entre meia hora depois do pôr do sol e meia hora antes da aurora. Rodei o programa em minha casa naquela noite, em 1988, filtrei os dados por aproximadamente uma hora e concluí que Enoch não estava no Oriente Médio. Mais tarde, passei o problema aos meus alunos de computação e eles concluíram que Enoch estava observando o céu de uma latitude entre 50 e 55 graus, presumivelmente latitude norte, por causa da descrição que faz da duração dos dias na primavera.*[42]

Em *Uriel's Machine*, tínhamos concluído que o *Livro de Enoch* descrevia um local que coincidia com as latitudes onde habitava o "Povo do Pote Entalhado", que havia construído edificações alinhadas astronomicamente, tais como os anéis de Brodgar e Stenness, Maes Howe e Callanish ao norte da Escócia; Newgrange, Knowth e Dowth no Boyne Valley da Irlanda; Barcliod yr Grawea e Bryn Celli Ddu no nordeste de Gales; Stonehenge, Avebury, Silbury Hill e Durrington Walls no sul da Inglaterra. Concluímos que era muito mais que uma simples coincidência o "Livro das Luminárias Celestes" dissertar a respeito de uma Astronomia primitiva e que Enoch

---

40. N.A.: A duração da luz do dia, em qualquer latitude, varia em uma maneira previsível por causa da forma como o eixo axial da Terra inclina-se em relação aos raios do sol. O quanto os dias são mais longos ou mais curtos pode ser equacionado matematicamente e resultam em ondas senoidais. Esse conhecimento e sua formulação deduzida da medida do tempo de luz do dia sustentam os cálculos de Heath.
41. N.T.: Nas autoestradas da Grã-Bretanha assume-se que é necessário acender os faróis 20 minutos antes de a noite estar perfeitamente caracterizada pela total ausência de luz natural. *"Highway Code"* é o código de trânsito que regula essa determinação.
42. N.A.: Robin Heath: comunicação privada, 2001.

tenha descrito latitudes que coincidem com as encontradas por conhecidos e modernos observatórios astronômicos.[43]

Mas, como nossa investigação de um antigo documento judeu conhecido como o *Livro de Enoch* levou-nos à solução do enigma da "jarda megalítica"?

Concluímos que essa unidade de medida derivava da observação de três fatores: a velocidade da Terra em relação ao seu eixo, a órbita da Terra em relação ao Sol e a massa do planeta. Apesar de serem assuntos complexos, descobrimos que qualquer pessoa pode reproduzir a jarda megalítica em apenas um dia, usando observação astronômica, um pedaço de corda, duas varinhas, um pedaço de barbante e uma pedra com um buraco no centro. Uma descrição completa da técnica para encontrar a jarda megalítica está no Apêndice 1.

Quando anunciamos que tínhamos descoberto o método de medir a "jarda megalítica", algumas pessoas julgaram que tínhamos enlouquecido. De fato, um professor de Astronomia muito respeitado, presente quando apresentamos nossas descobertas no Festival de Ciências de Orcadas, confessou que nos considerava malucos – até que conferiu as evidências. Depois disso, o professor Archie Roy descreveu nossos resultados como "pura ciência" e acrescentou dizendo que a descoberta abria um novo capítulo no entendimento do homem megalítico.

O Palácio de Cristal

Existem muitas edificações megalíticas impressionantes no Vale de Boyne, na Irlanda, mas uma é particularmente grande. Newgrange é uma edificação de 280 mil toneladas que começou a ser construída em torno de 3500 a.C. – mais de mil anos antes que os egípcios removessem a areia do platô de Gizé para a grande pirâmide de Quéops (Kufu) e mais de 2.500 anos antes que os construtores de Hiram lançassem os alicerces do Templo de Salomão. O aterro é feito de pedras roladas de granito e a parede que está voltada para leste é recoberta com quartzo branco brilhante. A concepção desse prédio é única, ele corresponde perfeitamente àquele descrito no *Livro de Enoch* e está em uma localização que corresponde aos registros de dias e noites nele encontrados.

Quando visitamos Newgrange pela primeira vez, perdemos o caminho e paramos à margem da estrada para admirar de longe, por sobre uma curva do rio Boyne, a fachada que, à luz do sol, irradiava um branco cintilante. O efeito era simplesmente maravilhoso. Se não soubéssemos o que estávamos olhando, pensaríamos estar vendo um prédio ultramoderno com o estilo e

---

43. N.A.: Knight, C & Lomas, R: *Uriel's Machine*, Arrow, 1999.

a dramática presença de uma criação de Le Corbusier.⁴⁴ *O Livro de Enoch* descreve uma visita a uma grande e impressionante edificação, nessa latitude, e que estava iluminada por uma fileira de tochas em chamas:

> *E eu fui até perto de uma parede construída de cristais e rodeada por línguas de fogo: e ela começou a me assustar. E eu fui dentro das línguas de fogo e cheguei perto de uma casa grande que era feita de cristais: e as paredes da casa eram como um mosaico de cristais.*

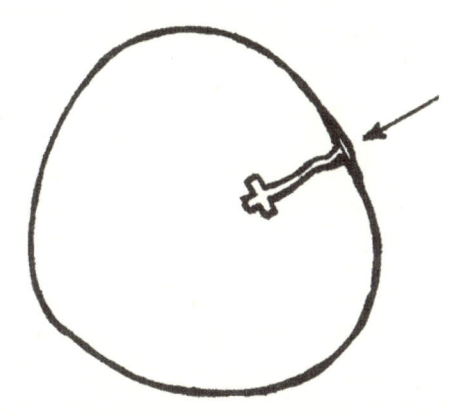

Planta de Newgrange mostrando como foi concebido para permitir que a luz de Vênus entrasse na câmara interior no solstício de inverno.

Em uma vista em planta, o edifício é feito de uma série de seções parabólicas que o fazem quase circular, com um diâmetro de mais ou menos cem metros. Há muitas pedras cuidadosamente trabalhadas ao longo de um túnel de 19 metros que leva da entrada, no meio da parede de cristal, até uma câmara enterrada dentro da construção. Em frente à entrada está uma pedra enorme entalhada com espirais entrelaçadas, sulcos em forma de "V" formando linhas e ninhos de figuras em forma de losangos. Esses eram símbolos típicos do "Povo do Pote Entalhado", mas, curiosamente, eles também podem ser encontrados em artefatos da pré-história egípcia.

Como mencionamos em *Uriel's Machine,* chegamos à conclusão de que o símbolo espiral representa um quarto do ano, representando o caminho do Sol desde a transição de um solstício até o equinócio seguinte. A espiral dupla é a forma que se consegue obter se colocarmos uma estaca vertical fincada no solo e marcarmos com um ponto a extremidade da sombra projetada por ela ao meio-dia, no período de junho a dezembro. Unindo os pontos, teremos uma espiral dupla, o símbolo gravado na pedra de entrada

---

44. N.T.: Le Corbusier é o pseudônimo do notável e famoso arquiteto suíço Charles Edouard Jeanneret, pioneiro criador de um estilo arquitetônico mundialmente conhecido como *"International Style".*

de Newgrange, que aparece também em muitos outros sítios arqueológicos que estudam os potes entalhados na Europa Ocidental.

Sabíamos que o símbolo era muito usado tanto em pedras de sinalização como em potes, mas estávamos fascinados pelo fato de que, enquanto conseguíamos encontrar exemplos de potes entalhados no antigo Egito pré-dinástico com símbolos do "Povo do Pote Entalhado", ninguém havia encontrado qualquer artefato egípcio na Grã-Bretanha. Isso indica que as ideias desenvolvidas pelo "Povo do Pote Entalhado" por todas as Ilhas Britânicas podem ter sido introduzidas no Egito antes do aparecimento da primeira dinastia e dos registros históricos propriamente ditos.

Também percebemos que o uso dos símbolos espirais em Newgrange fazia sentido, porque a edificação, que é basicamente um túnel em um aterro, possui uma câmara central acessada por uma entrada alinhada a uma posição do Sol no amanhecer de um dia especial. Na manhã do solstício de inverno, quando o Sol nasce em sua posição mais ao sul, sua luz penetra o estreito túnel em sua curva ascendente, que emerge como um feixe de luz apertado que espalha um intenso brilho conforme atinge a parede do fundo da câmara interna. Tem de haver uma intenção deliberada na concepção do prédio, porque uma fenda especial foi aberta acima da entrada para permitir a entrada da luz.

O estreito túnel dentro do aterro está alinhado com enormes placas de rocha sólida. Há 22 pedras do lado esquerdo do túnel, quando entramos nele, e 21 do lado direito da passagem. A câmara tem o formato de uma cruz e em cada um de seus braços há uma bacia de pedra muito bem trabalhada, exceto a alcova do lado direito, que possui uma pequena bacia extra colocada dentro da maior. Há duas depressões nessa bacia pequena.

Newgrange foi construída por um grupo de agricultores competentes. Tão competentes que foram capazes de alimentar o grupo de especialistas construtores que levantaram essa pesada edificação. De fato, quando o aterro foi estudado, alguma turfa foi testada e descobriu-se que ela tinha vindo de campos em que crescia um tipo de trigo primitivo que tinha sido deixado lá para retomar sua natureza selvagem, sugerindo que já naquela época distante praticava-se rotação nas colheitas. [45]

Os construtores de Newgrange organizaram uma força de trabalho significativa para edificar essa estrutura, que consiste em um aterro de 250 pés de diâmetro (quase 85 metros). Os trabalhadores mostraram ter habilidade suficiente para construir o teto escorado da câmara e alinhar uma passagem de 80 pés de comprimento (27 metros), de tal forma que estava exatamente posicionada em direção ao nascer do Sol no solstício de inverno. Essa construção por si só já é uma grande conquista, mas há outros dois

---

45. N.A.: O'Kelly, Michael J: *Newgrange, Archaeology, Art and Legend*. Thames and Hudson, 1982.

aterros de tamanho similar, do mesmo período, na mesma parte de Boyne Valley e todos à vista um do outro. O aterro em Knowth está sendo escavado agora pelo professor George Eogan, e está parcialmente aberto ao público, mas o outro aterro em Dowth ainda não começou a ser explorado.

Calculamos que o povo que construiu essas estruturas às margens do rio Boyne investiu a impressionante cifra de 2 milhões de homens-hora em termos de tempo de construção, demonstrando que há mais de 5.500 anos eles deviam viver em uma complexa sociedade, e isso aproximadamente mil anos antes do aparecimento das cidades-Estado da Suméria e do Egito.[46] Entretanto, há um importante aspecto de Newgrange que foi esquecido pelos especialistas envolvidos nas escavações. Ele também foi projetado para captar a luz de Vênus a cada oito anos.

Por ocasião de uma visita que fizemos a Newgrange, o guia que nos levava acendeu um holofote posicionado no túnel, imitando o efeito dos raios solares que invadem a passagem na aurora do solstício de inverno. Notamos imediatamente que o raio de luz estava cerca de 3 pés fora do centro, à direita, e perguntamos ao guia por que aqueles construtores megalíticos haviam feito aquilo. A resposta não foi satisfatória. Ele afirmou que a imprecisão devia ser resultado da precessão dos equinócios, e que a construção devia ter sido concluída há 5.500 anos, quando a pequena declinação da Terra era 70 graus diferente. Argumentamos que a precessão dos equinócios era uma oscilação do planeta em relação ao seu eixo, o que causaria uma aparente rotação das estrelas, fato que acontece em ciclos de mais de 25 milênios. Isso não poderia ter efeito no ângulo dos raios de Sol que entravam na câmara na aurora. O movimento de declinação do Sol só poderia ser afetado por uma muito mais lenta precessão da elíptica, o plano da órbita da Terra em torno do Sol. O período desse movimento é três vezes mais longo que o da precessão dos equinócios e ele não se moveu significativamente desde que Newgrange foi construída. Concluímos que o desvio do alinhamento foi deliberado e não o resultado de qualquer mudança nas posições da Terra ou do Sol. Ou o desvio era um equívoco construtivo, ou o ângulo do solstício não era o que realmente interessava.

Talvez nunca nos tivesse ocorrido a ideia de pensar em Vênus se não fosse o fato de Robert ter despendido muitos anos de investigação em um sítio megalítico chamado Bryn Celli Ddu, distante mais ou menos 50 milhas da boca do rio Boyne pelo mar da Irlanda, em Anglesey. Seu prolongado estudo revelou que aquela pequena edificação, do mesmo período de Newgrange, exibia um grande número de alinhamentos astronômicos que eram, sem dúvida, intencionais. Esses alinhamentos incluíam:

---

46. N.A.: Knight, C & Lomas, R: *Uriel's Machine – The Ancient Origins of Science.*

1. Linhas de mira que haviam sido escolhidas para interpretar as observações da Lua e que continham informação suficiente para predizer eclipses;
2. O alinhamento do trânsito do Sol e sua marcação em forma de taça, que indica os equinócios e o solstício de verão;
3. Um calibrador de sombra que indica em que momento do ano solar estamos;
4. Um pilar interno e uma fenda na parede (que permite a entrada da luz) posicionados de tal forma que permitem medir o ciclo de Vênus e indicam o solstício de inverno.

O pilar e a fenda foram alinhados antes de a câmara ter sido construída. A base da fenda, parte que permite a passagem do feixe de luz, lançando-o sobre o pilar, foi esculpida na borda superior da grande placa de pedra que forma a parede sul da câmara. Primeiro foi erguido o pilar e depois a grande pedra foi posicionada um pouco ao sul. O topo do lado direito da placa foi chanfrado e a posição da pedra foi ajustada de tal forma que o facho de luz que passa pelo chanfro caísse sobre o pilar quando o Sol estivesse na posição sudoeste.

Sabemos que a altura do Sol varia de acordo com as estações do ano. No verão, o Sol está alto no céu, enquanto que, durante o inverno, essa posição é bem mais baixa. Isso significa que, quanto mais alto estiver o Sol no céu, mais baixa estará a projeção do facho no pilar. A posição do pilar e da placa foi ajustada até que o facho de luz que passa pelo chanfro atingisse o topo do pilar quando o Sol estivesse em sua posição mais baixa no céu. Isso acontece na metade do inverno, no solstício de inverno. Isso pode ser facilmente marcado de tal forma que o facho de luz caia sobre o pilar ao meio-dia, quando o Sol está em seu ponto mais alto, mas os primitivos construtores desse dispositivo tinham alguma outra coisa em mente. A placa e o pilar foram posicionados de tal forma que a luz do Sol cai sobre ele passadas três horas do seu ponto mais alto.

Assim que a posição da placa e do pilar foi acertada, a câmara foi construída ao redor do pilar. A posição escolhida e ainda existente é tal que, duas horas depois do pôr do sol, Vênus está na mesma parte do céu deixada pelo Sol no inverno. Dessa forma, a luz de Vênus pode também imprimir seu facho no pilar. Conhecendo a posição inicial do Sol, e em seguida a posição de Vênus, podemos medir com exatidão a posição do planeta no céu noturno. Essa era uma medição importante para esses astrônomos primitivos, porque quando observado da Terra, o planeta Vênus é o indicador de tempo mais preciso que se conhece, melhor que qualquer outro em todo o sistema solar. A cada oito anos, Vênus determina um instante em que o calendário solar, lunar e sideral coincidem com variação de poucos minutos. A cada 40

Equinócio

Solstício de Inverno

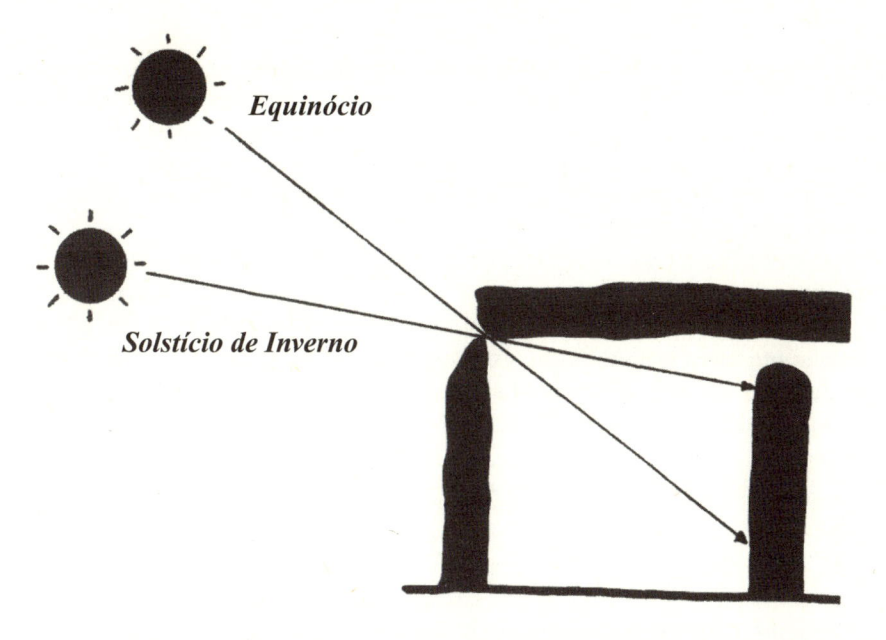

O "feixe de luz" no observatório megalítico, atualmente chamado Bryn Celli Ddu em Anglesey, que mostra como foi projetado para servir como um calendário. O chanfro é posicionado para permitir que um estreito facho de luz entre por ele e atinja o pilar no interior da câmara. Esse pilar era marcado com uma escala em que apareciam as posições de elevação máxima do Sol no céu, entre o solstício de inverno e o equinócio. O sacerdote responsável só teria de observar a posição do facho de luz para saber a data em que estava.

anos exatos, quando Vênus completa cinco de seus ciclos de oito anos, a sincronização é apurada e a variação é da ordem de frações de um segundo. Tal precisão oferece-nos um calendário e um relógio usado para acertar as horas até 1950, quando foram inventados relógios atômicos mais precisos.

Pondo as coisas de maneira mais simples: Vênus é o metrônomo[47] de nosso mundo. Entendendo seu movimento, poderemos entender fenômenos naturais vitais como as estações do ano e as marés. Ele pode nos tornar sábios a respeito de nosso meio ambiente, tanto em termos de agricultura como na pesca e, dessa forma, pode assegurar que tenhamos boa alimentação e possamos exercer o comércio eficientemente. De várias maneiras, Vênus é a peça central da civilização.

Tendo por fundo o zodíaco, Vênus completa uma estrela de cinco pontas a cada oito anos e retorna à sua posição original depois de 40 anos. Enquanto estudava esse observatório de Anglesey, Robert desenvolveu um procedimento analítico para prever quando Vênus apareceria no pilar de Bryn Celli Ddu. Suas previsões foram aperfeiçoadas mediante testes de

---

47. N.T.: Metrônomo é o instrumento originalmente usado para regular os andamentos musicais.

observação e, por isso, ele aplicou a mesma metodologia em Newgrange. Seus cálculos deram resultados muito próximos daqueles encontrados por medida física e registrados pelo dr. Tom Ray, que primeiro estudou o alinhamento da câmara de luz ao solstício do Sol nascente e, quando levou em consideração ajustes necessários de temperatura e pressão, os dados coincidiram exatamente.[48]

Vênus aparecia como uma estrela matutina, na época do solstício de inverno, por quatro dos oito anos de seu ciclo (nos outros quatro anos ele aparecia como uma estrela noturna logo depois do pôr do sol). Em alguns anos surge mais brilhante que em outros, e sua proximidade do Sol varia no decorrer do ciclo. Na tabela abaixo apresentamos o comportamento de Vênus observado na época do solstício de inverno.

Ano	Posição	Brilho	Tempo que antendeu a aurora	Declinação
1	Manhã	99,5%	24 min.	-23:16
2	Manhã	36%	254 min.	-13:02
3	Noite	86%		
4	Manhã	91%	126 min.	-20:07
5	Noite	17,5%		
6	Noite	97,5%		
7	Manhã	72,3%	224 min.	-15:11
8	Noite	63,2%		

Essa tabela mostra o ciclo básico de oito anos de Vênus. A primeira coluna mostra o ano do ciclo. A coluna seguinte mostra se Vênus está aparecendo de manhã ou à noite. Nos anos 1, 2, 4 e 7 Vênus comporta-se como uma Estrela da Manhã, nascendo antes do Sol. Nos outros quatro anos do ciclo, ele aparece como uma estrela noturna, seguindo o pôr do sol. A coluna três descreve o brilho de Vênus – quão brilhante ele aparece no céu depende de onde o planeta está em relação ao Sol, pois é o ângulo de reflexão que controla a quantidade de luz que pode ser refletida à Terra. Seu brilho é mostrado como uma porcentagem do máximo possível de ser atingido. A quarta coluna informa quanto tempo antes da aurora Vênus aparece no céu oriental. A coluna cinco dá a declinação de Vênus quando se comporta como uma estrela matutina. Esse ciclo é repetido aproximadamente a cada oito anos e precisamente a cada 40 anos. Um novo ciclo começou no ano 1 de nossa era, e outro começará no ano de 2009 d.C.

---

48. N.A.: Ray, TH: "An Investigation of the Solar Alignment of Newgrange", *Nature*, vol.337, no.26. 345-346, Jan. 1989.

Sabíamos que havia quatro possíveis ocasiões, durante o ciclo de oito anos, nas quais a luz de Vênus aparece antes do Sol, durante o solstício de inverno, em Newgrange. No entanto, não é a mesma a distância do Sol em cada uma das fases da Estrela da Manhã, como demonstrado pelos valores de brilho e declinação na tabela. Em apenas uma dessas ocasiões, Vênus passa em frente à abertura do chanfro de Newgrange e é exatamente quando ele se apresenta mais brilhante. Nessa manhã, exatamente 24 minutos antes que a luz do dia entre na câmara, a luz do Sol é refletida da superfície de Vênus e passa através do chanfro da câmara de Newgrange. Por 15 minutos, mais ou menos, o centro da câmara será iluminado pela luz de Vênus, o terceiro corpo mais brilhante do céu. A princípio, a luz será vermelha, por ação da refração da luz do planeta em posição baixa em relação ao horizonte. Logo depois, ela vai se transformando em um azul metálico-claro conforme o planeta vai subindo no horizonte.

Em todas as outras ocasiões, Vênus surge muito longe ao norte, o que impossibilita que sua luz seja captada pela pequena fenda chanfrada na placa de Newgrange. No entanto, quando a luz entra pela fresta e projeta-se para dentro da câmara parece um facho de uma lanterna. Mesmo em campo aberto, a luz de Vênus é tão forte que produz uma sombra perceptível em noites sem lua, podendo além disso ser vista à luz do dia mesmo quando o planeta está perto do Sol que, com sua luminosidade, apaga de nossos olhos outras estrelas e planetas.

O efeito de tudo isso nos solstícios de inverno da pré-história deve ter sido dramático. A câmara está totalmente escura e, de repente, à medida que a luz brilhante de Vênus faz uma de suas aparições depois de decorridos oito anos, produz uma radiância sobrenatural, lentamente transformando-se de vermelho fogo para se tornar tão brilhante quanto a luz do dia mas destituída de cor. Depois de algo em torno de 15 minutos, conforme o Sol surge, a luz fria e monocromática torna-se dourada, para posteriormente ceder à quase escuridão outra vez. Qualquer um nessa câmara, antes do alvorecer, a cada oitavo solstício de inverno, teria razão de acreditar que estava se comunicando com os deuses.

Assim que entendemos que o aparecimento de Vênus era fundamental para Newgrange, percebemos que a verga acima da câmara tem oito símbolos entalhados. Trata-se de retângulos com uma cruz interna, os quais têm sido identificados genericamente como "um ano", pois representam o começo e o fim do solstício. Esses oito símbolos só poderiam ter sido entalhados aqui para anunciar aos primitivos magos, capazes de ler essa proto-escrita, que um evento muito especial acontecia dentro daquela câmara uma vez a cada oito anos. Se pudéssemos entender mais das inscrições usadas pelo "Povo do Pote Entalhado", suspeitamos que elas nos diriam que um deus entrava através daquela fenda cuidadosamente entalhada.

Vênus e Ressurreição

Havia ainda dois outros aspectos importantes nessas edificações megalíticas do vale de Boyne que eram relevantes ao nosso processo investigativo em curso. Primeiro, havia um conteúdo sexual muito forte nos artefatos encontrados aqui, incluindo "falos" muito bem entalhados em pedra. É sabido por escritores mais modernos, como Tácito e outros autores romanos, que festivais sexuais eram promovidos publicamente pelos celtas que, apesar de muito mais tardios, parece que herdaram sua tradição ancestral do "Povo do Pote Entalhado". Em segundo lugar, um pensamento bem mais especulativo que tínhamos considerado em relação a Newgrange, imaginando que as câmaras podem ter sido usadas para um ritual que acreditávamos que teria poder de reencarnação.

Chris tinha imaginado que havia semelhança entre o túnel e a câmara de três partes e os órgãos reprodutivos de uma fêmea humana. Sabíamos que muitos povos primitivos pensavam que o ciclo das estações indicava como os deuses do céu fertilizavam a Terra para dar vida ao gado e às plantas. Poderia o facho de luz que entrava através da fenda ser visto como o falo de Deus penetrando a genitália da Terra e espalhando as sementes da vida trazidas do céu a essa câmara-uterina e a tudo dentro dela? Pensávamos que isso parecia inteiramente aceitável por muitas razões, particularmente porque Tácito reporta que os celtas promoviam festivais sexuais na primavera, para que assim suas mulheres dessem à luz no solstício de inverno.

Consideramos, depois, como diversas culturas, incluindo os judeus, acreditavam que pessoas de sua própria pré-história viviam por períodos extremamente longos, muito além do que se poderia chamar de uma "vida normal". É quase certo que a personalidade conhecida como Enoch seja o resultado de uma composição feita de memórias culturais que pertenciam a grupos de pessoas que antecederam o surgimento do povo hebreu. É como se sua vida não pudesse ser datada de uma forma histórica, mas por datas relacionadas a essas figuras mitológicas que, acreditamos, eram importantes. Concluímos que há, de fato, uma datação aceita nos códigos judaicos a respeito do tempo de Enoch na Terra. Um renomado estudioso bíblico do começo do século XX identifica-o como "um filho de Jared, e pai de Matusalém". Ele nasceu, de acordo com fontes judaicas, em 3382 a.C.[49] É sabido que o Velho Testamento foi tecido e composto, no mínimo, por três tradições distintas, e essa que afirma isso veio da "tradição sacerdotal" conhecida usualmente como "P". Diz-se que Enoch viveu na Terra por 365 anos antes de ser levado aos céus, em 3017 a.C. em corpo e alma. Essa data é surpreendentemente recente, estando aproximadamente 1.500 anos antes de Abraão e 2.000 anos antes de Moisés. No entanto, essa data é muito

---

49. N.A.: Hunter, RH: *Cassell's Concise Bible Dictionary*, Cassell & Co. Ltd, 1996.

interessante para nós, pois coloca Enoch na Terra exatamente na época em que Newgrange foi projetada e construída.

À primeira vista, essas datas não correspondem ao fato relatado no Velho Testamento, colocando Enoch antes do Dilúvio – ele era o bisavô de Noé. Enquanto nossa própria investigação mostrava que houve uma inundação global oito mil anos antes de Cristo,[50] os autores dos livros do Velho Testamento consideravam que o Dilúvio de Noé ocorreu em torno de 2400 a.C., tornando então a cronologia de Enoch consistente no mito hebreu.

Outro ponto interessante a respeito de Enoch é o significado do seu nome. Enoch pode ser traduzido como "iniciado" – sugerindo que ele foi levado, por meio de um ritual, a informações secretas.[51] É exatamente isso o que parece estar descrito no *Livro de Enoch*, quando Uriel explica os conceitos de Astronomia para o homem perplexo do Oriente Médio.

De todas as evidências disponíveis, poderíamos imaginar uma crença de acordo com a qual quando um rei ou outra dignidade morria, seus restos mortais eram mantidos no todo ou em partes e levados para dentro da câmara no dia anterior ao do solstício de inverno. Ao mesmo tempo, uma mulher previamente inseminada no festival do equinócio da primavera e agora grávida era também levada para a câmara, junto aos restos mortais do falecido, para esperar a vinda da luz de Vênus. A luz fantasmagórica na câmara talvez fosse capaz de reencarnar o espírito do morto na criança nascida naquele momento. Alguns minutos mais tarde, o calor do Sol celebraria a ressurreição do morto em sua nova forma infantil.

Talvez as bacias encontradas nas alcovas das câmaras fossem destinadas a conter as cinzas, os ossos ou outras partes do morto enquanto aguardavam a luz da ressurreição.

Talvez acreditassem que tal processo ritualístico poderia prover a comunidade de um fluxo de almas reencarnadas, alimentando a crença de que seus líderes estavam transcendendo o poder da morte sobre suas vidas incrivelmente curtas. Certos indivíduos-chave podem ter imaginado que eram imortais pela habilidade de retornar com seu conhecimento científico para liderar seu povo pela adversidade. Eles podem ter assumido o nome das pessoas mortas e herdado suas posses. Suas vidas podem ter sido estruturadas como uma continuação da prévia existência da outra pessoa.

Por nossa própria experiência, sabemos que, conforme uma criança cresce, torna-se adulta e entra na meia-idade, as coisas que lhe são ditas quando ainda pequena são impossíveis de serem separadas de suas primeiras experiências. Frequentemente, ficamos convencidos de que nossa memória

---

50. N.A.: Knight, C & Lomas, R: *Uriel's Machine – The Ancient Origins of Science*.
51. N.A.: Hunter, RH: *Cassell's Concise Bible Dictionary*.

vem de experiências e não do que nos foi contado. Podemos imaginar como, por meio de instruções repetitivas de um sacerdote e ainda no colo da mãe, um indivíduo "reencarnado" pode vir a acreditar que ele pode lembrar de sua existência prévia. Convém lembrar, também, que é isso o que o professor Robert Thouless descreve como uma técnica usual de doutrinação religiosa para fazer um jovem "acreditar em uma religião estabelecida e nos mitos de prosperidade que ela traz consigo".[52]

Descobrimos novas razões para acreditar em nossa teoria de reencarnação quando inspecionamos alguns entalhes dentro da câmara. Há uma grande espiral tripla gravada em uma grande pedra na entrada de Newgrange e outra em uma parte escondida da câmara interna onde apenas a luz refletida de Vênus pode alcançar. Não há qualquer outro símbolo perto desses. Já sabíamos que o movimento do Sol a cada três meses desenha uma espiral simples, então concluímos que um símbolo que apresenta três espirais deve representar nove meses. Ora, nove meses é o período de gestação de um ser humano. Portanto, a espiral tripla colocada em um lugar-chave dentro da câmara pode bem ser uma evidência escrita que aquela era uma câmara de nascimentos e seu alinhamento com Vênus sugere-nos que nossa teoria sobre a ressurreição poderia muito bem estar correta.

É certo que, virtualmente, todas as civilizações posteriores ao "Povo do Pote Entalhado" associam Vênus com o amor, o sexo e a reprodução. Mas Vênus é muito mais que um símbolo de nascimento e renascimento.

Conclusões

Robin Heath, trabalhando de forma independente, chegou a uma conclusão similar à nossa, de que a cultura megalítica da Europa Ocidental foi uma influência importante no desenvolvimento da civilização do Oriente Médio.

Os temas centrais do "Povo do Pote Entalhado" são conforme se segue:

- Eles foram o primeiro povo a desenvolver tecnologia para construção com pedras;
- Eles mediram e registraram os movimentos do Sol;
- Eles conheciam a importância do movimento do Planeta Vênus;
- Eles celebravam os equinócios e os solstícios de verão e de inverno;
- Eles são o primeiro povo conhecido a estudar a ciência da Astronomia;
- Eles provavelmente tinham a crença na ressurreição dos mortos associada a Vênus.

---

52. N.A.: Thouless, Robert H: *An Introduction to the Psychology of Religion*, Cambridge Univ. Press, Cambridge,1971.

O "nascer" de Vênus era fundamental para o "Povo do Pote Entalhado", que viveu em torno do mar da Irlanda 5.500 anos atrás. Esse povo desenvolveu uma proto-escrita para registrar o evento especial da aurora de Vênus, que acontecia dentro da câmara uma vez a cada oito anos. Viemos a nos convencer de que o "Povo do Pote Entalhado" associava Vênus ao amor, ao sexo e à reprodução. Eles também desenvolveram uma unidade-padrão de medida, demonstrando assim o uso de uma matemática compartilhada em toda uma grande área geográfica que se estendia desde as ilhas do norte da Escócia até a costa da Bretanha, a oeste da França.

Capítulo Três

A Luz do Conhecimento Secreto

Os Cavaleiros do Templo de Salomão

As ideias que revelamos a respeito do "Povo do Pote Entalhado" têm tamanha identidade com as ideias que são centrais para a Maçonaria que não seria fora de propósito prever alguma ligação entre as duas. No entanto, nós só fizemos considerações a respeito do "Povo do Pote Entalhado" porque, originalmente, tínhamos trabalhado de costas para ele. Agora assumimos a tarefa de retornar ao nosso trabalho de criação original para ver se o caso exige um exame detalhado mais apurado.

Nossas investigações iniciais estabeleceram uma rota que retrocedia da Maçonaria até a ordem medieval dos Cavaleiros Templários, mais um pouco ainda até Jerusalém no tempo de Cristo e, finalmente, até as origens do Judaísmo. À primeira vista, poderia parecer improvável que os judeus primitivos tivessem sido influenciados pelos povos do período neolítico da Europa Ocidental que os antecederam em cerca de dois mil anos, mas estávamos para descobrir algumas conexões fortes e intrigantes entre eles. Descobrimos que há uma conexão entre o antigo texto judeu conhecido como *O Livro de Enoch* e os sítios astronomicamente alinhados da Grã-Bretanha neolítica. A essa conclusão também chegou o cientista dr. Robin Heath, que trabalhou de forma totalmente independente em relação a nós.

Depois disso, tomamos conhecimento de uma declaração de Yair Davidy, investigador da história de Israel, no *site* http://www.geocities.com/hiberi/yair.html, a qual achamos muito interessante:

> *Monumentos megalíticos e dólmens foram encontrados por toda a terra de Israel, apesar de muitos terem sido destruídos, e a maior parte dos remanescentes está em Golam e na margem leste do rio Jordão, onde são conhecidos pelos árabes como*

Kubur Beni Israil, isto é, "Sepulturas das Crianças de Israel". Certas características desses monumentos, tais como a existência de fendas em forma de caneca, também são encontradas em estruturas similares na Grã-Bretanha. Os vestígios descritos são praticamente idênticos àqueles que são encontrados na Inglaterra e na Escócia.

Parece que há muitas boas razões para suspeitar que os estranhos rituais maçônicos têm sua origem na pré-história dos sítios megalíticos das Ilhas Britânicas e que o método de sua transmissão deu-se por meio do povo de Israel.

Diz-se que a nação judaica surgiu quando Moisés liderou "seu povo" no êxodo do Egito, em busca da terra prometida. Essa terra prometida era Canaã e a tradição judaica diz que isso se deu em 1447 a.C., que é bem depois do desaparecimento do "Povo do Pote Entalhado" das Ilhas Britânicas. Então, se há uma conexão entre esses dois povos, quaisquer crenças e rituais haveriam de ter sido transmitidos por um grupo intermediário. Os dois principais candidatos a essa ligação deveriam ser os egípcios ou os próprios cananitas, que por sua vez incluíam os jebusitas que fundaram Jerusalém e os fenícios que ocupavam as regiões costeiras.

Podíamos ver uma cadeia se formando. O "Povo do Pote Entalhado" parece ter encontrado algumas ideias centradas em Vênus, ideias que posteriormente migraram para o Mediterrâneo Oriental e foram mais tarde adotadas pelos judeus antes que fossem recuperadas e "ressuscitadas" pelos Cavaleiros Templários.* Esses tiveram sua ordem destruída no início do século XIV e a Maçonaria surgiu formalmente no fim do século XVI, apesar de haver uma boa razão para se acreditar que funcionava secretamente desde data muito anterior.

Em *The Hiram Key*, afirmamos que os monges guerreiros medievais conhecidos como "Os Pobres Soldados de Cristo e do Templo de Salomão" eram, com quase certeza absoluta, a fonte dos rituais que se tornaram a base da Maçonaria.** Os Cavaleiros Templários, para usar seu nome abreviado, constituíram o grupo mais rico e poderoso do mundo conhecido na época, desde sua formação em 1128 até quando foram destruídos pelos esforços conjuntos do rei Filipe IV da França e do Papa Clemente V, em 1307. Seu fim aconteceu quando toda a Ordem foi presa sob a acusação de heresias que incluíam a realização de estranhos rituais que não eram cristãos.

A Ordem tinha sido fundada por nove cavaleiros franceses envolvidos na tomada de Jerusalém durante a Primeira Cruzada. O grupo liderado por

---

*N.E.: Sobre os Templários, sugerimos a leitura de *Os Templários – E o Pergaminho de Chinon Encontrado nos Arquivos Secretos do Vaticano*, de Barbara Frale, *Locais Sagrados dos Cavaleiros Templários*, de John K. Young e *Os Templários e a Arca da Aliança*, de Graham Philips, todos da Madras Editora.

**N.E.: Sobre as origens da Maçonaria, sugerimos a leitura de *Nascidos do Sangue – Os Segredos Perdidos da Maçonaria*, de Jonh J. Robinson, lançado pela Madras Editora.

Hugues de Payen cavou secretamente uma rede de túneis embaixo das ruínas do Templo de Jerusalém destruído mais de mil anos antes. Os muçulmanos haviam construído o magnífico "Domo da Rocha" no platô onde originalmente estava o Templo dos judeus, e os Cavaleiros Templários trabalharam por um dos seus lados, em um setor chamado "os estábulos de Salomão".

Em *The Hiram Key,* especulamos a respeito da existência de ligações entre os Cavaleiros Templários e os maçons, mas naquela época não tivemos acesso a nenhum ritual que as identificasse. Em 1999, demos uma palestra a respeito das origens da Maçonaria na *Assembly Rooms,* em Edimburgo. Quando terminamos, fomos procurados por um senhor idoso que se apresentou como maçom. Ele trazia consigo uma pasta de couro, velha mas bem cuidada, que carregava com extremo cuidado.

Ele perguntou: "Quanto vocês sabem a respeito dos rituais maçônicos-templários antigos?"

Admitimos que não sabíamos muito além dos comentários encontrados na coleção de Mitrinovic.

Aquele senhor abriu a sua pasta cuidadosamente e tirou dela dois rituais de bordas vermelhas, muito velhos e surrados, os quais nos disse que tinha herdado de seu avô, que também tinha sido maçom.

O velho senhor então nos disse: "Esses são os rituais usados no passado pelo 'Acampamento da Grande Mãe' dos 'Altos Cavaleiros Templários da Escócia'". E acrescentou, denotando um evidente pesar em sua voz: "Eles eram aceitos no passado pelo Grande Conselho dos Ritos e Soberano Santuário da Escócia, mas nunca mais foram usados desde o início do século XIX, e eu mesmo nunca os usei".

Ficamos muito interessados em estudar o conteúdo desses rituais e então explicamos a esse "irmão" como estávamos tentando reconstruir a história completa contada pelos rituais maçônicos naquela formatação que chamamos *Testamento Maçônico.* Assim que ele soube de nossa intenção, permitiu que fizéssemos cópias dos rituais, e Robert incluiu-os imediatamente na "Rede de Hiram". Ficamos curiosos ao notar que esses rituais haviam sido publicados veladamente por Hugh Murray, um tipógrafo estabelecido na High Street da cidade de Kilwinning em Ayrshire. Já conhecíamos essa cidade e sabíamos que abrigava uma das Lojas maçônicas mais antigas da Escócia, *Lodge Mother Kilwinning.*

Assim como nosso arquivo de rituais estava crescendo, também cresciam os detalhes da história que estávamos reorganizando.

Pode ser coincidência, mas encontramos nas novas seções do *Testamento Maçônico* detalhes que pareciam se relacionar ao significado dos nove cavaleiros que fundaram a Ordem dos Templários. O ritual menciona que: (*Testamento Maçônico* 8:38)

> *O rei Salomão estabeleceu o grau de Mestre Eleito dos Nove, e o conferiu aos nove Companheiros.*

Seria possível que aqueles nove Cavaleiros Cruzados consideraram a si mesmos como os novos "Mestres Eleitos dos Nove"?

Por nove anos, eles viveram na pobreza e sua única fonte, de escassos recursos, provinha do rei de Jerusalém, Balduíno II. Mas, tão logo terminaram as escavações, ficaram imediatamente muito ricos e, rapidamente, começaram a circular rumores a respeito da prática de estranhos rituais. Nós precisávamos descobrir o que eles tinham encontrado.

A resposta veio em um documento encontrado em Qumran, às margens do Mar Morto, em 1947. O Pergaminho de Cobre* é uma longa tira de metal estampado com caracteres que foram escritos cerca de 30 anos depois da morte de Jesus Cristo. Ele relaciona 61 lugares onde itens preciosos foram enterrados durante a guerra dos judeus contra os romanos. O estudioso dos Manuscritos do Mar Morto, John Allegro, diz a respeito:

> *O Pergaminho de Cobre e sua cópia (ou cópias) tinha o objetivo de informar aos sobreviventes judeus da guerra que então acontecia onde estava enterrado esse material sagrado, e assim, se algum pudesse ser encontrado, não seria nunca profanado por uso indevido. O pergaminho também atua como um guia para a recuperação do tesouro, caso ele fosse necessário para a continuação da guerra.*[53]

Esse pergaminho é um mapa do tesouro virtual e informa que uma segunda cópia, com mais detalhes, estava enterrada debaixo do Templo de Jerusalém. A passagem que menciona isso diz:

> *No poço confinando ao norte, em um buraco que se abre na direção norte e enterrados até sua boca: uma cópia desse documento, com uma explicação e suas medidas, e um inventário de cada item, e outras coisas.*

E continua listando enormes quantidades de ouro, prata, objetos preciosos e no mínimo 24 outros pergaminhos escondidos debaixo do Templo. Direções como as abaixo são dadas para cada esconderijo:

> *Na câmara interna dos dois pilares que suportam o arco do portão duplo, voltado para leste, na entrada, enterrado a 3 cúbitos, há um jarro escondido, e nele, um pergaminho; debaixo dele, 42 talentos.*

> *Na cisterna que está 19 cúbitos à frente, ao portão leste, nela estão recipientes, e no buraco que há nela: 10 talentos.*

> *Na boca da primavera do Templo: vasos de prata e vasos de ouro para o dízimo e dinheiro, o todo sendo 600 talentos.*

---
*N.E.: Sugerimos a leitura de *Mistério do Pergaminho de Cobre de Qumran*, de Robert Feather, lançamento da Madras Editora.
53. N.A.: Allegro, JM: *The Treasure of the Copper Scroll*, Routledge & Kegan Paul Ltd, 1960.

Quando uma equipe do exército britânico escavou debaixo do Templo em 1860, com galerias que desciam até 80 pés (quase 30 metros), tudo o que encontraram foram artefatos deixados pelos Cavaleiros Templários. Parece muito provável que a riqueza da Ordem Templária teve origem na recuperação desse enorme tesouro, e os rituais que eles praticavam podiam muito bem estar escritos nos pergaminhos que eles também encontraram.

Também descobrimos evidências de que os fundadores dos Cavaleiros Templários vinham de famílias descendentes de sacerdotes judeus que escaparam para a Europa depois da destruição de Jerusalém, em 70 d.C. Quando começamos a montar o *Testamento Maçônico*, descobrimos que os mais elevados rituais da Maçonaria confirmam que esses Cavaleiros acreditavam que podiam traçar sua linhagem até o tempo da construção do Templo do rei Salomão, dois mil anos antes, e iam ainda mais longe, até o tempo de Moisés (*Testamento Maçônico* 6: 10-11):

> *Moisés criou Príncipes do Tabernáculo. Os deveres especiais de um Príncipe do Tabernáculo eram trabalhar incessantemente pela glória de Deus, a honra de seu país e a felicidade de seus irmãos: e para oferecer graças e orações à Deidade em vez de sacrifícios de carne e sangue.*

E ele continua dizendo que os Sumos Sacerdotes eram Eleazar e Isthamar, os filhos de Aarão e, em consequência, todos os Príncipes do Tabernáculo eram levitas, a posição sacerdotal mais elevada entre os judeus. O *Testamento Maçônico* também informa quando se realizavam as iniciações: (*Testamento Maçônico* 6:12)

> *Quando o Pentagrama, ou Estrela Flamejante, estava para ser vista no Leste, Moisés chamava toda a corte para iniciar novos príncipes.*

A estrela flamejante aqui relacionada ao pentagrama só pode ser uma referência ao planeta Vênus, que tem sido associado a uma estrela por causa do aparente movimento do planeta ao redor do Sol quando observado da Terra.

Estávamos também interessados no material maçônico que afirma que Aarão, irmão de Moisés, morreu no equinócio da primavera do quadragésimo ano da perambulação das crianças de Israel. Duvidamos que qualquer maçom moderno esteja consciente de que é dito que Moisés criou seus iniciados quando Vênus estava a leste, exatamente como todos os Mestres Maçons são elevados hoje em dia.

No princípio do século XX, J.S.M. Ward, pesquisador do conteúdo dos rituais maçônicos, descreve como esses "Príncipes de Jerusalém" estiveram envolvidos com a construção dos Templos de Jerusalém e afirma que quando os romanos destruíram a cidade e o Templo, em 70 d.C., um grande número deles fugiu para vários lugares da Europa. Foi dessas famílias que vieram os fundadores dos Cavaleiros Templários[54]. Esse é um período a respeito do qual precisávamos saber mais e, felizmente, mais indícios vieram em nossa direção.

Por volta do fim de 1999, demos uma palestra no *Liverpool Masonic Hall* e ao seu término permanecemos lá para uma refeição conhecida como "Banquete Festivo" (*Festive Board*). Quando estávamos indo embora, um Irmão aproximou-se, agarrou o braço de Robert e levou-o com ele para um canto.

Disse a Robert: "Pegue isso. Acredito que achará útil". Ele passou a Robert um envelope pardo que, como se podia perceber, continha um maço de folhas fotocopiadas.

"O que é isso?", perguntou Robert.

E a resposta esclareceu: "Os rituais usados no passado por uma organização maçônica conhecida como Reais e Seletos Mestres do Rito da Perfeição. Temos um grupo que está tentando manter a tradição viva e pensamos que talvez vocês se interessassem pelos rituais originais do que se denomina O Rito Críptico".

Robert lhe agradeceu, e logo depois, já no carro, folheamos os papéis que ele nos tinha dado. Os rituais informavam que tinham estado em uso na Grande Loja de Charleston, Virgínia, no século XVIII. Rituais como esses eram interessantes para nós por dois motivos. Primeiro porque, até onde tínhamos conhecimento, eles não eram mais usados e por isso as histórias que continham corriam o risco de serem perdidas; e segundo porque eram rituais oriundos de uma fonte americana do século XVIII com ligações reconhecidas com George Washington e que não tinham sofrido a censura dos maçons da Londres contemporânea, que fundaram a Grande Loja Unida da Inglaterra (*UGLE*). Os rituais foram escaneados e incluídos em nosso arquivo "Rede de Hiram", que crescia rapidamente, além de serem adicionados ao *Testamento Maçônico*.

O *Testamento Maçônico* confirma que uma Ordem foi formada por um grupo maçônico chamado "Príncipes de Jerusalém" naquela cidade em 1118, e diz ainda que, em um estágio posterior, eles tomaram o nome "Príncipes de Jerusalém e Cavaleiros do Oriente e do Ocidente", porque a doutrina que adotavam tinha vindo de ambas as direções.

No capítulo 14 do *Testamento Maçônico* há a descrição de um ritual que menciona uma linhagem hereditária de sacerdotes-maçons que foram cavaleiros alistados na Primeira Cruzada, na qual lutaram ao lado dos "Príncipes Cristãos" (*Testamento Maçônico* 15:3).

Finalmente, quando chegou o tempo, os Príncipes Cristãos formaram uma aliança para libertar a Terra Santa da opressão dos infiéis, os bons e virtuosos maçons, ansiosos por tão piedosa incumbência, ofereceram seus serviços aos aliados, sob a condição

---

54. N.A.: Ward, JSM: *Freemasonry and the Ancient Gods*, Cassell & Co.,1928

de terem um chefe de sua própria escolha e cujo nome só seria conhecido na hora da batalha, condição que, sendo admitida, fez com que aceitassem sua missão e partissem.

O fato de que eles supostamente tinham seu próprio líder, cuja identidade seria mantida em segredo até a hora da batalha, sugere que desde o início eles estavam formados como um grupo autocontido e administrado – uma Ordem (*Testamento Maçônico* 15: 6):

> *O valor e a firmeza desses Cavaleiros Eleitos eram tamanhos que eles eram admirados pelos "Príncipes de Jerusalém" que lhes concediam a liderança, imaginando que seus mistérios inspiravam sua coragem e fidelidade à causa da virtude e da religião. Esses Príncipes alimentavam o desejo de serem iniciados. Depois de serem julgados merecedores, seus desejos eram atendidos e, dessa maneira, a Arte Real, por meio da aprovação de grandes e bons homens, tornou-se popular e honorável, e difundiu-se aos valorosos de todas as áreas, continuando a se espalhar, cada vez mais longe e mais amplamente, em épocas sucessivas, até os dias de hoje.*

O ritual afirma nesse ponto que esse desconhecido grupo de cavaleiros gerou líderes de homens, inspirando outros a se juntarem a eles com sua habilidade de combate e sua religião. Isso certamente coincide com a descrição dos Cavaleiros Templários que, de um pequeno começo, com apenas nove homens de meia-idade, transformaram-se em uma Ordem de monges guerreiros que se tornou uma lenda viva. Esses guerreiros eram tidos como os mais poderosos e mais influentes de seu tempo.

J.S.M. Ward também declarou que antigos rituais maçônicos que ele estudou indicavam que certos documentos tinham sido levados para a Escócia por esse grupo em 1140. Por ele não ter conhecimento dos Manuscritos do Mar Morto, escreveu:

> *Um grupo veio para a Escócia e estabeleceu uma Loja em Kilwinning, ali depositando os registros da Ordem em uma abadia que construíram para esse fim. Nesse ponto surge a primeira dificuldade histórica, pois a abadia não estava construída em 1140, e a lenda não diz onde estavam os rituais no período compreendido entre 70 e 1140 d.C.*

Ward sabia que os pergaminhos citados tinham sido supostamente mantidos por uma Ordem judaica antes da destruição do Templo de Jerusalém, mas não podia dizer nada a respeito do que havia acontecido com eles entre esse momento e sua chegada à Escócia. Em virtude da descoberta dos Manuscritos do Mar Morto, sabemos agora que foram escondidos sob o Templo por volta de 68 d.C. e lá ficaram até sua remoção pela Ordem (agora autodenominada Cavaleiros Templários) entre 1118 e 1128 d.C. Isso faz com que houvesse um lapso de apenas 12 anos durante os quais os antigos documentos devem ter sido guardados de alguma maneira antes de serem embarcados para a supostamente construída abadia na Escócia Ocidental. O lugar escolhido era propriedade da família St. Clair, a mesma família que construiria Rosslyn quase 300 anos depois e que, mais tarde, tornou-se o berço dos Grão-Mestres hereditários da Escócia.

Precisávamos agora enfocar com maior atenção aquilo que acreditamos ser a ligação entre os Templários e a Maçonaria primitiva. Essa ligação é a edificação agora chamada Capela Rosslyn.*

Os Segredos de Rosslyn

A Capela Rosslyn é um edifício cuidadosamente construído com pedras profusamente decoradas com entalhes, situada em Lothian Hills, local poucas milhas ao sul de Edimburgo. Ela fica logo acima do Castelo de Roslin e domina um vale onde as tropas de William Wallace costumavam abrigar-se, em cavernas, durante a guerra de resistência aos ingleses no século XIII. O castelo e o vilarejo são chamados de "Roslin", porém o nome da pequena capela foi mudado em época mais recente para "Rosslyn" porque algumas pessoas, mesmo que erroneamente, acharam que assim soaria com tom mais gaélico (língua nativa escocesa).

Nossa primeira abordagem a Rosslyn não foi encorajadora. As imagens que víamos entalhadas, por todo e qualquer espaço disponível nas pedras, eram interessantes mas não particularmente maçônicas, apesar de ficar imediatamente evidente não se tratar de um trabalho destinado a uma igreja cristã. Entretanto, quando olhamos com mais atenção e conseguimos fazer uma imagem do conjunto, abstraindo-nos dos pequenos detalhes, percebemos que se tratava de um edifício de suma importância. Descobrimos que a ideia predominante na construção de Rosslyn era fazer a reprodução fiel do Templo de Jerusalém na Escócia, como atesta a única frase entalhada nas pedras. Ela faz menção ao enigma lançado pelo rei da Pérsia ao líder judeu Zorobabel antes de deixá-lo partir para a Judeia com a missão de reconstruir o Templo, no século VI a.C. O *layout* do edifício copia a planta baixa do Templo de Herodes que foi destruído em Jerusalém no ano 70 d.C., e nele o muro ocidental é de especial interesse.

A parede ocidental de Rosslyn é um grande muro construído em uma escala diferente daquela utilizada no resto do edifício. Suas extremidades são irregulares e inacabadas, como se os construtores tivessem parado o trabalho repentinamente. De fato, os guias turísticos assumem que o prédio principal foi construído como uma "capela provisória" e que o muro ocidental inacabado seria a origem futura de uma enorme abadia que, entretanto, nunca chegou a ser construída. Não há nenhum registro de qualquer intenção de construir uma

---

*N.E.: A respeito da Capela Rosslyn e da família Sinclair (St. Clair), sugerimos a leitura de *A Espada e o Graal*, de Andrew Sinclair, Madras Editora.

igreja maior, e também não haveria população local que justificasse isso. A atual vila de Roslin só veio a existir para abrigar os muitos artesãos de pedra que foram trazidos de toda a Europa para a construção da pequena capela.

Chegamos à conclusão de que a missão desses construtores foi plenamente cumprida, conforme previsto, e que o muro ocidental era uma cópia das ruínas do Templo de Jerusalém como os Cavaleiros Templários o encontraram no início do século XII. Fomos capazes de mostrar que a planta baixa de Rosslyn era uma cópia exata, em menor escala, do último Templo de Jerusalém, até na posição das colunas Boaz e Jachin que ficavam junto à entrada. Os Cavaleiros Templários não poderiam saber como era o Templo destruído abaixo do seu piso, e só graças às suas escavações é que puderam tornar-se peritos em seu *layout* subterrâneo.

O arranjo geral das colunas remanescentes forma um dispositivo conhecido na Maçonaria como o "Triplo Tau", que consiste basicamente de três formas "T" interligadas. Tau é a última letra do alfabeto hebraico. De acordo com o ritual do grau "Arco Real Sagrado" isso tem quatro significados que o ritual informa em latim e depois em inglês (português):

Templum Hierosolyma	O Templo de Jerusalém
Clavis ad Thesaurum	Uma Chave para Um Tesouro
Theca ubi res pretiosa deponitur	Um Lugar Onde Uma Coisa Preciosa Está Oculta
Res Ipsa Pretiosa	A Coisa Preciosa Em Si Mesma

Essa era uma descoberta extremamente excitante, porque o ritual maçônico que contém essas declarações, naquele momento incompreensíveis, tinha vindo dos patriarcas da família St. Clair quando eram Grão-Mestres da Maçonaria na Escócia. As chaves para entender a capela pareciam estar escondidas no ritual maçônico.

Verificamos depois que o desenho do prédio está centrado em uma grande estrela de seis pontas, conhecida como o "Selo de Salomão". No centro dessa estrela há uma enorme cruz adornando o teto, de tal forma que sua projeção vertical sobre o solo corresponde ao lugar onde supostamente estava depositada a Arca da Aliança no Templo do rei Salomão. As palavras enigmáticas no grau do "Arco Real Sagrado" associadas a esse símbolo são:

Nil Nisi Clavis Deest	Apenas a Chave É Procurada
Si Talia Jungere Possis	Se Você Pode Entender Essas Coisas
Sit Tibi Scire Posse	Você Sabe o Suficiente

A partir desse ponto, sentimo-nos seguros em afirmar que a Capela Rosslyn foi construída como um santuário para os pergaminhos dos Príncipes de Jerusalém e que era considerada pelo seu construtor, William St. Clair, uma "Nova Jerusalém" nas terras verdejantes e agradáveis da Escócia.

No lançamento de *The Hiram Key*, que aconteceu em Rosslyn, o barão St. Clair Bonde, um dos membros da fundação mantenedora da Capela, afirmou que a entidade apoiaria uma escavação arqueológica no local sob condição de que fosse levada a efeito por uma equipe técnica internacionalmente reconhecida e da qual participassem também estudiosos escoceses. *Historic Scotland*, o departamento governamental responsável por todos os monumentos antigos do país, declarou mais tarde que veria com muita simpatia qualquer solicitação para investigar o subsolo da Capela.

O lançamento do livro em Rosslyn trouxe da Universidade de Sheffield o estudioso bíblico professor Philip Davies, e da Universidade de Edimburgo seu colega o professor Graham Auld. Os dois especialistas disseram que haviam ficado perplexos com o estilo "Herodiano" da parede ocidental, que lhes parecia baseada de fato na arquitetura do Templo de Jerusalém. Philip confirmou que ele não poderia acreditar que ela tivesse sido concebida para uma igreja futura, parecia mais que havia sido erguida para esconder algum segredo medieval.

Em agosto de 1996, conhecemos o dr. Jack Miller e seu colega Edgar Harbone no aeroporto de Edimburgo e fomos com eles para Rosslyn, onde passamos juntos o fim de semana. Jack, que é geólogo e diretor de estudos da Universidade de Cambridge, estava fascinado pela pequena capela. Ele passou o sábado examinando as estruturas por fora e por dentro da capela. No domingo, depois do café da manhã, ele nos disse que havia encontrado alguns aspectos da construção que poderiam nos interessar muito, mas que não os revelaria até que estivéssemos na capela outra vez. Nós todos nos apressamos, atravessamos rapidamente o pequeno caminho que separava o hotel Roslin Glen da capela e lá chegando olhamos com grande expectativa para o geólogo. Jack sorriu e levou-nos a um lugar em direção norte no qual o prédio principal encontra a exagerada parede ocidental. Ele apontou para uma pedra enquanto falava:

"O assunto é a discussão a respeito dessa parede ser uma réplica de uma ruína ou uma parte inacabada de um edifício maior. Pois bem, só há uma possibilidade... e eu posso afirmar a vocês que está correta. Essa parede é uma inutilidade."

Estávamos todos atentos a cada palavra dita, e Jack continuou:

"Há duas razões pelas quais posso afirmar que essa parede é inútil. Primeiramente, embora esses pilares possam parecer visualmente estruturais, de fato não são; a parede não é solidária nem está amarrada de nenhuma forma à estrutura principal. Qualquer tentativa de construir algo mais a partir dessa parede resultaria em um colapso total... e as pessoas que construíram essa capela não eram tolas. Eles simplesmente nunca tiveram a intenção de ir mais longe."

Olhando para cima, mesmo nossos olhos destreinados podiam comprovar o que ele dizia.

"E ainda mais, venham comigo até aqui e observem as últimas pedras da parede."

Nós o seguimos até lá.

"Se os construtores tivessem parado o trabalho repentinamente, por qualquer motivo, teriam deixado aqui pedras perfeitamente esquadrejadas, mas as que estão aqui se apresentam como se tivessem sido deliberadamente danificadas – como se fizessem parte de uma ruína. Essas pedras não poderiam ter se desgastado naturalmente dessa forma... elas foram cortadas originalmente para parecer parte de uma ruína."

Alguns meses mais tarde, pedimos permissão para que Jack Miller fizesse uma sondagem não invasiva na parte externa das paredes de Rosslyn. A permissão foi concedida e Jack providenciou o equipamento necessário; chamou para ajudá-lo o dr. Fernando Neeves da Escola de Minas do Colorado, a instituição mais famosa do mundo em análise de estruturas subterrâneas. Quando faltavam apenas alguns dias para iniciarmos as pesquisas, recebemos uma carta da fundação mantenedora de Rosslyn cancelando a permissão.

No fim de 1997, vimos um programa na televisão a respeito de um professor americano da Universidade de Princeton que estava em Israel procurando o que pensava ser documentos perdidos que datavam da mesma época dos Manuscritos do Mar Morto. Imediatamente pensamos que James Charlesworth deveria ser avisado a respeito de Rosslyn e daquilo que poderia estar escondido lá. Por uma sorte surpreendente encontramos logo duas alternativas de fazer contato com ele.

Tony Batters, um grande amigo nosso e policial aposentado, trabalhava naquela época como consultor de segurança da Xerox, uma companhia que sabíamos que fornecia equipamento de alta tecnologia para examinar os documentos antigos encontrados pelo professor Charlesworth. Tony rapidamente conseguiu um contato com ele. Ao mesmo tempo, Chris, durante um almoço com o professor Philip Davies, mencionou nosso desejo de contatar o professor Charlesworth para lhe informar que, de acordo com nossa teoria, poderia haver documentos judeus muito antigos escondidos embaixo de Rosslyn. Para surpresa de Chris, Philip disse: "Adivinhe onde vou almoçar domingo?" A resposta veio quase instantaneamente: "Na casa de Jim Charlesworth".

Philip concordou em falar de nosso desejo com o professor, criando assim uma segunda linha de acesso a ele. A resposta, extremamente animadora, veio por Tony Batters, em um fax:

De: professor James H. Charlesworth Para: Tony Batters
09/02/1998

Caro Tony,

Quero que saiba que fiquei entusiasmado e interessado na oportunidade de explorar o que pode haver em Rosslyn.

O "Pergaminho de Cobre" refere-se claramente a outros pergaminhos escondidos sob o Templo, e precisamos estar abertos à possibilidade de que tenham sido descobertos durante a Primeira Cruzada e levados para a Grã-Bretanha. Duas razões para que tal afirmação seja mais do que uma simples suposição: 1) o fato comprovado de que nove cavaleiros escavaram os subterrâneos do Templo, e 2) a informação de 1895 que dizia que as relíquias dessa cruzada foram encontradas sob o Templo.

Estou ansioso em trabalhar com você e seus amigos para obter permissão junto aos curadores de Rosslyn para encontrar formas de explorar, descobrir, recuperar, traduzir e publicar o que possa estar lá.

Por favor, desculpe a demora em responder-lhe. Estive em contato permanente e confidencial com várias pessoas importantes, tratando desse projeto. Um deles é o sr. Joe Peaples, presidente da Jerusalem Historical Society. *Acredito que ele já tenha falado com vocês.*

Pode ser possível ir aí encontrá-los no início de março.

Outra vez, perdoe minha demora: tenho estado muito atarefado com minhas aulas, terminando um filme com a BBC, dirigindo as festas comemorativas dos 50 anos de descoberta dos Manuscritos do Mar Morto, escavando Zion (onde se supõe que tenha vivido a família de Jesus depois da crucificação), e preparando uma licença para ir à Alemanha, como um estudioso de Alexander von Humbolt na Universidade de Tübingen, e depois ir a Jerusalém em setembro para me tornar professor do Instituto Albright (centro de pesquisa arqueológica).

Atenciosamente,

James Hamilton Charlesworth

Nós nos encontramos com Jim Charlesworth, Joe Peaples e Tony Batters em Manchester e fomos para Rosslyn no dia seguinte.

Jim, que também é sacerdote além de professor, ficou fascinado com o que viu em Rosslyn. Sua reação imediata foi concluir que o muro ocidental era muito "herodiano" e que tinha sido cuidadosamente modelado com pedras como as que ainda podem ser vistas em Jerusalém. Ele observou o uso de imitações de *robbed stones* [pedras roubadas] onde pedras anteriormente usadas com outro propósito foram aproveitadas novamente em situações não usuais às suas características originais. Isso acontece quando construtores ocupados em reconstrução lançam mão de material já utilizado anteriormente e disponível.

As condições precárias do edifício preocuparam Jim, que nos disse que uma escavação deveria acontecer sem demora, pois o que estivesse no subsolo estaria sofrendo mais degradação do que aquela que podíamos perceber na superfície. Ele também se mostrou convencido de que Rosslyn não era um prédio cristão e desistiu de sua intenção de dirigir ali um serviço religioso, pois sentiu que o lugar era inapropriado.

Programamos um encontro com alguns dos curadores e durante o jantar Jim sugeriu reunir um grupo de estudiosos renomados de pergaminhos e arqueólogos. A exigência de incluir reconhecidas lideranças escocesas não seria problema, pois Jim havia feito seu Ph.D. na Escócia e conhecia as pessoas mais indicadas para tal. Uma proposta geral foi apresentada pelo professor Charlesworth, mas, até onde sabemos, nunca obteve resposta.

Atualmente, existe uma enorme estrutura metálica, parecida com um celeiro holandês, cobrindo Rosslyn para permitir que o edifício seque lentamente, depois que erros cometidos por restauradores anteriores resultaram em uma absorção exagerada de água pela edificação original. A equipe de engenheiros envolvida nesse trabalho de restauração também percebeu que a estrutura atual não poderia sustentar qualquer outra edificação e deve ter reportado aos curadores que a teoria da abadia era inadmissível. Apesar disso, até o momento em que escrevemos este livro, a informação incorreta ainda era transmitida aos visitantes de Rosslyn.

Provando as Conexões Maçônicas

Recentemente, fomos capazes de apresentar uma nova evidência que demonstra uma conexão maçônica que não pode ser questionada mesmo pelos mais descrentes.

Na parede sul da capela, ao lado de uma janela, existe uma pequena escultura mostrando duas figuras que sofreram uma deterioração surpreendentemente rápida. Quando a vimos pela primeira vez, em 1997, estava em boas condições, com os detalhes bem definidos, mas agora a pedra esfarelou-se superficialmente. Tal escultura deveria durar por mais cinco séculos, porém, começou a virar areia em menos de cinco anos, fato que é motivo de preocupação em relação a toda a Capela. Além dessa, uma pedra esculpida mostrando uma figura chifruda pegando um objeto embrulhado do chão, a apenas algumas polegadas da outra, desapareceu totalmente. Parece-nos que quanto mais restauradores modernos interferem nesse monumento, mais ele sofre.

Felizmente, todo o trabalho em pedra foi fotografado há alguns anos e as imagens estão assim registradas para a posteridade. A cena apresentada pela pequena escultura mostra uma figura masculina de joelhos e um outro homem em pé, atrás dele, levemente à sua direita. Essa cena demonstra que os construtores desse Templo de Jerusalém na Escócia estavam familiarizados com um ritual que os maçons reconhecem como o do grau de Aprendiz, utilizado para transformar um homem em um Maçom. Aqui, pela primeira vez, tivemos uma evidência esculpida em pedra, insinuando que a Maçonaria começou na Escócia do século XV.

Hoje, quando um candidato é iniciado ao "ofício", ele é preparado, sendo vendado e vestido com uma calça e um jaleco brancos e folgados. Um dos pés está calçado com um chinelo simples e o outro, descalço. A perna direita fica exposta até o joelho e o lado esquerdo do jaleco é afastado para que o peito fique à mostra. O candidato é convidado a desfazer-se de todos os objetos de metal que porte consigo, especialmente moedas, antes de ser introduzido no Templo, puxado por uma corda que faz um laço corrediço em seu pescoço. Lá ele se ajoelha no leste em frente às duas colunas Boaz e Jachin que representam aquelas que ficavam na entrada do Templo de Jerusalém. Assim que se ajoelha, seus pés são posicionados de maneira a formar um esquadro.

A figura masculina ajoelhada na pequena escultura que mencionamos anteriormente aparece assim:

Ele é jovem, sem barba e tem cabelo curto;

Ele está ajoelhado;

Há duas colunas, uma de cada lado dele;

Ele tem um laço ao redor do pescoço;

Seus pés formam um esquadro;

Ele carrega em sua mão esquerda um objeto parecido com um livro com uma cruz gravada, o que parece ser uma Bíblia.

O homem atrás dele tem cabelo na altura dos ombros, uma barba espessa e está segurando a ponta da corda que dá o laço no seu pescoço. Olhando cuidadosamente a escultura, em 1997, percebemos que uma cruz quase apagada podia ainda ser percebida em seu peito. Sua imagem corresponde àquela de um Cavaleiro Templário.

Mas nosso maior interesse era pesquisar a conexão entre a escultura de meados do século XV com a Maçonaria moderna. Para fazer isso, utilizamos análise estatística, um assunto que Robert ensina na Escola de Administração da Universidade de Bradford, procurando, com o teste aplicado, provar que a aparência dessa simples escultura era mais que uma mera coincidência.[55]

---

55. N.A.: A técnica usada tenta provar uma hipótese falsa, ou seja, tenta demonstrar que não há qualquer ligação entre os dois objetos em questão, a escultura e o ritual do primeiro grau da Maçonaria moderna. Demos um peso para ponderar cada fator envolvido e assumimos, em cada caso, a maior probabilidade possível de não haver qualquer conexão. Assim como, por exemplo, a probabilidade de encontrar uma estátua, daquele período, de uma pessoa vendada. De fato, esculturas de pessoas vendadas naquele período são muito raras, e uma

Os cálculos de Robert mostraram que é irracional aceitar uma teoria que rejeita a conexão entre Rosslyn e a Maçonaria moderna, tese defendida por alguns historiadores ligados à Grande Loja Unida da Inglaterra. Da mesma forma, temos de concluir que qualquer teoria que encontre conexões entre os dois fatos é no mínimo bastante razoável nesse aspecto. No entanto, esse cálculo estatístico não informa o que poderia ser essa conexão.

Conclusões

A Capela Rosslyn fica algumas milhas ao sul de Edimburgo. Foi construída entre 1440 e 1490 por William St. Clair de Roslin como uma cópia do Templo de Jerusalém, construído pelo rei Herodes, usando pedras idênticas às do Templo original. A parede ocidental é "herodiana" quanto ao estilo de sua arquitetura e as pedras nas extremidades foram desbastadas para garantir o aspecto antigo e aparentar que faziam parte de uma ruína.

Nossa explicação do propósito da parede ocidental continua sendo ignorada, e acreditamos que seja por causa de um receio de publicamente aceitar que nossa análise sobre o edifício é correta, o que nos daria crédito para nossas afirmações posteriores, mostrando que a chamada Capela é um santuário que abriga importantes pergaminhos de Jerusalém do tempo de Cristo.

Em 1997, programamos a vinda a Rosslyn de uma equipe de especialistas no campo da investigação não invasiva, tanto da Universidade de Cambridge como da Escola de Minas do Colorado. Uma semana antes de começarmos o trabalho, os curadores de Rosslyn cancelaram a investigação e negaram nosso acesso ao lugar.

Na parede sul da Capela há uma pequena escultura que demonstra que os construtores desse "Templo de Jerusalém" na Escócia conheciam um ritual da Maçonaria moderna reconhecido como aquele empregado na cerimônia que transforma um homem comum em um Maçom. Rosslyn e

---

relação de uma em mil teria sido bem razoável. No entanto, para dar peso máximo ao evento de não haver conexão, demos ao fato uma taxa de 50%. Isso equivale a dizer que cada segunda escultura medieval de um ser humano deveria mostrá-lo vendado. A todos os outros fatores, foi dado sempre o benefício de qualquer dúvida, isso é, assumimos que uma em duas esculturas tem figuras de joelhos, laços ao redor do pescoço, está entre duas colunas, e assim por diante. Nesse caso, estamos dando a maior possibilidade de sucesso à hipótese de não haver conexão entre a escultura e o ritual da Maçonaria moderna. Os resultados foram conclusivos. Mesmo quando damos a mais alta probabilidade para o resultado negativo, os cálculos demonstram que há uma probabilidade de 0,0078% de que a escultura de Rosslyn e o ritual de iniciação da Maçonaria moderna não fossem relacionados. Isso é menos que uma chance em mil. A proposta de que não há relação pode ser rejeitada com 99,9% de confiança e, portanto, não prevalece.

Maçonaria também estão relacionadas a patriarcas da família St. Clair, que se tornaram Grão-Mestres hereditários da Escócia.

Com a prova de uma conexão maçônica encontrada, decidimos que nossa próxima tarefa seria a investigação mais detalhada das imagens em Rosslyn e ainda da história da família que patrocinou sua existência – os St. Clair.

Capítulo Quatro

A Conexão Norueguesa

O Brilho Sagrado

O edifício atualmente conhecido como "Capela Rosslyn" começou a ser construído em 1441 e terminou em torno de 1490. O inspirador dessa construção foi o nobre William St. Clair de Roslin, cuja família mais tarde tornou-se a detentora hereditária do cargo de Grão-Mestre na Maçonaria da Escócia. A importância de William St. Clair e sua família fica evidenciada quando sabemos que até mesmo o rei James VI não teve sucesso, em 1601, quando tentou chamar para si tal encargo e título.[56]

A Capela em si é coberta de esculturas que apresentam uma curiosa mistura de Velho Testamento com tradições celtas e escandinavas. O "homem verde", que se acredita ser um elemento da tradição celta, aparece com uma face expelindo vegetais por sua boca aberta a quem espreitar a ramagem que serpenteia enrolada por todo o ambiente. Moisés aparece carregando as tábuas de pedra e ostenta um grande par de cornos em sua cabeça. Na parte central do edifício, há uma área com muitos entalhes e esculturas e, no teto, aparecem pessoas tocando instrumentos medievais. Na direção de cada um dos músicos há uma fileira arqueada de cubos diferentes para cada um deles, o que muitos suspeitam ser algum tipo de escrita musical desconhecida. Parece que somente se pudéssemos entendê-los é que teríamos condição de tocar a música de Rosslyn.

Anteriormente, apresentamos o argumento de que as famílias dos fundadores da Ordem Templária eram descendentes do alto sacerdócio judaico que fugiu para a Europa depois da destruição de Jerusalém e do Templo em 70 d.C. De fato, como já mencionamos, pudemos comprovar que os rituais maçônicos afirmam que os Cavaleiros Templários eram descendentes dos sacerdotes-construtores que erigiram o Templo de Salomão.

Portanto, estava clara a razão de expor imagens judaicas. Mas questionávamos por que o construtor também havia incluído ali elementos das tradições celtas e nórdicas, surpreendentemente ignorando a tradição cristã,

---

56. N.A.: Stevenson, Davi: *The Origins of Freemasonry*, Cambridge University Press, 1988.

que era a principal inspiração para todas as construções similares na Europa daquele tempo. Mas a resposta não estava muito longe de se revelar.

Voltamos nossa atenção para a história da família St. Clair de Roslin, para descobrir que ela era o resultado de uma fusão entre uma linhagem judia e outra norueguesa. Pelo lado paterno, descendiam do norueguês Rognvald, conde de More (pronuncia-se Moray) e, pelo lado materno, de Gizelle, filha do rei da França que trazia consigo a descendência dos sacerdotes judeus mencionados, como veremos mais adiante.

O conde Rognvald governava More, a parte da Noruega que hoje está em torno da cidade de Trondheim. O rei Harold deu a Rognvald as Ilhas Orcadas e Shetland e coube ao seu irmão Sigurd, o Poderoso, governá-las como regente.[57] Hrolf, filho de Rognvald, invadiu a França e tomou o controle da Normandia no começo do século VIII[58]. Em 912 d.C., em um vilarejo às margens do rio Epte, ele assinou um tratado de paz com o rei da França, Carlos, o Simples. Esse tratado ficou mais tarde conhecido como "Tratado de St-Clair-sur-Epte". Foi nessa altura que Hrolf More e seus primos decidiram adotar o nome St. Clair e nomearam-se ao mesmo tempo duques da Normandia. Para selar a negociação, Hrolf casou-se com Gizelle, a filha do rei Carlos.[59] O nome St. Clair pode ser encontrado em um membro da família que chamava a si próprio Guillermus de Santa Clair – que, traduzido, significaria William do Brilho Sagrado.[60]

Um membro desse ramo francês da família More, William, "o Digno" St. Clair, deixou a Normandia em 1057 para ingressar na corte inglesa da princesa Margaret, neta de Edmund Ironsides e prima-irmã de Eduardo, o Confessor. Quando o primo de St. Clair, William da Normandia, conquistou a Inglaterra em 1066, William, "o Digno" escoltou a princesa Margaret para seu exílio na Hungria, onde o rei Stephen da Hungria deu a ela um fragmento da "Cruz Verdadeira" como parte do dote para seu casamento com o rei Malcolm Canmore da Escócia. Quando a comitiva da noiva finalmente chegou à Escócia, o rei Malcolm deu a William terras que são as que hoje abrigam o castelo de Roslin.

Foi o rei Malcolm que mais tarde nomeou Henri, filho de William, o primeiro conde de Roslin, isso tão logo o jovem St. Clair chegou de Jerusalém onde participara da primeira Cruzada juntamente com os nove cavaleiros que acabaram fundando a Ordem dos Cavaleiros Templários.[61]

Em *O Segundo Messias*, chamamos a atenção para o fato de que Roslin, na língua escocesa nativa, o gaélico, significa "conhecimento ancestral passado às gerações". Essa tradução foi-nos gentilmente confirmada por pessoas da *Scottish Poetry Library* (Biblioteca de Poesia Escocesa) que

---

57. N.A.: Palsson, H & Edwards, P (ed): *The Orkneyinga Saga*, Penguin Classic, 1981.
58. N.A.: Thompson, WPL: *History of Orkney*, The Mercat Press, 1987.
59. N.A.: Wallace-Murphy, T & Hopkins, M: *Rosslyn*, Element, 1999.
60. N.A.: De St Clair, L: *Histoire Généalogique de la Famille de Saint Clair*, Paris, 1905.
61. N.A.: De St Clair, L: *Histoire Généalogique de la Famille Saint Clair*, Paris, 1905.

falam esse idioma. A seguir, transcrevemos o título de Henri de St. Clair de Roslin visto sob o ponto de vista gaélico:

Henry do brilho sagrado do conhecimento passado às gerações.

Naquele tempo, poderia parecer uma designação muito peculiar para ser escolhida por alguém; no entanto, isso logo faria sentido.

Queremos relembrar nossos encontros com um dos curadores da Capela Rosslyn, o barão St. Clair Bonde, descendente direto de William Sinclair e aristocrata escandinavo. Visitamos sua suntuosa residência em Fife, juntamente com o professor Philip Davies, para discutir vários aspectos relacionados às nossas pesquisas, na época em que publicávamos nossos dois primeiros livros. O barão Bonde apresentou-nos uma árvore genealógica da família e demonstrou que a descendência de sua mãe ligava-o ao William que construiu Rosslyn. Depois nos disse que, pelo lado de seu pai, ele descendia de Thor, o deus norueguês. A princípio, pensamos que ele estava brincando, mas ele insistiu que isso era o que genuinamente dizia a antiga tradição.

Assim, nosso amigo Sinclair Bonde era a confirmação viva da fusão entre as tradições judaica e norueguesa, ambas tão elegantemente retratadas na Capela Rosslyn. Pesquisamos e descobrimos que os nobres noruegueses tradicionalmente consideravam-se descendentes de um dos deuses maiores do panteão nórdico quando ascendiam à condição de Jarls (lordes noruegueses). Como governantes, eles eram tidos como casados com a deusa Freyja. Uma outra pequena pesquisa da história da região norueguesa de More e de sua cidade central, Trondheim, revelou que lá havia um templo dedicado a Freyja em torno de 1000 d.C., destruído por Olaf Tryggvason durante um ciclo de batalhas que resultou na nomeação de Rognvald como Jarl de Orcadas.

Isso era de grande interesse, porque, de acordo com a mitologia norueguesa, Freyja era a deusa do amor, da beleza e da fertilidade e era representada pelo planeta Vênus. Ela também era associada à morte e ao renascimento, ao ouro e à rosa. Como dissemos em *Uriel's Machine*, a rosa de cinco pétalas é um antigo símbolo de Vênus, assim como a estrela de cinco pontas.

As ligações possíveis com a crença de *Grooved Ware** e com a Maçonaria são intrigantes. Nossa próxima tarefa estava clara: precisávamos verificar as crenças religiosas norueguesas e ver o que, se é que, descobriríamos a respeito das crenças dos ancestrais noruegueses do *sir* William no final de 900 d.C.

A Rainha do Céu Norueguesa

A Islândia exerceu grande influência na religião e na cultura do povo norueguês. Os *vikings* não estabeleceram muitos povoados permanentes, mas estudiosos modernos aprenderam muito graças a uma colônia independente na desabitada ilha da Islândia, que durou até que ela passasse ao domínio norueguês, no século XIII. Quando a escrita chegou por meio do

---
*N.T.: Nome dado a um estilo de cerâmica do neolítico britânico.

Cristianismo no século XI, os islandeses registraram imediatamente tudo o que puderam lembrar a respeito de sua origem e de sua história primitiva. Esses, que então estabeleceram um governo e um sistema legal na Islândia, eram defensores da velha religião dos deuses nórdicos e isso forneceu uma oportunidade única para observar como tratavam a vida e quais prioridades consideravam importantes.[62]

Em 1178 d.C., um gênio literário nasceu na Islândia. Seu nome era Snorri Sturluson e ele pressentiu que a inovação cristã da escrita destruiria a tradição poética verbal dos antigos *vikings* da Islândia. Os *vikings* gostavam de trocadilhos e charadas, que eles usavam em variadas formas de poesia, em particular em formas poéticas trovadas ou presentes nos Edas (coleções escandinavas de poemas mitológicos). Havia ainda um sistema complexo de alegorias poéticas conhecido como *kenning*, metáforas que exigiam grande conhecimento do leitor para serem entendidas. Muitos poemas *vikings* parecem estar na forma de um enigma ou quebra-cabeça criado pelo autor, para que o leitor decifre-o. Snorri Sturluson escreveu um livro ensinando como usar as estruturas poéticas *vikings* e chamou-o *The Prose Edda*.[63]

A professora Hilda Ellis Davidson dedicou atenção especial a uma importante característica da poesia édica (dos edas):

> *Os poemas édicos não são sempre narrativos, pois muitos consistem de uma troca de perguntas e respostas entre dois seres sobrenaturais; tal composição deve ter sido muito popular na época dos vikings, entre aqueles com aptidão para entender a doutrina dos deuses e seu mundo... Os poemas mitológicos de Eda, de perguntas e respostas, referem-se a muitos lugares fora desse mundo nos quais eventos cósmicos aconteceram ou vão acontecer no fim dos tempos, como também cita obscuros personagens que podem ser deuses menores, ou gigantes, ou animais sobrenaturais que, de alguma forma, interferiam nesses eventos passados ou futuros.*

Esse uso de um ritual estilo catecismo (perguntas e respostas) era-nos muito familiar, uma vez que já tínhamos visto os antigos rituais maçônicos escoceses (que podem ser vistos em *The Hiram Key*). Pareceu-nos que a fonte de inspiração para criar os rituais maçônicos pode muito bem ter sido a tradição poética norueguesa dos ancestrais da família St. Clair que eram os Jarls (condes) de Orcadas. O último Jarl de Orcadas foi William St. Clair, o construtor de Rosslyn.

Poemas trovados usam *syllibies* (uma espécie de parelha de versos ou frases), aliterações, rimas e consonâncias internas, tornando impossível traduzir sua forma complexa para outra linguagem. A escolha dos tradutores

---
62. N.A.: Ellis Davidson, HE: *The Lost Beliefs of Northern Europe*, Routledge, 1993.
63. N.A.: Sturluson, Snorri: *The Prose Edda*, tradutor Jean L. Young, Cambridge University Press, 1954.

fica entre manter o sentido ou a beleza do som vocal da linguagem original. Estudiosos sempre reconheceram a dificuldade de traduzir qualquer material poético que contenha conotações religiosas, fato que o professor Evans-Pritchard, que leciona Antropologia Social na Universidade de Oxford, comenta:

> *Declarações sobre crenças religiosas de pessoas devem ser sempre tratadas com a maior atenção e cuidado, pois estaremos tratando de assuntos que nem mesmo o autor pode diretamente observar, com concepções, imagens e palavras que requerem um profundo conhecimento da linguagem utilizada para serem entendidas, além de um profundo entendimento da estrutura filosófica das ideias que fazem parte de qualquer sistema religioso. Sem isso, tudo pode resultar sem sentido em relação ao conjunto de crenças e práticas dos que as usam.*[64]

A língua era um problema adicional, já que nenhum de nós fala norueguês e, dessa forma, não podíamos alimentar a esperança de ler os originais, mas, felizmente, encontramos boas traduções como a de Edward Turville-Petre.[65]

O uso de *kennings* nos poemas, escondendo seu significado em um contexto muito profundo da mitologia norueguesa, torna os escritos obscuros, até que tenhamos adquirido suficiente conhecimento para perceber o uso das alegorias. Kevin Crossley-Holland, outro tradutor desses mitos em inglês moderno, disse o seguinte a respeito do entendimento dos *kennings*:

> *O que é mais pertinente nos poemas das trovas são seus incontáveis* kennings, *que fazem parte e encerram, em sua forma de cantar as palavras. Muitos* kennings *estão ligados a mitos com os quais os ouvintes estavam totalmente familiarizados. Assim, por exemplo, três dos* kennings *para ouro são 'as lágrimas de Freyja', 'O cabelo de Sif', e 'O fogo de Aegir'. Isso acontece porque Freyja chorava lágrimas de ouro, pois quando o cabelo da deusa Sif era cortado por Loki, era substituído por fios de ouro, e porque o palácio do deus do mar Aegir era iluminado apenas por ouro que brilhava como fogo. Muitos dos* kennings *apoiam aqueles que sobreviveram e dão visões aterrorizantes daqueles que não conseguiram.*[66]

Nós já sabíamos, pela pesquisa que havia sido feita para *Uriel's Machine*, que o historiador romano Tácitos tinha escrito na Germânia que as tribos do norte da Escandinávia escolhiam seus líderes pela sua coragem e pela sua classe de nascimento (nobre), e acrescentava que qualquer homem

---

64. N.A.: Evans-Pritchard EE: *Theories of Primitive Religion*, Oxford University Press, 1965.
65. N.A.: Turville-Petre, EOG: *Scaldic Poetry*, Oxford University Press, 1976.
66. N.A.: Crossley-Holland, K: *The Norse Myths, a Retelling*, André Deutsch, 1980.

que pudesse confirmar descendência divina seria um natural e poderoso pretendente à liderança. Dispondo desse conhecimento, *Hyndla's Poem* fez muito sentido quando o lemos.

Nessa história, a deusa Freyja transforma Ottar, seu amante humano, em um javali dourado e o leva para conhecer a gigante Hyndla, que havia bebido a "cerveja da memória" e assim podia lembrar o parentesco de qualquer pessoa no mundo. Hyndla reconheceu o javali como Ottar, filho de Instein, e fez trocadilhos sexuais dirigidos a Freyja, acusando-a de "cavalgar seu amor na estrada para o Valhala". Freyja negou que "ela tivesse tido seu amor por baixo dela na estrada", mas Hyndla mais tarde zombou dela, outra vez, a respeito de seu amante disfarçado, dizendo que "muitos outros rastejaram para baixo de sua túnica. Minha nobre deusa, você salta por aí à noite como uma cabra pulando em um rebanho de bodes".[67]

O ponto central dessa história é o fato de Ottar estar em contenda com outro guerreiro, Angantyr, disputando a liderança de seu povo. Freyja convence Hyndla a recitar a linhagem de Ottar e, fazendo isso, a gigante passa a comentar sobre o sacrifício de crianças, dizendo que há muito tempo os filhos jovens de Jormunrek foram dados em sacrifício aos deuses.

Para provar que Ottar é descendente dos deuses, Freyja engana Hyndla, brincando com o gosto da gigante pelas fofocas e seu desejo de mostrar seu extenso conhecimento a respeito de quem tinha tido filhos de quem. Assim que Hyndla forneceu a informação que mostrava que Ottar era descendente dos deuses, Freyja admitiu que ele havia concordado em ser seu amante como parte de sua busca para se tornar líder de seu povo. Ela disse que "Ottar levantou um altar para mim. Ele o construiu com pedras e tingiu o altar muitas vezes com sangue de boi". Ela termina sua fala afirmando orgulhosamente que Ottar, que acabara de ter sua descendência divina confirmada e que, portanto, era merecedor do reino, depositava sua fé sempre nas deusas. O chefe dos deuses noruegueses é Odin, que muitas vezes é chamado de Grande Pai. Ele vive em Asgard, a casa dos deuses. Sturluson diz que ele é o mais velho e o maior dos deuses. Ele governa tudo, e não importa quão poderosos possam ser os outros deuses, eles o servem como crianças a um pai. Ele criou o céu e a terra e o paraíso e tudo o que há neles.[68]

Odin tem um único olho, usa um chapéu de aba larga e um manto azul que impede que ele seja reconhecido, uma descrição que parece associá-lo às características do Sol. Ele reina sobre o Valhala, onde os heróis mortos em batalha são recebidos para uma festa eterna. Odin tem filhos de várias deusas, mas foi sua relação com a deusa que governa a Terra que deu origem a Thor, de quem o barão St. Clair afirma ser descendente simbólico, sendo

---

67. N.A.: Crossley-Holland, K: *The Norse Myths, a Retelling.*
68. N.A.: Sturluson, Snorri: *Helmskringla*, Partes 1 & 2 traduzidas por Samuel Laing, Everyman Library, 1961-4.

ele um nobre sueco. Excluindo Odin, o Grande Pai, há outros 12 deuses que formam um conselho abaixo dele, e cada um relaciona-se livremente com uma das 13 deusas, mas de tal forma que sempre haja uma deusa disponível para satisfazer Odin.

Odin, com seu único olho, manto azul e o chapéu de abas largas, como uma nuvem, que pode ser puxada para baixo para esconder o seu olho, é representado pelo Sol.

Um dos outros nomes de Odin é o "Senhor dos Patíbulos", um nome que deriva de sua decisão de experimentar a morte e aprender os segredos da sepultura. Ele se fez pregar na grande árvore de Yggdrasil, dizendo:

> *Estou pendurado na árvore batida pelo vento, pendurado por nove longas noites; eu fui furado por uma lança; eu sou uma oferenda para Odin, eu para mim mesmo.*[69]

A lenda termina com essa explicação:

> *Essas são as palavras de Odin antes que houvesse homens. Essas foram suas palavras, depois de sua morte, quando ele se levantou outra vez.*[70]

Ficamos perplexos com as óbvias similaridades com o mito de Jesus Cristo.

Crossley-Holland diz o seguinte a respeito dessa história:

> *Odin aprende com gigantes sábios, ele aprende com videntes a quem ele deve levantar dos mortos e dos enforcados; e, nesta lenda, Odin faz o sumo sacrifício. Ele morre para ganhar a sabedoria oculta possuída apenas pelos mortos, e levanta-se novamente para usar essa sabedoria no mundo dos vivos... É sabido que o culto a Odin e a outros deuses envolve sacrifícios humanos. Adam de Bremen, historiador do século XI, relata que viu muitos corpos humanos enforcados no bosque de Uppsala perto do templo que abrigava ídolos de Odin, Thor e Freyja... As similaridades entre a morte de Odin e a crucificação de Cristo são espantosas: os dois morreram voluntariamente; Odin foi ferido com uma lança, tal qual Cristo; Odin fala da falta de uma bebida reconfortante e a Cristo deram vinagre; Odin grita antes de morrer, e Cristo chora em alto e bom som.*[71]

A questão óbvia é se a história norueguesa de Odin foi influenciada pela história cristã. Depois de muitas considerações, Crossley-Holland descarta a possibilidade de influência cristã. Ele afirma que os noruegueses

---

69. N.A.: Crossley-Holland, K: *The Norse Myths, a Retelling.*
70. *Idem.*
71. *Idem.*

não se converteram ao Cristianismo até 1000 d.C. e todos elementos do mito norueguês podem ser explicados como parte de uma tradição pagã que é muito anterior a qualquer possível influência cristã.

A mãe de Thor é também conhecida por nomes como Freyja e Frigg. Estávamos interessados em ver como o professor Ellis Davidson ligava esses aspectos duplos da deusa a nomes que já conhecíamos como representativos de Vênus.

> *De fato, as duas principais deusas de Asgard sugerem dois aspectos da mesma divindade; isso é similar ao aspecto duplo da deusa da fertilidade do Oriente Próximo, aparecendo ora como mãe, ora como amante. Algumas vezes, ambas as atitudes podem ser combinadas na pessoa de uma única deusa, mas é mais comum encontrar diferentes aspectos ligados a nomes diferentes. É até mesmo possível reconhecer uma tríade de deusas tais como Asherah, Astarte e Anat.[72]*

Sabíamos que esses três nomes representavam diferentes aspectos do planeta Vênus, em virtude de nosso estudo dos deuses fenícios, que serão discutidos com maiores detalhes mais adiante. Ellis Davidson vai ainda mais longe nessa ligação quando afirma:

> *Fontes literárias também dão a impressão de uma deusa poderosa e suprema, que pode ser vista como esposa ou amante de seu adorador. Se ele fosse um rei, seu culto poderia vir a ser a religião do Estado e ela receberia tratamento oficial como parte da religião do Estado, juntamente com os deuses predominantes. Na tradição escandinava, a principal deusa parece ser Freyja... mas existe também Frigg, a esposa de Odin e, portanto, conhecida como a Rainha do Céu... Apesar de muitas vezes ser Freyja a que faz par com Odin.[73]*

Então agora sabíamos que os noruegueses cultuavam uma Rainha do Céu, que, por sua vez, está relacionada a deusas que, também sabemos, são reconhecidas como o planeta Vênus. Pesquisamos um pouco mais para ver se havia qualquer outro detalhe adicional a respeito da Rainha do Céu e logo descobrimos que sim. Um *kenning* está incluído no *Hyndla's Poem,* e ele estabeleceu uma clara conexão com a deusa de Vênus fenícia, *Baalat-Gerbal*. Essa deusa é geralmente descrita usando uma touca com dois chifres, como aqueles de uma vaca ou, às vezes, como os de um veado. Há uma boa razão para isso, porque a forma produzida pela trajetória que o planeta Vênus descreve no céu entre o nascer e o pôr do sol, quando visto contra o fundo do zodíaco, é a forma de um par de chifres.[74]

---

72. N.A.: Ellis Davidson, H: *The Lost Beliefs of Northern Europe.*
73. Idem.
74. N.A.: Schultz, J: *Movements and Rhythms of the Stars,* Floris Books, 1987.

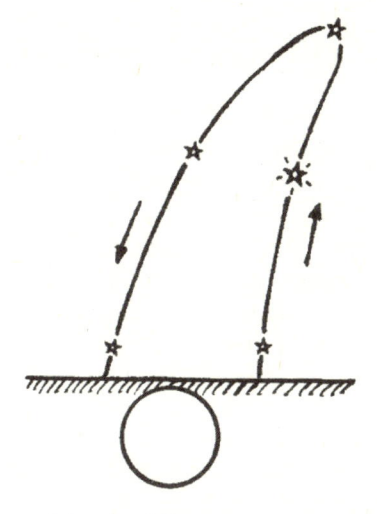

Os Chifres de Vênus. O caminho que Vênus traça no céu em torno do sol nascente quando se comporta como a Estrela da Manhã. Quando ele se transforma na estrela noturna, traça uma trajetória especular a essa, voltada para oeste. É essa aparência que fez com que muitos povos antigos ligassem a ideia de Vênus à de chifres.

Retornando ao *Hyndla's Poem*, assim que Freyja aproxima-se do portão de Odin, ela assusta um veado galheiro que estava pastando junto à entrada. Assim como o caminho de Vênus em forma de chifre desaparece com o nascer do sol, assim também o veado galheiro foge do lugar onde Odin será encontrado pela deusa. Isso é interessante, mas, como muitos *kennings* fazem, deixa muito terreno para más interpretações, como em um grande quebra-cabeça. Mais tarde, encontramos uma lenda mais antiga que esclareceu muito a respeito.

No começo da história do mundo, Odin lutou uma guerra com outros grupos de deuses e os muros de Asgard foram destruídos. A história começa quando um pedreiro viajante chega a Asgard e oferece-se para reconstruir os muros caso os deuses dessem-lhe três coisas em pagamento. Essas três coisas eram o Sol, a Lua e a deusa Freyja. Freyja é descrita vestida em um traje tão brilhante que apenas Odin podia olhar diretamente para ela. Os deuses concordam com o negócio, mas insistem em que o trabalho deveria começar no dia do solstício de inverno e terminar no dia do solstício de verão (os dois dias festivos da Maçonaria que celebram São João, e preservados nos rituais como simbolicamente os dias para a iniciação ao primeiro grau e a elevação ao segundo grau de seus filiados). Três dias antes do solstício de verão, o pedreiro tinha quase acabado o círculo de "pedras bem cortadas e empilhadas, um muro firme, alto e forte o suficiente para manter visitas indesejáveis afastadas". Os deuses ficaram desesperados porque não haveria mais luz nos céus se perdessem o Sol, a Lua e a deusa Freyja, os seus três maiores luminares. Mas conseguiram se salvar quando o deus Loki enganou o pedreiro, revelando que ele era, na realidade, um gigante disfarçado. Thor matou-o com seu martelo, enquanto o gigante pedreiro gritava: "Enganado por uma quadrilha de deuses e um bordel de deusas!".⁷⁵ Nós bem sabemos quais são os três astros mais luminosos do céu. Em ordem de brilho são o Sol, a Lua e o planeta Vênus, ou a deusa Freyja, que é como o planeta é conhecido pelos noruegueses.

Soubemos depois que os templos de Freyja eram considerados tão importantes para os Jarls (condes) que os construíam que o poder político deles poderia ser destruído caso essas construções fossem saqueadas. Quando Olaf Tryggvason quis destronar o Jarl Aaron de Heligoland, que era o "rei de fato" da Noruega naquele momento, no fim do século X, ele quebrou a imagem de Freyja do templo construído pela família More em honra da deusa e onde Haakon prestava-lhe culto. Esse templo estava perto de Trondheim, nas terras do Jarl de More e, como já sabemos, os ancestrais de *sir* William eram os Jarls de More, de quem ele herdou seu Jarldom de Orcadas (condado de Orcadas).

Encontramos mais um detalhe a respeito dos templos noruegueses que nos pareceu muito maçônico: eles também tinham colunas. Isso foi indicado nos relatórios da escavação de um templo de Freyja do século VIII, em Trondheim, onde foram encontradas colunas debaixo do chão de uma igreja dedicada à Virgem Maria.⁷⁶

Um uso típico dessas colunas é descrito no *Eyrbyggja Saga*, que conta como o *viking* Thorolf decide emigrar para a Islândia e precisa escolher o lugar de desembarque. Kevin Crossley-Holland traduz:

> *Thorolf atirou as colunas do templo ao mar – a figura de Thor estava entalhada em uma delas – e disse que iria estabelecer seu assentamento em qualquer lugar da Islândia que fosse escolhido por Thor, e que esse lugar seria aquele onde encalhasse a coluna, na costa.*⁷⁷

Seria possível que as crenças do "Povo do Pote Entalhado" tenham sobrevivido no noroeste da Europa, ao longo do período conferido aos celtas, e depois entre os noruegueses que, por sua vez, nunca perderam o contato com o norte da Escócia? Se pudermos sustentar que os judeus também eram depositários da mesma tradição, estaríamos agora observando a reunificação de dois ramos do mesmo culto original a Vênus, os quais haviam sido separados há mais de 4.500 anos para surgir novamente 3.500 anos depois pelas mãos dos St. Clair – a família que se autodenominava "O Brilho Sagrado". Poderia

---

75. N.A.: Crossley-Holland, K: *The Norse Myths*, a Retelling.
76. N.A.: Liden, K: "From Pagan Sanctuary to Christian Church – the Excavation of Maere Church, Trondelag", *Norwegian Archeological Review*, 2, 23-32, Oslo, 1969.
77. N.A.: Crossley-Holland, K: *The Norse Myths*, a Retelling.

esse título ser uma referência ao planeta Vênus, que era tão importante para ambos os grupos?

Fomos saber só mais tarde que estávamos parcialmente corretos. O "Brilho Sagrado" era algo muito mais importante.

Nossa investigação a respeito das crenças dos ancestrais noruegueses de William St. Clair tinha revelado muitas delas. Aqui estão as mais importantes:

1. Os filhos de seus reis afirmavam ser filhos dos deuses;
2. Quando um homem tornava-se rei, ele, ao mesmo tempo, tornava-se consorte de uma deusa;
3. Havia um conselho de 12 pares de deuses/deusas que assistiam o Grande Pai deus/deusa no governo do céu;
4. Os três corpos celestes mais brilhantes no céu, o Sol, a Lua e Vênus, representavam os três deuses mais importantes;
5. Eles acreditavam no poder de pedras e árvores sagradas;
6. Eles tinham uma série de crenças apocalípticas;
7. A sua deusa de Vênus preservava a juventude;
8. A sua deusa de Vênus encorajava a licenciosidade sexual em seus festivais;
9. Eles cultuavam um deus masculino promíscuo, afamado pelo tamanho e poder de seu pênis;
10. Eles tinham um deus pai que ficou pendurado a uma árvore por oito dias para morrer e, assim, conhecer o que era a morte para os mortais comuns. Oito dias após sua morte, o todo-poderoso promoveu sua própria ressurreição.

Como mostraremos, a Teologia norueguesa tem similaridades marcantes com a dos fenícios e o uso de chifres, fato muito atribuído aos *vikings,* parece ter origem em um símbolo de Vênus presente em um cenário comum aos noruegueses e aos profetas do Velho Testamento, antes das influências da Igreja fazerem-se sentir. Só depois da Idade Média os chifres foram associados ao mal em geral e ao Demônio em particular.

O Primeiro Templo Maçônico

Mostramos que a escultura do jovem candidato ajoelhado encontrada em Rosslyn indica uma conexão direta com a Maçonaria moderna. *sir* William St. Clair, o construtor de Rosslyn, e sua família estavam familiarizados com rituais primitivos e, tanto imediatamente como no correr do tempo, eles devem ter começado a formar a estrutura da organização que conhecemos como Maçonaria.

O ano de 1736 é importante para a Maçonaria escocesa, porque foi nessa data que as Lojas decidiram eleger uma Grande Loja para administrá-las. Eles decidiram que tinham de voltar à sua lealdade tradicional, registrada nos éditos de 1601 e 1628, os quais declaravam que os patriarcas da família St. Clair eram os Grão-Mestres da Escócia desde tempos remotos.[78] O patriarca da época era outro *sir* William Sinclair de Roslin, mas foi automaticamente aceito como Grão-Mestre, pois era o homem descendente direto daquele *sir* William St. Clair que construiu a Capela Rosslyn.

O único obstáculo ao plano de formar uma Grande Loja da Escócia sob a direção de *sir* William Sinclair era o fato de ele não ser maçom. Antes que pudesse ser Grão-Mestre, ele teria de ser iniciado e passar por pelo menos cinco graus que faziam parte do "ofício" na Escócia. Uma vez empossado, seu primeiro ato foi renunciar aos direitos hereditários da família e instituir o sistema de eleição dos oficiais da nova Grande Loja, que aliás ainda protege os direitos e privilégios dos maçons escoceses até nossos dias.[79]

O autor de *Gould's History of Freemasonry* observou:

> *A oportuna renúncia de William St. Clair foi calculada para dar ao fato uma aparência de legalidade que era desejada desde a instituição da Grande Loja da Inglaterra.*[80]

Na busca por uma visão mais ampla a respeito da família St. Clair e da Maçonaria, conseguimos acessar os mais antigos rituais maçônicos da Escócia. Eles foram coletados ao longo de anos de visitas às Lojas escocesas, por meio de inúmeras conversas com velhos maçons que frequentemente davam-nos cópias de rituais muito antigos e que não eram mais usados. Com todo esse conhecimento sobre os rituais, que havíamos concentrado em um documento único chamado *Testamento Maçônico*, estávamos começando a entender uma lenda escondida nas entrelinhas dos rituais. Ela conta uma grande e misteriosa história, que em muitos trechos parece acompanhar a Bíblia, mas que não termina na época de Jesus, continuando até os dias presentes. Ela conta como os maçons foram escolhidos por Deus para compartilharem o conhecimento das ciências e usá-las em benefício da humanidade, e diz como lhes foram revelados os segredos para edificar uma sociedade boa, e como poderiam usá-los para criar grandes Templos e Ordens de homens devotados ao entendimento de Deus, da tolerância e da Ciência.

Agora sabíamos que as histórias das batalhas morais travadas pelos maçons para promover Amor, Caridade e Verdade, apesar de perseguições e hostilidades, continuaram sempre até o século XVIII, quando culminaram na destruição, por Napoleão, da Ordem dos Cavaleiros de São João de Malta, na época sob as ordens de Ferdinand von Hompesch.

---

78. N.A.: Lomas, R: *The Invisible College.*
79. N.A.: Knight, C & Lomas, R: *O Segundo Messias.*
80. N.A.: Whiston, W (ed.and trans.): *The Works of Flavius Josephus*, William P. Nimmo, 1895.

Nesse ponto a história cessa.

Um dos motivos-chave dessa história é a construção do Templo de Salomão, e é esse evento central que decidimos estudar a seguir.

Conclusões

A presença da família St. Clair na França durante a primeira metade do século XI combinou descendências judias e norueguesas. Essa é a razão por que William St. Clair construiu Rosslyn mais tarde, com imagens e motivos de ambas as tradições, que dividiam uma mesma crença a respeito da importância central de Vênus.

Já suspeitávamos que *sir* William St. Clair havia fundado a organização que hoje chamamos Maçonaria usando rituais que lhe chegaram às mãos por meio de sua família, provenientes dos pergaminhos encontrados sob o Templo de Jerusalém. Parece agora que a religião norueguesa foi um componente complementar acrescido aos conceitos que vieram de fontes judaicas.

Capítulo Cinco

O Templo de Salomão

Os Artefatos de Enoch

Não há evidência arqueológica conhecida do Templo do rei Salomão, cuja lenda diz que foi construído em Jerusalém há aproximadamente três mil anos. Mesmo assim, ele continua sendo um ícone da maior importância na memória da humanidade, como o primeiro templo de pedra construído ao tempestuoso deus Javé, que mais tarde tornou-se o uno, único e verdadeiro Deus (com D maiúsculo) para milhões de pessoas ao redor do mundo.

Ambos, o Velho Testamento e o *Testamento Maçônico*, dizem-nos que Salomão foi rei de Israel no século X a.C. e que era o segundo filho de Davi com sua mulher Betsabeia. Mais tarde, as literaturas judaica e muçulmana descrevem Salomão como o mais sábio de todos os sábios, portador do poder de controlar os espíritos do mundo invisível.[81] Ele é também tradicionalmente reconhecido como um grande autor com uma obra prodigiosa, tendo muitos trabalhos creditados a ele. Esses são os Provérbios bíblicos, o Cântico de Salomão, Eclesiastes, a Sabedoria de Salomão e por fim os Salmos e Odes de Salomão. No entanto, estudiosos modernos acreditam que várias das obras foram escritas muitos séculos depois de sua época, e as Odes são, possivelmente, mais de mil anos mais recentes que o grande rei.

A Bíblia conta que Salomão sucedeu Davi (a despeito dos protestos de Adonias, seu meio-irmão mais velho), dividiu Israel em 12 distritos com o propósito de taxação e estendeu seu território até as terras dos filisteus chegando até a fronteira com o Egito. Diz-se que escravizou os cananeus que permaneceram em suas terras e que fez uma aliança com Hiram, rei de Tiro, aquele que efetivamente projetou e construiu o Templo de Salomão. Entretanto, essa aliança provocou descontentamento, uma vez que permitia o estabelecimento de religiões estrangeiras em Jerusalém.

---

81. N.A.: Rapport, AS: *Myths and Legend of Ancient Israel*, Senat, 1995.

De acordo com a lenda bíblica, Salomão foi forçado a impor pesada carga tributária à nação para pagar os débitos anuais regulares que tinha com Hiram, e a produção de Israel era quase insuficiente para fazer frente ao programa ambicioso de construção do rei, que incluía um grande palácio, um harém e também um templo pequeno, se comparado às obras anteriormente citadas. Conforme relata Josephus, Hiram adiantou a Salomão mais que três toneladas de ouro de seu próprio tesouro para dar continuidade às construções, mesmo acreditando que o valor do empréstimo seria irrecuperável.[82]

O *Testamento Maçônico* conta-nos muito mais a respeito do assunto Salomão e seu Templo do que propriamente a Bíblia. Diz que Hiram, rei de Tiro, mandou Hiram Abiff a Salomão, como arquiteto chefe do Templo, e o tema principal do ritual está ligado ao assassinato desse mestre construtor e à subsequente perda dos segredos da iniciação que ele aparentemente possuía e que morreu para proteger. Esses segredos parecem ter sido um tipo de encantamento mágico, e sua perda impediu, para sempre, que grandes acontecimentos pudessem ocorrer outra vez. Em seu lugar foram colocados segredos substitutos que, presumivelmente, não têm o mesmo efeito mágico dos originais.

O ritual afirma que Salomão selecionou previamente o local onde deveria ser erguido o Templo, mas os trabalhadores que faziam a limpeza do terreno escolhido encontraram as ruínas de um antigo templo que Salomão imaginou ser dedicado a algum deus menor. Não querendo usar um lugar profanado, ele mudou a localização do seu novo Templo para o monte Moriá. Só mais tarde ficou sabendo que o lugar rejeitado havia abrigado, um dia, o Templo de Enoch.

Em seguida, o ritual nos diz que Salomão, rei de Israel, Hiram, rei de Tiro e Hiram Abiff, os três Grão-Mestres, entendiam que caso Israel desviasse-se das leis de Moisés e dos Profetas, seus inimigos saqueariam suas cidades e todos os tesouros contidos no *Sanctum Santorum* (o Santo dos Santos) seriam roubados. Para prevenir esse desastre potencial, eles construíram uma passagem subterrânea secreta que ia dos aposentos particulares do rei Salomão diretamente para uma câmara embaixo do *Sanctum Santorum*. Essa Câmara Secreta era dividida em nove arcos ou criptas, a última das quais era usada para guardar os vasos e tesouros sagrados que eventualmente poderiam ser expostos no *Sanctum Santorum*. Essa cripta era também usada pelos três Grão-Mestres para se encontrarem em segredo e era o local onde o grau de Mestre Maçom era conferido originalmente. A respeito, diz o *Testamento Maçônico* (7:4):

> *O rei Salomão construiu uma cripta secreta e, para se chegar a ela, era preciso passar por outras oito criptas, todas subterrâneas, e acessíveis por meio de um estreito corredor que vinha do*

---
82. N.A.: Whiston, W (ed. e trad.). *The Works of Flavius Josephus*, William P. Nimmo, 1985.

palácio. A nona cripta estava exatamente embaixo do Sanctum Santorum *do Templo. Naquele local o rei Salomão promovia suas conferências secretas com o rei Hiram e com Hiram Abiff.*

O assassinato de Hiram Abiff deve ter sido um duro golpe, porque os rituais informam-nos que a cripta não foi mais usada pelos dois reis depois da morte do arquiteto (Testamento Maçônico 7:15):

> *Depois da morte de Hiram Abiff, os dois reis pararam de visitar a cripta, resolvendo proceder dessa forma até que encontrassem alguém que pudesse substituí-lo, e, até que isso acontecesse, não revelariam a ninguém o nome sagrado.*

Isso mudou depois de uma descoberta importantíssima feita por três trabalhadores. Salomão havia decidido erguer o Templo da Justiça no lugar onde fora encontrado o Templo de Enoch, que havia sido rejeitado para o Templo de Javé. Depois que os trabalhadores removeram as colunas semidestruídas e limparam o entulho, começaram a fazer uma prospecção para posicionar os alicerces do novo edifício. Fazendo isso, perceberam um som oco emitido pelas pancadas dadas sobre uma pedra. Quando a removeram, viram uma câmara subterrânea que o ritual afirma ter sido construída por Enoch. Quando os homens desceram à câmara, encontraram lá um delta dourado incrustado em um cubo de ágata, um nome misterioso e os fragmentos de uma coluna contendo os segredos das artes e das ciências do mundo. Tudo isso foi levado a Salomão, que decidiu que deviam ser colocados na nona cripta da câmara secreta de seu novo Templo (*Testamento Maçônico* 7:17):

> *Depois que Adoniran, Joabert e Stolkin descobriram o cubo de ágata e o nome misterioso e levaram-no ao rei Salomão, os dois reis decidiram depositar tudo na cripta secreta, permitindo que os três mestres que fizeram o achado estivessem presentes e, transmitindo-lhes a verdadeira pronúncia da palavra inefável, constituíram o último grau da Antiga Maçonaria Operativa, chamando-o Maçom Grande Eleito.*

Para nós, isso soa como uma lenda que foi inventada na história judaica antiga para justificar por que e como os judeus tinham se tornado os detentores de segredos de extrema antiguidade. Eles encontraram informações que antes pertenciam a outro povo que simbolicamente fazia-se presente no Templo de Enoch e absorveram isso em sua própria cultura – exatamente embaixo da câmara que abrigava seu novo Deus.

Atualmente, é amplamente aceita a ideia de que o Velho Testamento foi elaborado por volta do século VI a.C., quando sábios e escribas vasculharam a sua vasta tradição oral para formar uma única linha histórica que retrocedesse até a Criação. Esse mito fala de uma grande transição, de um período dominado por pastores nômades para outro de grandes cidades e príncipes guerreiros. Isso parece estar correlacionado com a tentativa de encontrar sentido nas mudanças da cultura nômade dos caçadores da Idade da Pedra, para a Idade do Bronze e do Ferro, quando armas de guerra mais poderosas tornaram-se acessíveis. Mas poderia essa história ser uma tentativa de explicar como os segredos de construção e de Astronomia tinham sido transmitidos pelo "Povo do Pote Entalhado" no seio de sua própria cultura? Sabíamos, pelas evidências encontradas em *O Livro de Enoch,* que ele supostamente havia viajado para o norte para ser treinado nesses assuntos, e a sabedoria secreta que ele trouxe de volta foi escrita nesse livro por volta de 250 a.C.

Os rituais maçônicos afirmam que existia um grupo seleto que mantinha um conhecimento secreto de construção e Astronomia baseado nos movimentos da estrela brilhante da manhã, Vênus. Se a história é uma completa obra de ficção, por que se encaixa com tanta perfeição aos fatos? Como poderiam os St. Clair, ou quaisquer outras pessoas, ter inventado rituais que, inexplicavelmente, descrevem com detalhe situações ocorridas há milhares de anos?

O Livro de Enoch estava perdido e só foi descoberto no fim do século XVIII – portanto, depois que esses rituais maçônicos estavam em circulação. A antiga figura de Enoch está associada à transmissão de informações secretas, de alguma época antes de a história começar a ser escrita, para um novo mundo que estava sendo construído no Oriente Médio. Ficamos muito impressionados ao descobrir que os árabes também lembram de Enoch no Corão como detentor de grande sabedoria, chamando-o de Idris, que significa "professor". Eles ainda identificam o último lugar em que viveu Enoch como um vilarejo perto de Bagdá chamado Sayyid Idris, e ainda hoje os muçulmanos homenageiam-no, particularmente no Domingo de Páscoa.

O Alinhamento do Templo de Salomão com Vênus

Os traços mais antigos de assentamentos humanos em Jerusalém, onde Salomão construiu seu Templo, são atribuídos ao fim da Idade do Cobre e início da Idade do Bronze – isso os coloca em torno de 3000 a.C. O primeiro nome da cidade de que se tem notícia era Urushalim – *uru* significando "fundada por", e o sufixo *salem* ou *shalem,* que é o nome do deus cananeu de Vênus quando em sua aparição noturna. Essa evidência foi confirmada pela Arqueologia, pois tábuas de 3000 a.C. encontradas em Elba, na Síria, fazem referência ao deus Shalem, que era venerado em uma cidade chamada Urushalim.

Assim, o nome de Jerusalém significa, efetivamente, o lugar dedicado a Vênus em sua aparição noturna – mas o Templo de Salomão estava voltado para a direção oposta, aquela de onde Vênus surge quando se comporta como a Estrela da Manhã. Aprendemos com nossas pesquisas que o "Povo do Pote Entalhado" observava Vênus no começo e no fim do dia, e a associação com chifres parece ser a combinação da observação dos dois eventos. A deusa cananeia Asherah (a senhora do mar) tinha dois filhos gêmeos: Shalim, que era Vênus ao anoitecer, e Shachar, que era Vênus ao alvorecer.

Os habitantes primitivos originais de Jerusalém eram cananeus chamados jebuseus, e sua cidade era muito pequena, mesmo já passados dois mil anos durante os quais foi habitada continuamente. A Bíblia nos diz como Davi capturou-a para torná-la sua nova capital, e evidências arqueológicas daquele período sugerem que ela cobria uma área aproximada de 550 jardas no rumo norte-sul e 70 jardas de leste a oeste (ver mapa). Esse pequeno povoado estava localizado do lado de fora e ao sul do atual "Muro da Cidade Velha", a oeste do vale de Kidron, e escavações revelaram um grande muro acima do riacho de Gihon. O local escolhido naquele tempo por Salomão para o Templo estava a pouco mais de 300 jardas ao norte da cidade, em um lugar elevado, voltado para leste, por sobre o Monte das Oliveiras.

De acordo com o ritual maçônico, o Templo, quando terminado, tinha três elementos especiais: um pórtico, uma claraboia e um pavimento quadrado. O mesmo ritual informa que o pórtico era a entrada para o *Sanctum Santorum*, o Santo dos Santos, onde era mantida a Arca da Aliança; a claraboia era uma janela elevada por onde a luz entrava, e o pavimento quadrado, ou pavimento semelhante a um tabuleiro de xadrez, era um piso destinado às andanças do Sumo Sacerdote.

O que particularmente chamou nossa atenção foi a referência feita a uma claraboia, que nós já tínhamos percebido e assinalado em reconstruções experimentais do edifício feitas por estudiosos. O estrito sentido da palavra *dormer* refere-se a uma claraboia ou outra espécie de abertura feita no teto de um aposento para permitir que entre luz para iluminar quem vive ali. Como somente o Sumo Sacerdote era admitido ao *Sanctum Santorum*, e ainda assim apenas uma vez por ano, o *dormer* no muro leste do Templo do rei Salomão só poderia ter um único objetivo: derramar luz sobre Deus, o único residente que ali vivia.

Em *The Hiram Key,* argumentamos que Jesus Cristo tinha levado seus seguidores até o Jardim de Getsêmani por várias boas razões, imediatamente antes de ser preso pelos romanos:

> *... isso não foi escolha arbitrária – Getsêmani era um lugar previsto e deliberado para mudar o rumo da história. O Jardim de Getsêmani está a 350 jardas do portão leste do Templo e exatamente em frente a ele – o chamado Portão dos Justos. À medida que Jesus orava, ele devia estar elevado o suficiente para ver, através do vale, as duas colunas físicas que ele representava na construção da nova Jerusalém e o já próximo "reino de Deus".*[83]

---

83. N.A.: Knight, C & Lomas, R: *The Hiram Key*, 1997

Chegamos à conclusão que Jesus tinha escolhido esse lugar em particular, em frente ao Portão dos Justos, que era o portão principal, para lançar sua missão de estabelecer a ele mesmo como rei dos judeus. E Vênus estava aparecendo antes da aurora naquele dia. Ele sabia o que o Livro de Ezequiel (43:4) dizia desse local:

> *E a glória do Senhor adentrou a casa pelo caminho cuja vista é voltada para leste...*

Seria a luz de Vênus considerada como a "glória de Deus"?

Mas havia um problema de alinhamento. O Jardim de Getsêmani está a leste desse portão, no Monte das Oliveiras; no entanto, o Domo da Rocha, a mesquita muçulmana que hoje ocupa o lugar em que se pensa estava o Templo judeu, está recuado para o sul. O alinhamento do portão e a presumida posição da claraboia não estão exatamente corretos – a menos que o Templo estivesse um pouco mais ao norte.

Em virtude dos romanos terem feito um "grande trabalho", arrasando totalmente o edifício, nada se sabe a respeito da localização exata do Templo de Salomão e das duas reconstruções subsequentes creditadas a Zorobabel e Herodes. A terceira edição (que é comumente confundida e citada como a do segundo Templo) construída por Herodes, o Grande, dois mil anos atrás, refez totalmente a edificação, apesar de algumas cisternas subterrâneas terem sido reutilizadas. O ambicioso rei Herodes mais que dobrou o tamanho do Monte do Templo, que chegou a 36 acres.

As únicas partes remanescentes do Templo de Herodes, com procedência atestada por especialistas, são trechos de um muro razoavelmente preservado ao sul, a oeste e a leste do monte, apesar de ser a parede leste a única que parece ter conservado seu alinhamento original. Muitas pessoas acreditam que o Domo da Rocha foi construído no século VII d.C. exatamente sobre o lugar do "Santo dos Santos". Tanto judeus como cristãos acreditam que o centro do Templo de Salomão está embaixo daquele domo. Mas, quando revemos o que sabemos a respeito do Templo de Salomão, encontramos três diferentes teorias a respeito do posicionamento do Templo, em Jerusalém. Uma dessas teorias particularmente prende nossa atenção.

O dr. Asher Kaufman, um físico da Universidade Hebraica que passou muitos anos estudando o Monte, posiciona o Templo a 280 pés a noroeste do local comumente aceito. Ele publicou sua teoria pela primeira vez no começo da década de 1970 depois de estudar todas as possíveis evidências, incluindo entre elas os registros da equipe do exército britânico, comandada pelo tenente Warren que, em 1860, promoveu extensas escavações. Kaufman concluiu que o local do Templo estava situado no canto noroeste do Monte. Por deduções pessoais totalmente independentes de nossa tese, ele concluiu que uma linha leste-oeste alinhava o Monte das Oliveiras com o portão leste e com o Templo!

Essa linha divide exatamente ao meio uma pequena cúpula rochosa que existe no local, sendo essa a única irregularidade encontrada na superfície totalmente plana do Monte do Templo. Ele acredita que esse caroço de pedra esquecido, saliente do solo, é nada menos que a pedra fundamental do mundo, chamada pelos judeus *Even Shetiyyah*. Dizia-se que essa famosa pedra mostrava sua protuberância dentro do Santo dos Santos, o lugar mais sagrado da Terra para os judeus.

A *Mishneh Torah* de Maimônides, citando escritos do *Talmude* judaico, todos anteriores à destruição do Templo em 70 d.C., afirma que testemunhas oculares declararam que o pátio do Templo não estava situado exatamente no centro do Monte. Em vez disso, ele estava mais afastado do muro sul do que dos outros. A justificativa para isso seria disponibilizar mais espaço para acomodar as pessoas que entravam pelo portão sul. Maimônides continua citando várias fontes, sempre insistindo que o Templo estava situado em posição diretamente oposta ao portão leste, colocando-o na parte norte do Monte:

> *Esses cinco portões foram colocados em linha reta a partir do Portão Leste até a sala de entrada do Santo dos Santos. Esses portões eram os seguintes: o Portão Leste, o Portão de Chayl, o Portão do Pátio das Mulheres, o Portão de Nicanor e o Portão do vestíbulo de entrada. Assim, se o Templo estivesse construído sobre terreno plano, uma pessoa podia olhar através de todos os portões de uma só vez.*[84]

Se estivéssemos parados na ladeira que corre no vale para leste (colocando-nos no Jardim de Getsêmani, se na direção descendente, ou no Monte das Oliveiras, se na direção ascendente), olhando para oeste, veríamos em linha reta o portão leste na área norte do Domo da Rocha. Se projetássemos um raio *laser*, ele passaria exatamente pelo Portão Leste (se não estivesse emparedado como agora), atingindo o centro do caroço de pedra conhecido como "Domo dos Espíritos" ou "Domo das Tábuas da Lei". Os árabes geralmente preservam os nomes originais dos lugares e observamos que essas designações parecem referir-se à Divina Presença que acompanhava a Arca da Aliança* com as Tábuas da Lei em seu interior, conjunto que repousava no Santo dos Santos. Sentimos que a existência dessa linha virtual passa a ser um argumento irrefutável confirmando a hipótese de que foi obedecido um alinhamento astronômico específico no posicionamento dos três Templos (Salomão, Zorobabel e Herodes). Mostraremos mais tarde que essa conclusão será de vital importância para nossa busca.

Só recentemente tivemos acesso ao trabalho do dr. Kaufman e, até onde sabemos, ele não conhece nossa afirmação de que a orientação do Templo estava diretamente ligada ao nascer de Vênus a leste.

---

84. N.A.: Mishneh Torah, *Commentary Halachah 5 and 6*.
*N.E.: Sobre a Arca, sugerimos a leitura de *Os Segredos Perdidos da Arca Sagrada*, de Laurence Gardner, da Madras Editora.

Em *Uriel's Machine,* mostramos que os templos maçônicos modernos são posicionados ao longo das mesmas linhas astronômicas preditas no Templo de Jerusalém, com as colunas livres de Boaz e Jachin marcando as posições extremas do movimento do Sol nascente no solstício de verão ao norte e do solstício de inverno ao sul. Nos equinócios, o Sol levanta-se entre os dois na sua posição usual leste e, em certas datas, o planeta Vênus surge antes dele como uma estrela brilhante diretamente sobre a claraboia do Templo. Diz-se que o *layout* de todo templo maçônico é um modelo do Templo de Salomão, e hoje todo Mestre Maçom é erguido de sua "morte temporária" sob a luz projetada por Vênus no pré-alvorecer de um equinócio simbólico.

Notamos também que o Novo Testamento relata a prisão de Jesus, sua crucificação e a alegada ressurreição durante a Páscoa judaica, que comemora o êxodo dos israelitas do Egito e a transposição do Mar Vermelho sob liderança de Moisés. A celebração da festa começa depois do pôr do sol no 14º dia de Nisan, o primeiro mês do ano eclesiástico judeu, que assinala o momento do equinócio da primavera (no hemisfério norte). Assim, de acordo com a tradição, Jesus foi concebido e ressuscitou no equinócio da primavera.

A tradição dessa festa judaica tem sido mantida na mesma data móvel das comemorações da Páscoa cristã, que acontece no primeiro domingo, depois da primeira lua cheia posterior ao equinócio da primavera.

A claraboia no Templo de Salomão parece-nos que operava exatamente como a fenda de luz de Newgrange. Ela permitia que a luz do Sol entrasse por ela, mas, o que é mais importante, permitia também que a luz de Vênus manifestasse-se por meio dela.

Para tentar entender melhor a tradição salomônica, decidimos investigar os fenícios.

Hiram, o Mestre Construtor

A chamada "terra prometida" à qual Moisés e Josué levaram os judeus era Canaã, um pedaço de terra com cerca de 300 milhas de comprimento e 50 milhas de largura, que se espalha do sul do Mar Morto até a extremidade sul do país que hoje é o Líbano. Os habitantes dessa região eram genericamente chamados cananeus, mas sua terra estava recortada por uma série de Cidades-Estado. Suas cidades eram de alguma forma similares em organização às gregas, onde os cidadãos consideravam-se atenienses, troianos, espartanos ou coríntios.

O povo das Cidades-Estado mais prósperas, principalmente localizadas à beira-mar, e mais propriamente na costa norte do Mediterrâneo, ficou conhecido no mundo como fenícios. A palavra é grega e faz alusão ao corante púrpura que esses cananeus extraíam de moluscos e vendiam para uso no tingimento de mantos reais. Os fenícios (significado literal: "povo púrpura") viam-se superiores e diferentes dos demais cananeus. Mas eles tinham as mesmas antigas influências e portavam, em geral, crenças religiosas similares às do povo do interior, tal como os jebuseus (os habitantes originais de Jerusalém). Portanto, todos os habitantes dessa região eram cananeus, mas outras designações, como jebuseu ou fenício, qualificavam a origem de cada indivíduo.

Em Canaã, os fenícios ocupavam uma estreita faixa de território com aproximadamente 200 milhas de comprimento, e cinco a 15 milhas de largura projetando-se para o interior, fronteiriça a leste com as montanhas do Líbano. Apesar de se considerarem uma nação única, os fenícios não tinham um estado unificado, mas sim um grupo de cidades-reinos, onde usualmente uma dominava as outras. As principais cidades eram Samira, Zarefá, Biblos, Jubeil, Arwad (Rouad), Acco, Sidon (Aidâ), Trípoli, Tiro (Ur) e Beirute. As cidades de Tiro e Sidon alternavam o poder de comando sobre as demais. Por volta de 1800 a.C., quando o Egito começou a formar seu império no Oriente Médio, os egípcios invadiram a Fenícia e a controlaram por 400 anos. Os ataques hititas contra o Egito deram às cidades fenícias a oportunidade de se rebelarem, e em 1100 a.C. conseguiram se tornar livres novamente.

Como era costume entre todos os cananeus, cada cidade fenícia também cultuava sua deidade favorita, usualmente denominando-a Baal (Senhor). Mas a deidade fenícia mais importante era Astarte ou Ashtar, a deusa diretamente associada a Vênus.

De acordo com o Velho Testamento e também com os rituais maçônicos, Salomão seria incapaz de construir o Templo com seus próprios projetistas e então solicitou ajuda de Hiram, rei fenício de Tiro, e de seu construtor chefe também chamado Hiram. O ritual diz que os arcos das criptas embaixo do "Santo dos Santos" foram construídos por 22 homens, versados em artes e ciências, que foram trazidos da cidade de Biblos. Assim, podemos afirmar que o Templo do rei Salomão foi construído por cananeus reconhecidamente adoradores de Vênus.

Percebemos que precisávamos entender melhor esse rei fenício e estudar as cidades em que vivia esse povo.

O Livro de Samuel (2Sam 5:11) explica como Hiram, rei de Tiro, ofereceu ao pai de Salomão, o rei Davi, suprimentos de cedro, carpinteiros e pedreiros, tendo até mesmo construído uma casa para ele como amostra da qualidade do trabalho fenício que podia oferecer. Davi deve ter ficado agradecido pela ajuda, já que pretendia transformar sua pequena e recém-conquistada cidade jebuseia em um lar para Javé, seu novo Deus. Mas ele nunca encontrou formas de fazê-lo, deixando a tarefa para seu filho Salomão.

De acordo com 1Reis 5:2-6, a primeira coisa que Salomão fez depois de assumir a coroa foi escrever ao rei Hiram, solicitando-lhe que se preparasse para o trabalho. O verso seguinte sugere que Hiram era um comerciante astuto, que sabia como fazer seu freguês sentir-se bem ao contratar seus serviços. O fenício respondeu dizendo: "Bendito é o Senhor nesse dia, no qual deu a Davi um filho sábio". Ele agradeceu o Baal judeu (Javé) e bajulou Salomão por ele ter tido a sabedoria de lhe entregar o negócio, até porque a construção projetada equivalia a um contrato de dimensões verdadeiramente impressionantes.

De uma forma pouco usual na condução de um contrato dessa proporção, Salomão parece ter dado a Hiram um cheque em branco, não fixando limites máximos de gasto. Hiram escreveu de volta e remeteu pelo mesmo mensageiro uma carta na qual pedia grandes quantidades anuais de trigo e óleo de oliva durante o tempo em que vigorasse o contrato, aparentemente omitindo a data de término do mesmo.

Um trabalho arqueológico em Gebal mostrou que os fenícios construíram grandes casas na Idade do Bronze e mais tarde desenvolveram um modelo de edifício público, em um estilo conhecido como *Bit-Hileni*. Uma característica desse tipo de edifício é a existência de um grande pátio externo cercado em três dos lados por salas acessadas por um vestíbulo central. Caso esse estilo fosse usado para a construção de um Templo, o pátio externo teria apenas uma função decorativa. No entanto, o pátio poderia levar a uma única porta central que se abriria para um lugar sagrado. Como comenta um especialista:

> *Havia outro detalhe do grande edifício (Templo de Salomão) que, como a divisão das salas, era típico na arquitetura fenícia: as colunas de Boaz e Jachin, erigidas livremente no pátio externo, à esquerda e à direita da porta de entrada do templo. Concepção semelhante é encontrada nos templos cananeus. Por exemplo, Heródoto relata que o templo de Melqart, em Tiro, também possuía duas colunas do mesmo tipo, uma de ouro puro e outra de esmeraldas, que brilhavam intensamente à noite. Além disso, bases de colunas semelhantes foram encontradas em um templo de Baal em Chipre e em várias cidades palestinas, como Samaria, Meggido e Hazor.*[85]

Os fenícios eram famosos negociantes, exportando e trocando qualquer coisa que lhes pudesse trazer lucro, e eles tinham uma colônia dedicada à extração de cobre em Chipre, onde foi encontrado um templo de Baal também com duas colunas. A Bíblia está cheia de elogios aos construtores de Hiram, que prepararam o madeiramento e as pedras antes de os ajustarem na construção sem usar ferramentas de ferro.[86] Concluímos, então, que os fenícios eram competentes nas medições precisas que faziam, e na pré-fabricação de grandes elementos construtivos. O historiador Josephus, do primeiro século, obviamente conhecia os impressionantes padrões de trabalho fenício

---

85. N.A.: Herm, Gerhard: *The Phoenicians*, Victor Gollancz, 1975.
86. N.A.: 1Rs 5-6.

e afirmou que as placas de pedra foram cortadas com tamanha precisão que não era possível ver qualquer marca de martelos ou outras ferramentas.

Ficávamos cada vez mais surpresos conforme aprendíamos mais sobre a capacidade e o desempenho de Hiram de Tiro. O ritual maçônico diz muito pouco a respeito dele e, para a maioria dos maçons modernos, Hiram, rei de Tiro, é considerado um mero coadjuvante nas várias fases do ritual. Mas, pesquisando a literatura arqueológica a respeito da Fenícia, começamos a entender que Hiram era um construtor de enorme importância histórica.

Foi um padre católico, Antoine Poidebard, o primeiro a localizar os restos, agora submersos, do fantástico porto de Hiram. Isso aconteceu em 1925, quando fazia uma pesquisa aérea sobre o Líbano equipado com um balão de ar quente.[87] A brilhante ideia de Hiram foi transferir o centro de sua cidade da costa para dentro do mar, o que foi um imenso e inspirado empreendimento no qual usou toda a experiência e competência de seus engenheiros.

No início do reinado de Hiram, o principal porto de Tiro ficava em terra, mas esse rei construtor percebeu que uma ilha a 600 metros da costa poderia se tornar uma fortaleza eficiente e ainda permitiria construir um sistema integrado de docas para sua frota. O lugar que ele escolheu oferecia dois recifes chatos, parcialmente submersos. De acordo com o historiador Gerhard Herm, a construção deve ter mantido milhares de homens ocupados por anos, uma vez que o cascalho e as pedras usadas como material de preenchimento eram trazidos do continente. Herm descreve assim a estrutura:

> *Todo o empreendimento estava baseado em um cuidadoso e extenso programa de trabalho. Para o norte da península ficava a baía interior ou baía de Sidon, feita com escavações e preenchimentos diversos, e, ao sul, a baía exterior ou baía egípcia, formada pela construção do cais e das áreas de descarga. Em cima da menor ilha artificial – que ficava a leste do maior recife e mais perto da costa –, Hiram construiu um grande e lindo edifício cívico, chamado mais tarde pelo nome grego Eugehoros. O determinado governante parece que transferiu a maioria dos edifícios mais velhos e reutilizou o material para isso. O historiador Flavius Josephus diz: "Ele (Hiram) também foi às montanhas chamadas Líbano e preparou o madeiramento para os telhados dos templos, derrubando os mais velhos e erigindo novos para Héracles (Melqart) e Astarte (Vênus)."*

---

87. N.A.: Renfrew, Colin: *Archaeology: Theories, Methods and Practice*, Thames and Hudson, 1996.

Vem dessa época a reputação de Tiro como uma das mais bonitas e mais poderosas metrópoles do mundo antigo. Isso não chega a surpreender, sabendo-se que Hiram empregou descendentes dos arquitetos que construíram castelos reais em Micenas e a vila real de Creta. Os habitantes de Tiro daquele tempo chamavam a sua cidade de Sor, que significa "pedras" na linguagem fenícia. Os habitantes atuais ainda chamam-na pelo mesmo nome em árabe: Sur. Ambos estão corretos: Tiro era uma cidade em um rochedo, uma fortaleza construída artificialmente no mar.
De agora em diante, se alguém quiser fazer uma imagem do que era a Fenícia, deve escolher a cidade construída por Hiram para isso.[88]

O problema do suprimento de água fresca para a ilha artificial também foi resolvido com muita criatividade. Não havia fontes que jorrassem água nas rochas que Hiram escolheu para a construção e, quando o local foi escavado, os arqueólogos imaginaram que a cidade fosse dependente de cisternas cheias pelas chuvas para o abastecimento de água à população. Mas eles estavam errados: Hiram era um engenheiro muito mais sofisticado e criativo do que imaginavam. Usando mergulhadores que contavam apenas com o próprio fôlego, os fenícios encontraram fontes de água fresca aflorando do fundo do mar e fixaram tubos no local em que elas afloravam. A água doce era trazida para cima pela pressão com que saía da fonte natural e depois distribuída por uma rede de tubos para onde era necessária. Surpreso, o geógrafo grego Strabo comprovou que o sistema continuava operando quase 900 anos mais tarde. Os projetos de engenharia civil de Hiram eram construídos para durar.

Então, sabemos agora que Hiram, rei de Tiro, era um brilhante construtor e um engenheiro extraordinário. Entendemos que a importância que lhe é creditada nos rituais maçônicos é perfeitamente merecida. Mas o que poderíamos descobrir a respeito das suas crenças religiosas, crenças essas que os rituais maçônicos dizem que o persuadiram a cultuar um deus diferente do de Salomão?

Hiram, o Filho de Vênus

A descoberta de inscrições nos caixões do rei Ahiran de Biblos e de seus descendentes reais abriu uma nova janela para o entendimento do caráter das famílias reais das cidades litorâneas da Fenícia de três mil anos atrás. Todas as tumbas de reis, escavadas por Pierre Montet, contêm inscrições detalhadas, escritas no alfabeto linear cananeu.[89] Esses achados precipitaram

---
88. N.A.: Herm, Gerhard: *The Phoenicia*.
89. N.A.: Montet, P: *Byblos et l'Egypte*, Paris, 1928.

outras pesquisas e, em 1923, uma expedição francesa descobriu o caixão de pedra de Hiram, rei de Tiro. O grande sarcófago continha uma inscrição fenícia gravada em torno da borda da tampa, escrita em um alfabeto linear, revelando uma linha diferente de desenvolvimento do antigo alfabeto semítico cananeu usado em Ras Shamra.[90]

Quando as inscrições da tumba real fenícia foram decifradas, contaram a história, previamente desconhecida, de uma linhagem de reis que se consideravam os representantes dos deuses na Terra. Esses reis tomavam nomes que refletiam seu relacionamento com esses deuses. Ithobaal, Abi-baal, Yehimilk, Elibaal, Shipitbaal, todos eles deixaram sua última mensagem para a posteridade embasada em nomes com estrutura parecida com a dos faraós. As inscrições também revelaram seu relacionamento íntimo com Baalat-Gebal que, como agora sabemos, era a deusa que se manifestava como o planeta Vênus.

> *Essa é a parede do templo que Shipitbaal, rei de Biblos, filho de Abi-baal, rei de Biblos, filho de Yehimilk, rei de Biblos, construiu para Baalat-Gebal, sua senhora.*

Esse é o tom comum encontrado nas inscrições que descrevem o rei como consorte de Baalat-Gebal (Vênus). Os fenícios de Tiro, Sidon, Aradus, Biblos e Ugarit cultuavam uma trindade de deuses consistindo de El, o deus pai, sua esposa Baalat (também conhecida como Asherat e Astarte ou Vênus) e seu filho Baal, o senhor (também conhecido como Adon, Adoni – em grego Adonis –, Melqart ou Eshmun).

El era o mais poderoso dos três deuses e era representado pelo Sol e pela sua luz. Ele podia ver e punia todos os desígnios do demônio. Seu único atributo humano era a infidelidade à sua mulher, Vênus. Era capaz de fecundar qualquer mulher que simpatizasse com ele e disfarçava-se de viajante para conseguir isso. Para ter certeza de que seria capaz de satisfazer sempre seus desejos, El impôs um dever religioso a todas as mulheres fenícias que deviam estar sempre sexualmente disponíveis a viajantes desconhecidos, nos templos dedicados à sua esposa, durante certas épocas do ano, e particularmente nos equinócios de verão e de inverno. Esse aspecto do credo fenício deve ter, sem dúvida, incrementado muito o turismo em suas terras, mas sempre condenou-os frente a teólogos cristãos, como mostra o texto abaixo:

> *Há uma acusação ainda mais grave a ser trazida contra a religião da antiga Palestina. Essa acusação não trata meramente de uma questão de desvio ético, ela aborda conceitos que autorizavam o perdão e até autorizavam violações diretas*

---

90. N.A.: Hackwell, W.John: *Signs, Letters, Words. Archaelogy Discovers Writing*, Charles Scribner's Sons, New York, 1987.

da lei moral. Irregularidade sexual era condenada pelo senso comum dos semitas ocidentais, mas a fornicação sacramental era um procedimento regular da vida religiosa, claramente verificada em outros tempos, mas predominantemente durante os festivais da primavera e do outono. De fato, pode ser que esse vício pudesse estar praticamente confinado às "altas classes". Os grandes festivais, especialmente o de outono, parecem ter sido momentos de licenciosidade ritual, ocasião em que as paixões humanas eram totalmente liberadas.

Essa era uma tradição natural. O grego satírico Lucian, escrevendo em 120 a.C., conta como as mulheres de Biblos praticavam ritos secretos no templo de Baalat:

As mulheres de Biblos batiam em seus seios, choravam e gemiam, e, quando terminavam de gemer e de chorar, homenageavam Adônis, como alguém que tivesse partido de suas vidas. Depois, elas anunciavam que ele viria outra vez e levavam sua imagem para o ar livre. Depois começavam a raspar suas cabeças, como as egípcias faziam quando choravam a morte de Ápis. Entretanto, aquelas mulheres que se recusassem a raspar a cabeça deviam ser submetidas à seguinte punição: por um dia inteiro, elas tinham de estar preparadas para vender o próprio corpo. Somente estrangeiros podiam ter acesso ao lugar onde isso acontecia. O dinheiro oriundo dos relacionamentos dessas mulheres era levado como uma oferta a Baalat.[91]

Baalat era a sofrida esposa de El e a mãe de Baal.[92] Heródoto, escrevendo em 460 a.C., também relata uma prática similar levada a efeito no Templo de Astarte, na Babilônia:

O que segue é a mais vergonhosa prática na Babilônia. Toda mulher nascida no país deve sentar-se no Templo de Astarte e, ao menos uma vez em sua vida, entregar-se a um homem estranho... Elas se sentam no recinto sagrado com uma grinalda de fitas ao redor da cabeça. Há muitas mulheres, algumas saindo, outras entrando. Corredores retos são feitos entre elas em todas as direções, ao longo dos quais os estrangeiros podem andar para fazer sua escolha. Quando uma mulher senta ali, ela não pode ir embora enquanto um dos estrangeiros não jogar dinheiro em seu colo e depois

---

91. N.A.: *Lucian*: *Dialogues of the Gods*, Penguin Classics, 1960.
92. N.A.: Quando Lucian usa o termo *adonis*, uma palavra grega que significa "senhor", ele se refere à palavra fenícia *adon*, que significa "Baal".

copular com ela fora do local sagrado... Mas, quando ela já tiver se entregado, terá cumprido seu sagrado dever com a deusa e pode retornar para sua casa e, mesmo que seja solicitada depois, deve recusar. Todas aquelas que são bonitas e bem-feitas voltam rapidamente para casa, mas as feias têm de esperar por um longo tempo, até satisfazerem um freguês, muitas tendo de esperar por três ou quatro anos.[93]

Essas prostitutas do Templo eram chamadas *Hierodules*, que significa serviçais que trabalham nos templos. Gerhard Herm diz o seguinte dessas práticas:

Nós não temos como conceber liturgias associadas ao sexo as quais viam o trabalho de forças divinas na concepção e na geração. Sabemos muito a respeito do mecanismo simples da relação sexual para poder entender o processo da cópula como um mistério. Os antigos, parece, estavam em total controle desse ato. Eles poderiam argumentar: "Se o ato tem tamanha importância na vida das pessoas, porque não declará-lo uma instituição pública sagrada?" E, fazendo isso, eles devem ter prevenido muitas dificuldades e evitado o puritanismo mal colocado, poupando a si mesmos de incertezas elaboradas que poderiam dar origem, como em nosso caso atual, a uma extensa literatura.
Resta dizer que aquela prostituição no templo e a oferta pública da virgindade ocorriam em todos templos orientais entre o Mediterrâneo e o vale dos Hindus. Hierodules trabalhavam até mesmo nas velhas igrejas judias, onde eram chamadas kedeshim, *as consagradas.*[94]

Parece que a honra foi salva em todos os quadrantes. El favoreceu seus caminhos pecaminosos com todas as mulheres da terra que ele governava. Precisava, então, conhecer toda a sua população feminina, mas as mulheres cobravam dele por seu prazer e doavam o dinheiro ganho para aplacar sua mulher traída. O símbolo do falo certamente aparece com muita frequência na religião fenícia, como mostra o poema a El:

O pênis de El cresceu tanto quanto o mar
Sim, o pênis de El como o oceano.
El pegou as duas inflamadas.
E, repare, as duas esposas choram
Oh, marido! Marido! Seu bastão está abaixado,

---

93. N.A.: Herodotus: *Histoires*, Wordsworth Classics of World Literature, 1996.
94. N.A.: Herm, Gerhard: *Alpha Beta, How Our Alphabet Shaped the Western World*, Headline, 2000.

Desfalecido o bastão em sua mão!
Ele parou: seus lábios ele beijou.
Oh, como eram doces seu lábios,
Doces como romãs;
Dos beijos vem a concepção,
Dos abraços, a penetração.

Não podíamos deixar de lembrar do deus Odin, dos noruegueses, que também era promíscuo e famoso pela potência de seu pênis. Parecia haver muitas similaridades com a crença norueguesa de que o filho de um rei nascia descendendo de uma deusa e, quando se tornava rei, tornava-se também seu consorte. Poderiam esses dois conceitos de realeza ter uma origem comum? Quanta similaridade haveria entre o panteão fenício e o norueguês? Anotamos mentalmente essas perguntas para voltar a elas quando tivéssemos pesquisado os deuses fenícios com mais profundidade.

O poema que nos trouxe esses pensamentos foi encontrado como parte da literatura fenícia descoberta na antiga cidade de Ugarit.[95] De particular interesse para nós era a referência às duas esposas de El, que correspondiam às aparições matutina e noturna de Vênus, e também a alusão às romãs chamou nossa atenção. Sabíamos que essas frutas eram associadas com o ato amoroso naquela época, e estávamos começando a suspeitar de que não era coincidência o Templo de Salomão ter sido decorado com imagens dessa fruta de forte sentido sexual.

A esposa de El, Baalat, a "Rainha do Céu" e "Rainha do Mar", era uma consultora no conselho dos deuses. Como seu marido El, ela podia ser acessada apenas por meio de deuses menores, e o menor deles, porém mais acessível, era o rei, consorte da deusa na Terra. Como tal, ele estava apto a interceder em benefício do seu povo e, por meio dela, chegar ao ouvido do todo poderoso El. O povo rezaria a Baalat, a quem as pessoas referiam-se como "nossa querida senhora", para assegurar boas colheitas, amparo no parto, e também a mãe-terra, que satisfazia as necessidades do povo em questões de segurança e afeto.

Baalat tinha um filho, Baal-Adon-Eshmun-Melqart, que é talvez a mais interessante figura na mitologia antiga fenícia, pois ele é o único entre os deuses que não é imortal. Uma vez a cada ano, ele morre no equinócio de outono e ressuscita no equinócio da primavera seguinte. Essa é, obviamente, uma manifestação do ciclo de fertilidade anual celebrado por várias antigas culturas, e ainda havia de ser acrescentada uma coisa muito estranha a respeito de seu destino. No verão, quando a colheita já tinha terminado, o jovem deus morria, pois assim poderia retornar à vida na Terra com a germinação das novas sementes na próxima primavera. Apesar de essa

---

95. N.A.: Man, John: *Alpha Beta, How our Alphabet Shaped the Western World*, Headline, 2000.

ideia começar como algo primitivo e terreno, a história de Baal leva a um desenvolvimento muito rico e, mais tarde, à abstração, a qual finalmente nos deixa a ideia de um deus que sofre a morte como um sacrifício pela humanidade. Gerhard observa:

> *Era provavelmente o conceito mais influente de todos os conceitos mitológicos não judaicos no Oriente e, sem dúvida, a base para o futuro florescimento da história de Cristo, sua morte e sua ressurreição.*

Seguindo em frente com essa analogia, podemos ver como é grande a similaridade entre a deusa Vênus, Baalat, e a Virgem Maria, já que ambas são aclamadas como mães de um deus ressuscitado e salvador.

No período em que as Cidades-Estado fenícias floresceram novamente depois do domínio egípcio, Baal era o favorito de todas elas. Sua imagem foi desenvolvida com as características mais fantásticas, incluindo os atributos físicos que o consagravam como um grande e potente amante, mas ele foi representado também de muitas outras maneiras. De fato, ele finalmente quase suplantou o pai El – que em muitas situações é visto fundindo-se a ele em uma só entidade.[96] Ele era cultuado como Baal-Shamin, o senhor dos céus, Baal Lebanon, o senhor da montanha, Cul Baal Rosh, o senhor do promontório, e como Melqart em Tiro, onde gradualmente tomou a posição de um deus do Sol.

Esse filho mortal de Vênus era representado na Terra pelos reis fenícios. Quando um rei subia ao trono, era promovido de "filho de Vênus" a "consorte de nossa senhora". Inscrições encontradas nas tumbas reais de Biblos e Tiro falam desse relacionamento sagrado:

> *Essa é a estátua que Abi-baal, rei de Biblos, filho de Yehimilk, rei de Biblos, trouxe do Egito para Baalat, sua senhora.*

> *Esse é o templo, que Yehimilk, rei de Biblos, construiu para sua senhora. Possa Baalat-Gebal e possa todo o conselho prolongar sua vida.*

Hiram era um rei forte em Tiro e, como todos os outros reis cananeus, era considerado um deus vivo, todavia mortal. Mas o conhecimento desse fato fez-nos colocar outra questão. Como Salomão poderia ter esperança de se tornar rei/deus sem uma estrutura teológica estabelecida, sem templos e sumos sacerdotes/sacerdotisas como tinham os reis cananeus? Depois de uma detalhada discussão, fomos forçados a concluir que Salomão provavelmente não estava apenas comprando edifícios de Hiram, rei de Tiro, quando encomendou o

---

96. N.A.: Isso é altamente sugestivo com relação ao Cristianismo, que funde o Jesus ressuscitado a Deus e dissolve ambos em uma única entidade, presumivelmente para manter a deificação do homem que era Jesus Cristo e ao mesmo tempo satisfazendo a antiga tradição judaica, que prognosticava um único Deus.

Templo de Javé. Ele também estava comprando meios para fazer dele mesmo um grande rei que pudesse ser comparado em estatura aos governantes cananeus diretamente ligados aos seus deuses. Acreditamos que ele queria se tornar o representante divino na Terra indicado por seu novo Deus, Javé.

Podemos entender que Salomão não tinha tradição própria que lhe desse o conhecimento de construir um templo adequado, capaz de conectar o céu e os deuses que lá estivessem. No entanto, estávamos perplexos sabendo que os fenícios, adoradores de Vênus, foram admitidos para construir a Casa de Deus, quando apenas os sacerdotes de Javé eram autorizados a tocar nas pedras destinadas ao Templo. De acordo com a tradição judaica, os sacerdotes de Javé existiam desde o tempo de Moisés, muitos anos antes. Perguntamos então: por que não foram eles os construtores?

Talvez a história oficial dos judeus, como está registrada no Velho Testamento, tenha sido preparada para aumentar a influência de Javé e racionalizar posteriormente a ideia do monoteísmo. Seria possível que Salomão estivesse envolvido com rituais relacionados a Vênus? Será que seu relacionamento com o culto a Javé não era tão forte quanto fomos levados a acreditar?

Conclusões

Nossos arquivos de rituais maçônicos descrevem em detalhes uma série de túneis e câmaras secretamente construídos debaixo do Templo do rei Salomão, o que não é mencionado na Bíblia. O ritual demonstra muito conhecimento a respeito do *layout* subterrâneo do Templo de Jerusalém, o que pode ser invenção sem sentido, mas achamos que algumas dessas invenções são notadamente precisas.

A tradição maçônica credita um importante conhecimento sagrado aos judeus, como se fosse de sua propriedade, herdada do patriarca Enoch, em vez de simplesmente admitir que foi trazida pelos jebuseus ou pelos fenícios. Todo esse antigo conhecimento perdido está armazenado debaixo da câmara onde Deus reside, fazendo de Javé o guardião desse conhecimento ancestral. Acreditamos que essa ideia tenha um autêntico sentimento patriarcal judaico nela embutida.

A Arqueologia diz que a cidade de Jerusalém, cujo nome jebuseu significa "características de Vênus em seu poente noturno", foi fundada por volta de 3000 a.C. e, portanto, contemporânea de Enoch, conforme a datação hebraica. O ritual afirma que Salomão encontrou as ruínas de um Templo Enochiano que datava da fundação de Jerusalém.

Descobrimos que Hiram, rei de Tiro, era muito melhor preparado do que Salomão para ser um primitivo Grão-Mestre da Maçonaria, e que sua engenharia e talento construtivo fazem com que mereça a posição-chave que ostenta no ritual maçônico.

Hiram, como os prévios reis de Tiro, praticava uma forma de culto a Vênus que envolvia rituais sexuais nos solstícios e equinócios, principalmente quando Vênus nascia antes do Sol. Como rei, ele era considerado um deus vivo, mas mortal. Concluímos que Salomão não estava apenas comprando edifícios do rei de Tiro, mas realmente adquirindo os segredos e aparatos que poderiam fazer dele um rei à altura e à maneira dos fenícios.

Capítulo Seis

As Conexões Marítimas

O que Aconteceu ao "Povo do Pote Entalhado"?

Todas as evidências que coletamos apontavam para algum tipo de conexão entre as crenças dos antigos cananeus (os predecessores dos fenícios e jebuseus) há três mil anos e o "Povo do Pote Entalhado", de cerca de cinco mil anos atrás. Essas crenças baseadas no Sol – e em Vênus – foram depois repassadas aos judeus. Decidimos que precisávamos investigar essa possibilidade com mais detalhes. Saber o que é conhecido sobre a origem dos cananeus e de suas cidades à beira-mar, cujos habitantes a História identificou com o nome fenícios. Mas primeiro tínhamos de considerar o, até certo ponto, repentino desaparecimento da cultura do "Pote Entalhado" das Ilhas Britânicas e das terras ao seu redor.

O povo que construiu as estruturas megalíticas das Ilhas Britânicas abandonou seus locais sagrados de repente, e parece ter desaparecido durante a primeira metade do terceiro milênio a.C. A Arqueologia mostra que há um período de algumas centenas de anos antes que os sítios, então abandonados, fossem reocupados por um povo portador de uma nova cultura conhecido como o "Povo da Caneca", identificado também em função dos potes peculiares que utilizavam.[97]

A menos que o "Povo do Pote Entalhado" tenha sido completamente aniquilado por algum desastre ou alguma doença, temos de assumir que eles levaram sua cultura para algum outro lugar onde ela poderia continuar a se desenvolver. Não há remanescentes de seus barcos à vela, mas, pela larga extensão territorial atingida pelo comércio de suas ferramentas e de seus potes de pedra, os quais sobreviveram para registro arqueológico, muitos historiadores comentam sua óbvia aptidão como marinheiros. Podemos estar seguros de que eles viajaram grandes distâncias, provavelmente mantendo-se sempre à curta distância da costa.[98] A ideia de que eles pudessem estar

---

97. N.A.: Eogan, G: *Knowth and the Passage Tombs of Ireland*, Thames and Hudson, 1986.
98. N.A.: Wickham-Jones, CR: *Scotland's First Settlers*.

conectados com outras civilizações que possuíssem também talento em construções levou-nos a considerar o povo sumério. Diz-se que esses surgiram repentinamente, como uma civilização já totalmente formada, onde é hoje o Iraque, na mesma época em que Newgrange estava sendo construída e que marca também a visita de Enoch.

Sir Leonard Woolley, o arqueólogo que escavou a cidade de Ur, onde, de acordo com a lenda bíblica, nasceu Abraão, escreveu um livro detalhando suas descobertas, chamado *Ur of the Chaldees, Seven Years of Excavation*. Nele, o autor afirma:

> *A história de Ur vai muito além do dilúvio, adentra por aquela época obscura em que o vale do Eufrates, ao menos perto de sua foz, era ainda um grande pântano ao longo do qual as águas dos dois rios abriam seu caminho para o mar. Gradualmente, conforme as correntes traziam sedimentos do norte, o pântano começou a secar, as "águas foram contidas em um único lugar e a terra seca apareceu". E das terras altas da Arábia ou de regiões mais ao norte do Eufrates vieram povos para ocupar essas ilhas que ofereciam uma grande oportunidade de cultivo, já que o solo aluvionar, tão logo aparecia das águas, "fazia crescer o pasto, as plantas, suas sementes, as árvores, suas frutas de todos os tipos, e das quais as sementes estavam em seu interior".*[99]

Woolley foi o primeiro arqueólogo a comentar as mudanças abruptas que ocorreram na Mesopotâmia durante o quarto milênio a.C. Ele escreveu a respeito de escavações que revelaram cabanas de barro que faziam parte de grandes aglomerados, mas vai mais além, falando a respeito do povo que tinha ali chegado:

> *O povo de uma nova raça chegou ao vale, vindo não se sabe de onde, e estabeleceu-se lado a lado com os antigos habitantes. Esses eram os sumérios.*

> *Os sumérios acreditavam que tinham chegado ao país com sua civilização já formada, trazendo com ela conhecimento de agricultura, de metalurgia, da escrita – diziam que depois deles, nenhuma invenção havia sido feita –, e se, como pareciam mostrar as escavações, havia alguma verdade nessa afirmação, então não foi no vale do Eufrates que as artes nasceram, e também parece que não tenha sido no vale dos Hindus. Pesquisas posteriores poderão vir a descobrir algum lugar onde os ancestrais*

---

99. N.A.: Woolley, *sir* Leonard: *Ur of the Chaldees*, Pelican, 1929.

dos sumérios desenvolveram a primeira civilização real, da qual temos pouco conhecimento.[100]

Uma grande parte da comunidade arqueológica aceita a tese de que os sumérios chegaram como uma civilização já completamente formada, de algum lugar distante. A questão é: de onde eles vieram?

Lorde Renfrew, um renomado professor de Arqueologia da Universidade de Cambridge, estimou que a chegada dos sumérios ocorreu entre 3500 e 3000 a.C.[101] Essa é a época precisa em que a cultura do "Pote Entalhado" estava em seu apogeu, edificando lugares como Newgrange e Maes Howe. Ao longo da história, é frequente encontrarmos culturas, que estão no seu zênite, viajarem, comerciarem e colonizarem outras terras. Poderia ter acontecido isso?

Como já mencionamos, a civilização do "Pote Entalhado" desenvolveu um amplo comércio de ferramentas de pedra. Eles tinham no mínimo três grandes fábricas envolvidas com a produção de machados de pedra, que eram depois comercializados por todas as Ilhas Britânicas e as costas próximas na Europa. As fábricas eram em Mout's Bay, Cornwall, Penmaenmawr, North Wales e Great Langdale, na Cúmbria. Os machados para corte de madeira, manufaturados por esse povo, que sobreviveram o suficiente para serem registrados pela Arqueologia, eram ferramentas essenciais que tornavam possível a expansão da agricultura, com aumento resultante de excedentes alimentares e riqueza.[102]

Essa riqueza levava a um maior programa de construção de edifícios alinhados astronomicamente em torno da costa da Bretanha, envolvendo estruturas grandiosas como Maes Howe nas Ilhas Orcadas, Newgrange na Irlanda e Bryn Celli Ddu em Gales do Norte.

O arqueólogo dr. Euan Mackie, aplicando um enfoque evolucionista, avaliou o que estava acontecendo nessa sociedade e como ela se desenvolvia. Ele disse:

A vantagem dessa abordagem darwiniana à evolução cultural pré-histórica é que ela especifica o que provavelmente aconteceu de forma familiar aos estudantes de sociedades modernas. Em vez de processos ou influências culturais indefinidos, ou suposições inacabadas e hipóteses sem-fim a respeito da capacidade inventiva ou de comunicação, temos um quadro da evolução de uma instituição específica – sacerdócio profissional nesse caso – e do movimento de alguns de seus membros para novas terras, levando consigo seu conhecimento e suas habilidades.

---

100. N.A.: *Idem.*
101. N.A.: Renfrew, Colin: *Before Civilization.*
102. N.A.: Dyer, J: *Ancient Britain*, Routledge, 1997.

Esses recém-chegados e seus descendentes híbridos poderiam criar, de recursos locais somados a ideias importadas, uma nova cultura teocrática vigorosa que, em condições favoráveis, seria capaz de levar pequenas iniciativas a algo muito elaborado.[103]

Em *Uriel's Machine,* chamamos a atenção para a construção de um antigo círculo de pedras megalíticas em Nabta, no sul do Egito, em uma latitude tal que o Sol fica exatamente sobre o lugar no solstício de verão. Esse local pode ter sido religiosamente significativo para um "sacerdócio profissional".[104]

Essa época coincide com o estabelecimento de uma pequena vila para comércio, em Biblos, no Mediterrâneo, na costa de Canaã, e também com o período em que a manufatura e o comércio de ferramentas de pedra na costa oeste da Europa estavam crescendo rapidamente, fato que sugere que naquele momento o comércio era visto como uma atividade muito útil e desejável.

Um novo fluxo de recém-chegados, dos quais falaremos mais adiante no livro, veio das costas do Mar do Norte para uma área que pode, eventualmente, ter dado origem a Canaã. Essa onda de influência comercial coincide com o aparecimento da produção de cobre, baseada ao redor de uma das antigas fábricas de machados em Gales do Norte. Entre 2400 e 500 a.C., a mina de Great Orme Head, Llandudno, produziu muitas toneladas de cobre, fazendo dela uma das maiores fontes desse metal por toda a Idade do Bronze, na Bretanha.[105] A produção de cobre era motivo de intenso comércio.

As pessoas que exploravam o cobre comercializavam-no a grandes distâncias e, em virtude de suas longas viagens, devem ter estabelecido lugares (bases) onde plantavam para poder reabastecer-se de suprimentos. Esses assentamentos algumas vezes cresceram, formando vilas e portos independentes e, dessa maneira, acreditamos que tenham influenciado o desenvolvimento da civilização do Oriente Médio. Não acreditamos que muitos indivíduos tenham emigrado da Europa Ocidental para o Oriente Médio, mas as influências podem ter ocorrido oriundas de pequenos grupos de comerciantes e seus sacerdotes astrônomos. Afinal de contas, muito da cultura britânica herdada pelos Estados Unidos cresceu das ideias dos Pilgrims, que foram para lá em pequeno número, no Mayflower. Eles constituíam uma parte muito pequena da população da Inglaterra, mas sua influência na cultura americana foi imensa. Visualizávamos um tipo similar de trocas, estabelecendo pequenas vilas e promovendo a disseminação de ideias da cultura do "Pote Entalhado" como um mecanismo aplicado em algumas mudanças que ocorreram na Suméria e no Egito.

---

103. N.A.: Mackie, E: *The Megalithic Builders.*
104. N.A.: Knight, C & Lomas, R: *Uriel's Machine – The Ancient Origins of Science.*
105. N.A.: O'brien, W: *Bronze Age Copper Mining in Britain and Ireland*, Shire Archaeology, 1996.

O explorador e historiador norueguês Thor Heyerdahl era fascinado pelas possíveis origens de um fluxo de nova gente que veio de uma terra que chamavam "Dilmun", viajando pelo Golfo Pérsico e fundando a civilização da Suméria. No livro *The Ra Expeditions,* ele fez os seguintes comentários a respeito:

> *Os sumérios não têm de vir até os dias de hoje para dar testemunho de suas origens. As palavras deles ainda estão conosco. Eles deixaram seu testamento escrito. Suas tábuas registram como e de onde chegaram. Não foi em naves espaciais. Eles vieram em barcos. Vieram velejando através do Golfo e, em seus mais antigos trabalhos de arte, mostraram o tipo de embarcação que usaram. Vieram como marinheiros para a costa do vale dos rios gêmeos, onde fundaram uma civilização que durante um milênio afetou todos os cantos do mundo. O verdadeiro quebra-cabeça é que a história humana não tem um começo conhecido. Como está registrado, tudo começou com marinheiros civilizados chegando pelo mar. Esse não é o verdadeiro começo. Isso é a continuação de alguma coisa perdida em algum lugar no passado longínquo.*
>
> *Se vamos acreditar nos sumérios, os quais têm o dever de conhecer suas origens, seus marinheiros mercadores retornaram a Dilmun muitas vezes. Em seu tempo, ao menos, sua terra ancestral não tinha afundado no mar, nem tinha sido queimada pelas cinzas de algum vulcão. Estava ainda ao alcance dos navios sumérios partindo de portos sumérios. O pequeno pedaço perdido do quebra-cabeça é que ninguém sabe qual era o alcance de um barco sumério. Suas qualidades náuticas foram esquecidas, juntamente com os homens que construíram seus barcos e que neles navegavam, e o seu alcance, perdido com suas velas.*
>
> *As rotas marítimas eram conhecidas por eles antes que se estabelecessem na Suméria. Suas pranchas falam de reis navegadores e marinheiros mercadores indo e vindo para terras distantes, e elas informam longas listas de mercadorias importadas ou exportadas para portos estrangeiros. Algumas falam até de naufrágios e de desastres marítimos. Tais registros relatam os perigos que sempre envolvem empreendimentos marítimos, mesmo quando os barcos são construídos com a experiência de uma nação e manejados por uma tripulação ambientada com eles. Lendo as tábuas, todos esses dramas ganham vida.*

Sir Leonard Woolley, que escavou a cidade de Ur, diz que a civilização suméria chegou completamente desenvolvida como o fluxo de uma nova raça. Lorde Renfrew diz que isso aconteceu entre 3500 e 3000 a.C., e Thor Heyerdahl cita registros sumérios dizendo que eles navegaram para a boca dos dois rios, Tigre e Eufrates, provindos de uma terra que já estava civilizada. Mais uma vez, podíamos dizer que a única civilização da época com habilidade e aptidão para navegar longas distâncias era o "Povo do Pote Entalhado" da Europa Ocidental. Mas, para chegar ao vale dos dois rios pelo mar, eles teriam de navegar para o Golfo Pérsico vindos do Atlântico, e uma viagem como essa, das Ilhas Britânicas até o moderno Kuait, envolve nada menos que assustadoras 30 mil milhas de mar. Poderia uma viagem como essa ser feita repetidamente há mais de cinco mil anos?

Em *Uriel's Machine,* argumentamos que, navegando pelo Nilo, eles haviam chegado a um lugar isolado no trópico de Câncer chamado Nabta, no sul do Egito, onde se encontram vestígios de um círculo de pedras. Isso por si só já aparenta uma grande expedição, mas velejar toda a extensão do Atlântico e depois circular o Cabo da Boa Esperança para entrar no Oceano Índico parece inacreditável. No entanto, temos de lembrar que o já falecido Thor Heyerdahl atravessou repetidamente oceanos em sua balsa artesanal de madeira e junco e demonstrou com sucesso que nossas opiniões a respeito de povos primitivos estão limitadas apenas por nossa convicção infundada de que devemos ser mais espertos do que eles eram.

Em *Uriel's Machine,* já tínhamos percebido e relatado a similaridade entre a antiga escrita elamita[106] dos sumérios e as inscrições simbólicas do "Povo do Pote Entalhado". Também tínhamos dedicado atenção especial ao significado de alguns desses símbolos. Uma espiral única representava um quarto de um ano, e uma espiral tripla o período de gestação humana. A cruz em X (saltair heráldico) usada acima da coluna de luz em Newgrange representava um ano inteiro, enquanto o diamante ou a forma em losango poderiam ser usados como um tipo de marcação para mostrar a latitude do lugar, por meio da codificação do ângulo formado pelas direções dos caminhos do Sol nascente nos solstícios de verão e de inverno.[107]

Essa similaridade com símbolos de uma proto-escrita parecia ser mais do que uma simples coincidência. Refletíamos a respeito da possibilidade do fluxo de recém-chegados, que havia trazido a civilização à Suméria, ser oriundo de comerciantes do "Povo do Pote Entalhado" que se estabeleceram em um lugar que acharam atrativo, enquanto ainda mantinham ligações com outros grupos, possivelmente em lugares como Gedal no Líbano ou em outras novas cidades que surgiam no Egito. Para conferir essa ideia, decidimos analisar com mais detalhes o início da civilização egípcia.

---

106. N.A.: Elamita: povo do noroeste da Babilônia.
107. N.A.: Knight, C & Lomas, R: *Uriel's Machine.*

As Origens do Egito

A história oficial do Egito civilizado começa com o reino de Menés em 2920 a.C., e o tempo anterior à chegada dos construtores de pirâmides é conhecido pelos historiadores como o período pré-dinástico. Então vemos que, também aqui, há uma descontinuidade histórica caracterizada pelo aparecimento inexplicável e repentino de tecnologia, construções e Astronomia naquele lugar. A base dessa avaliação é o trabalho de um sacerdote que viveu por volta de 250 a.C., conhecido pelo nome Maneto. Ele registrou em uma lista os reis do Egito, começando por Menés e terminando com a dinastia meroítica. Ao todo, Maneto descreveu detalhes de 30 dinastias em sua lista de reis. Mark Lehner, escrevendo em 1997, disse o seguinte a respeito dele:

Nosso entendimento da estrutura governamental do antigo Egito é ainda hoje baseado na lista de reis de Maneto, agrupada em 30 dinastias, e ele é a primeira fonte que organizou os reis, de Menés até Unas, em cinco dinastias.[108]

A razão de ainda hoje recorrer-se a Maneto é ele provar ser consistentemente preciso quando cruzamos as suas informações com as de outras fontes. O egiptólogo Michael Hoffman diz o seguinte:

Arqueólogos e egiptólogos descobriram cinco outras listas, que, a despeito de algumas discrepâncias, concordam em geral com Maneto.[109]

Mas Maneto faz afirmações sobre o período pré-dinástico que não são totalmente aceitas. Ele divide a história do Egito em três eras. Na primeira, o Egito era governado pelos deuses; na segunda, os governantes eram os "Seguidores de Hórus" que chegaram ao Egito e estabeleceram as condições que eventualmente conduziram à terceira era. Essa, dos reis dinásticos, começava com Menés.

O professor Frankfort, da Universidade de Londres, escreveu o seguinte a respeito desse aspecto do trabalho de Maneto:

Parece que "Seguidores de Hórus" é uma designação vaga para reis de um passado distante, mas teria sido impróprio e pouco inteligente tratar o termo como sendo de natureza histórica. Afinal, cada rei, na morte, torna-se uno na incorporação de "espíritos transfigurados" e funde-se naquela forma espiritual nebulosa que amparou o governante enquanto vivo e todos os descendentes do Trono de Hórus desde tempos imemoriais.[110]

---

108. N.A.: Lehner, Mark: *The Complete Pyramids*, Thames and Hudson, 1997.
109. N.A.: Hoffman, Michael A: *Egypt before the Pharaohs*, Michael O'Mara Books, 1991.
110. N.A.: Frankfort, Henri: *Kingship and the Gods*, University of Chicago Press, 1978.

Platão sabiamente disse que "nós gregos somos crianças, comparados a esses povos com tradições dez vezes mais velhas que as nossas". Ele também aponta o fato de as paredes dos templos egípcios serem cobertas com inscrições que registram sua história antiga. Um dos mais completos textos do tipo mencionado por Platão foi encontrado no templo de Edfu. De acordo com o professor Raymond, da Universidade de Manchester, que traduziu e transcreveu os textos de Edfu, a história à qual eles se referem diz respeito:

> ... à fundação, à construção e ao nascimento do templo histórico durante uma era mítica. O templo histórico é entendido como o trabalho dos deuses e como uma entidade de natureza mítica.[111]

Baseado na sua interpretação dos textos de Edfu, Raymond acha que os construtores do Templo vieram originalmente de uma ilha conhecida como "O Lar dos Primevos", da qual eles fugiram quando foram ameaçados de destruição. Esses recém-chegados ao Egito tornaram-se "Os Deuses Construtores", também conhecidos como os "Senhores da Luz". Esses seres primevos não eram imortais: depois de completar sua tarefa, morriam e suas realizações eram assumidas pelos seus filhos.

Assim, todos os textos egípcios parecem que estão contando um fluxo repentino de indivíduos, bem preparados, que levaram à fundação do reino unido do Egito mais ou menos em 3150 a.C. Essa época coincide exatamente com aquela em que acreditamos que Enoch estava na Bretanha, recebendo instruções. Acreditamos também que por volta desse mesmo tempo, o "Povo do Pote Entalhado" aguardava o impacto desastroso de um cometa, o que de fato aconteceu, mas longe do destino profetizado, tendo atingido o Mediterrâneo e causando um dano considerável.[112]

Quem quer que tenha chegado ao Egito naquela época trouxe consigo conhecimento para construção, navegação e Astronomia, fato que permitiu o rápido desenvolvimento de uma das maiores civilizações de todos os tempos. É interessante notar que a característica mais empolgante de Newgrange é sua espetacular parede branca de quartzo dominando o vale do rio Boyne. Pode ser coincidência, mas a primeira cidade construída no Egito foi chamada Mênfis, que significa "Parede Branca".

Nós ainda sabíamos de outro detalhe que amparava nossa teoria envolvendo o "Povo do Pote Entalhado". Análises de DNA dos povos nativos das Ilhas Britânicas mostram uma relação muito próxima com o povo da África do Norte. Tal fato levou alguns dos pesquisadores envolvidos a concluir que o povo da África do Norte (até aí considerada uma civilização mais antiga) havia visitado a Bretanha.[113] Talvez eles tenham considerado a direção errada.

---

111. N.A.: Raymond, EAE: *The Mystical Origin of the Egyptian Temple*, Manchester Univ. Press, 1969.
112. N.A.: Knight, C & Lomas, R: *Uriel's Machine*.
113. N.A.: Sykes, B: *The Seven Daughters of Eve*, Corgi, 2001.

Os Fenícios

Os fenícios viviam nas áreas costeiras do Mediterrâneo ocidental, entre o Golfo de Alexandrita e o Cabo de Carmel. Eles chamavam sua terra de Kinahna, que é a raiz do nome Canaã, que, por sua vez, se estende por uma área maior do que a faixa costeira de 30 milhas associada aos fenícios.[114] Foi a insegurança do imperador da França Napoleão III que propiciou o começo do nosso entendimento a respeito da antiga Canaã. O mais novo Napoleão vivia nas sombras das conquistas de seu famoso tio, Napoleão Bonaparte, mas, quando um grupo sectário islâmico chamado Druzo massacrou 30 mil cristãos na Síria, ele viu a possibilidade de seguir a trilha de seu famoso predecessor.

Napoleão Bonaparte invadira o Egito em 1796. Além de um exército e de uma frota (que o almirante Nelson destruiu na batalha do Nilo, em 1803), ele também mandou para lá uma enorme equipe de sábios para estudar o antigo Egito, tendo efetivamente fundado a disciplina acadêmica da Egiptologia. Em 1860, bem preparado para estabelecer suas próprias credenciais de um líder, nos moldes heroicos de seu tio, Napoleão III mandou uma força expedicionária para apoiar o sultão de Constantinopla, já engajado na época na tentativa de eliminar os assassinatos com inspiração religiosa. Juntamente com seus batalhões de tropas francesas, Napoleão III mandou um padre católico romano, padre Ernest Renan, com instruções de estudar a história da Fenícia.

Padre Renan, um especialista em línguas semitas, trabalhava na história do Cristianismo primitivo quando teve a oportunidade de investigar um sítio arqueológico na cidade fenícia de Biblos. Foi de Biblos que os gregos criaram o nome para papiro, ou material apropriado para escrever. Daí veio mais tarde a palavra *biblion*, significando livro, que finalmente gerou a palavra Bíblia. Que lugar poderia ser melhor para os estudos de um sábio bíblico do que a cidade que lhe havia inspirado o nome?

Renan também conhecia o lugar por Gebal, seu nome semita e, em razão de seus estudos bíblicos, tinha consciência de que a cidade era um centro de comerciantes marinheiros. O profeta Ezequiel disse que "os antigos habitantes de Gebal possuíam grande aptidão para a construção de barcos, nos quais transportavam a maior parte do volume de mercadorias exportadas de Tiro".[115]

Quando Renan viajou os 40 quilômetros de Beirute até Gebal, em meados do século XIX, descreveu a cidade como "uma lixeira árabe miserável". Ali, no meio da imundície, ele viu um castelo Cruzado em ruínas, aninhado sobre o que um dia deveria ter sido um porto.[116] Ele não proce-

---
114. N.A.: Gray, J: *Israel's Neighbours*, Peake's Commentary on the Bible.
115. N.A.: Ez 27.
116. N.A.: Renan, E: *Mission de Phénicie*, Paris, 1864.

deu a nenhuma escavação mas, dentro do castelo, encontrou colunas de granito esculpidas pelos fenícios, as quais tinham sido reutilizadas na construção da fortaleza. Pesquisando um pouco mais, ele descobriu que muitas das casas da cidade apresentavam painéis de pedra incorporados às construções, e tais painéis eram entalhados com hieróglifos egípcios. Seu achado mais importante foi um baixo-relevo, que levou consigo para a França.

A escultura mostra uma deusa com chifres curvados e um disco solar à frente de sua cabeça. Renan concluiu que se tratava de Hathor, a deusa egípcia do céu, filha de Ra e esposa de Hórus. Mas ele estava errado. Pesquisas posteriores revelaram que a deusa cuja imagem ainda está em exposição no Louvre é Baalat-Gebal, a rainha fenícia do céu e a Baalat do local, ou deusa patrona de Gebal. A luminária celeste representada por essa deusa seria mais tarde identificada como Vênus, seu nome romano, e seus chifres, como já dissemos, são as formas que esse planeta traça no céu na sua trajetória em torno do sol nascente e poente.

Renan não conseguiu descobrir muito mais a respeito de Gebal, pois os materiais usados nas construções da cidade tinham sido reutilizados ou enterrados debaixo da moderna Gebeil. Passaram-se mais de 50 anos sem que qualquer estudioso se dedicasse a esse assunto novamente. Logo depois do fim da Primeira Guerra Mundial, o egiptólogo francês Pierre Montet viajou a Gebeil em busca das inscrições hieroglíficas que Renan havia reportado. Ele achou muitas delas ainda no mesmo lugar e ficou tão interessado com o que conseguiu traduzir que dois anos depois, em 1921, liderou uma expedição para escavar sítios em Biblos. Montet e seus assistentes passaram os três anos seguintes cavando valas em torno das casas em Gebeil, lá encontrando selos de faraós de diversas dinastias egípcias, revelando que, realmente, ali era um centro de intenso movimento comercial. As anotações de Montet relativas a essa expedição deram origem ao livro *Byblos et l'Egypte*, publicado em 1928. Logo depois, Montet foi alvo de um incrível lance de sorte.

A primavera de 1922 era particularmente úmida no Líbano e a chuva pesada causou o deslizamento de parte das colinas ao sul de Gebeil. Um grande trecho da colina caiu 12 metros, revelando um túnel que levava a uma caverna escavada, mais propriamente uma câmara funerária que havia ficado intocada desde o reinado de Ithobaal, rei de Biblos, no século XI a.C. Ithobaal tinha mandado escavar a tumba para abrigar o sarcófago de seu pai Ahiram. As inscrições na tumba nos dizem que Ithobaal não era apenas um "adorador de Baal", mas também um governante altamente devotado. Sua advertência a possíveis profanadores do lugar estava claramente expressa no alfabeto que os fenícios inventaram:

> *Essa tumba foi feita por Ithobaal, o filho de Ahiram, rei de Biblos, para ser lugar de eterno repouso para seu pai. Se qualquer*

governante ou general atacar Biblos e tocar nesse sarcófago, seu cetro será quebrado, seu trono derrubado e a paz deixará Biblos. E para o profanador em si: possam os vândalos procurar seu epígrafo.[117]

Evidentemente, essas descobertas encorajaram o governo colonial francês a promover mais escavações. Em 1930, os franceses compraram compulsoriamente (desapropriaram) as casas que impediam o avanço dos arqueólogos, demoliram-nas e assim limparam a área para maiores e mais amplas investigações. Essa grande escavação revelou que aquele sítio de Gebeil podia ser datado da Idade da Pedra, o que, naquele momento, fez do lugar um dos assentamentos humanos mais antigos conhecidos no mundo.

As mais antigas habitações mostraram que por volta de 4500 a.C. uma grande vila existia ali, com cabanas circulares de madeira, paredes de lama e cascalho e os pisos de cacos de pedra calcária.[118] Por volta de 2900 a.C. Gebal/Biblos tornou-se um complexo muito maior, já com edificações de pedra. O arqueólogo Michel Dunand, que escavou o sítio, escreveu que foi nessa época que Biblos tornou-se uma cidade.[119] Era uma área significativa, protegida por um muro com duas entradas apenas: uma para a terra e a outra para o mar. No centro ficava um templo dedicado a Baalat-Gebal, a "Rainha do Céu". As ruas da cidade eram dispostas em círculos concêntricos, desde o templo, e um sistema de canais levava as águas de chuva para fora. Dunand comenta que o nível de amenidade e as ricas oferendas funerárias mostravam que os habitantes da cidade eram prósperos e bem preparados para protegê-la, caso isso fosse necessário.

Nós percebemos que esse templo em Biblos era dois mil anos mais velho do que o Templo de Salomão e, enquanto havia muitas evidências arqueológicas para a existência dessa edificação fenícia, nenhum vestígio do templo de Jerusalém foi identificado como sendo efetivamente seu. Todas as pedras que são encontradas nas ruínas ainda existentes datam do tempo da construção do rei Herodes, quase mil anos depois de Salomão. Então nosso conhecimento a respeito do *layout* do templo de Salomão repousa exclusivamente nas descrições encontradas na Bíblia.

Por volta de 2300 a.C. o templo de Baalat-Gebal, já com 600 anos, foi destruído pelo fogo, que Dunand sugere ter sido decorrente de um saque que a cidade sofreu, por parte de nômades que a invadiram vindos do Sinai. Esses beduínos semitas amoritas fundiram-se com o povo que tinha

---

117. N.A.: Montet, P: *Byblos et l'Egypte*, Paris, 1928.
118. N.A.: Dunand, M: *De l'Amanus and Sinai*, Beirut, 1953.
119. *Idem.*

estabelecido e desenvolvido Gebal nos mil anos anteriores, formando um novo grupo tribal que pode ter, eventualmente, originado o povo fenício.[120]

Mas qual foi o povo que desenvolveu Gebal transformando-a em um porto tão importante?

Dunand identifica-o como o povo giblita e, na ausência de qualquer evidência, ele assume que eles devem ter "formado sua própria cultura dos fragmentos de civilização de outras raças primitivas mais antigas".[121] Sabíamos que os giblitas tornaram-se marinheiros e mercadores extremamente bem-sucedidos na navegação e no comércio, e que em algum momento eles dedicaram suas cidades à deusa que se manifestava como o planeta Vênus. Nossa próxima tarefa era ver o que mais poderíamos encontrar a respeito de Biblos e, em particular, referente à sua fama de um centro mundial de comércio marítimo.

Uma pista dessa tradição foi encontrada em 1954, quando o arqueólogo Ahmed Yussef desenterrou dois barcos de cedro completos, nas escavações feitas ao sul da Grande Pirâmide de Quéops, perto do Cairo. Os barcos estavam enterrados em partes que pareciam formar um *kit* e, quando foram montados, constatou-se que o maior tinha 142 pés de comprimento e uma concepção que o habilitava à navegação marítima.[122]

Thor Heyerdahl investigou as origens da tecnologia egípcia de construção de barcos quando preparava sua expedição Ra, e disse o que segue a respeito desses barcos:

> *Existem apenas duas possibilidades. Ou essa forma aerodinâmica, apropriada também para viagens marítimas, foi elaborada por marujos egípcios da mesma geração brilhante que desenvolveu a construção de pirâmides, as múmias, as cirurgias de cabeça e a Astronomia, ou os projetistas de barcos dos faraós foram treinados por especialistas em algum outro lugar. Há alguns fatos que apontam para a segunda hipótese. Nenhum cedro cresce no Egito; o material com o qual os barcos de Quéops foram construídos veio das florestas de cedro do Líbano. O Líbano era a terra dos fenícios, construtores de excelentes barcos, com os quais viajavam todo o Mediterrâneo e até parte do Atlântico. Seu principal porto, Biblos, a mais antiga cidade conhecida do mundo, importava papiro do Egito porque Biblos era um centro de produção de livros em tempos remotos, e daí a palavra Biblos ou Bíblia, que significa "livro". Havia uma atividade comercial intensa entre o Egito e Biblos na época em que estava sendo construída a Pirâmide de*

---

120. *Idem.*
121. *Idem.*
122. N.A.: Lehner, Mark: *The Complete Pyramids.*

Quéops e, portanto, os construtores de barcos egípcios devem ter se especializado lá.[123]

Ele continua acrescentando alguns detalhes fascinantes a respeito de edificações megalíticas em uma cidade muito antiga chamada Maqom Semes, a "Cidade do Sol", que ficava na costa atlântica do norte da África, perto da atual Larache:

> *Em uma praia desolada ao sul da atual Larache, um molhe inclinado (um tipo antigo de quebra-mar) feito com milhares de toneladas em blocos de pedra megalíticos ainda se projeta entre os recifes, formando um porto magnífico. Uma quantidade fantástica de pedras enormes foi trazida para dentro do mar por experientes arquitetos navais. Quem construiu um baluarte com tamanha resistência que as ondas do Atlântico ainda não conseguiram destruir, depois de milhares de anos? Quem poderia precisar de um porto tão grande, nesse lugar desolado, antes que os árabes e portugueses tivessem começado a viajar pela costa atlântica africana?*

> *Em uma colina onde o largo rio Lucus deságua no Atlântico, na costa noroeste do Marrocos, estão as gigantescas ruínas de uma das mais poderosas cidades da Antiguidade, com um passado desaparecendo na escuridão da pré-história. Enormes blocos megalíticos pesando muitas toneladas eram transportados para cima de um rochedo e colocados uns sobre os outros, formando muros gigantescos de muitos metros de altura que podem ser vistos do mar. Os blocos são cortados e polidos, e sua junção é perfeita dentro de uma escala de milímetros. O nome mais antigo conhecido dessa cidade é Maqom Semes, "Cidade do Sol". Quando os romanos descobriram-na, escreveram que lendas fantásticas estavam ligadas ao seu passado. Eles chamaram a cidade Lixus, a "Cidade Eterna", e construíram seus próprios templos sobre as antigas ruínas.*

Nesse ponto, Heyerdahl conjectura a respeito de quem pode ter feito essas edificações megalíticas nesse porto oceânico:

> *Os pouquíssimos arqueólogos que arriscaram pequenas escavações concluíram que os fenícios usavam a "Cidade do Sol" muito antes dos romanos. Mas quem a fundou? Talvez os fenícios. Se assim fosse, a técnica construtiva fenícia estava perto de ser a melhor em ambos os lados do Atlântico. O lar dos fenícios*

---

123. N.A.: Heyerdahl, Thor: *The Ra Expeditions*, George Allen & Unwin Ltd, 1971.

era no distante Mediterrâneo Oriental, atualmente o Líbano. A "Cidade do Sol" não era um porto mediterrâneo, mas um verdadeiro porto atlântico, localizado junto à poderosa corrente que se arrasta no sentido oeste, passando pelas ilhas Canárias e acabando no México. Que idade teriam os muros? Ninguém sabe. Eles estão cobertos por uma placa com mais ou menos 15 pés de detritos deixados pelos séculos por fenícios, romanos, berberes e árabes. Os romanos acreditavam em Netuno e Hércules, mas não no Deus Sol, e assim suas ruínas não estão orientadas com o sol. Mas, pequenas escavações recentes mostram que o mais baixo e maior bloco de pedra, que já estava coberto de detritos quando chegaram os romanos, e que por isso não foi tocada por eles, era a fundação de uma cadeia de edificações cuidadosamente orientadas de acordo com os movimentos do Sol.[124]

Essa cidade era certamente usada pelos fenícios como uma base atlântica de comércio, destinada a atender a Espanha e a Inglaterra; no entanto, as pedras já estavam ali quando eles fizeram uso dela.

Conhecíamos uma civilização muito mais velha do que a dos fenícios, que era capaz de executar esse padrão de trabalho com pedras, que era especializada em navegação, comércio e Astronomia, e que tinha estabelecido bases de contato no Mediterrâneo. Conjecturávamos se Lixus poderia ter sido construída pelo mesmo grupo de artesãos megalíticos que construiu edificações como Newgrange e Maes Howe.

À medida que a civilização fenícia desenvolvia-se, buscava apoio na experiência – o que o dr. Dimitri Baramki, curador do museu do Colégio Americano em Beirute, descreve como "Povos do Mar do Norte" – dos povos que vieram das terras que os marujos noruegueses tinham herdado da civilização do "Povo do Pote Entalhado". Conforme líamos o trabalho do dr. Baramki, relembrávamos as descrições de Thor Heyerdahl do povo de "Dilmun" que estabeleceu a Suméria, assunto que discutimos anteriormente neste capítulo. Poderiam esses experientes marujos ser a fonte da lenda dos misteriosos sumérios? Baramki escreveu a respeito de como esses intrusos da costa noroeste da Europa migraram para o Líbano, trazendo com eles a absoluta supremacia no mar, soberbas noções de navegação e tradição na construção naval aplicada a barcos de comércio ou de guerra. Apesar dos cananeus protofenícios serem um povo que possuía todos os requisitos para abrir o Mediterrâneo à navegação e ao comércio, eles não mostravam evidências de possuir conhecimento náutico e tecnológico. Esse conhecimento veio com a invasão de um grupo conhecido como "Povos do Mar" ou Thekel. O que os cananeus acrescentaram ao poder da cultura fenícia foi uma

---

124. *Idem.*

religião muito antiga, baseada nos astros, exigindo portanto conhecimento de Astronomia, o que os levou à navegação astral.[125]

A hipótese de Baramki sugeriu-nos uma simples explicação para o quebra-cabeça dos fenícios. O assentamento original cananeu, com suas antigas tradições de construção de templos alinhados astronomicamente, evoluiu de um grupo de marinheiros costeiros para outro de navegadores internacionais quando se fundiu com uma onda de protonorugueses invasores provenientes da área que conhecíamos como a pátria do "Povo do Pote Entalhado". De tudo o que já sabíamos desse povo, podíamos concluir que eles poderiam ter instalado o assentamento original e depois ter perdido o contato com ele.

Algumas pessoas podem achar muito difícil que indivíduos possam ter navegado tão grandes distâncias em um passado tão remoto, mas a história está repleta de exemplos de povos primitivos envolvidos em grandes viagens. Dentre eles há registros de fenícios viajando em torno do continente africano, em numerosas ocasiões – talvez até regularmente, usando Lixus como uma base maior de reabastecimento –, para o Golfo de Acaba, na extremidade nordeste do Mar Vermelho. O historiador grego Heródoto diz como o rei Necho II do Egito ordenou "fenícios a navegarem de volta através dos pilares de Hércules (Estreito de Gibraltar) para o Mediterrâneo, até chegar ao Egito". Isso só pode significar que ele os instruiu a navegar em torno da África.

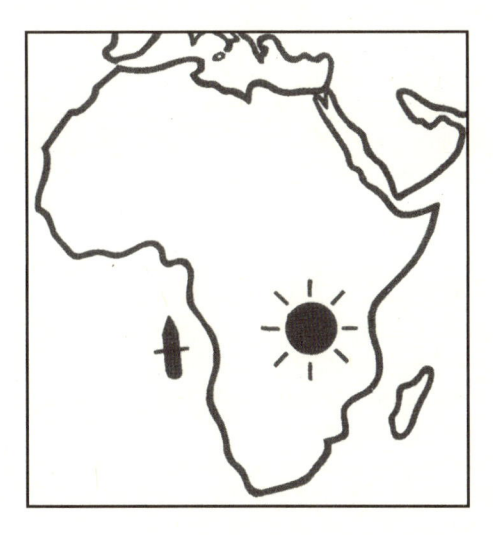

Sol nascente sobre a África. Para ver o sol nascente sobre a terra, esses antigos marinheiros devem ter circunavegado todo o continente do Mar Vermelho até o Mediterrâneo

---

125. N.A.: Baramki, D: *Phoenicia and the Phoenicians*, American College Press, Beirut, 1961.

Os fenícios cumpriram essas ordens, como acrescenta Heródoto, dizendo que eles navegaram do "Mar Vermelho e continuaram através do Mar do Sul". Quando chegou o outono, desembarcaram e plantaram suas sementes, entraram na Líbia e esperaram pela colheita. Depois voltaram à viagem e, no terceiro ano, passaram pelos Pilares de Hércules e voltaram novamente ao Egito. Eles disseram, e então Heródoto duvidosamente reporta, que na viagem ao redor da Líbia viram um sol nascente sobre a terra conforme navegavam ao longo da costa.[126] Esse simples fato de navegação astral confirma a veracidade da história. Para ter observado isso, os fenícios devem ter navegado para baixo de um lado da África e para cima do outro.[127]

Se estivermos corretos quando dizemos que os sumérios e os fenícios são subconjuntos do "Povo do Pote Entalhado", então esses dois grupos deveriam mostrar algumas similaridades no que tange ao culto baseado em Vênus. Mas descobrimos que outras pessoas já tinham ligado esses dois grupos. Aproximadamente há 2.500 anos, Heródoto disse que os fenícios vieram da Suméria:

> *Os fenícios, que originariamente viviam às margens do Golfo Pérsico, migraram para o Mediterrâneo e assentaram-se onde hoje habitam, começando imediatamente a aventura de longas viagens, carregando seus barcos com os utensílios e mercadorias do Egito e da Assíria.*[128]

Se um grande grupo das Ilhas Britânicas e da Bretanha chegasse ao Golfo Pérsico com sua pré-existente civilização e conhecimentos náuticos – autodenominando-se sumérios –, faria sentido para eles mudar na direção noroeste para a costa do Mediterrâneo, para lhes permitir um caminho mais curto de volta à terra que seus antepassados tinham abandonado.

Os Reis Sacerdotes dos Fenícios

Decidimos que, a partir de agora, deveríamos voltar nossa atenção para os rituais usados pelo povo fenício, e particularmente por seus reis. Queríamos chegar a um quadro a respeito disso, tão bom quanto fosse possível construir.

O mais antigo cananeu a merecer uma descrição detalhada na Bíblia é Melquisedeque. Ele é um personagem associado a Abraão, o pai da nação

---

126. N.T.: Aqui há um conflito evidente. A Líbia é um país banhado pelo Mediterrâneo e não tem qualquer ligação com o Atlântico. Ou o país é outro ou a informação está totalmente equivocada. Mesmo na costa da Líbia, dada a peculiar curvatura do continente, há pontos onde se pode ver o Sol sobre a Terra. A ideia da circunavegação é inverossímil!
127. N.A.: Herodotus: *The History*, trans. George Rawlison, New York, Dutton & Co, 1862.
128. *Idem.*

judaica. O Novo Testamento nos diz que Jesus era um sacerdote da Ordem de Melquisedeque,[129] e tínhamos conhecimento de uma organização maçônica baseada nesse sacerdócio ancestral chamada "A Ordem Sagrada do Grande Pontífice".

Abraão é mais frequentemente entendido como uma pessoa do que propriamente como um personagem de um mito primitivo.[130] Os demais personagens que antecedem seu aparecimento na Bíblia, como Adão, Eva, Caim, Abel, Noé e Enoch, são frequentemente considerados mais como entidades do que como indivíduos históricos. Abraão é colocado usualmente entre 1600 e 1800 a.C., mas, algumas fontes situam-no em data mais antiga, ao redor do século XX a.C. Temos a impressão de que Abraão é uma entidade mística e foi inventada possivelmente em alguma citação da tradição oral, com o propósito de explicar como a nova religião judaica era portadora de uma tradição de peso e com autoridade mais antiga. Nossas pesquisas e conversas com estudiosos bíblicos convenceram-nos de que as histórias de Abraão, Moisés e Davi são claramente invenções míticas. No entanto, em nossas discussões a respeito deles, achamos mais simples considerá-los como pessoas reais e, por esse motivo, continuaremos a tratar Abraão como um indivíduo enquanto estivermos contando sua história.

Em Gn 14, encontramos uma história que conta como os quatro reis do norte da terra de Canaã atacaram os cinco reis das cidades na planície do Mar Morto, o lugar mais baixo da Terra. Os cinco reinos foram derrotados e tomados e entre os cativos da cidade de Sodoma estava Lot, sobrinho de Abraão. Quando soube disso, ele liderou seu clã de 318 homens juntamente com aliados hititas e amoritas para atacar os invasores e libertar Lot. Como era costume na época, Abraão saqueou seus inimigos derrotados.

Em seu retorno da batalha, Abraão encontrou-se com Melquisedeque, o jebuseu/cananeu rei de Salém que era também o sumo sacerdote de um deus chamado El Elyon, que significa "O Mais Elevado". O lugar chamado Salém refere-se a Jerusalém, como deixa claro o Salmo 76:2. O que aconteceu não apenas nos confunde, mas é um tema riquíssimo para debate entre estudiosos bíblicos, pois a história que se segue não é exatamente o que se poderia esperar ouvir de um escriba do Velho Testamento.

Apesar da grande autoridade atribuída a Abraão, a Bíblia afirma, sem qualquer pudor, sua clara e imediata obediência ao sacerdote/rei de Jerusalém, bem como ao deus que ele representava. Abraão pagou dízimo a Melquisedeque, o que significa que entregou um décimo do que havia saqueado. Em retribuição, Melquisedeque consentiu em abençoar Abraão em nome do deus El Elyon e conduziu um ritual durante o qual Abraão

---

129. N.A.: Hb 5:6.
130. N.A.: Hook, SH: *Genesis – Peakes Commentary on the Bible.*

recebeu pão e vinho, um ato que diversos especialistas bíblicos consideram como precursor da eucaristia cristã.

Isso sugere que Abraão tinha grande respeito pelo deus cananeu e o episódio de preparar o sacrifício do próprio filho pode representar uma tentativa de agradar e ganhar favores desse novo deus. Está registrado que em tempos bíblicos remotos o povo, quando mudava de cidade, abandonava seus deuses locais e adotava os deuses do novo país em que fosse habitar.

O Salmo 110 também descreve o rei Davi como um sacerdote da Ordem de Melquisedeque, e de uma maneira que certamente foi adotada por Jesus Cristo:

> *Disse o Senhor ao meu senhor: assenta-te à minha direita até que eu ponha teus inimigos debaixo de teus pés.*
>
> *O Senhor enviará a Sião o cetro de seu poder, dizendo: domina entre os teus inimigos.*
>
> *Apresentar-se-á voluntariamente o teu povo, no dia do teu poder; com santos ornamentos, como o orvalho emergindo da aurora, serão os teus jovens.*
>
> *O Senhor jurou e não se arrependerá: tu és sacerdote para sempre, segundo a Ordem de Melquisedeque.*
>
> *O Senhor, à tua direita, no dia de sua ira, esmagará os reis.*
>
> *Ele julga entre as nações; enche-as de cadáveres; esmagará cabeças por toda a terra.*
>
> *De caminho, bebe na torrente e passa de cabeça erguida.*

Essa passagem relaciona Javé ao sacerdócio de Melquisedeque. Deve ser claramente entendido que essa ordem era um culto cananeu muito anterior à chegada dos israelitas e de El Shaddai (o deus da montanha), que mais tarde se tornou "Javé", o Deus dos judeus.[131] O termo Sião é uma referência a Jerusalém, que se diz foi capturada pelo rei Davi. O "Cetro de Poder" ou a força mantida por um rei ou por um líder como Moisés surgiu do Asherah, o instrumento astronômico fundamental usado para marcar os movimentos da sombra do Sol.

Como muitas passagens do Velho Testamento, essa parece indicar a absorção de algum ritual cananeu, verdadeiramente antigo, pelo Judaísmo

---

131. N.A.: Oesterley, WOE & Robinson, TH: *Hebrew Religion, Its Origin and Development.*

nascente. Estudiosos bíblicos estão há muito tempo conscientes disso e um deles disse o seguinte a respeito desse Salmo:

> *A referência a Melquisedeque indica uma apropriação das tradições religiosas pré-davídicas da cidade; e parece aludir a uma bagagem mística e ritual muito maior... As funções sacerdotais do rei estão aqui associadas a Melquisedeque. Essa duplicidade insinua uma fusão entre o conhecimento hebreu e um culto tradicional muito mais antigo em Jerusalém.*[132]

O conteúdo exato do ritual da Ordem de Melquisedeque pode nunca ter sido escrito. Há ainda muitos outros conceitos cujo significado foi perdido, tal como a natureza e o propósito do Urim e Tumim[133] que eram carregados no colete sacerdotal. Tudo o que se sabe desses objetos[134] é que eram usados para ajudar a tomar decisões dando à escolha um cunho sagrado.

Quando alguma coisa não está escrita, isso acontece por uma de duas razões: ou não é particularmente interessante, ou é secreta. A Ordem de Melquisedeque era, com certeza, importante, então tendemos a considerar que os praticantes conduziam seus rituais em caráter privado e mantinham os procedimentos por meio de uma tradição oral. Por essa razão, certamente, a Ordem Maçônica, que se espelha na de Melquisedeque, afirma ser uma Ordem secreta. Segredos que o ritual impõe aos candidatos ao apostolado, exigindo que "façam o solene juramento de manter inviolados os segredos da Sagrada Ordem".

Acreditávamos ser razoável imaginar que quem fosse rei e sumo sacerdote de Israel poderia ser elevado a Mestre da Ordem automaticamente em sua coroação, exatamente como o rei ou a rainha da Inglaterra, que se tornam chefes da Igreja da Inglaterra assim que sobem ao trono. Na pesquisa do rever. prof. S.H. Hooke também achamos evidências que mostram que a coroação era renovada a cada equinócio de outono, durante um ritual de ano-novo.

As descobertas arqueológicas do século XX, tais como as tábuas de Ras Sharma[135] trouxeram muito mais conhecimento a respeito dos rituais cananeus e notamos interessantes semelhanças com os rituais do terceiro grau da Maçonaria, que fazem com que o candidato seja simbolicamente morto antes de ser ressuscitado. O prof. Hooke coloca Melquisedeque em um contexto que deixa claras essas semelhanças.

---

132. N.A.: Anderson, GW: *Psalms – Peakes Commentary on the Bible.*
133. N.A.: Ex. 28:30.
134. N.T.: Duas pedras preciosas.
135. N.A.: As tábuas de Ras Sharma foram encontradas no sítio arqueológico no antigo porto de Ugarit. Contêm uma série de poemas de importância ritual e religiosa, do segundo milênio a.C. Elas deram uma grande contribuição para o entendimento das práticas e crenças de Canaã.

Achamos que no princípio do segundo milênio a.C. o rei, representando tanto deus como a população, é o centro de atividades religiosas muito emocionais, cujo objetivo é assegurar à comunidade benefícios materiais que preservem o seu bem-estar. Essas atividades assumiam o que podemos identificar como uma forma estereotipada e envolviam a existência de um corpo organizado de pessoas detentoras do conhecimento em sua forma correta de conduzir o ritual e do mito relacionado com a situação enfocada nele.

É possível que, no início, apenas uma pessoa detivesse esse conhecimento e os poderes mágicos, em virtude do seu destaque na atividade religiosa da comunidade; e que, graças à crescente complexidade da vida urbana, aconteceram delegações. O deus tornou-se a materialização de forças misteriosas cujo controle havia sido o propósito original do ritual. Enquanto o sacerdote tornava-se o depositário da sabedoria sagrada necessária para a correta condução dos rituais, o rei, ainda representando deus nos grandes rituais anuais, veio a se tornar o centro das atividades seculares da comunidade, a cabeça de Estado para o propósito da guerra, política e justiça e, como representante de deus, o dono da terra.

Fontes mesopotâmicas antigas revelam a existência de reis-sacerdotes, dos quais a misteriosa figura de Melquisedeque pode ter sido um representante, vivendo em Canaã no tempo de Abraão. O estilo padrão do ritual anual consistia na preparação do edifício sagrado por meio de ritos de purificação, alguns dos quais simbolizando os elementos no mito. Depois, o rei passava por uma cerimônia na qual ele abdicava de suas regalias na porta do templo, fazia uma confissão ao sacerdote que o golpeava em ambos os lados da face e depois lhe restaurava os emblemas de seu reinado. Essa parte do ritual provavelmente representava um assassinato ritual do rei praticado de fato em épocas anteriores quando o poder real dava sinais de enfraquecimento. A seguir, vinha a parte central e provavelmente secreta do ritual, a dramática representação da morte do deus, seguida de sua ressurreição... Uma memória desses elementos do ritual sobrevive na poesia hebraica no mito da luta entre Javé e o dragão.[136]

---

136. N.A.: *A Companion to the Bible*, publicado por T & T Clark, Edinburgh, 1939. Trecho retirado da seção três, "The Early Background of Hebrew Religion", por SH Hooke.

Decidimos fazer um sumário dos principais pontos dessa descrição do antigo ritual do rei sacerdote cananeu (Melquisedeque):

1. Havia um corpo organizado de pessoas detentoras do conhecimento em sua forma correta de conduzir os rituais;
2. Havia um mito representado no ritual e ele dava corpo à mensagem;
3. Originalmente, um único rei-sacerdote possuía o conhecimento e os poderes mágicos;
4. Só mais tarde os sacerdotes tornaram-se os depositários do conhecimento sagrado necessário para a correta condução dos rituais, e o rei representava deus no grande ritual anual;
5. O ritual anual incluía a preparação do edifício sagrado;
6. O rei abdicava de suas regalias à porta do templo;
7. O rei era atingido em ambas as faces antes de ser restaurado, talvez em uma imitação dos rituais mais antigos, quando o rei era morto;
8. Depois vinha o ritual secreto que consistia em uma dramática representação da morte de deus seguida por sua ressurreição;
9. O ritual era realizado no equinócio de outono.

A seguir listamos as características do terceiro grau da Maçonaria:

1. O ritual do terceiro grau era originalmente secreto e conhecido apenas pelos Mestres Maçons;
2. O mito do assassinato de Hiram Abiff está representado no ritual moderno;
3. Na história, apenas Hiram Abiff sabia as palavras secretas;
4. Somente mais tarde mais pessoas aprenderam os segredos substitutos;
5. O cenário do ritual é a construção do templo sagrado;
6. O candidato ao ritual é desvestido de suas regalias na porta da Loja;
7. O candidato é atingido por um golpe em cada lado da cabeça antes de ser "assassinado", em imitação à vítima original, por um golpe final no centro da testa;
8. O candidato é depois figuradamente ressuscitado;
9. O ritual é conduzido simbolicamente no equinócio (quando Vênus está nascendo a leste);

Já sabíamos que o aparecimento de Vênus era central na teologia cananeia e era associado à ressurreição, como é na Maçonaria. Os paralelos são verdadeiramente impressionantes.

Se o rei sacerdote Melquisedeque de Salém for uma figura histórica, podemos estar seguros de que ele conduzia esse tipo de ritual e, provavelmente, todos os segredos centrais eram conhecidos apenas por ele. Há similaridades maiores em relação ao ritual do terceiro grau maçônico, apesar do fato de que ninguém sabia qualquer coisa a respeito das práticas cananeias até 70 anos atrás. O número de correspondências é considerável e achamos que é altamente provável que exista alguma conexão entre os dois.

Decidimos pesquisar o que é conhecido a respeito de Melquisedeque mas antes observamos mais profundamente as antigas práticas cananeias.

Como já tínhamos visto, o Velho Testamento nos diz que mesmo Abraão era subordinado a Melquisedeque, o rei sacerdote de Jerusalém. Abraão, o pai de todos os judeus, ficou feliz de pagar tributo a El Elyon (O Mais Elevado), a deidade criadora dos cananeus. Centenas de anos mais tarde, a Bíblia diz que os hebreus chegaram do Egito e tomaram a maior parte das terras de Canaã. Eventualmente, Davi tomou a cidade de Jerusalém pela força e efetivamente instalou-se a si mesmo como o sucessor de Melquisedeque.

O nome Melquisedeque, conforme informa a ordem maçônica, significa "rei da Retidão", e Salém, nome da cidade da qual era rei, significa "paz". Essas traduções podem estar corretas em sua compreensão moderna, mas carregavam um significado muito mais profundo naquela época. A palavra hebraica *zedek* ou *tzedek,* que faz parte do nome de Melquisedeque, é realmente traduzida como "retidão", mas traz consigo um entendimento que é muito mais complicado do que simplesmente "não fazer coisas erradas". Ela aponta para os princípios fundamentais que sustentam a ordem do Universo, divinamente estabelecida e, além disso, deriva sua origem de um deus ancestral. Mas apenas poucas pessoas, hoje em dia, pensam no deus norueguês Woden quando falam a respeito da quarta-feira (*Woden's-day*)[137] ou na deusa Freyja, de Vênus quando falam da sexta-feira[138], e a maior parte dos judeus no tempo de Cristo não devia estar consciente, que *zedek* era a essência de um deus cananeu.*

Zedek, para os cananeus, era a manifestação beneficente do deus Sol, com sua luz brilhante revelando crimes escondidos e erros cometidos contra os inocentes. Quando os deuses cananeus foram absorvidos por Javé, *zedek* tornou-se um de seus atributos.[139] Em realidade, o conceito do Deus único veio à existência não porque haja necessariamente uma única divindade, mas porque todos os atributos positivos dos velhos deuses foram transferidos para essa deidade e todos os atributos negativos convergiram para uma segunda entidade que chamamos "o demônio".

A primeira metade do nome do rei sacerdote é universalmente aceito como "rei" ou "o rei é", já que está baseada na palavra raiz cananeia *malak*

---

137. N.T.: Em inglês, *Wednesday*: *Woden's-day*: o dia de Woden.
138. N.A.: Em inglês, *Friday*: o dia de Freyja.
*N.R.: Em muitos idiomas temos os dias da semana relacionados a deuses ou aspectos siderais. Se tomarmos o espanhol, vemos Lunes ou dia da Lua, Martes ou dia de Marte, Miercules ou dia de Mercúrio, Jueves ou dia de Júpiter, Viernes ou dia de Vênus. Sábado equivale ao dia de Saturno, Saturday em inglês, como o Sunday ou dia do Sol equivalente ao Domingo.
139. N.A.: Cohn, Norman: *Cosmos, Chaos and the World to Come*, Yale University Press, 1993.

– significando conselheiro[140] ou, mais especificamente, "membro do conselho de Deus". Então a tradução maçônica de Melquisedeque como "rei da retidão" certamente foi usada no primeiro e segundo séculos a.C., mas seu uso original na primeira metade do segundo milênio a.C. era muito mais específico, e devia indicar alguma coisa como esta:

> *O homem vivo que é membro do conselho de Deus representando seu povo no céu e assumindo responsabilidade na Terra pela manutenção da ordem cósmica definida e entregue pelo Sol.*

Isso sugere que Melquisedeque, o chefe civil e religioso de Jerusalém, era tão poderoso que se sentava no conselho de Deus. Descobrimos logo que essa definição fazia ainda mais sentido quando víamos com maior profundidade o ritual maçônico.

Ele se refere a Melquisedeque como um sacerdote do deus cananeu El Elyon, associado à cidade de Jerusalém. As ligações do Sol com El Elyon são coerentes com o nome, que significa "O Mais Elevado" – poderia ser simplesmente uma descrição da posição do Sol em relação ao mundo. Com tamanha e inquestionável autoridade amparando Melquisedeque, não surpreende que Abraão o temesse.

A organização maçônica conhecida como "A Ordem Sagrada do Sumo Pontífice" faz referências a Melquisedeque:*

> *A tradição de seu sacerdócio deve ter continuado por aproximadamente 900 anos, até o reinado de Davi. Sua importância é que, diferentemente dos outros reis que capturaram o sobrinho de Abraão, ele era também um sacerdote. Apesar disso, é surpreendente que Abraão, o mesopotâmio, reconhecesse, pelo pagamento do dízimo, a autêntica autoridade de um rei sacerdote cananeu.*

Ela depois descreve aspectos do ritual associados com o grau:

> *Em tempos remotos, era costume entre os Companheiros formar dois lados de um triângulo equilátero e ajoelhar durante a prece na abertura e no fechamento de uma sessão. Na maior parte dos conselhos, isso não é mais praticado.*

Chamamos a atenção para o termo conselho, que aqui é usado para descrever a sessão.

> *... o ritual faz referência à presença do "indispensável número de três". Deveriam estar presentes nove sumos sacerdotes ungidos, para então tradicionalmente dizer-se que a cerimônia é realizada de "forma justa e perfeita".*

---

140. N.A.: Hook SH: *Ritual and Kingship*, Oxford at the Clarendon Press, 1958. Ver seção "Hebrew Conceptions of Kingship", por AR Johnson.
*N.A.: A Rede de Hiram http://www.brad.ac.uk/webofhiram

... um Tabernáculo da Ordem representa o acampamento de Melquisedeque no vale de Shaveh (o vale do rei). A sala é dividida por cortinas que possam ser abertas e fechadas. A parte leste representa a tenda real de Melquisedeque. Essas cortinas estão abertas durante o começo da sessão: elas são fechadas para a parte I da cerimônia de recepção e para a primeira porção da parte II, até que o candidato é convidado a entrar na tenda: depois disso permanecem abertas. Durante a Parte II, se houver espaço, todos os Companheiros vão para a tenda e ocupam lugares ao norte e ao sul para compartilhar do pão e do vinho.

... um triângulo equilátero é colocado no centro do piso, fora da tenda: três velas em candelabros altos formam outro triângulo equilátero fora do primeiro: a ponta de cada triângulo voltada para leste.

Durante a Parte I há um pedestal dentro do triângulo interno no qual é colocado um volume da Lei Sagrada (o nome volume da Lei Sagrada é usado pelos maçons para se referir às escrituras aceitas pelos presentes; em uma Loja de maioria cristã, o volume será a Bíblia), aberto em Gênesis, capítulo 14. Para a Parte II o pedestal e o Livro são colocados dentro da tenda, em frente à cadeira do presidente: uma pequena almofada é então colocada no centro do triângulo interno.

... o presidente usa uma túnica branca, com um colete sobre ela, e uma mitra. O vice-presidente usa uma túnica escarlate e o capelão, uma túnica azul-clara.

A maneira descrita do recebimento dos candidatos na Ordem assume que há mais de um sendo investido ao mesmo tempo:

Quando o candidato representante (escolhido entre todos para representá-los) é convidado a entrar na Tenda, ele é colocado na extremidade direita da abertura formada pelas cortinas: os outros candidatos serão chamados a ficar alinhados com ele, para assim todos compartilharem do pão e do vinho que serão oferecidos a cada candidato de uma forma tradicional pelo Presidente.

Durante o compartilhamento do vinho, a espada será passada ao longo da fila, da mão de um candidato à mão do outro, que devem mantê-la horizontalmente em frente de si: alternativamente, o M∴ de C∴ por detrás pode sustentar a espada horizontalmente à frente de cada candidato no retorno.

Quando o condutor receber ordem de levar o candidato representante para ser investido no centro, os demais ficarão atrás dele no oeste. Depois que o candidato representante foi investido e elevado, será deixado à parte por uns momentos, durante os quais os outros candidatos são conduzidos ao centro, ajoelham-se, são investidos, elevados e conduzidos a seus lugares. Depois de todos estarem investidos, o candidato representante sozinho será instruído e revestido de suas insígnias, pelo presidente, no centro do triângulo.

Um candidato nessa Ordem é tido como "admitido e investido, consagrado e mantido à parte para o Sagrado Ofício de Sumo Pontífice".

A insígnia tradicionalmente usada nessa Ordem consiste de uma joia em forma de uma mitra em um triângulo equilátero, ambas de ouro, sustentadas por uma faixa vermelha: o vértice do triângulo aponta para cima.

Uma prece é dita antes da abertura da cerimônia:

Possa o Supremo Pontífice do Céu e da Terra iluminar-nos com o conhecimento de sua verdade e garantir que os membros dessa assembleia possam ser merecedores da sabedoria para entender e explicar os mistérios de nossa Sagrada Ordem. Possa Ele estar conosco em todas as nossas assembleias, guiando-nos no caminho da retidão, tornando-nos aptos a manter todos os Seus estatutos enquanto durar a vida e, finalmente, trazer-nos o perfeito conhecimento de Seu Santo Nome.

O candidato é então levado ao pedestal no leste e recebe uma mensagem do presidente:

Companheiro, o senhor apresentou-se prontamente para ser Investido, Consagrado e Separado para o Sagrado Ofício de Sumo Sacerdote. Os membros dessa assembleia, cedendo uma rápida resposta a seus desejos, estão agora preparados para conferir-lhe essa exaltada honra.

O ritual, depois, conta a história de Abraão e Melquisedeque. Antes de continuar, o pedestal é levado do centro do triângulo para a frente da cadeira do presidente. Todos os Companheiros entram na tenda e formam os dois lados de um triângulo equilátero para o norte e sul para compartilhar do pão e do vinho. Fora da porta, o candidato é armado com uma espada desembainhada, que ele leva em continência, sendo instruído a respeito de como aparar um golpe com sua espada, dobrando um joelho e segurando-a horizontalmente acima de sua cabeça pelo punho com sua mão direita e pela ponta com a mão esquerda.

O candidato, depois, é conduzido vagarosamente em direção ao norte, avançando pelo leste, quando, de repente, o Presidente aparece entre as cortinas com uma espada levantada em sua mão direita, trazendo-a para baixo em um golpe dirigido à cabeça do candidato. Ele rapidamente curva um joelho e apara o golpe, exatamente como havia sido instruído.

A cerimônia continua, até que o presidente coloca um pedaço de pão na lâmina de sua espada, pega um pequeno pedaço e come. Depois ele pega a espada com sua mão direita e apresenta-a verticalmente a cada Companheiro em torno da tenda, e cada um tira um pedaço pequeno de pão pela ponta da espada, usando a mão direita, e come.

O Salmo 133, que, conforme a Bíblia, é uma canção dos graus de Davi, é lido em voz alta:

Oh! Como é bom e agradável viverem unidos os irmãos! É como o óleo precioso sobre a cabeça, o qual desce para a gola de suas vestes. É como o orvalho do Hermon, e que desce sobre os montes de Sião. Ali ordena o Senhor a sua bênção e a vida para sempre.

Essa é uma escolha interessante no Velho Testamento. Ela tem uma característica evidentemente maçônica, referindo-se aos graus de Davi e usando uma frase sobre "irmãos" vivendo juntos em união, mas não é exatamente isso o que mais nos interessa. A preciosa unção sobre a cabeça é uma referência ao Messias, até porque a palavra messias significa "o ungido", ou, mais especificamente, "o um aspergido com o óleo sagrado".

Considera-se que esse Salmo foi uma canção de propósitos ritualísticos criada por uma comunidade em um santuário cananeu (possivelmente o último usado durante o sacerdócio de Dan) na celebração de um dos grandes festivais do período pré-hebreu.[141] Então, mais uma vez, vemos uma tradição sacerdotal cananeia associada à Ordem.

Acreditamos que não haja ninguém que tenha usado esse grau nas últimas centenas de anos que entenda o que ele de fato significa. O uso de um triângulo equilátero voltado para o leste é importante para esse grau, apesar de aparentar ser um artefato sem função; mas, por causa do foco astronômico da Maçonaria, suspeitamos que ela tem suas origens ligadas à religião astral dos cananeus. Na Franco-Maçonaria, podemos ter certeza de que os bastões carregados pelos dois Diáconos são "Asherah", os marcadores do movimento do Sol.[142] Esses tomaram seu nome da deusa cananeia que era a mãe dos gêmeos de Vênus ao amanhecer e ao anoitecer. Um Asherah (bastão) colocado à frente de uma tenda (lembrando que os deuses, incluindo Javé, eram originalmente mantidos em tendas) projetaria uma sombra ao

---

141. N.A.: Anderson, GW: *Psalms – Peakes Commentary on the Bible.*
142. N.A.: Knight, C & Lomas, R: *Uriel's Machine.*

amanhecer em direção ao sudoeste no solstício de verão e em direção ao noroeste no solstício de inverno, assim criando uma forma em delta contra um fundo dirigido de norte para sul.

O ângulo dessas sombras, criadas pelos limites sazonais extremos em que se coloca o Sol, variam muito conforme as latitudes dos pontos de observação. Já mencionamos como esse fato foi usado pelo "Povo do Pote Entalhado" para criar a forma de diamante que revela a latitude em que se está, formando uma espécie de código postal neolítico. No equador, o ângulo é extremamente estreito e no círculo ártico ele é incrivelmente largo. Ao sul da Escócia, onde primeiro se desenvolveu a Maçonaria, o ângulo do solstício é exatamente 90°, produzindo um losango quadrado quando espelhado nas sombras do pôr do sol.

Os ângulos internos de um triângulo equilátero, como esse usado nesse grau de Melquisedeque, são todos de 60°, e se estivermos certos a respeito do significado dessa forma geométrica usada no ritual da Ordem Sagrada do Grande Pontífice, deveria corresponder a uma latitude no hemisfério norte.

E corresponde: Jerusalém!

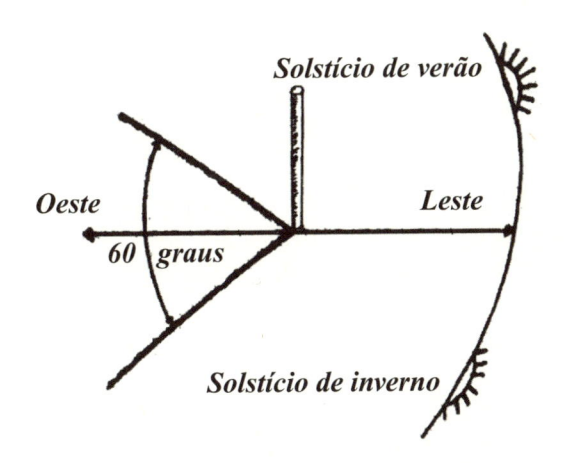

Uma vareta fincada no solo em Jerusalém projetará uma sombra que se move através de 60° entre os solstícios de inverno e verão

Um Asherah (bastão) fincado no chão na antiga cidade de Melquisedeque, conhecida como Salém, produz um triângulo equilátero quando a sombra dos solstícios é marcada. Assim, as sombras das colunas de Boaz e Jachin que ficavam no pórtico do Templo do rei Salomão deviam estar posicionadas a exatamente 60° em relação ao Santo dos Santos. Em nenhuma outra latitude, em qualquer hemisfério, isso acontece. No entanto, em qualquer lugar do mundo, nessa exata latitude sul ou norte, as sombras produzirão esse resultado. Por exemplo, Shangai na China, Marrakesh no

Marrocos, e Wollongong na Austrália; mas esses lugares também parecem significativos na história de Melquisedeque.

As chances dos ângulos ocorrerem no ritual por coincidência são pequenas, sabendo-se a forma como trabalhava a mente cananeia. Parece provável que esse ritual seja antigo, mas seu significado foi perdido muito antes da Maçonaria existir. Esse é ainda outro exemplo de como as antigas tradições orais e posturas ritualísticas podem trazer informações de um enorme período de tempo sem que as pessoas envolvidas na sua transmissão tenham qualquer pista a respeito do significado do seu conteúdo.

Os membros da Ordem permanecem ao longo dos dois lados do triângulo que foi formado pelas sombras do solstício. O candidato ajoelha-se no centro do triângulo, onde é ungido, depois se levanta e é conduzido ao seu lugar. Como os lados externos do triângulo ou delta representam os solstícios, o centro representa o equinócio, e então, simbolicamente, cada candidato é ungido com óleo e levado à Ordem no equinócio.

Os salmos do Velho Testamento contêm antigo material cananeu e o Salmo 19 é conhecido por ser baseado em um hino da manhã, referente ao casamento do Sol.[143] Ele descreve o trânsito do Sol nascente através do ano, de solstício a solstício, e de volta, o que em Jerusalém forma o triângulo equilátero. A última linha refere-se ao conceito original do *zedek*, onde não há esconderijo para a mentira quando vista pelo justo olho do deus Sol:

Aí colocou um tabernáculo para o Sol,
O qual, como noivo que sai de seus aposentos...
Principia em uma extremidade dos céus, e até a outra vai o seu
percurso; e nada se esconde ao seu calor.

Os especialistas dizem que o deus Sol está se casando nesse mito pré-hebreu com Anat (também conhecida como Astart), que já conhecemos como o planeta Vênus.[144]

A velha lenda por trás do Salmo 19 é que o noivo é o Sol e a estrela brilhante da manhã é Vênus, sua noiva.[145] Estudiosos bíblicos observaram, em passagens como 1Reis 11:5, que Vênus era cultuada por Salomão em sua forma especial de deidade fenícia.[146] O culto oficial a Vênus como "a Rainha do Céu" (Astart) continuou no reino de Judá até cerca de 600 a.C..[147]

---

143. N.A.: Hooke, SH: *Myth, Ritual and Kingship*, Oxford at the Clarendon Press, 1958. Veja "Early Hebrew Myths and Their Interpretation".
144. *Idem.*
145. N.A.: Engnell, J: *Studies in Divine Kingship*, SPCK, 1962.
146. N.A.: Mauchline, J: *1+11 Kings – Peakes Commentary on the Bible.*
147. *Myth, Ritual and Kingship*, Oxford at the Clarendon Press, 1958. Veja "Early Hebrew Myths and Their Interpretation".

Então aqui, descrito nos salmos da Bíblia, tivemos um casamento de duas deidades astrais, o Sol e sua parceira que dança em volta de *zedek* com delicada precisão a cada 40 anos – e em torno do zodíaco, a cada 1.440 anos. Esses atributos tiveram sua sequência no nome de Javé, o Deus dos judeus... e depois dos cristãos. A história torna-se ainda mais interessante conforme observamos o resultado desse casamento.

Aqui apresentamos a opinião de um especialista:

Que o sagrado matrimônio traria como fruto o nascimento do rei Salvador está de acordo com os padrões gerais místicos e rituais... Aqui a história pré-natal de Isaac vem ao debate. As tradições em questão são encontradas agora nos capítulos 17 e 18 do Gênesis... Nos oráculos de Isaac encontramos um motivo místico cananeu, e pode ser facilmente demonstrado que a categoria literária do oráculo a respeito do nascimento da criança real divina refere-se a um padrão cananeu.[148]

Sendo Javé o único Deus, Gênesis 21:1-3 diz que Ele "visitou" a mulher de Abraão, que era um homem velho:

E o Senhor visitou Sara como havia dito, e o Senhor cumpriu com Sara como havia falado.

Para Sara conceber e dar à luz um filho a Abraão em sua velhice, no tempo certo, do qual Deus tinha lhe falado.

Ao filho que lhe nasceu, que Sara lhe dera à luz, pôs Abraão o nome de Isaac.

Mas o verbo usado para visitar é *paqad*, que significa visitar uma mulher com o sentido de ter com ela um contato sexual, e não o de um simples encontro inocente e amistoso.[149] Então Sara aparenta ser uma Maria mais antiga – a mãe de um filho de Deus divinamente concebido. Abraão era de fato um homem muito idoso para procriar: de acordo com os cálculos do arcebispo Ussher, ele tinha exatamente 100 anos quando Isaac nasceu; portanto, a visita de um deus a Sara era muito mais apropriada para produzir uma descendência.

Sabendo que o Sol ou qualquer outra deidade astral não é muito adequado para produzir uma gravidez em uma jovem mulher, começamos a suspeitar que o homem-deus Melquisedeque deveria estar de alguma forma envolvido. Então parece que enquanto Abraão estava pagando dízimos ao rei-sacerdote, esse estava "visitando" sua mulher.

---

148. *Idem.*
149. *Idem.*

Ficamos maravilhados com a natureza ancestral do eterno (se não equilátero) triângulo.

Sara significa "rainha" ou "princesa" e reconhecidamente o nome Isaac deriva da palavra cananeia para "ele ri" – o que torna um jogo a declaração em Gênesis de que Sara "ria dentro dela mesma" quando Deus lhe deu um filho. E ainda mais, "ele ri" é uma particularidade muito próxima associada ao deus El na literatura mística ugarítica. Também é altamente relevante que a criança tenha mamado no seio da virgem Anat (Vênus).[150] Então podemos concluir que a história de Abraão, Sara e Deus é uma adaptação de uma antiga tradição cananeia da "visita" de uma deidade à rainha para completar um matrimônio sagrado que leve ao nascimento de uma criança divina e real (descendência real).

Estudando o que é conhecido a respeito da influência do ritual cananeu no Judaísmo, ficamos intrigados ao achar que muitos estudiosos encontraram uma grande quantidade de citações relacionadas ao lado feminino de deus em comparação com o que aparece na Bíblia. Um desses estudiosos fez o seguinte comentário:

> *Baseados apenas no Velho Testamento nunca teríamos suspeitado que Israel associava uma deusa a Javé, mesmo que entre o povo, mas a conclusão é definitiva e temos motivos em assumir que ela teve sua parte na mitologia e no ritual de Israel. É difícil impedir que ritos, semelhantes a outros encontrados em diversos lugares, tenham sido seguidos em Israel no período pré-exílio, e esses incluem uma representação do casamento anual de Javé e Anath.*[151]

Conclusões

Começamos a acreditar que o fluxo de recém-chegados que trouxe a civilização à Suméria poderia ser de comerciantes do "Povo do Pote Entalhado" que vieram a se instalar em um ambiente que consideraram atrativo, mas mantendo ligações com outros grupos, possivelmente em lugares como Gebal, no Líbano.

Acreditamos que os sumérios e os recém-chegados ao Oriente eram migrantes do "Povo do Pote Entalhado" e ambos os grupos mostram similaridades além de sua teologia baseada em Vênus.

O culto ao Sol é central em muitas religiões primitivas, mas Vênus também é importante para as culturas que acreditamos estar relacionadas ao "Povo do Pote Entalhado". Vênus era muito importante para os bretões megalíticos, e é a luz de Vênus ascendente que ilumina "a escuridão da morte"

---

150. *Idem.*
151. *Idem.*

para um candidato ao terceiro grau maçônico. Descobrimos associações com Vênus entre os sumérios, os cananeus, os egípcios e os judeus.

Os fundadores do Egito, nesse tempo, também trouxeram consigo a tecnologia das edificações, da navegação e da Astronomia, que rapidamente deu impulso a uma das maiores civilizações de todos os tempos. Notamos que a principal característica de Newgrange é sua espetacular parede de quartzo branco; e a primeira cidade do antigo Egito foi chamada Mênfis, que significa Parede Branca.

Acreditamos agora termos fortes argumentos para afirmar que a dispersão do "Povo do Pote Entalhado" semeou as civilizações posteriores do Oriente Médio.

As tábuas de Ras Shamra falam muito a respeito dos antigos rituais cananeus, e esses têm similaridades com o terceiro grau da Maçonaria quando o candidato é simbolicamente morto e ressuscitado. Estudos recentes do Velho Testamento colocam Melquisedeque, o rei sacerdote cananeu, em um contexto com conotações maçônicas definitivas.

Um Asherah, ou "bastão de sombra", colocado no solo na latitude de Jerusalém cria um triângulo equilátero quando a sombra dos solstícios é marcada. Esse ritual antigo ainda é mencionado no ritual maçônico moderno, mas seu significado foi perdido. Os membros da Ordem Maçônica dos Sumos Pontífices colocam-se ao longo dos dois lados do triângulo formado pelas sombras dos solstícios. O candidato ajoelha-se no centro do triângulo, onde é ungido e elevado. Se os lados do triângulo representam os solstícios, então o centro corresponde ao equinócio. Isso significa que todo candidato é ungido com óleo e recebido na Ordem no equinócio.

Houve uma continuidade do sacerdócio cananeu depois que Davi tomou o reino para si. O rei Davi foi o portador dessa tradição que Abraão e Melquisedeque iniciaram, reconhecendo a validade de um rei sacerdote cananeu e rei de Jerusalém. Isso deu origem à crença judia em um messias rei e em outro messias sacerdote.

Capítulo Sete

Os Cultos Gêmeos do Judaísmo

A Nova Nação

O Velho Testamento afirma que os hebreus, quando deixaram o Egito sob a liderança de Moisés e Josué, com a intenção de tomar a terra de Canaã, subjugaram gradualmente as cidades cananeias, durante a segunda metade de segundo milênio a.C. Ninguém sabe ao certo quando isso aconteceu, mas a tradição judaica situa a travessia do Mar Vermelho no ano de 1447 a.C. e a Bíblia do rei James fala do episódio datando-o em 1491 a.C., portanto, um pouco mais cedo.

Passados mais de 500 anos, no fim do reinado de Salomão, os cananeus do leste tinham sido assimilados pela nação judaica e os do oeste haviam mantido sua identidade fenícia; por essa razão, eram vistos como um povo separado. Entretanto, parece que os hebreus e os cananeus não eram tão diferentes quanto o Velho Testamento sugere. Estudiosos bíblicos acreditam que a linguagem hebraica derivou de fontes cananeias e que a linguagem fenícia tinha as mesmas características do hebraico primitivo.[152]

Os primeiros escribas judeus, quando escreveram a Bíblia, mostraram uma longa sequência de eventos. Partiram do momento em que Adão foi expulso do Jardim do Éden, avançaram pelo Pacto de Abraão e do Êxodo de Moisés, até a conquista de Jerusalém pelo rei Davi que estava predestinado a estabelecer o "lugar de poder" do Deus Criador, a ser administrado pelo "seu povo escolhido". No entanto, acreditamos que isso é simplesmente uma racionalização posterior que justifica a forma como eles entendiam o mundo.

---

152. N.A.: 'Canaanites', *Microsoft Encarta Encyclopedia 2001*. Microsoft Corporation. Todos os direitos reservados.

As evidências históricas demonstram que, no período durante o qual os hebreus supostamente dominaram a terra de Canaã (no fim da Idade do Bronze), toda a região estava em completa desordem. No século XII a.C., Canaã experimentava um profundo colapso cultural e sua população estava envolvida em amplos deslocamentos.[153] De acordo com a opinião do professor William Stiebling, tal fato se deu por conta de uma marcante mudança climática que um grande número de evidências demonstra ter acontecido naquela época. Essa mudança começou com um acentuado aquecimento global em 1300 a.C. e persistiu por mais de 200 anos, resultando na desertificação das terras de Canaã como reflexo da falta de chuva na região. Conforme as várias evidências trazidas por Stiebling, muitos povoados do interior de Canaã foram abandonados e somente reocupados depois de 1000 a.C.

Essa última data coincide com a tomada de Jerusalém pelo rei Davi e o período de seca equivale àquele em que se deu o assentamento do povo hebreu em Canaã. Surge então uma questão: será que os hebreus ocuparam terras abandonadas por populações que haviam se retirado por causa da falta de água e de comida?

Stiebling explica que há registros daquele tempo mostrando rebeliões na Babilônia coincidentes com uma redução populacional da ordem de 75%. No Egito havia uma grande falta de grãos e problemas constantes com tribos nômades que saqueavam, matavam e pilhavam as escassas reservas de comida. Os fatos suportam a tese da migração dos hebreus para terras vazias e disponíveis.

Mesmo colocando de lado os argumentos científicos, tais como a análise dos anéis do cerne das árvores e as alterações da flora nativa, podemos verificar que os padrões de assentamento humano realmente mudaram na época. Enquanto os cananeus de beira-mar (aqueles que se tornaram fenícios) administraram bem o problema do calor, o povo do leste, vivendo em áreas mais altas e remotas, foi atingido severamente.

Uma pesquisa em áreas de antigos assentamentos em Israel, supostamente locais ocupados pela tribo de Manasse, mostrou sinais claros de que o local foi atingido por um problema climático. Manasse é uma região elevada, com bordas desérticas que ocupam de 10 a 15 milhas desde a costa em direção ao interior, e a área se estende até o Rio Jordão, estando localizada entre o Mar da Galileia e o Mar Morto. O autor dessa análise, dr. Adam Zertal, é um economista especializado em agricultura que se tornou arqueólogo. Sua especialidade fez dele uma pessoa plenamente qualificada para esse estudo. Ele conseguiu mostrar qual foi a variação do número de locais ocupados durante o período que nos interessa.

---

153. N.A.: Stiebling, WH: "Did the Weather Make Israel's Emergence Possible?", *Biblical Review*, vol X, nº 4, 1994.

Na metade da Idade do Bronze (1750 -1550 a.C.) havia 116 assentamentos; porém, mais para o fim desse período (1550-1200 a.C.) esse número caiu para apenas 39. Esse é um tipo de declínio que poderíamos esperar durante o período que Stiebling afirma ter sido muito seco, com condições climáticas inóspitas e hostis. Depois disso, na Idade do Ferro I (1200-1000 a.C.), o número de assentamentos pulou para 136. Zertal comenta:

> *Esse substancial aumento de assentamentos sugere a entrada de nova população na área durante a Idade do Ferro I. Isso coincide com o relato bíblico da chegada dos israelitas a Canaã durante esse mesmo período.*[154]

Adicionalmente, a equipe de Zertal percebeu que, apesar de a população anterior ter se estabelecido preferencialmente em vales, desprezando as colinas (na razão de três para um) os recém-chegados deram preferência às montanhas (na razão de dois para um). Esse dado sugere que a nova população tinha, de fato, costumes diferentes e outros interesses quando escolhia seus locais de assentamento.

Descobrimos que existem três teorias a respeito da chegada dos hebreus a Canaã. A primeira corresponde ao modelo de conquista de William Albright, que aceita as batalhas descritas no Velho Testamento como uma realidade histórica.[155] A segunda é um modelo de infiltração pacífica defendido por Albrecht Alt. A terceira corresponde ao modelo de George Mendenhall, defensor da tese da "revolta camponesa ou revolução social".

Albright parece ter pesquisado evidências que apoiassem a história contada na Bíblia, mas descobertas arqueológicas posteriores aos seus escritos desacreditam-no. Nosso ponto de vista, ao qual chegamos depois de estudar farta documentação, é que a teoria de Mendenhall (particularmente como foi desenvolvida por Norman Gottwald) está mais próxima da realidade histórica.

Mendenhall, e depois Gottwald, valeram-se de conceitos antropológicos e sociológicos para propor que os primitivos israelitas não eram forasteiros que chegaram à terra, mas cananeus renegados que se revoltaram contra seus opressores feudais urbanos. Aquela subclasse de cananeus migrou para o leste e para o sul, para as colinas centrais do país, abandonando a parte oeste costeira. Simplificando as coisas, Israel surgiu de dentro de Canaã, e não de uma invasão vinda de fora. Se esse modelo for aceito, e nós o aceitamos, então os hebreus eram simplesmente um grupo de camponeses cananeus.

Essa explicação ajusta-se com o Livro de Juízes do Velho Testamento, que se refere a uma época coincidente com a Idade do Ferro I, na

---

154. N.A.: Zertal, A: "Israel Enters Canaã", *Biblical Archaelogy Review*, vol XVII, n.5, 1991.
155. N.A.: Albright, WF: *From the Stone Age to Christianity*, The John Hopkins Press, 1940.

qual ocorre um incremento populacional nas colinas de Canaã. Antes do advento do reino hebreu, as várias tribos eram lideradas por chefes que são mencionados na Bíblia como os "Juízes". Os últimos a escrever o Livro do Deuteronômio tentaram listar esses homens como se eles tivessem exercido o poder em períodos sequenciais, mas estudos modernos da Bíblia sugerem que muitos devem ter sido contemporâneos, havendo competição entre eles pela liderança.

Gideão, um dos últimos juízes, que mudou seu nome do original Jerubaal cananeu, parece que suplantou os demais. Ele mantinha um harém e teve 70 filhos. Em seu tempo livre, estabeleceu um centro religioso em Ophrah, onde criou um objeto de culto chamado *ephod*. Esse era um instrumento de adivinhação comparável em significado religioso à Arca da Aliança de Moisés (não confundir *ephod* com a parte superior da veste sacerdotal que tem o mesmo nome). Em Ophrah, ele formalmente deu nome a um de seus filhos chamando-o Abimelec, nome que honrava a Deus como Pai e rei e, fazendo isso, deu os primeiros passos em direção ao estabelecimento do reino judeu.

Os camponeses cananeus ficaram conhecidos como hebreus em razão do uso da palavra 'Apiru[156] para identificá-los. Mais de 300 tábuas cuneiformes foram encontradas em Tel el-Amarna, capital do faraó egípcio Akhnaton (1353-1335 a.C.). Muitas contêm correspondências entre Akhnaton e os seus reis vassalos em Canaã, as quais revelam que o Egito estava perdendo o controle desses países, inclusive de Canaã, que se dizia perturbado por problemas infligidos por esses misteriosos 'Apiru. Das descrições dadas fica claro que os 'Apiru tinham vindo de fora da sociedade normal cananeia e atuavam como agricultores contratados, mercenários ou mesmo bandidos. Uma carta conta como um grupo de 'Apiru, liderados por alguém chamado Lab'ayyu, tomou o controle da cidade de Shechem, nas colinas do centro de Canaã.

Podíamos ver uma nova realidade surgindo.

A aristocracia e a classe média da costa de Canaã tornaram-se muito bem-sucedidas. Eles controlavam todo o comércio internacional, tornando-se ricos e prósperos mercadores. Os bem-sucedidos das cidades costeiras não precisavam mais de uma força de trabalho muito grande, pois faziam seu dinheiro no estrangeiro e importavam tudo o que podiam e queriam consumir, o que incluía comida e bens diversos. Eles progressivamente perderam o contato com seus camponeses, praticamente desempregados, e então esses desprivilegiados e desmoralizados 'Apiru tornaram-se uma indesejada subclasse de pessoas que viajava por todo o território procurando desesperadamente por emprego e comida.

Sem dúvida, alguns foram para o Egito para trabalhar como agricultores, como operários ou como mercenários – talvez a história de Moisés,

---

156. N.A.: *Peake's Commentary on the Bible*, Thomas Nelson and Sons, 1962.

sendo um hebreu ('Apiru), esteja baseada na memória de um bem-sucedido mercenário que chegou ao posto de general no exército egípcio. Sob esse cenário, o episódio do êxodo dos hebreus do Egito faz sentido, quando descreve como escaparam em direção ao leste e ao norte em busca da sua terra prometida – sua própria terra, que lhes pertencia por direito de nascença. Quando chegaram de volta à Canaã que seus ancestrais haviam abandonado em gerações anteriores, descobriram que eles eram apenas mais um grupo entre muitos outros 'Apiru quase sem pátria.

Talvez esses refugiados do Egito fossem mais sofisticados do que os camponeses que encontraram vivendo na terra prometida. Então, eles começaram a organizá-los em um novo modelo de ordem social – liderados pelos homens que a Bíblia nos conta, que chamavam a si mesmos "os Juízes". Os reis das cidades cananeias devem ter ficado preocupados quando viram os habitantes do campo motivados pela demanda de um melhor quinhão nas riquezas, e talvez tenha havido batalhas, com camponeses liderados por ex-mercenários com suficiente treinamento militar para afrontar uma pequena cidade ou duas. Mas descobrimos que nossos estudos continuavam nos levando para as histórias do rei Davi.

Os mais antigos relatos a respeito da criação de um Estado verdadeiramente judeu apontam para o rei Davi, de quem Jesus dizia ser descendente. O Velho Testamento diz que, tão logo Davi tomou Jerusalém, deu início ao processo de centralização do sacerdócio na cidade, criando uma crescente e elaborada organização com práticas que a diferenciavam das demais instituições religiosas nas áreas circundantes. Nas áreas rurais os sacerdotes dos templos locais conhecidos como "Lugares Altos" mantinham uma forma de culto a Javé que era mais ou menos idêntica às antigas práticas cananeias, mas que agora era autorizada pelo nome de um novo deus.

O estudioso bíblico professor Samuel Hook disse:

A mudança que se seguiu à introdução do reino (hebreu) foi a separação entre a prática religiosa da capital daquela exercida no interior. Das evidências trazidas no Livro dos Reis e nos Profetas, sabemos que, no campo, os templos locais ("Lugares Altos") com seus sacerdotes continuavam a praticar uma forma de culto a Javé que era muito influenciada pelas tradições cananeias. Oseias mostra em que extensão Javé e Baal eram confundidos nas cabeças dos devotos israelitas. Esse estado de coisas persistiu, a despeito das ameaças dos profetas e dos esforços de reis reformadores, até a queda de Jerusalém em 586 a.C.[157]

---

157. N.A.: Hooke, SH: "The Religious Institutions of Israel" *Peake's Commentary on the Bible*, 1962.

No entanto, os judeus introduziram, nas terras que controlavam, um conceito de reino com uma qualidade especial. Saul, seu primeiro rei, é retratado como um tipo de velho juiz que recebera a indicação divina principalmente por propósitos militares. A autoridade do rei Davi é diferente: ela é baseada em uma aliança. Essa aliança corresponde a um acordo entre três partes: o rei, o povo e Javé. O direito de Davi ao reino era amparado por sua especial relação com Deus.

Davi considerava-se o primeiro messias e sua convicção estava baseada no seu relacionamento especial com Javé, manifestado por essa aliança.[158] O acordo incluía termos e condições impostas a duas das partes: ao monarca e ao povo. A função de Javé era a de um mediador impositivo, assegurando que a negociação fosse fielmente mantida por ambos os lados. Essa solução adotada era um conceito marcadamente democrático e, naquela época, original e único. Consistia de um juramento constitucional e uma coroação com limitações às prerrogativas reais inerentes, incluindo uma garantia divina de direitos e liberdades para os súditos.

Naquele tempo, em todos os outros países circundantes, o rei era autocrata e absolutista e seus súditos não tinham qualquer direito. Apesar de, em seus primórdios, a justiça de Israel ter adotado a expressão "escravo do rei" referindo-se aos cidadãos comuns, sob o regime de Davi uma nova concepção de organização social foi adotada, na qual o súdito era considerado como um "irmão" (Dt 17:20) ou um "vizinho do rei" (Jr 22:13). Essa era a teoria revolucionária das relações entre governante e governados – mas seria adotada por pouco tempo.

Conforme o tempo passava, cada vez mais o território caía sob o controle da população rural – até mesmo portos no sul como Ashkelon foram tomados –, mas as cidades costeiras do norte permaneceram inexpugnáveis. Há relatos demonstrando que os judeus tomaram Jerusalém no fim do dia e isso permite deduzir que deve ter sido mais uma vitória política do que uma conquista militar violenta.

De acordo com o Velho Testamento, o Templo para Javé do rei Salomão foi construído em uma terra que Davi comprou por 600 *shekels* de ouro de um jebuseu de nome Araunah (também conhecido como Ornan).[159] Ele tinha previamente usado o lugar para debulhar trigo.[160] Seiscentos *shekels* eram uma quantia substancial de dinheiro e a inclusão desse pagamento na história serve provavelmente para indicar que Davi estava agindo com correção perante a população nativa. O Livro de Samuel conta como Davi comprou esse lugar seguindo os conselhos do profeta Gad. Ele havia sentido a necessidade de aplacar Deus, que estava aborrecido porque Davi tinha feito um

---

158. N.A.: Hertzberg, Arthur: *Judaism*, George Braziller, New York, 1962.
159. N.A.: Os jebuseus eram os primitivos habitantes de Jerusalém, antes da chegada do povo hebreu.
160. N.A.: 1Cr 21:15-26.

censo em seu novo reino para arbitrar a coleta de taxas. O Livro de Samuel diz que Deus mandou um anjo matar muitos súditos de Davi, mas que foi dada ao rei a escolha dos meios a serem usados no extermínio. Em nome de Javé, Gad ofereceu a Davi três opções de calamidades diferentes como punição. Essas eram fome por sete anos, guerra desastrosa por três meses ou pestilência por três dias. Sem surpreender, Davi escolheu a última. Assim, na época da colheita do trigo, uma peste apareceu entre o povo, matando 70 mil pessoas. A seguir, quando a peste estava prestes a alcançar Jerusalém, Davi rezou a Javé e a praga foi contida.[161] A história parece improvável por vários motivos, não apenas pelo número de pessoas mortas pela doença em apenas três dias.

Sabendo-se que o Velho Testamento foi escrito algumas centenas de anos depois dos eventos descritos, seria Davi uma figura histórica viva ou apenas um mito? Algumas pessoas afirmam que ele era real porque a "Casa de Davi" parece ser mencionada em uma tábua de pedra do século IX a.C. chamada Tel Dan e em outra inscrição do rei moabita Mesha que reinou entre 849-820 a.C. Mas mesmo essa reclamada evidência é de duzentos anos depois dos supostos eventos.

Perguntamos ao nosso amigo professor Philip Davies a respeito. Ele nos disse:

> *A tábua Tel Dan realmente tem uma palavra que pode ser traduzida como "Casa de Davi", mas que pode também significar outras coisas. Mesmo que dissesse "Casa de Davi", isso não significaria que "Davi" é a pessoa descrita na Bíblia. Mesmo o mais entusiasta dos especialistas admite que nunca houve um grande império davídico, que Jerusalém era uma pequena vila fedorenta e que as lendas a respeito de Davi são provavelmente um enorme exagero. Na melhor das hipóteses, estamos falando a respeito de uma adaptação histórica para uma lenda, e mesmo sobre essa não estou muito convencido. Eu fico com uma analogia ao rei Artur; possivelmente uma adaptação histórica, mas não o homem da lenda.*

Então, estamos provavelmente tratando de um mito judaico, construído muito mais tarde, para explicar por que certas crenças existem e certos lugares são venerados. Quando os últimos autores do Velho Testamento estavam tentando provar que a nação dos judeus tinha uma história, não teria sido aceitável dizer que suas crenças eram simples aspectos da teologia cananeia. Por isso, eles personificaram o processo na figura do legendário rei Davi. Entretanto, para simplificar nossa discussão, aceitamos sua convenção e continuamos a nos referir a Davi como um indivíduo.

---

161. N.A.: 2Sam 24:25m 13-16.

O jovem rei Hiram tinha assumido o trono de Tiro há pouco tempo, quando o guerreiro 'Apiru Davi tomou Jerusalém dos jebuseus, transformando a cidade do sacerdócio venusiano de Melquisedeque na cidade de Davi. O Velho Testamento declara que Davi, o ambicioso rei dos 'Apiru, persuadiu a aristocracia jebuseia de Jerusalém a lhe entregar a cidade. Josephus nos diz que os líderes da cidade insultaram Davi usando todos os aleijados, incapacitados e pedintes de Jerusalém para barrar seu caminho, dizendo que mesmo eles eram suficientes para impedi-lo de tomar a cidade.[162] Prontamente, Davi cercou Jerusalém e manteve o cerco até que seus líderes tivessem de negociar com ele. Tomou a cidade, mas manteve os serviços do sacerdócio de Melquisedeque, apontando Zadok como seu sumo sacerdote.

Hiram, percebendo que Tiro, com seu porto rico mas vulnerável, e repleta de templos recém-construídos, poderia ser a "próxima na lista" de Davi, decidiu tentar ganhar algum tempo. Ficou amigo de Davi, ofereceu-lhe suporte e experiência tecnológica, construiu-lhe um palácio em Jerusalém para consolidar seu poder e manteve o guerreiro judeu em Jerusalém e longe de Tiro. Josephus comentou esse evento:

> *Hiram, também rei de Tiro, mandou embaixadores a ele (Davi) e fez um pacto de mútua amizade e assistência. Também mandou presentes, cedros, aparelhos e homens com aptidão para Arquitetura, para construírem um Palácio Real em Jerusalém.*[163]

Essa manobra funcionou e deu tempo suficiente a Hiram para reconstruir sua cidade de Tiro na ilha artificial que ele havia feito no mar. Hiram foi cuidadoso na remoção de todas as fontes de seu poder real para a sua ilha fortificada. Ele construiu novos templos para seus deuses, os quais garantiam seu poder real, e depois demoliu os velhos, mais vulneráveis.

As exigências para Davi ser reconhecido como o primeiro de uma nova linha de reis foi a razão para a tomada de Jerusalém pelos 'Apiru em determinado momento, e é a razão de os escribas posteriores mencionarem com tanta ênfase o fato de Davi ter sido ungido. A unção era uma parte do processo fenício de coroar um rei, em um ritual especial, levado a efeito em um templo voltado para leste com duas colunas à entrada.

A afirmação de que Samuel ungiu primeiro Saul e depois Davi parece ser uma tentativa de copiar os rituais cananeus, mas os escribas compreendiam que seria necessário algo mais para afirmar que tinham um verdadeiro rei. Os jebuseus sabiam que os verdadeiros reis cananeus eram consortes de Vênus: e o nome de sua cidade, Jerusalém, refletia isso. Para alcançar o nível de autoridade divina de um rei cananeu, Davi precisava de um templo voltado para o leste, preferivelmente dedicado ao seu novo Deus Javé e

---

162. N.A.: Whiston, W (ed. e trad.): Josephus, *Antiquities vii,iii,1*.
163. *Idem*.

onde ele pudesse desempenhar rituais reais e casar-se com a deusa Vênus no frio alvorecer da aurora.

Josephus fala da decisão, mas não do motivo:

> *Então, quando o rei (Davi) viu que seus negócios cresciam cada vez mais, quase todos os dias, por vontade de Deus, pensou que poderia ofendê-lo enquanto continuasse em casa feita de cedro, tal como eram as dos lugares altos, e que tinham os mais curiosos trabalhos de arquitetura, e ele tinha de contemplar a arca depositada no tabernáculo e estava desejoso de construir um templo para Deus, como Moisés havia predito que um templo como esse deveria ser construído.*[164]

A casa com os mais curiosos trabalhos de arquitetura tinha sido o presente de Hiram, rei de Tiro. A afirmação de que Moisés havia predito a construção de um templo a Javé não é encontrada em nenhuma versão presente do Pentateuco, mas sabíamos que estava incluída no *Testamento Maçônico* em que Moisés dá instruções a Bezaleel, dizendo-lhe que o tabernáculo é o modelo para o templo, que será, um dia, construído de pedra. (*Testamento Maçônico* 6:7). Achamos muito interessante Josephus ter adicionado um detalhe que está no *Testamento Maçônico* e em nenhum outro lugar.

Encontramos apoio para essa visão do que estava acontecendo no professor Jagersma, regente da cadeira de Estudos de Hebraico e do Velho Testamento da Universidade de Bruxelas. Ele deu a seguinte opinião a respeito das histórias bíblicas de Davi e da Arca:

> *Nas histórias que sucedem sua unção presidida por Samuel, Davi é mencionado constantemente como um poderoso guerreiro e um hábil general... a captura de Jerusalém pôs fim à posição chave que os filisteus tinham ocupado nessa região por muito tempo... Outro fato importante que favoreceu essa mudança de poder foi o enfraquecimento das velhas Cidades-Estado fenícias. Isso tudo está claramente conectado com a esfera econômica. Apesar de que antes o foco econômico estava voltado principalmente para a região costeira, havia uma crescente migração na direção leste, para a região das colinas... a incorporação dos habitantes de Jerusalém e de outras cidades cananeias ao reino de Davi teve grandes consequências não apenas no campo religioso, mas também nos assuntos econômicos e sociais. Davi, provavelmente, entendia muito bem que Jerusalém só poderia funcionar propriamente como um centro político se também atingisse o status de um polo religioso em seu reino... Para Davi, a Arca era claramente de grande significado... o resultado de trazer a*

---

164. *Idem.*

Arca para Jerusalém seria a cidade tornar-se o ponto focal do culto a Yahweh.[165]

A cidade de Jerusalém era muito pequena, mas bem fortificada, e tomá-la deve ter sido a suprema vitória para Davi, o camponês rei do mito e da lenda. A Bíblia conta que ele imediatamente pegou um exército de 30 mil homens selecionados para trazer a Arca da Aliança de Kiriat-jearim (Baalah) para sua nova capital – dançando na frente dela conforme ia sendo conduzida. Na viagem, o condutor da carroça que carregava a Arca foi morto por ter acidentalmente tocado na "casa de Javé", e então, para evitar futuros problemas, Davi sacrificou um touro e um búfalo a cada seis passos.

Deve ter sido uma jornada lenta e sangrenta.

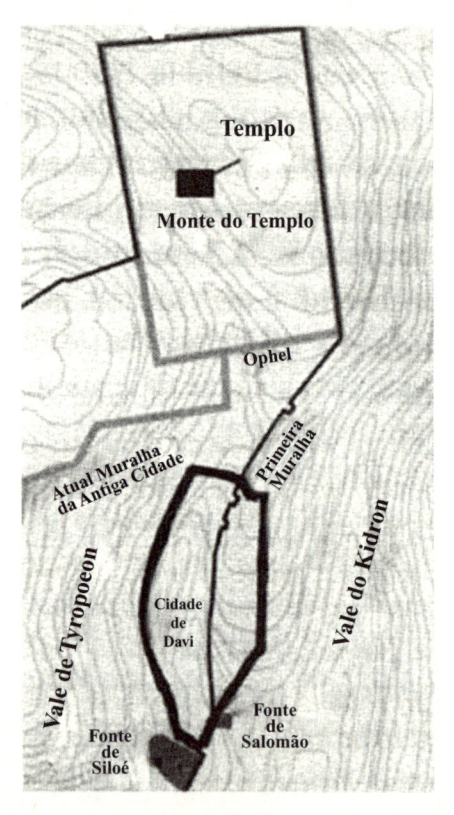

A cidade de Davi era um assentamento muito pequeno, com o templo sendo construído mais tarde em um terreno alto mais ao norte

---

165. N.A.: Jagersma, H: *A History of Israel to Bar Kochba*, SCM Press, 1985.

Homem Rico, Homem Pobre

Até aqui, em nossas pesquisas, tínhamos identificado duas camadas diferentes na sociedade cananeia: os ricos e sofisticados residentes das cidades, personificados nos habitantes de Biblos e Tiro, e os camponeses que ocupavam as áreas rurais. O povo urbano diferia não apenas na qualidade de suas roupas e de sua comida, eles eram também melhor educados em matéria de Ciência, Filosofia e Teologia. Eles aproveitavam a cultura e a tradição preservada em torno de seus templos, enquanto os 'Apiru podiam ostentar somente uma mistura confusa de velhos mitos identificados com os santuários sagrados apenas demarcados com pedras.

No entanto, os 'Apiru resolveram organizar seus mitos e desenvolver uma nova tradição, e agiram com tamanho entusiasmo e vigor que praticamente eclipsaram todo o resto. Seu sucesso repercute até hoje, representado na tradição monoteísta – um fato que por si só causa espanto e admiração. Mas esse processo de legitimação não foi fácil. Estávamos encontrando mais e mais evidências para confirmar as pistas que encontramos no ritual maçônico. Essas pistas indicavam conflitos na fusão de duas religiões diferentes, infelizmente temporariamente juntas.

Assim que os 'Apiru começaram sua organização, imprimiram-lhe um primeiro indício de tradição, dividindo sua população em quatro tribos cujos nomes foram escolhidos entre as esposas e servas de Jacó: Lia, Zelfa, Raquel e Bala. Assim que a população assentou-se, cada pessoa foi associada a uma das tribos em função do lugar em que vivia e não de acordo com sua ancestralidade.[166]

Os reis sacerdotes das grandes cidades, tais como Melquisedeque na Jerusalém primitiva e Hiram na Tiro contemporânea, cultuavam o Sol e Vênus, entendiam de Astronomia e praticavam rituais secretos para a coroação dos reis. Os plebeus da zona rural seguiam uma religião típica de camponeses, baseada no antigo tema de deus ou seu filho morrendo a cada outono para ser ressuscitado na primavera seguinte. Chegamos a essa conclusão depois de considerar o ponto de vista de muitos estudiosos bíblicos renomados e arqueólogos. Apesar das populações urbana e rural terem crenças parecidas, envolvendo antigos conceitos de morte e ressurreição, e de ambas terem um conteúdo astronômico, as diferenças eram muito significativas.

Os reis e os aristocratas que formavam seu séquito consideravam que a ressurreição era destinada a eles, e Vênus, em sua função de Brilhante Estrela da Manhã, parece que era o elemento central desse conceito. A população rural via a ideia da morte e ressurreição como um evento que acontecia anualmente a um rei ou a um deus, em determinada estação do ano, de forma a garantir que tivessem as reservas de comida que precisavam. Para esses plebeus, era usualmente o Sol que trazia a ressurreição da terra.

---

166. N.A.: Fohrer, G: *History of Israelite Religion*, S.P.C.K., London, 1973.

Um estudioso bíblico, o rev. professor William Irwin, diz o seguinte a respeito dessa ideia de ressurreição:

> *O culto do deus agonizante precisa ser reconhecido como nada menos que o mais profundo sacramento do mundo antigo: um deus abandona sua vida e, da morte, a vida novamente triunfará e o sofrimento e a tristeza darão lugar à alegria.*[167]

Essa interpretação persistiu por milhares de anos – por exemplo, disse que o deus Mitra nasceu em um estábulo, no solstício de inverno, 600 anos antes de Cristo, e sua ressurreição era celebrada na época da Páscoa. Mas nenhum desses cultos tinha um componente óbvio de Vênus. Parece que isso estava reservado para os ritos e rituais dos reis e aristocratas das poderosas Cidades-Estado.

A diferença-chave entre esses dois aspectos da teologia cananeia/judaica, a qual queremos abordar aqui, está relacionada a um indicador de tempo. O ritual de Vênus, realizado na coroação dos reis, está associado a grupos aristocratas e diz respeito a assuntos de longo prazo – a crença de que indivíduos podem ser pessoalmente ressuscitados de uma vida para uma série de outras. Heróis bíblicos como Enoch (e aparentemente Melquisedeque) viveram por centenas de anos, e quando morriam, juntavam-se aos deuses no paraíso, porque suas crenças eram idênticas no trabalho com as estrelas e com os planetas. Os plebeus, por outro lado, tinham uma visão a curto prazo, o que os induzia a pensar apenas nas estações de um ano. Sua principal preocupação era a qualidade das colheitas, que deviam ser boas o suficiente para garantir alimento por mais um ano. "O deus agonizante ergueu-se" era sua oração a cada Páscoa. O que podia acontecer no próximo ciclo de 40 anos de Vênus estava muito além dos limites de sua teologia e mesmo de sua imaginação.

O termo "cananeu" aparece referindo-se genericamente aos habitantes de cidades tais como a Tiro de Hiram ou a Jerusalém de Melquisedeque. Os 'Apiru, por necessidade de sobrevivência, eram originalmente grupos nômades de camponeses em constante movimento de acordo com as condições climáticas e com as disponibilidades de trabalho. Sabe-se que os egípcios permitiram que eles acampassem no Nilo quando a seca os trouxe para o sul, em uma desesperada procura por água. Os egípcios deram-lhes trabalho e muitos lutaram nos seus exércitos. Isso pode explicar por que um 'Apiru como Moisés tornou-se general no exército egípcio antes de ser acusado de cometer assassinato e ter de fugir de volta a Canaã.

Outro especialista explica como os israelitas ou 'Apiru, com o correr do tempo, vieram a se estabelecer em locais fixos:

> *A princípio, muitos dos israelitas eram camponeses que viviam em comunidades fechadas; uma parte deles finalmente chegou a*

---

167. N.A.: Irwin, WA: "Job", *Peake's Commentary on the Bible*.

> *uma economia verdadeiramente urbana. Essa é uma das razões para a inimizade entre a cidade e a zona rural, cuja unidade não estava enraizada, como exemplifica a antipatia das populações rurais de Judá contra Jerusalém, onde a população era em sua maioria cananeia... Israelitas foram admitidos em alguns santuários cananeus. Os deuses dos clãs foram logo associados aos santuários em vez de permanecerem com o clã que agora se estabelecia de forma permanente; deidades nômades tornaram-se divindades de lugares específicos.*[168]

Desde data muito antiga houve uma ligação entre o culto a Vênus e o conceito da morte e do renascimento de um deus da natureza, e é possível que tal associação vá muito mais longe, mergulhando profundamente na pré-história. Os fenícios conheciam Vênus na forma de Ashtoreth, cujo consorte era Tammuz, o deus da fertilidade de plantas e animais. Em rituais públicos, essas deidades podiam ser representadas pelo rei e pela grande sacerdotisa.

Essa tese de um deus morrendo para o bem do mundo e sendo subsequentemente ressuscitado deve ter sido muito bem-aceita pela população humilde e comum. Ela tem um forte apelo primordial, sendo uma óbvia referência aos comportamentos sazonais da natureza. Mas os rituais de coroação do rei, que permaneceram secretos, eram claramente muito diferentes. Eles eram parte de um plano de ressurreição personalizada similar àquela usada pelos antigos reis do Egito, em que o falecido monarca viajava para "Duat" – a terra dos mortos – para ser coroado pelos próprios deuses.

Quando os 'Apiru já tinham se tornado a nação judia e a civilização grega estava florescendo, o culto astral parece que declinou e Vênus tornou-se inspiradora de um simples culto ligado ao crescimento e morte vegetal. Os cultos de Vênus aplicados à coroação do rei desapareceram com a transformação das Cidades-Estado em algo mais amplo e nacionalista, e por causa de maior inclusão social do povo em vários níveis da sociedade. Mas os antigos reis judeus deviam saber que precisavam ter acesso aos rituais de Vênus se quisessem tornar-se divinos e, portanto, qualificados a liderar a vida vegetativa que a nação precisava manter.

Saul foi feito o primeiro rei desse povo nômade 'Apiru no momento em que ele começava a se tornar urbano. Mas Saul foi elevado ao posto de rei não por direito divino, mas em três fases:

> *Primeiro, ele foi eleito rei por uma assembleia das tribos na cidade de Mispah.*

> *Depois, ele foi ungido pelo profeta Samuel em Efraim.*

> *Finalmente, ele foi aclamado rei em Gilgal.*

---

168. N.A.: Fohrer, G: *History of Israelite Religion*.

Gilgal (que significa "círculo de pedra"[169]) tinha um papel de destaque na construção do mito judaico, pois foi o lugar onde o exército 'Apiru foi circuncidado em massa depois de atravessar o Jordão, trazendo a Arca da Aliança, rumo à terra prometida.

À medida que conversávamos sobre esses assuntos, uma pergunta veio à nossa cabeça: como esses camponeses conheciam o método tradicionalmente aceito de transformar um plebeu em rei?

Parece-nos que eles não teriam tido acesso aos rituais, aos quais os habitantes das cidades creditavam o poder de transformar um homem em um rei. Esses rituais eram segredos muito bem guardados, que os reis jebuseus de Jerusalém e seus sumo-sacerdotes tinham usado desde o tempo de Abraão e Melquisedeque, o que explica por que os 'Apiru tinham sido tão persistentes em tomar Jerusalém, conhecida mais tarde como "a cidade do grande rei". Mas parece improvável que qualquer rei jebuseu tivesse simplesmente cedido os segredos do poder político.

Como já mencionamos, o reinado de Davi era, para seu desagrado, totalmente diferente de qualquer outro conhecido, pois tratava cidadãos como iguais e não como escravos. Talvez a igualdade que ele propunha a seus súditos era pelo fato de ele se considerar ainda como um "super Juiz"– afinal, ele não tinha o *status* divino que apenas o ritual da verdadeira e sagrada realeza poderia conferir. Aqui, acreditávamos ter encontrado uma possível explicação para a necessidade de Salomão estabelecer a si próprio como um rei consagrado à maneira dos antigos cananeus.

Salomão nasceu durante os últimos anos de vida de Davi, quando Jerusalém era uma cidade bem organizada e, ao assumir o trono, acreditava ser definitivamente superior a seus súditos. Ele não demonstrava qualquer simpatia pelas concepções de sociedade introduzidas por seu pai e sua ascensão tem sido descrita como um triunfo da autocracia sobre a democracia.[170] O rei Davi é descrito como uma pessoa comum que foi escolhida para liderar seu povo – como um moderno presidente. Mas o rei Salomão era bem diferente. Seu comportamento não revela igualdade com seu povo, está mais ligado a um homem com direito divino de governar. Como Salomão adquiriu esse direito divino?

Conclusões

A aristocracia e a classe média da Canaã costeira controlavam um lucrativo comércio internacional. Essas cidades prósperas não precisavam de muita força de trabalho; elas faziam seu dinheiro no estrangeiro e de lá importavam todos os bens de que precisavam. Elas perderam o contato com seus camponeses desempregados e esses 'Apiru desmoralizados tornaram-

---

169. N.A.: *Peake's Commentary on the Bible*, Thomas Nelson and Sons Ltd, 1962.
170. N.A.: Robinson, TH: *The History of Israel (A Companion to the Bible)*, T & T Clark, 1939.

se uma subclasse de pessoas que viajavam pelo país procurando emprego e comida. Alguns devem ter ido para o Egito trabalhar, e então a história de Moisés, sendo um hebreu 'Apiru, poderia estar baseada nas ações de um bem-sucedido mercenário que se tornou general do exército egípcio. A descrição do Êxodo do Egito faz sentido agora, relatando como eles escaparam em busca de sua própria terra, prometida a eles por direito de nascença.

Em seu retorno, esses 'Apiru organizaram-se em uma nova ordem social liderada pelos "Juízes". Os reis cananeus ficaram preocupados quando viram os habitantes rurais exigindo uma vida melhor e perceberam que liderados por ex-mercenários com aptidão para a guerra poderiam tomar alguma cidade. Mais cidades caíram sob domínio dos camponeses – mesmo Ashkelon sucumbiu –, mas as cidades costeiras fenícias ao norte permaneceram seguras.

Naquele momento, duas camadas diferentes surgiram na sociedade cananeia: os habitantes das cidades, como Tiro e Biblos, e as populações rurais desprezadas. A população urbana era mais bem-educada em Ciências, Filosofia e Teologia. Tinham cultura e tradição, enquanto os 'Apiru podiam ostentar apenas uma mistura confusa de velhos mitos, mas eles os organizaram, gerando nossa tradição religiosa monoteísta.

Os habitantes das cidades cananeias governados por Melquisedeque em Jerusalém e Hiram em Tiro cultuavam o Sol e Vênus, entendiam de Astronomia e praticavam rituais secretos para a coroação de reis. Os 'Apiru seguiam uma religião menos complexa, na qual o deus ou seu filho morria a cada estação para ressuscitar na primavera seguinte.

Essa religião astral cananeia cresceu em uma raça de marinheiros e comerciantes extremamente bem-sucedidos, que cultuavam uma deusa que se manifestava como Vênus. Os assentamentos originais cananeus, com sua tradição de construção de templos alinhados astronomicamente, fundiram-se com uma nova onda de invasores vindos da terra do "Povo do Pote Entalhado".

Davi, um ambicioso líder dos 'Apiru, persuadiu a aristocracia jebuseia de Jerusalém a lhe entregar a cidade, mas eles só fizeram isso depois de insultar as credenciais do pretenso rei. Davi imediatamente quis construir um santuário dedicado ao deus que tinha herdado de Moisés, e trouxe a Arca da Aliança para Jerusalém. Hiram de Tiro ficou preocupado com essa situação e estabeleceu uma solução política de duplo efeito.

Ele fez amizade com Davi construindo-lhe um palácio em Jerusalém, enquanto mudava sua cidade e seus templos para a segurança de uma ilha artificial que ele havia construído no mar.

Capítulo Oito

Reis Autênticos, Sacrifício Humano e Chuva Mágica

O Fracasso do Último Ato

Na cabeça de muitos, o governo de Salomão foi um momento triunfal para o povo judeu; entretanto, a realidade é outra. Seu trabalho de construção foi impressionante, mas, ao mesmo tempo, ele se mostrou extravagante e esbanjador, indo muito além da capacidade real financeira de sua jovem nação. A Bíblia nos conta que mesmo os tesouros acumulados por Davi foram insuficientes para pagar o custo do desejo de Salomão de tornar-se o rei entre todos os reis. Em virtude de suas construções, incluindo o Templo de Jerusalém, ele acabou sujeitando seu povo a um regime exagerado de trabalho no cultivo de colheitas que seriam entregues em pagamento ao rei Hiram de Tiro. Pressionado pela necessidade, Salomão dividiu a nação em 12 distritos, entre os quais distribuía obrigações de trabalho impostas por ele. Isso incluía a todos no reino, exceto os da tribo de Judá, o que compreensivelmente agravava o crescente descontentamento sentido no resto do país. Revoltas eclodiram em Edom e entre as tribos arameias no nordeste, ocasionando perdas no trabalho e queda consequente de receitas. Tal fato sobrecarregava o restante dos já desgastados, mas ainda leais, súditos de Salomão.

Acreditamos que Salomão desejava ser um autêntico rei, conforme a tradição cananeia. A única pessoa detentora dos rituais de coroação de reis e apta a vendê-los a Salomão era Hiram, rei de Tiro. Mas se estivermos corretos, e se Hiram, de fato, negociou com Salomão, perguntamos: quais seriam os bens negociados? Sabemos a respeito do *hardware* – os detalhes do Templo na Bíblia e no Testamento Maçônico são compreensíveis, mas qual era o *software*? Que rituais promoviam o casamento de um filho de El (Baal) com a deusa Baalat para fazer dele um membro do conselho de Deus?

Aplicando o que conhecíamos a respeito da estranha herança *viking* de *sir* William St. Clair, decidimos retornar à análise dos rituais maçônicos. Como já tínhamos visto, a poesia *viking* era abundante em um artifício conhecido como *kenning*, uma forma de referência alegórica que só podia ser entendida aplicando-se a ela um grande conhecimento prévio sobre o assunto tratado. Seria possível que o método judeu de coroação de um rei, supostamente vendido a Salomão por Hiram, estivesse escondido em um *kenning* maçônico? Decidimos juntar todas as partes que já conhecíamos em uma única hipótese para, com isso, montar uma imagem aproximada do conjunto das nossas evidências.

Vimos no Capítulo Cinco como, desde os primórdios, os reis fenícios tornavam-se representantes terrenos de El, o grande deus Sol, marido da rainha dos céus, Baalat. Os festivais de fertilidade dos equinócios da primavera, efetuados no Templo de Baalat, envolviam prostituição ritualística, considerando-a um dever sagrado imposto a todas as mulheres férteis do reino. Elas deviam entregar-se sem inibição a qualquer estranho que passasse e as desejasse. Acreditava-se que El poderia disfarçar-se como um estranho comum, e por isso as mulheres sentiam-se obrigadas a consentir no costume, sob pena de inadvertidamente recusarem o próprio El. Para apaziguar Baalat, a esposa de El, elas doavam ao Templo as quantias que recebiam dos "fregueses", a título de tarifa destinada à manutenção do mesmo.

Talvez o rei, exercendo sua função de representante terreno de El, abrisse os festivais copulando publicamente com a Grande Sacerdotisa de Baalat. Nove meses depois, o fruto desse encontro nasceria por volta do solstício de inverno. Algumas vezes, a deusa sorriria para esse nascimento. Ela apareceria junto a seu marido no céu da manhã, e seu prazer seria evidenciado pelo esplendor de sua glória, claramente visível no céu do alvorecer. Quem poderia duvidar do seu prazer, observando sua dança ao redor da glória brilhante de seu marido, seguindo o caminho ritual que traça os chifres simbólicos que ornamentam o penteado de Vênus entre o alvorecer do Sol e o anoitecer?

Esses nascimentos, abençoados e apadrinhados pelo rei em sua função de representante terreno de El, e vindos à luz por intermédio da Grande Sacerdotisa de Baalat, representante terrena da deusa, no momento em que sua estrela brilhante estivesse visível junto ao Sol em seu alvorecer matutino, deveriam ser considerados, verdadeiramente, os Filhos de Vênus.

Por meio de informações coletadas de Josephus, reconstruímos a cronologia do rei de Tiro e descobrimos que Hiram nasceu na parte do ciclo de oito anos de Vênus em que o planeta está perto do Sol na forma da Estrela Brilhante da Manhã. Então, ele preenchia os quesitos necessários para ser reconhecido como Filho de Vênus (de Baalat e do Sol [El]). Esse filho é conhecido como Baal, o deus que morre no outono para renascer na primavera.

Mas o que dizer a respeito das inscrições da tumba, as quais descreviam os reis de Tiro como maridos da deusa Baalat?

Isso parece ser a chave de um ritual que toma um Filho de Vênus e transforma-o no consorte real da deusa e, ao mesmo tempo, na incorporação terrena do Mais Elevado (El). Não podíamos ter certeza de como esse ritual era praticado, mas os restos de templos fenícios sugeriam que eram feitos em locais voltados para o leste, com duas colunas na entrada, uma claraboia junto ao vestíbulo que permitisse a entrada da luz de Vênus no pré-alvorecer e um pavimento especial onde se movimentasse o sumo sacerdote.

Tínhamos ainda uma pista adicional, retirada do ritual maçônico, que poderia nos ajudar a entender a cerimônia.

Chris foi apresentar uma palestra pública em Dallas e, ao final, recebeu um pequeno pacote de uma mulher, que logo depois deixou o recinto. Quando Chris abriu a embalagem exterior, encontrou um bilhete escrito à mão que dizia:

Agradeço muito a vocês dois pelo bom trabalho que têm feito, que Deus os abençoe. Tenho alguns papéis velhos que pertenciam a meu pai, maçom por muito tempo e de longa data. Espero que sejam úteis aos seus esforços.

Os papéis eram páginas de um ritual maçônico e provaram ser de fato muito úteis. Referiam-se a um conjunto de graus, conhecido como Rito de Perfeição, e seus detalhes abordavam o que acontecia quando os maçons realizavam a cerimônia na qual o corpo de Hiram Abiff era erguido de seu túmulo.

Esses rituais tinham sido trazidos para a América por Lojas militares escocesas, no século XVII, e eventualmente adotados pela Grande Loja de Charleston, Virgínia. Como eram rituais anteriores à formação da Grande Loja Unida da Inglaterra, tivemos grande interesse por eles.

Detalhes de seu conteúdo podem ser encontrados no Testamento Maçônico (8:11-13) e revelam o que aconteceu quando uma Loja de maçons peregrinos encontrou o corpo de Hiram Abiff enterrado em uma cova rasa. Foram esses rituais que nos ajudaram a entender a cerimônia de coroação fenícia e a compreender como um Filho de Vênus podia se tornar o consorte terreno da mesma deusa, anteriormente vista como sua mãe. Conseguimos isso apesar de não entender imediatamente o significado do ritual.

11. Eles realizaram sua tarefa com a maior fidelidade e, reabrindo a sepultura, um dos Irmãos observou alguns de seus Companheiros em uma posição que expressava o horror da cena desoladora e outros, vendo os horríveis ferimentos ainda aparentes em sua testa, golpeavam-se a si mesmos em solidariedade aos seus prováveis sofrimentos; em seguida, dois dos Irmãos desceram à sepultura; um deles tentava erguer nosso Mestre *pela garra do Aprendiz Maçom, que provou ser insuficiente; o outro tentou a garra de Companheiro Maçom e também não foi bem-sucedido; tendo ambos falhado em suas tentativas, um Irmão mais zeloso e melhor formado desceu e, usando a garra forte do Mestre Maçom e contando com a assistência dos outros dois, levantou-o pelos "Cinco Pontos do Companheirismo",* enquanto os outros, ainda mais desanimados, exclamavam palavras referentes à situação. O rei Salomão ordenou que esses gestos casuais, toques e palavras passassem a identificar todos os Mestres Maçons, por todo o Universo, até que o tempo apropriado chegasse para restaurar os genuínos.*

12. Foi ordenado que o corpo de nosso Mestre fosse enterrado tão perto do Sanctum Sanctorum *quanto permitissem as leis israelitas. Ali, abriu-se uma cova com 3 pés do centro em direção leste, 3 pés para oeste, 3 pés entre Norte e Sul e 5 pés ou mais na perpendicular.*

13. Ele não foi enterrado no Sanctum Sanctorum *porque nada comum ou sujo podia entrar ali, nem mesmo o Sumo Sacerdote, a não ser uma vez por ano, no dia do perdão, e só depois de muitos banhos e purificações, pois, pelas leis israelitas, todo cadáver era considerado irremediavelmente imundo.*

A informação-chave nesta passagem é que Hiram (nome que, como informamos em *The Hiram Key*, significa o senhor que foi perdido ou Baal) foi erguido pelos "Cinco Pontos do Companheirismo". Isso consiste em um estranho abraço com cinco pontos de contato, trocado entre o candidato e o Venerável Mestre que comanda a cerimônia, ambos posicionados no centro do Templo. Imediatamente antes da realização desse ritual, a seguinte oração é recitada no templo Maçônico:

Todo-poderoso e Eterno Deus, Arquiteto e Soberano do Universo, de cuja luz criativa todas as coisas foram feitas, nós, as frágeis criaturas da Tua providência, humildemente imploramos que tragas a essa assembleia, convocada em Teu Santo Nome, o contínuo orvalho de Tuas bênçãos. Especialmente nós Te imploramos conceder Tua graça a esse Teu servo, que oferece a si mesmo como candidato a compartilhar conosco os misteriosos segredos de um Mestre Maçom. Dota-o com a fortaleza, para que na hora do julgamento ele não falhe, mas que passe em segurança com Tua proteção através do vale das sombras

---

*N.R.: Os Cinco Pontos do Companheirismo são também conhecidos como Cinco Pontos de Perfeição.

da morte, e possa ele finalmente erguer-se da tumba do pecado, para brilhar com as estrelas para sempre.

Nesse ponto, uma possível interpretação desse estranho abraço nos ocorreu. Chegamos a ela baseados no conhecimento que já tínhamos adquirido a respeito dos mais importantes princípios que dirigiam o reino fenício; sabendo que Salomão, supostamente, comprou esses segredos para adicioná-los às tradições anteriores de Abraão e Moisés e entendendo que Davi já tinha capitalizado essas tradições quando estabeleceu Jerusalém como o lar da Arca da Aliança de Moisés.

No momento em que o candidato é erguido, enquanto ainda é abraçado pelos cinco pontos de contato, o Mestre que o ergueu lhe diz:

Deixe-me agora lhe pedir para observar que a luz do Mestre Maçom é escuridão visível, que serve apenas para expressar a obscuridade na qual repousa a perspectiva do futuro; é esse véu misterioso que a razão humana não pode penetrar, a não ser assistida pela luz que vem de cima; ainda, mesmo que apenas por esse raio bruxuleante, podes perceber que permaneces na borda da sepultura à qual figurativamente desceste, e que, quando essa vida transitória passar, te receberá novamente em seu seio frio. Permita que os símbolos da mortalidade que estão à sua frente levem-no a contemplar teu inevitável destino e guiem tuas reflexões para o mais importante de todos os estudos humanos, o conhecimento de ti mesmo. Sê cuidadoso executando tuas tarefas enquanto ainda é dia; continue a ouvir a voz da natureza que carrega o testemunho de que, mesmo nesse conjunto perecível, reside um princípio vital e imortal, que inspira uma sagrada confiança de que o Senhor da vida nos permitirá esmagar o rei dos terrores debaixo de nossos pés, e levantará nossos olhos para aquela estrela brilhante da manhã, cujo aparecimento traz paz e salvação para os fiéis e obedientes da raça humana.

Sabíamos agora que nosso Grande Mestre Hiram, rei de Tiro, tinha a seguinte crença religiosa: todo ano, Baal, o filho de El e Baalat, morria no equinócio de outono e renascia no equinócio da primavera. Conferindo datas mencionadas por Josephus, concluímos que Hiram de Tiro foi concebido no equinócio da primavera e nasceu no solstício de inverno, em um momento em que Vênus aparecia um pouco antes do amanhecer. Isso tinha feito dele um Filho de Vênus. Quando seu pai morreu, Hiram teve de transformar-se de Filho da deusa em seu marido. Isso o elevou de príncipe a rei.

Como Baal, ele entrou no Templo de Vênus na véspera do equinócio de outono e ritualisticamente, mas apenas simbolicamente, morreu interpretando seu papel de Baal. Foi posto em descanso, seus pés apontando para o leste e sua cabeça para o oeste. Poderia isso ter conexão com o abraço de cinco pontos em uma ressurreição sob a luz de Vênus, durante a aurora?

O planeta Vênus, conforme movimenta-se no céu, toca o caminho do Sol (o zodíaco) em apenas cinco pontos. Assim, a Grande Sacerdotisa de Baalat personifica a deusa, como quando ela vem ao encontro do marido na aurora, exatamente no momento em que ele se levanta de sua tumba na terra escura. Primeiro, ela se abaixa para pegar sua mão, depois ela põe seu pé direito contra o dele. Dois sacerdotes de El, que celebram o Sol em seu zênite e poente, ajudam-na a livrar o rei do frio abraço da tumba para o morno abraço da deusa. Assim que Hiram é levantado pelos sacerdotes de El, a Grande Sacerdotisa pressiona seu joelho direito contra o dele, puxa-o e mantém-no apertado junto ao peito, abraçando-o completamente, jogando seu braço sobre seus ombros até alcançar suas costas, enquanto murmura as palavras sagradas da majestade em seu ouvido.

Parece-nos que todo o preceito ancestral adjacente ao conceito do direito divino de governar consiste na necessidade do candidato à realeza morrer para se apresentar ao conselho dos deuses no céu e depois voltar à vida como alguém reconhecido e aceito pelos espíritos de seus ancestrais. Já mencionamos que Melquisedeque era considerado um membro do conselho dos deuses e as inscrições nas tumbas dos reis fenícios também dão a esses conselheiros o papel de mediadores ou Meleks no conselho de El. Havíamos chegado à mesma conclusão quando escrevemos a respeito do ritual do antigo Egito que tornava Hórus, filho da deusa Ísis, um rei, e por isso sentíamos agora muita confiança de que tínhamos acertado em nossas observações e conclusões. A luz de Vênus é vista como a luz da alma que retornou ao rei ressuscitado – o conselheiro que representa seu povo no conselho dos deuses.

Então, o novo rei abraça a deusa pelos cinco pontos e seu poder é estabelecido. Essa é a sabedoria sagrada que Salomão tentava comprar de Hiram, rei de Tiro, e os seus detalhes tinham sido preservados nos misteriosos e antigos rituais da Maçonaria.

Mas será que Hiram vendeu todos os seus segredos para Salomão? O Testamento Maçônico diz que não. No capítulo 8, versículo 10, encontramos o seguinte a respeito do que aconteceu quando a sepultura de Hiram Abiff foi descoberta por um dos maçons que a procuravam:

> Em um exame mais apurado, ele descobriu que a terra tinha sido recentemente revolvida; então ele chamou por seus Irmãos e, com seus esforços unidos, conseguiram abri-la e lá acharam o corpo de nosso Mestre Hiram enterrado de forma indecente. Cobriram-no novamente, com todo o respeito e, para distinguir o local, espetaram um ramo de acácia no topo da sepultura; depois partiram para Jerusalém para contar o achado ao rei Salomão, que, tão logo passados os primeiros momentos de sua dor, ordenou-lhes que voltassem e trouxessem o corpo de nosso Mestre para uma sepultura que seu cargo e extraordinário talento

exigiam; ao mesmo tempo, informou-lhes que, com a morte imprevista, os segredos genuínos dos Mestres Maçons estavam perdidos; por isso recomendou que fossem muito cuidadosos na observação de qualquer sinal casual, toque ou palavras que pudesse ocorrer entre eles enquanto pagavam esse último triste tributo de respeito ao sábio que havia partido.

Nesse momento, é dito a todos os candidatos que os segredos do Mestre Maçom são substitutos, a palavra verdadeira tinha sido perdida e outra seria sussurrada. A palavra substituta, como sugerimos em *The Hiram Key*, é egípcia e veio das tradições de Moisés. Mas as posturas, abraços e o ritual parecem ser puramente fenícios, sugerindo que a Maçonaria faz bem em lembrar Hiram, rei de Tiro, como uma das duas únicas pessoas vivas que eram portadoras de verdadeiros segredos.

O ritual maçônico diz o seguinte sobre a natureza da palavra secreta, aparentemente assumindo, como nós também fazemos, que o Mestre Maçom foi elevado à posição hierárquica do deus Sol fenício, El. Durante a cerimônia, o recém-elevado Mestre Maçom é ressuscitado de sua tumba, a qual fica ao longo da linha do equinócio e, uma vez que lhe foi restaurada a vida, sob os raios da Estrela Brilhante da Manhã, é dito a ele que, a partir daquele momento, está autorizado a viajar ao longo do caminho do Sol. O ritual diz:

P: Como Mestre Maçom, de onde vens?

R: Do Leste.

P: Para onde se dirige a tua rota?

R: Para Oeste.

P: Qual teu propósito em deixar o leste e ir para oeste?

R: Procurar o que foi perdido, que, por meio de suas instruções e meu empenho pessoal, espero encontrar.

P: O que foi perdido?

R: Os verdadeiros segredos do M∴M∴

P: Como eles foram perdidos?

R: Pela morte inesperada de nosso Mestre Hiram Abiff.

E o ritual prossegue, acrescentando mais informações a respeito de quem sabe o quê:

Nosso Mestre (Hiram Abiff), fiel à sua obrigação, respondeu que esses segredos eram conhecidos por apenas três pessoas no mundo, e que, sem o consentimento e a cooperação dos outros dois, ele não poderia nem deveria divulgá-los.

Esses outros dois eram Hiram, rei de Tiro, e Salomão, rei de Israel. Parece-nos ainda muito provável que Salomão tenha sido forçado a substituir a palavra perdida por uma outra egípcia porque Hiram, o marido de Vênus, não estava preparado para comprometer a deusa repetindo a conversa íntima que ela usou na manhã do seu casamento com ele. A natureza do abraço pelos cinco pontos não era um segredo entre o rei e a deusa, já que podia ser observado por muitas testemunhas no templo, além de poder ser visto acontecendo no céu. Parece que Hiram deu a Salomão tão pouco quanto pôde, e o suficiente para que o rei de Israel continuasse pagando seu contrato. Talvez, se Salomão tivesse pago pelo palácio extra que pediu, então tivéssemos um mundo maçônico diferente.

Nos dias atuais, os candidatos a Mestres Maçons são elevados com esse mesmo segredo do abraço de cinco pontos. Os dois Vigilantes, cuja função na Loja é marcar o Sol no zênite e no poente, apoiam o Mestre, cuja função é marcar o Sol nascente, e durante a cerimônia de elevação sentam-se sob a ascensão helicoidal de Vênus (ver gravura 3 de *The Hiram Key*, que mostra a estrela de cinco pontas iluminada acima da cadeira do Mestre).

O ritual descreve os deveres que se tornam obrigações para o candidato que tenha sido abraçado pelos cinco pontos de contato entre a deusa e seu consorte.

P: Nomeie os cinco pontos do companheirismo.

R: Mão com mão, pé com pé, joelho com joelho, peito com peito e mão nas costas.

P: Explique-os sucintamente.

R: Mão na mão, eu o saúdo como a um Irmão. Pé com pé, eu o apoiarei em suas atitudes louváveis. Joelho com joelho, a postura das minhas súplicas diárias me lembrarão de suas necessidades. Peito com peito, seus segredos rituais, quando passados a mim, serão mantidos como se meus próprios. Mão nas costas, eu apoiarei seu caráter em sua ausência como em sua presença.

P: Explique-os detalhadamente.

R: Mão com mão, quando as necessidades de um Irmão exigem amparo, nós não poderemos voltar-lhe as costas se estivermos lhe apertando a mão, para lhe dar ajuda que pode salvá-lo de afundar, sabendo-o merecedor, e que não trará qualquer demérito a nós ou a nossos entes queridos. Pé com pé, a indolência não pode fazer parar a marcha de nossos pés, nem a cólera pode nos afastar os passos, e esquecendo qualquer consideração egoísta, e lembrando que o homem não nasceu para satisfazer-se sozinho, mas com a assistência de sua geração, precisamos ser rápidos no socorro, na ajuda, e exercer benevolência para com as criaturas, especialmente um Irmão maçom. Joelho com joelho, quando recomendamos o bem-estar de um Irmão ao Mais Elevado devemos fazê-lo como se fosse para nós, pois a voz das crianças e dos humildes é ouvida no trono da graça, assim com mais certeza os pedidos de um coração fervoroso e contrito alcançarão os domínios da bem-aventurança; nossas preces sendo reciprocamente requeridas para o bem-estar de um e de outro. Peito com peito, um segredo lícito de um Irmão, quando confiado a nós, deve ser mantido como se fosse nosso, pois trair um segredo depositado por um Irmão a outro deve ser a maior injúria que se poderia receber em vida; mais ainda, seria como a vilania do assassino que, encoberto pelas sombras, esfaqueia o coração de seu adversário quando esse está desarmado e sem suspeitar de perigo. Mão nas costas, o caráter e a reputação de um Irmão devem ser defendidos em sua presença ou ausência; não devemos injuriá-lo, nem permitir que outros o façam. Portanto, fraternidade pelos Cinco Pontos do Companheirismo obrigam-nos a estarmos unidos em um sincero elo de afeição fraterna, que será suficiente para nos distinguir daqueles que são estranhos à nossa Ordem Maçônica e pode demonstrar ao mundo em geral que a palavra Irmão entre os maçons é muito mais que apenas uma palavra.

A história da construção do Templo do rei Salomão, contada no Testamento Maçônico, é uma história de fracasso e não de sucesso. Tudo estava indo conforme planejado, e o Templo estava quase terminado, quando alguns tentaram extrair de Hiram a encantação secreta usada nas coroações fenícias. Infelizmente eles o mataram, e as palavras mágicas foram perdidas para os judeus, e não encontradas até a restauração do Templo por Zorobabel.

Se esse mito tem alguma base de realidade, isso significa que Salomão nunca conseguiu ser feito rei verdadeiro à maneira cananeia em seu novo Templo. Para colocar isso em termos modernos, ele dispunha do *hardware* para a coroação no Templo propriamente dito, mas nunca conseguiu o *software* para rodar o programa. Sabemos que Salomão falhou nos seus pagamentos a Hiram, rei de Tiro. Então, especulamos: será que o rei fenício chamou de volta seu sumo sacerdote e arquiteto, recusando-se a fornecer o *software* a Salomão, pois esse não honrou seus compromissos? O ritual maçônico insiste em que eles continuaram sendo grandes amigos, mas isso não seria uma tentativa de resguardar a reputação histórica de Salomão?

O Velho Testamento e o Testamento Maçônico dizem que, de repente, Salomão abandonou seu novo deus Javé e voltou-se para o culto de deuses estranhos, incluindo a prática do sacrifício de crianças. Será que isso significa que o fato de não conseguir o ritual que o relacionaria com seu novo deus fez com que ele tentasse fazer de si mesmo um "verdadeiro rei" relacionando-se com outros antigos deuses?

Salomão tomou o trono durante uma revolução palaciana e, uma vez no poder, parece não ter se sujeitado a qualquer restrição. Seu reino foi o de um típico déspota. Sua morte, no entanto, trouxe uma nova oportunidade para serem ouvidas as reclamações da nação, todas elas já enfatizadas pela visão crítica dos profetas de Javé.

Foram solicitadas a Reboão, filho de Salomão, uma nova constituição e uma nova aliança, com as quais a liberdade dos súditos fosse assegurada, e que o trabalho forçado e opressivo fosse eliminado. Baseado nos exemplos do pai, ele se recusou a fazer isso. As tribos de Shechem repudiaram-no e decidiram fazer de Jeroboão seu novo rei. Judá, com menos espaço para revoltas e mais facilmente controlável pela guarda pessoal do rei, manteve-se fiel a Reboão e, com isso, a nação viu-se cortada em duas partes. De acordo com o Livro de Reis, Reboão foi impedido de fazer qualquer ofensiva imediata contra Jeroboão, por causa de uma mensagem que recebeu do profeta Shemaiah, mas o estado de guerra entre os dois reinos tornou-se uma constante.

No confronto, Reboão estava sendo mais bem-sucedido e teria recuperado a unificação do reino, não fosse Jeroboão ter apelado a seu aliado e protetor, o faraó Sheshonk, que ficou muito feliz em poder ajudá-lo e mais ainda com a oportunidade de se fazer presente na Palestina, fato que ia ao encontro de um antigo desejo egípcio. Com certeza, as tropas do faraó invadiram a nação por volta de 928 a.C., e deixaram registros de várias evidências de seus triunfos. São mencionadas cidades tomadas no norte do país, como Esdraelon, o que nos leva a pensar que naquele tempo o domínio de Reboão ia até essas paragens.

Nem registros israelitas nem egípcios indicam que Sheshonk tenha capturado Jerusalém, apesar de ambos mencionarem o enorme espólio cobrado da cidade. Devemos imaginar que Reboão, sentindo-se em uma situação desesperadora, consentiu em ceder seus tesouros, e que Sheshonk aceitou essa submissão, em vez de tentar a difícil tarefa de tomar Jerusalém pela força.

A separação política dos dois reinos estava agora consolidada e reforçada pela atitude de Jeroboão em assuntos religiosos. No norte de Israel havia muitos santuários ancestrais cananeus que ainda seguiam os cultos pagãos da fertilidade e adoravam touros. Jeroboão tomou esses santuários e, apesar de manter as práticas sexuais e o culto ao touro, renomeou-os em honra a Javé, Deus dos judeus – assunto ao qual voltaremos mais adiante. Dois dos velhos santuários, de Bethel e de Dan, foram elevados a uma categoria de especial importância.

Dinasticamente, havia uma diferença inconciliável entre os dois reinos. Com exceção de um curto período na última metade do século IX a.C., Judá manteve-se fiel à Casa de Davi; Israel não, e os primeiros 50 anos depois da ruptura levaram ao trono três famílias diferentes.

O rei Ahab, que sucedeu Jeroboão, casou-se com Jezebel, uma Grande Sacerdotisa de Baalat e filha do rei fenício Ithobaal de Tiro, anteriormente o sumo sacerdote da mesma deusa. Ela trouxe consigo as práticas religiosas e sexuais dos fenícios, o que causou problemas com os profetas de Javé, principalmente depois que ela convenceu o marido a construir um templo a Baalat. Ela e seus sacerdotes de Vênus foram destruídos pelos esforços daqueles que viam Javé como único Deus, notadamente por Elias e seu sucessor Eliseu. Voltaremos a eles mais tarde.

A filha de Jezebel, Ataliah, seguiu os passos da mãe, mas falhou em sua tentativa de eliminar a linha dinástica de Davi para substituí-la por outra derivada de Ithobaal, provocando uma revolução dos israelitas das áreas rurais, que se sublevaram quando ela favoreceu abertamente as Cidades-Estado da costa de Canaã. Eles se revoltaram contra ela e com isso promoveram uma separação definitiva entre israelitas e fenícios.

Durante esse período de constantes escaramuças fronteiriças e incursões belicosas, desapareceu para sempre qualquer esperança de criar um poderoso Estado sob a linha de sucessão de Davi e Salomão. Perguntamos a nós mesmos: por que tudo havia dado errado? Será que as dispendiosas tentativas de Salomão de se tornar um rei verdadeiro, representante da divindade na Terra, haviam deixado para trás esse legado tão destrutivo?

Pequenas Crianças Sofridas

Qualquer pessoa que observar atentamente o céu por um longo período verá que o Sol e Vênus têm uma relação especial e que, astronomicamente, seu casamento místico faz sentido. Então se justifica a pergunta que nos veio à mente: por que não há mais mitos baseados na Astronomia na teologia judaica?

Nossa hipótese central é que as crenças do "Povo do Pote Entalhado" sobreviveram na Maçonaria até hoje em dia porque foram herdadas pelos judeus. Então precisamos entender que rituais daquela cultura foram passados dos cananeus para os judeus, e como foram transmitidos através dos mil anos entre Salomão e o turbulento período durante o qual Jesus Cristo foi morto. Não encontrávamos o fio da meada, mas repentinamente descobrimos que o "sábio rei" Salomão tinha deixado uma pista.

No ritual do grau 14 do Rito Escocês Antigo e Aceito há uma passagem que deve ter passado despercebida por quase todos que a leram. Ela diz o seguinte a respeito de Salomão:

... intoxicado pelo seu grande poder, ele caiu em todas as formas de licenciosidade e devassidão, e profanou o Templo quando nele ofereceu incenso ao ídolo Moloch...

O ritual confirma a citação bíblica de que Salomão deixou de lado Javé em favor de deuses mais antigos. Mas quem ou o que era Moloch?

Estávamos interessados em saber que espécie de ídolo tinha desviado Salomão do novo deus que, para judeus, cristãos e muçulmanos representa Deus.

Descobrimos que Moloch era mais que um simples ídolo. Muitos estudiosos acreditam que ele era o deus cananeu do Sol e que seu nome, entre o povo judeu, estava associado ao sacrifício de crianças. Seu nome deriva e é sinônimo da palavra *malak*,[171] que significa "rei", como já discutimos quando falamos de Melquisedeque. Moloch apareceu no passado distante cananeu como o deus Sol; um rei que reina dos céus por meio do seu filho – o rei na terra. Entretanto, descobrimos que os escribas do Velho Testamento usavam o termo Moloch para descrever uma forma de sacrifício mais do que a um deus. O sacrifício em questão era queimar vivos os filhos do rei e assim persuadir o deus a ser bondoso.

Seguramente, isso não poderia ser verdade em relação a Salomão!

Porém, lembramos depois que antigos reis como Davi e particularmente Salomão tinham enormes haréns e, portanto, incontável número de filhos – então, talvez pudessem se dispor a perder alguns poucos que tivessem nascido de esposas menos favorecidas ou de concubinas. Eles nem mesmo teriam conhecido as crianças que ofereciam em sacrifício.

Antigas descrições de Moloch mostram-no como um homem com cabeça de touro. O tema central de seu culto era a imolação ritualística de crianças no "fogo de Moloch" (Milton descreve esse deus ancestral em *Paraíso Perdido* como "Moloch, o horrendo rei"). Essa prática de levar crianças a gritar até a morte no calor implacável do fogo de um deus começou em um período muito antigo e mantinha tamanho poder sobre o mundo dos pais que a lei mosaica estabeleceu que se algum homem fizesse ou permitisse que seus filhos "passassem pelo fogo de Moloch", deveria ser morto.[172] A Bíblia chama esse sacrifício infantil de "a abominação dos amoneus", mas temos de aceitar que esse ritual horrível ainda era conduzido no tempo em que a Lei judaica estava sendo escrita e, se assim não fosse, por que teria de mencionar o fato e traçar regras contra essa prática?

---

171. N.A.: *Cassell's Concise Bible Dictionary*, Cassell and Company Limited, 1998.
172. N.A.: Lv 18:21 e 20:1-5.

A *Encyclopedia Mythica* afirma que a estátua de Moloch era um horripilante incinerador de crianças:

> *Moloch era representado por uma gigantesca estátua de bronze de um homem com cabeça de touro. A estátua era oca e em seu interior mantinha-se um fogo que coloria o Moloch de um vermelho sombrio. As crianças eram colocadas nas mãos da estátua. Por meio de um engenhoso mecanismo, as mãos eram levantadas até a boca (como se Moloch estivesse comendo) e as crianças caíam dentro do fogo onde eram imoladas. O povo reunido à frente de Moloch ficava dançando ao som de flautas e tamborins para abafar os gritos das vítimas.*

Esse é um relato fictício, que pode ser encontrado em www.pantheon.org/articles/m/moloch.html, e, possivelmente, possui muito mais do talento novelístico francês do que autoridade bíblica, mas achamos que traduz bem o horror do sacrifício infantil.

Não podemos deixar de notar as similaridades com o mito do Minotauro, a criatura com corpo humano e cabeça de touro que vivia no labirinto de Minos, na ilha de Creta. O Minotauro (em grego o nome significa simplesmente "o touro de Minos") era uma descendência de Pasífae, esposa de Minos, e de um touro branco que o deus Poseidon mandou ao rei. O touro era tão bonito que Minos recusou-se a sacrificá-lo, como pretendia Poseidon. Quando Minos desobedeceu-o, Poseidon enfureceu-se com essa mostra de desrespeito. Vingou-se então de Minos fazendo sua esposa apaixonar-se pelo touro. Sua paixão foi tão intensa que ela ficou grávida do belo touro branco.

Decidimos não nos aprofundar muito na mecânica exata dessa união, pois sentimos que devia haver ali um mistério divino muito além de nosso entendimento, talvez só compreensível por agentes especializados em pornografia.

Quando Pasífae deu à luz o monstro, Minos não correu para abraçar seu filho bastardo. Em vez disso, mandou o arquiteto e inventor Dédalo construir um labirinto tão intricado que escapar dele sem um guia seria impossível. No centro desse complicado quebra-cabeça o rei escondeu a evidência da união bestial com a mulher.

Minos não mandou matar a criatura por medo de que as represálias pudessem ser ainda piores, e ele não poderia deixar o monstro morrer de fome tendo por isso de alimentá-lo. O Minotauro gostava de crianças, e tanto, que podia comer até 14 delas de uma só vez. Afortunadamente ele só jantava uma vez por ano.

Confinado ao labirinto, o Minotauro era alimentado com sete meninas e sete meninos todos os anos. Minos cobrava o suprimento de crianças como um tributo anual da cidade de Atenas.

Há muitas razões para imaginar uma ligação entre essa lenda minoana e o Moloch cananeu por causa dos filisteus, que eram um subgrupo de cananeus originalmente vindos de Creta. Esse é um fato que obteve a concordância da maior parte dos estudiosos. O professor Philip Hyatt, da Universidade Vanderbilt em Nashville, Tenessee, diz o seguinte a respeito dos filisteus: "Esse povo vivia em uma área a sudoeste da Palestina, a princípio em uma confederação de cinco cidades".[173] Ele continua observando que o antigo historiador Heródoto visitou o Templo de Vênus em Ashkelon, uma das cidades filisteias, dizendo antes que "os filisteus vieram da região do Egeu, o que incluía a ilha de Creta".[174] A história do Minotauro era provavelmente baseada na lembrança de um tempo em que o sacrifício infantil existia em Creta, o que é muito interessante para nós porque sugere que esse procedimento assassino pode ter uma conexão com o "Povo do Pote Entalhado". As razões pelas quais suspeitávamos disso estão ligadas com a jarda megalítica, pois a Creta primitiva usava um sistema de medida similar. Os palácios da cultura minoana em Creta foram pesquisados em 1960 pelo arquiteto professor J. Walter Graham, que descobriu que eles usavam um padrão de medida chamado por ele de "pé minoano". A unidade identificada era igual a 30,36 cm, fato que foi aceito pela maioria dos arqueólogos. O cumprimento dessa unidade não tinha qualquer significado especial para ele, apesar de ser óbvio que ela só se desviava da medida moderna de 1 pé por 1,2 mm (0,4%). No entanto, o escritor Alan Butler reconheceu o comprimento de 30,36 cm como uma derivação do sistema megalítico de medida, sendo exatamente a milésima parte de um segundo de arco megalítico no equador (366 jardas megalíticas).

O fato de os habitantes de Creta usarem uma unidade de medida derivada da jarda megalítica há quatro mil anos sugere uma ligação com o "Povo do Pote Entalhado", tornando razoável acreditar que eles também tivessem herdado práticas rituais. Sabia-se que os fenícios tinham fortes ligações com a cultura minoana, e uma conexão entre suas crenças não é coisa absurda de se esperar.

Abraão e o Sacrifício Infantil

O santuário cananeu que posteriormente cedeu lugar ao Templo de Salomão foi anterior a ele e a Davi em quase mil anos. No material maçônico que temos, encontramos referência de que Salomão primeiro escolheu o lugar onde estava um Templo de Enoch em ruínas e depois mudou de ideia colocando sua edificação no Monte Moriá, um pouco ao norte da cidade antiga.

De acordo com a tradição registrada no capítulo 22 do Gênesis, o Monte Moriá foi o local onde Abraão começou os preparativos para o sacrifício de Isaac, seu primogênito.[175] Foi nesse local que o pai do Judaísmo

---

173. N.A.: Hyatt, JP: Zephaniah, *Peake's Commentary on the Bible*.
174. N.A.: *Idem*.
175. N.A.: Butler, A: *The Bronze Age Computer Disc*, W Fulsham & Co, 1999.

construiu uma pira de madeira para matar seu filho nas chamas de Moloch. A história em Gn 22:4-10 conta que Abraão estava pronto para imolar Isaac movido pela força de sua superstição religiosa, tão grande que seria capaz de ignorar os lamentos de um filho torturado, queimando lentamente até a morte, apenas para assegurar boa sorte ao pai:

> *Depois, no terceiro dia, Abraão levantou os olhos e viu o lugar a distância.*
>
> *Então, disse a seus servos: Esperai aqui com o jumento; eu e o rapaz iremos até lá e, havendo adorado, voltaremos para junto de vós.*
>
> *Tomou Abraão a lenha do holocausto e a colocou sobre Isaac, seu filho; ele, porém, levava nas mãos o fogo e o cutelo. Assim caminhavam os dois juntos.*
>
> *Quando Isaac disse a Abraão: Meu pai! Respondeu Abraão: Eis-me aqui meu filho! Perguntou-lhe Isaac: Eis o fogo e a lenha, mas onde está o cordeiro para o holocausto? Respondeu Abraão: Deus proverá para si um cordeiro para o holocausto; e seguiam ambos juntos.*
>
> *Chegaram ao lugar que Deus lhe havia designado; ali edificou Abraão um altar, sobre ele depôs a lenha, amarrou Isaac, seu filho, e o deitou no altar em cima da lenha.*

É claro que os escribas do Velho Testamento tinham de mostrar como Abraão não levou adiante o sacrifício (ao estilo Moloch) de seu primeiro filho. Eles explicam que Deus livrou-o da situação – mas isso, só depois que Abraão demonstrou toda a sua determinação de matar o filho em honra ao deus Sol, El Elyon, o "Mais Elevado".

Diz-se que Abraão viu o lugar para o sacrifício a distância, o que coincide com a vista que se tem da colina que se erguia ao norte da cidade jebuseia naquele tempo. Claramente percebe-se que ele estava viajando com outras pessoas e que não queria que elas ou o próprio filho soubessem o que estava prestes a fazer em nome de El Elyon, pois, certamente, o deus ao qual sacrificaria Isaac não poderia ser Javé naquela época tão recuada (geralmente, acredita-se que seja em torno de 1900 a.C., e nunca em data mais recente do que 1700 a.C.).

É de aceitação geral que o local era a cidade de Melquisedeque, Jerusalém, e que o lugar para a imolação coincide com o escolhido para a construção do Templo de Salomão, muitos séculos depois.[176]

---

176. N.A.: Hooke, SH: "Genesis", *Peake's Commentary on the Bible*.

A respeito do tema, o professor Hooke afirma:

Do ponto de vista antropológico deve ser notada a evidência de que existia o sacrifício infantil entre os judeus...[177]

Uma vez terminado esse episódio, a Bíblia diz que Abraão e sua gente viajaram para Bersabeia, distante apenas 50 milhas ao sul de Jerusalém, e, com isso, confirmando o local novamente.

Sacrifício Infantil e Javé

De alguma forma, parece racional imaginar que o "Povo do Pote Entalhado", os minoanos, os cananeus e mesmo Salomão podem ter sacrificado crianças, mas perguntamos se, com certeza, essas práticas cessaram assim que Judá e Israel desenvolveram sua relação com seu Deus durante o primeiro milênio antes de Cristo.

A ideia de que tal prática bárbara pudesse ter continuado para além, já no período de domínio de Javé, atinge-nos como algo alarmante, e absolutamente contrário ao conceito moderno do Deus judeu-cristão compassivo e amoroso.

Surpreendentemente, o capítulo 16 do segundo Livro de Reis, versículos 1-5, traz informações que demonstram que Ahaz, rei de Judá,[178] cultuava Moloch pelo menos 200 anos depois do reino de Salomão e de seu templo a Javé.

No 17º ano de Peca, filho de Remalias, começou a reinar Ahaz, filho de Jotão, rei de Judá.

Tinha Ahaz 20 anos de idade quando começou a reinar e reinou 17 anos em Jerusalém. Não fez o que era reto perante o Senhor, seu Deus, como Davi, seu pai.

Porque andou no caminho dos reis de Israel e até queimou seu filho como sacrifício, segundo as abominações dos gentios, que o Senhor lançara de diante dos filhos de Israel.

Também sacrificou e queimou incenso nos altos e nos outeiros, como também debaixo de toda árvore frondosa.

Então subiu Rezim, rei da Síria, com Peca, filho de Remalias, rei de Israel, a Jerusalém, para pelejarem contra ele; cercaram Ahaz, porém, não puderam prevalecer contra ele.

---

177. N.A.: *Idem.*
178. N.A.: Os anais do rei assírio Tiglath Pileser III mostram uma data precisa para o reino de Ahaz, situando-o entre 740-725 a.C.

Fomos, portanto, informados de que modo esse rei fez com que seu filho "passasse através do fogo", o que significa que a criança morreu no "fogo de Moloch". Mais ainda, o texto informa que esse era "o caminho dos reis de Israel", o reino do norte dentre os dois Estados judeus. Então, a prática de queimar crianças vivas era costumeira mesmo nessas datas mais recentes.

Ahaz prestou culto nos santuários cananeus dos lugares altos e debaixo de árvores sagradas em Judá (o reino do sul). Se alguém ainda tem dúvidas a respeito do significado da passagem transcrita anteriormente, em 2Cr 28:2-3 encontramos uma declaração explícita de que Ahaz de fato sacrificou suas crianças e cultuou deuses antigos:

Andou no caminho dos reis de Israel e até fez imagens fundidas a baalins *(outros deuses); também queimou incenso no vale do filho de Hinom e queimou seus próprios filhos, segundo as abominações dos gentios que o Senhor lançara de diante dos filhos de Israel.*

O vale de Hinom, a sudoeste do muro da cidade de Jerusalém, era onde as crianças eram sacrificadas a Moloch. Mais tarde, o lixo da cidade era queimado ali. Essa associação com a imolação de crianças pelo fogo deu a esse vale o nome de Gehena, um lugar de tormento para os pecadores que se tornou a inspiração original para o conceito do fogo eterno do inferno.

Sabíamos, por pesquisas anteriores, que discussões sobre céu e inferno são particularmente presentes na literatura enoquiana, repleta de ideias sobre moradas celestiais para os justos depois da morte e de lugares onde os pecadores eram mantidos até o julgamento final, sendo punidos na Gehena durante a espera.[179] A morada dos justos é conhecida como o Paraíso, uma palavra persa para pomar ou jardim, e as imagens dos céus são calcadas nas descrições de um Éden restaurado. O oposto ao Paraíso é a Gehena – definida como o Vale de Hinom por sua associação com os sacrifícios a Moloch.[180]

Investigações posteriores a respeito de sacrifício infantil mostraram que essa prática estava conectada com carvalhos sagrados, sexo ritualístico e culto aos mortos – todas ideias estranhas que parecem muito longe do que as pessoas geralmente associam aos judeus e ao Deus que os escolheu. Os doutores Oesterley e Robinson, em seu estudo sobre as origens da religião judaica, discutem a influência desses três conceitos e, por essa razão, decidimos rever suas principais conclusões.

Árvores eram tidas como sagradas porque eram vistas como seres vivos ou como a casa dos deuses. Elas balançam e murmuram ao vento e pensava-se que eram habitadas por deuses menores.

---

179. N.A.: 1Hm 27:61.
180. N.A.: Black, M: "The Development of Judaism in the Greek and Roman Periods", *Peake's Commentary on the Bible.*

Causa e efeito, como os entendemos, não eram reconhecidos. A ideia dos ramos balançarem por ação dos ventos não acontecia. Era um espírito que ocasionava isso, mas aqui deve ser lembrado que a distinção entre matéria e espírito que nos é tão óbvia era desconhecida ao homem em estágios primitivos de cultura.[181]

Plínio, o Velho, historiador romano, menciona essas práticas na Palestina:

De acordo com rituais ancestrais, o povo campesino dedica uma árvore frondosa a deus. Tanto quanto adoramos imagens de ouro e marfim, eles adoram bosques e o silêncio que lá encontram.

Oesterley e Robinson também afirmam que, na religião judaica primitiva, acreditava-se que as pedras aparentes representavam funções sexuais de deuses locais:

Os mazzebot *semíticos (pilares ou pedras naturais com orientação vertical) eram vistos como masculinos e pedras chatas, como femininas.*[182]

Pedras em pé formavam as bases de santuários e eram muito comuns ao norte de Canaã. Oesterley e Robinson continuam e comentam como o culto de Javé foi incorporado a práticas sexuais nesses santuários:

No século VIII a.C., sabemos de críticas feitas por Amos e sugeridas por Oseias, contra iniquidades associadas aos santuários do norte. Javé era cultuado como um deus de fertilidade, sob a forma de um touro, e isso em si mesmo implicaria um elemento sexual na prática devocional.[183]

Adoração a touros entre os hebreus é mencionada pela primeira vez em Ex 22, que conta como o povo, ansioso pela prolongada ausência de Moisés na montanha, fundiu suas joias de ouro e fez um bezerro para cultuar. Oesterley e Robinson comentam que essa história é usada para justificar a continuidade do ritual sexual levado a efeito nos santuários dedicados ao culto do touro em lugares como Bethel e Dan:

Possivelmente, temos resíduos do culto do touro ligados a Horeb e levados para o norte de Israel. É significativo que Elias, para quem a morada de Javé era em Horeb, não fez protestos contra o culto ao touro.[184]

---

181. N.A.: Oesterley, WOE & Robinson, TH: *Hebrew Religion, Its Origins and Development.*
182. N.A.: *Idem.*
183. N.A.: *Idem.*
184. N.A.: *Idem.*

Também há clara evidência de uma antiga crença judaica, segundo a qual alguns homens santos tinham o poder de falar com os mortos e conhecer seus segredos. Novamente Oesterley e Robinson comentam:

> *Eliseu também é tido como capaz de levantar os mortos com complicados rituais (2Rs 4:32-35). Isso talvez surgisse sob uma aura de magia; isso em nenhum momento é sugerido pelo ritual; então Eliseu deitou-se sobre o garoto morto e pôs sua boca com boca, olhos com olhos, e mãos com mãos; assim como Eliseu estava vivo, também o garoto morto voltaria à vida.*[185]

O Velho Testamento refere-se muitas vezes à proibição das práticas de consulta aos mortos. Mas, então, por que proibir alguma coisa, a menos que ela ainda fosse praticada?

Há uma referência muito antiga de consulta aos mortos encontrada em 1Sm 28:3-25. Essa história ocorre depois da morte de Samuel, quando o rei Saul está preocupado pensando se terá condições de derrotar os filisteus. Saul decide aconselhar-se com Samuel e, para fazer isso, vai até a feiticeira de Endor, para lançar mão da sua intervenção mágica e contatar o profeta já falecido. Oesterley e Robinson comentam o significado dessa história:

> *Ninguém pode negar que essa narrativa é uma importante ilustração das crenças dos primitivos israelitas em relação aos mortos. Eles continuavam vivendo, lembrando e prevendo; eles podiam deixar o lugar em que por acaso estivessem; e podiam retornar ao mundo de uma certa forma.*[186]

Essas características dos primitivos israelitas, que não são mencionadas frequentemente, eram, no entanto, bem conhecidas dos celtas, herdeiros da cultura do "Pote Entalhado" nas Ilhas Britânicas. Eles também usavam bosques de carvalho em seus cultos, e tinham envolvimento com seus ancestrais mortos, bem como praticavam o sexo ritualístico.

Há um poema em Is 57:3-13, escrito depois do exílio e na época do segundo Templo de Jerusalém, que condena essas práticas. Ele foi traduzido do hebraico por Susan Ackerman, professora de estudos judaicos que percebeu o claro uso de trocadilhos no texto, que parecem ter sido perdidos em traduções anteriores:[187]

> *Mas vocês se aproximem, vocês filhos de feiticeiras, sementes de uma adúltera e dela que exerce o meretrício, a quem vocês*

---

185. N.A.: *Idem.*
186. N.A.: *Idem.*
187. N.A.: Ackerman, Susan: *Sacred Sex, Sacrifice and Death*, Bible Review, vol vi, nº 1, Fevereiro 1990.

zombam, a quem vocês abrem a boca, a quem vocês atiram sua língua?

Vocês não são filhos da transgressão, primogênitos da fraude, que queimam com a luxúria entre os carvalhos sagrados, debaixo de cada árvore verdejante, que matam seus filhos nos riachos, entre as fendas dos penhascos?

Por entre as pedras do ribeiro está tua porção, elas, elas te cairão por sorte.

Até para eles derramaram uma libação, oferecem manjares.

Poderei eu ficar apaziguado com essas coisas?

Sobre monte alto põe o teu leito.

Para lá sobe para oferecer sacrifício, detrás das portas e dos umbrais põe teus símbolos.

Por cem vezes puxa as cobertas, sobe ao leito e o alarga para os adúlteros.

Dize-lhes as tuas exigências, ama-lhe o leito e mira-lhes a nudez.

Vai ao rei com óleos e multiplica teus perfumes.

Manda-os até a profundidade do sepulcro.

Na tua longa viagem te cansas, mas não dizes: "Não há esperança".

Acha o que procura e por isso não desfalece.

De quem tiveste receio ou temor; para que mentiste e não lembraste de mim, nem de mim te importaste?

Não fiquei em silêncio há muito tempo?

Mas a mim não temes.

Eu, eu publicarei essa justiça tua, e, quanto às tuas obras, elas não te ajudarão quando clamares, os teus ídolos não te salvarão.

O vento levará a todos, um assopro os arrebatará a todos.

Mas o que confia em mim herdará a terra e possuirá meu santo monte.

Aqui a professora Ackerman encontra referências a relações sexuais sendo praticadas debaixo de carvalhos, como também no Monte do Templo em Jerusalém. Essas práticas correspondem a tudo que conhecemos do "Povo do Pote Entalhado" e dos celtas mais recentes nas Ilhas Britânicas.

Ackerman confirma que esse poema é explícito a respeito dos locais em que o sexo era praticado: "em uma montanha alta e plana, assentaram sua cama". A terminologia "monte alto e plano" na Bíblia hebraica refere-se exclusivamente ao Monte Zion, o monte onde fica o Templo de Jerusalém.[188]

Então, a atividade sexual sagrada descrita em certos versos dessa passagem deve ter acontecido no Monte do Templo. Isso ela confirma fazendo referência a um claro jogo de palavras, usando o termo hebraico para cama, *mishkab*, diferente em apenas uma letra da palavra para santuário que é *mishkan*. Ackerman acredita que a descrição de oferta de sacrifício na "cama" confirma que o trocadilho cama/santuário é intencional.

Ela vai ainda mais longe e lista os reis judeus que mataram seus filhos em sacrifícios cerimoniais até o século VI a.C.:

> *O sacrifício infantil para apaziguar alguma deidade era bem conhecido em Israel antes do exílio. O Livro de Juízes descreve o sacrifício da filha de Jefté como retribuição à promessa irresponsável que fez assumindo o compromisso de sacrificar a Deus a primeira coisa que visse em seu retorno da batalha (Jz 11:29-40). O rei Ahaz de Judá (734-715 a.C.) imolou seu próprio filho em oferenda (2Rs 16:3). O contemporâneo de Ahaz em Israel, rei Oseías (732-722 a.C.), permitiu o culto ao sacrifício infantil entre seus súditos (2Rs 17:16-17). No século VII a.C. Judá, depois da destruição do reino de Israel ao norte em 722 a.C., continuava com a prática do sacrifício infantil; o rei Manasse (687-642 a.C.), como Ahaz antes dele, sacrificou o próprio filho (2Cr 33:6). Jeremias (Jr 7:30-32, 19:5, 32:35) e Ezequiel (Ez 16:21, 20:31, 23:39) condenavam a prática do sacrifício infantil no início do século VI a.C. Nosso poema indica também essa prática ainda em atividade mesmo depois de os israelitas voltarem do exílio. No versículo 5, o profeta pergunta se esse não era o povo "que matava suas crianças nos riachos, entre as fendas dos penhascos".*

De acordo com a Versão Padrão Revisada (VPR) da Bíblia, a primeira metade de Is 57:9 diz: "Vai a Moloch com óleo e multiplica teus perfumes".

---

188. N.A.: Veja Is 2:2, 40:9; Ez 17:22, 40:2; Mq 4:1.

Ackerman diz que essa é uma descrição da preparação ritualística de uma criança pronta para ser imolada nas chamas de Moloch.

Achávamos essa ideia de que judeus pudessem ter sacrificado crianças a Javé realmente muito estranha, e alguma coisa não discutida publicamente hoje em dia. Pedimos a opinião de nosso amigo professor Philip Davies sobre o assunto, ao que ele nos respondeu: "Não vejo qualquer razão para que o sacrifício infantil não acontecesse mesmo entre os israelitas".

As cinzas de uma criança sacrificada, em uma urna debaixo de uma pedra que sustenta uma representação da deusa Tanit

O artigo de Ackerman mostra uma fotografia da urna com as cinzas de uma criança sacrificada para apaziguar um deus.[189] Elas estão em uma urna debaixo de uma grande pedra que representa a deusa Tanit no portal de um templo com um tamborim na mão. Imaginamos: poderia haver coisas similares debaixo do Templo de Jerusalém ainda do tempo em que Salomão aderiu ao culto de Moloch?

Em nossas pesquisas para *The Hiram Key* encontramos fortes ligações entre a crença primitiva judaica e aquela encontrada no Egito. Isso parecia totalmente provável, pois a lenda de Moisés no Velho Testamento conta que ele era um membro adotado da família real egípcia e um general do seu exército. Se ele fosse liderar um grupo de trabalhadores migrantes para fora do país, a procura da terra prometida, então ele deveria falar e pensar como egípcio.

---

189. N.A.: Ackerman, S: *Sacred Sex, Sacrifice and Death*, Bible Review, vol VI, nº 1, February 1990 – Photograph Asor Punic Project/James Whitred.

Como essa era a primeira vez que os seguidores de Moisés abandonavam aquele país, parece difícil imaginar como qualquer religião nova poderia ser mais que uma variação de seu sistema de crenças já existente.

Lemos as histórias segundo as quais Moisés e Josué assassinaram e pilharam por todo o caminho ao longo da terra de Canaã em nome e sob o comando de seu novo deus, Javé. De acordo com a Bíblia, cidade após cidade foram destruídas e suas populações foram massacradas. Entretanto, agora sabemos que não existem evidências arqueológicas confirmando o que se disse, e concluímos, portanto, que muitas dessas histórias não aconteceram e a invasão dos hebreus, como a história do rei Davi, é quase inteiramente fantasiosa.

Se não fosse pelo fato de a Bíblia cristã dizer respeito à história do povo judeu e de seu Deus, a Arqueologia dessa insignificante região desértica, na margem oriental do Mediterrâneo, só seria de interesse de poucos e obscuros estudiosos. Assim é que a maior parte das pessoas sabe alguma coisa a respeito da chamada "terra santa" e de seus habitantes de dois ou três mil anos atrás. A tradição bíblica, ensinada repetidamente no mundo ocidental, diz que os judeus eram uma raça ancestral, com uma religião bem definida que veio a revelar também o Deus do Cristianismo e do Islamismo. No entanto, relativamente, os judeus não eram tão antigos, não eram racialmente diferentes de outros grupos na região, e sabemos agora que eles certamente não abraçaram o monoteísmo por centenas de anos ainda depois de Davi e Salomão.

Desde o tempo de Moisés até praticamente a destruição de Jerusalém em 70 d.C., a religião dos judeus era uma mistura de ideias absorvidas de todos os lugares em torno deles. Seu esforço para tornar essas ideias lógicas e com sentido quando confrontadas com a sua própria tradição oral, gerando a adoção de novos conceitos, levou a um vasto leque de interpretações das quais surgiu o Judaísmo.

A interpretação-padrão cristã do Velho Testamento criou a imagem de um povo "fundado" por Abraão, Isaac e Jacó, trazido para Israel por Moisés e Josué, e depois levado à sua esperada grandeza por uma linha de sacerdotes e reis. Fica a impressão de que a Lei de Deus foi dada diretamente por Ele aos judeus e que suas crenças, portanto, estão destacadas como autênticas e únicas contra um fundo de idolatrias pagãs praticadas pelos supersticiosos habitantes de outros países. Para os cristãos, a utilidade dos judeus cessa abruptamente com o nascimento e a morte posterior do prometido Messias, o qual, como naquela versão do antiquíssimo conceito do "filho de deus", trouxe a redenção eterna a toda a humanidade.

Quando alguém examina o que agora é conhecido a respeito do Velho Testamento, surpreende-se ao perceber como são relativamente recentes esses livros em relação aos eventos que descreve. Mesmo a história da criação, a descrição do começo dos tempos, na primeira parte de Gênesis, parece ter sido escrita no século VI a.C..[190] À primeira vista, essa data pode parecer antiga, mas, quando colocada em perspectiva cronológica, verificamos que ela é apenas 400 anos posterior a Salomão e três mil anos anterior à construção de algumas das maiores estruturas megalíticas nas Ilhas Britânicas. Assim, os escritores do Livro de Gênesis estão tão próximos de nós, no século XXI, quanto eles mesmos estavam dos homens que construíram edificações como Newgrange na Irlanda, Maes Howe na Escócia ou Bryn Celli Ddu em Gales.

Também não podíamos deixar de observar que o ritual de sacrifício infantil praticado por reis judeus ainda acontecia quando a Bíblia estava sendo escrita.

Apesar de a Bíblia ser muito mais nova do que a maioria das pessoas imagina, muitas das histórias nela contidas são ancestrais, tendo sido passadas de geração a geração como uma tradição oral antes que escribas transcrevessem-nas. É muito provável que o Velho Testamento tenha sido compilado durante o período de exílio do povo judeu na Babilônia, em uma tentativa de preservar as tradições e transformá-las em uma história coerente. Apesar de os escribas terem a intenção de colocar Javé como figura central de sua crença, não conseguiram evitar a revelação da popularidade dos cultos astrais.

Os Homens que Faziam Chover

Há uma história no Velho Testamento (1Rs 18: 17-40) que aponta o momento histórico em que, pela primeira vez, o culto astral de Vênus herdado dos cananeus foi subjugado pelo de Javé. O profeta Elias teve uma conversa com o rei a respeito da disputa que se verificava entre o povo, para decidir qual religião deveria ser adotada.

Ahab, rei de Judá e marido de Jezebel, uma sacerdotisa de Baalat, estava mais interessado em assuntos políticos e obviamente pensou que o verdadeiro problema era Elias e seus seguidores de Javé, particularmente porque ele deixava clara sua antipatia pela rainha Jezebel. Mas o profeta estava certo de que era o rei que estava apoiando os deuses errados (*baalim*) e suspeitava que ele era fortemente influenciado pelas práticas sexuais e religiosas de sua mulher Jezebel, a princesa fenícia que é chamada em algum lugar da Bíblia como a prostituta de Tiro. Os escribas do Livro dos Reis contam a história:

> *Vendo-o (Ahab viu Elias) disse-lhe: És tu, ó perturbador de Israel?*

> *Respondeu Elias: Eu não tenho perturbado Israel, mas tu a casa de teu pai, porque deixaste os mandamentos do Senhor e seguiste os* baalins *(outros deuses).*

---

190. N.A.: Cohn, Norman: *Cosmic Chaos and the World to Come.*

Agora, pois, manda ajuntar a mim todo Israel no Monte Carmelo, como também os 450 profetas de Baal e os 400 profetas dos postes-ídolo que comem da mesa de Jezebel.

Então Ahab enviou mensageiros a todos os filhos de Israel e ajuntou os profetas no Monte Carmelo.

Elias admitiu que o país estava dividido e mostrou como os partidários de Javé estavam acovardados e de joelhos quando se propôs a ser o seu único profeta disposto a enfrentar os 850 sacerdotes de Baal e de Asherah (o culto de Vênus):[191]

Então Elias se aproximou de todo o povo e disse: Até quando coxeareis entre dois pensamentos? Se o Senhor é Deus, segui-o. Se é Baal, segui a ele. Porém, o povo nada lhe respondeu.

Então disse Elias ao povo: só eu fiquei dos profetas do Senhor, mas os profetas de Baal são 450 homens.

Para decidir o assunto de qual deus era o melhor, Elias arquitetou uma competição no lugar sagrado cananeu conhecido como Monte Carmelo. Dois altares foram construídos, ambos contendo sacrifícios para serem queimados, e ele desafiou o bando de profetas antagonistas a atearem fogo à pira de Baal com suas preces. Depois, esse profeta anticananeu empregou os princípios megalíticos do culto de Vênus para boicotá-los.

O Velho Testamento descreve como Elias foi às ruínas de um velho santuário e ergueu 12 pedras, cavou uma vala ao redor delas e encheu-a de água.

E Elias tomou 12 pedras, segundo o número das tribos dos filhos de Jacó, ao qual viera a palavra do Senhor, dizendo: Israel será o teu nome.

Com aquelas pedras, edificou o altar em nome do Senhor; e depois fez uma vala em redor do altar tão grande como para semear duas medidas de sementes.

Então armou a lenha, dividiu o novilho em pedaços, pô-lo sobre a lenha e disse: Enchei quatro cântaros de água e derramai-a sobre o holocausto e sobre a lenha.

Disse ainda: fazei-o a segunda vez; e o fizeram. Disse mais: fazei-o a terceira vez; e o fizeram a terceira vez.

---

191. N.A.: A Bíblia do rei James refere-se exclusivamente aos profetas de Baal; no entanto, mais recentemente, traduções como a da Nova Bíblia inglesa incluem também os de Asherah.

E a água corria ao redor do altar; e ele encheu também de água a vala.[192]

Essa descrição representa um típico santuário cananeu, e corresponde ao círculo de Gilgal, onde o exército israelita foi circuncidado em massa depois que, liderado por Josué, avançou com seu povo pela primeira vez na terra prometida. Como já mencionamos, a palavra Gilgal significa "círculo de pedra", e essa era uma estrutura comum para cananeus e judeus. O professor Fohrer fala o seguinte a respeito do primeiro Gilgal, feito quando o povo do Êxodo chegou:

Gilga... era como se fosse um santuário pré-israelita... o nome do lugar de culto deriva do "círculo" de pedras que o delimita.[193]

Podemos ter certeza de que as 12 pedras de Elias estavam também em círculo, bem como era circular a vala ao redor delas – para enchê-la com a água que corria da pira ao centro, a vala tinha de ser um anel contínuo em torno do lugar.

Círculos de pedras eretas com valas ao redor eram um padrão característico da cultura do "Pote Entalhado" nas Ilhas Britânicas, três mil anos antes de Elias. Então perguntamos: estaria ele construindo, deliberadamente, uma estrutura de pedras no estilo megalítico, completado com uma vala ao redor, de acordo com a antiga tradição?

Elias então fez encher a vala de "água", exatamente como acontecia na cultura do "Pote Entalhado" nas Ilhas Britânicas e especialmente na Irlanda. Mas Elias tinha outro motivo para cercar seu altar com líquido. Sua "água" provou ser altamente inflamável. Essa descrição da construção de uma estrutura tipicamente cananeia por um profeta de Javé demonstra como tudo era muito confuso naquele tempo. Parece que ninguém realmente entendia de onde essas ideias tinham vindo, mas não hesitavam em usar a mais poderosa "mágica" e os mais potentes símbolos públicos para promover seus deus.

O plano funcionou. Quando os profetas cananeus não puderam persuadir sua deidade a incendiar sua pira, Elias desafiou-os, sugerindo que o deus deles estaria conversando, ou talvez estivesse passando o dia fora, ou até dormindo. Naturalmente, eles falharam na tentativa de trazer fogo do céu, mas, de alguma forma, Elias teve sucesso. E logo depois fez valer esse fato, dizendo à multidão para prender os oponentes e afogá-los em um riacho próximo. A Bíblia nos conta que ele ficou ali e pessoalmente matou seus rivais religiosos desarmados, passando por sua espada todos os que a multidão lhe entregava.

---

192. N.A.: 1Rs 18: 31-35.
193. N.A.: Fohrer, G: *History of Israelite Religion*.

Disse-lhes Elias: lançai mão dos profetas de Baal, que nenhum deles escape. Lançaram mão deles; e Elias os fez descer ao ribeiro de Quisom e ali os matou.

Então, Elias disse a Ahab: sobe, come e bebe, pois já se ouve o ruído de abundante chuva.

Elias provava ser importante porque "ele trazia" chuva em abundância. A disputa entre Elias e Ahab aconteceu depois de uma longa seca, e a ideia de chuva iminente era a manifestação da bondade de Deus despejada sobre a Terra.

"Fazer chuva" parece ter sido uma prática ancestral cananeia que foi assimilada desde os primórdios da nação judaica. A Bíblia conta como Josué, o líder dos 'Apiru, conduziu seu exército pela primeira vez na terra prometida, atravessando o rio Jordão da margem ocidental para a oriental. Essa história conta como as tropas 'Apiru chegaram ao santuário cananeu de Gilgal (5 milhas ao norte de Qumran), e ali, dentro do círculo de pedras megalíticas, conduziram um ritual primitivo. Nele, todos os homens foram circuncidados com uma lâmina de pedra. Não há explicação do porquê foi usada uma lâmina de pedra e não de metal.

Então, aqui temos um exército de homens sendo conduzidos a um círculo de pedras para ter seu prepúcio cortado com um pedaço de pedra. É difícil acreditar que isso tenha sido, simplesmente, um retorno à idade da pedra.

Também não há explicação de por que aqueles homens foram circuncidados daquela maneira e não da forma usual entre os judeus, ao nascer, como era costume desde Abraão. A história por inteiro é ímpar e, enquanto discutíamos o que poderia ter sido esse ritual de circuncisão coletiva, lembramos de um comentário do professor Richard Dawkins ligando rituais de chuva de aborígines australianos ao prepúcio:

> *Como uma precaução adicional, o Grande Conselho dos Dieri mantinha um estoque de prepúcios em contínua disponibilidade, em virtude do seu poder homeopático de produzir chuva (afinal, dos pênis "chove" urina – uma eloquente prova de seu poder).*[194]

Pela primeira vez, tínhamos visto uma razão antropológica para explicar o Pacto de Abraão e, conforme já discutimos, percebemos que essa explicação também fazia sentido para uma história que havia nos intrigado por um longo tempo. A terra prometida que os 'Apiru conquistaram era árida em função da longa seca, e a chuva era essencial se quisessem estabelecer-se naquele local. A cerimônia de circuncisão deve ter sido parte de um modo

---

194. N.A.: Dawkins, R: *Unweaving the Rainbow*, Penguin, 1998.

primitivo de "fazer chuva", mas há uma razão a mais para acreditar que esse episódio trata desse assunto.

Mais de mil anos depois do ritual de Gilgal, João Batista era visto por muitos como o novo Elias. O professor John Marsh diz o seguinte a respeito disso:

> *A descrição de João está de tal forma feita que foi suficiente para Azaziah reconhecê-la como referente ao profeta Elias.*[195]

O professor Robert Eisenman comenta:

> *João Batista também tem participação na cena da transfiguração, já que em todos os Sinóticos (os três primeiros evangelhos do Novo Testamento) ele é identificado como Elias.*[196]

Essa conexão entre João Batista e Elias é importante porque mostra como o tema da construção de círculos e o de "fazer chuva" continuaram até o tempo de Cristo. Eisenman acredita que os Manuscritos do Mar Morto tenham aberto nosso entendimento a essas ideias conectadas a figuras centrais do Novo Testamento:

> *Temas desenvolvem-se quando pesquisados, e as pesquisas fornecem novas pistas de ideias e motivos até então insuspeitos e desconhecidos. Um desses temas é a "chuva" e as imagens que se pode fazer dela, inclusive a escatológica... Há, em diferentes literaturas desse período, diversos relatos a respeito de homens que "faziam chover". O primeiro imediatamente reconhecível é Elias, que conecta o conceito de "fazer chover" às noções renascidas e centradas em sua pessoa, e dessa forma liga a tradição a atividades relacionadas com João Batista.*[197]

Em suas notas de rodapé, Eisenman confirma a função dos círculos:

> *"Desenhar círculos" era o mecanismo para "fazer chuva".*

João Batista era primo em segundo grau de Jesus e a habilidade de "fazer chuva" usando a metodologia dos padrões em círculos de Josué e Elias parece ter sido uma tradição familiar. Eisenman acredita que Tiago, irmão de Jesus, também fazia chover, feito mágico relacionado com o messianismo e a Profecia da Estrela. Antes do tempo de João Batista surgiu um homem, possivelmente da família dele e, portanto, de Jesus, particularmente famoso por sua habilidade de "fazer chover". Ele era conhecido como "Honi, o desenhista de círculos", mas também chamado Onias, que é

---

195. N.A.: Marsh, J: "The Theology of the New Testament", *Peake's Commentary on the Bible*.
196. N.A.: Eisenman, R: *James the Brother of Jesus*, Faber and Faber, 1997.
197. N.A.: Eisenman,R: *The Dead Sea Scrolls and the First Christians*, Element, 1996.

derivado de Oblias, que significa pilar de pedra[198] – um termo que também ficou associado a Tiago. Além disso, Eisenman acredita que esse Honi era o avô de João, Tiago e Jesus. Ele menciona:

> *Que Tiago também fazia chover está confirmado por Epifânio em "Haeres".*

A habilidade de desenhar círculos e fazer chover estava diretamente associada à Profecia da Estrela que prenunciava a vinda do Messias. Essas habilidades, de alguma forma, estavam diretamente associadas à família de Jesus e a práticas dos essênios, autores dos Manuscritos do Mar Morto. O professor Eisenman comenta:

> *Lemos a respeito de círculos desenhados similares nos escritos de Josephus e Hipólito. Referiam-se eles aos essênios que, na observação do Shabat, não saíam da área delimitada por um círculo, real ou imaginário, nem mesmo para aliviar suas necessidades fisiológicas.[199]*

Toda a atividade de desenhar círculos e fazer chover está associada a uma tradição oculta centrada na vinda do Messias prometido. Cabe a Elias o papel central, mas é clara a influência de Enoch e Noé. A família de Jesus, João e Tiago era, ao que parece, a última praticante conhecida do ritual que deve ser de extrema antiguidade. O assunto é fascinante, mas muito complexo, tanto que excede os limites deste livro. Para os leitores que quiserem conhecer mais a respeito, recomendamos os livros de Robert Eisenman e ainda um outro de Michael Wise.

Conclusões

Nossa investigação sobre o sacrifício infantil entre os judeus levou-nos a entender que o assunto está conectado ao sexo sagrado, a carvalhos sagrados, a cultos ao touro e aos mortos. Essas ideias são muito diferentes daquelas que as pessoas usualmente têm a respeito dos judeus e Javé, seu Deus. Mas concluímos que é bem provável que os judeus tenham sacrificado crianças a Javé em determinada época.

Acreditamos que o sacrifício de crianças tenha começado com a devoção ao Sol e que El Elyon, o deus Sol, era cultuado em Jerusalém no mínimo mil anos antes de Salomão. A devoção ao Sol entre os judeus não desapareceu tão rápido quanto a Bíblia gostaria que acreditássemos.

Davi, o primeiro Messias judeu, estabeleceu seu reinado baseado em uma aliança com Javé, mas Salomão, seu filho, era um típico déspota e queria uma forma mais absoluta de controle. Acreditamos que isso é que

---

198. N.A.: Eisenman, R: *James the Brother of Jesus.*
199. N.A.: *Idem.*

fez Salomão aproximar-se de Hiram, rei de Tiro, tentando comprar os segredos da coroação astral para, dessa forma, conseguir o poder absoluto. Sua extravagância e opressão deram origem aos estados de Israel e Judá logo depois de sua morte.

Todas as crenças parecem estar conectadas com circuncisão, círculos de pedra e chuva mágica, e há claras evidências demonstrando que as classes dominantes mantinham essas ideias vivas.

O conjunto demonstra que os reis judeus tinham uma religião deles próprios ou alguma versão muito diferente do culto de Javé daquela prognosticada no Velho Testamento. Estávamos vendo um sistema de crenças com dois ramos distintos, mas próximos; de um lado, as ideias primitivas dos cultos de Vênus e do Sol dos cananeus, e, de outro, o conceito do reinado divino, enquanto a população imaginava coisas muito menos extraordinárias.

Capítulo Nove

Os Filhos da Aurora

O Relógio de Ahaz

Alguns anos atrás, um lacre (selo impresso em barro) que pertencia ao rei Ahaz de Judá foi encontrado.[200] Na sua parte de trás ainda são visíveis as impressões dos barbantes que atavam o rolo e até as fibras do papiro utilizado para a mensagem que ele protegia. O selo, escrito em antigas letras hebraicas, diz apenas: *l'hz y hwtm mlk yhdh*, que significa "Pertence a Ahaz (filho de) Reboão, rei de Judá". Apesar de documentar a existência desse contemporâneo do profeta Elias, o achado dessa relíquia de 2.800 anos não tem nada de particularmente interessante ou surpreendente.

Entretanto, recentemente, um outro selo muito mais interessante foi encontrado. Esse lacre foi usado pelo filho de Ahaz, Ezequias, que viveu entre 715 e 687 a.C. O lacre de Ezequias é muito pequeno, medindo apenas cerca de 0,4 polegadas de diâmetro e um pouco menos de 0,08 polegadas de espessura. Suas inscrições dizem: *Ihzqyhw 'hdz mlk yhdh*, "Pertence a Ezequias (filho de) Ahaz, rei de Judá". Mas o que nos surpreendeu foi o emblema que traz gravado nele. Mostra um besouro com duas asas empurrando uma bola de esterco, reconhecidamente, um símbolo do sol nascente.[201]

O significado do símbolo está claro em Ml 4:2:

Mas para vós outros que temeis o meu nome nascerá o Sol da justiça, trazendo salvação nas suas asas.

Essa imagem não causaria qualquer surpresa se fosse encontrada em objetos oriundos de países em torno de Israel. Mas a origem desse selo sim, pois até recentemente se pensava que o culto a Javé não estava ligado ao Sol. No contexto de nossa investigação dos aspectos solares do judaísmo

---

200. N.A.: Deutsch, R: *First Impression – What We Learn from King Ahaz's Seal*, Biblical Archaelogy Review, May/June 1998.
201. N.A.: Bonnet, H: *Skarabaeus, in Reallexikon der Agyptischen Religionsgeschichte*, Berlim, DeGruyter, 1952.

posterior a Salomão, ficou claro que o uso desse símbolo absolutamente não dizia respeito a Javé. No entanto, relacionava-se direta e proximamente com o antigo deus Sol cananeu, o Moloch devorador de crianças.

Discos solares com duas e quatro asas aparecem em outros artefatos de Ezequias; portanto, o escaravelho de duas asas com o disco do Sol não é uma ocorrência isolada na identificação das propriedades daquele rei. Essa evidência sugere que havia intenção de, em Judá ao menos, fazer de Javé um deus solar. Parece que a devoção ao Sol e à sua deidade específica criara um forte oponente, capaz de destronar Javé de sua posição de Deus principal.

Em 2Rs 20:8 (20:9 em algumas versões), há uma citação dizendo que a sombra vista em alguma coisa chamada "relógio de Ahaz" devia ir para a frente dez passos ou graus, querendo dizer que a sombra do Sol teria de ser medida de forma rápida e não natural. Se assim não fosse feito, ela retrocederia o mesmo que avançara, em um fenômeno contrário à ordem da natureza. Relógios solares eram conhecidos naquele tempo na Babilônia, mas a descrição usada nessa citação bíblica refere-se a uma série de pontos alinhados que Ahaz construiu para que a sombra projetada pelo Sol pudesse revelar o tempo do dia.

> *E Ezequias disse a Isaías: Qual será o sinal de que o Senhor me curará e de que, ao terceiro dia, subirei à casa do Senhor?*
>
> *Respondeu Isaías: Ser-te-á isso da parte do Senhor como sinal de que ele cumprirá a palavra que disse: adiantar-se-á a sombra dez graus ou os retrocederá?*
>
> *Então, disse Ezequias: É fácil que a sombra adiante dez graus; tal, porém, não aconteça; antes, retroceda dez graus.*
>
> *Então, o profeta Isaías clamou ao Senhor; e fez retroceder dez graus a sombra lançada pelo sol declinante no relógio de Ahaz.*

Em Is 38:8, temos a confirmação de que o aparelho era de fato um relógio solar:

> *Eis que farei retroceder dez graus a sombra lançada pelo sol declinante no relógio de Ahaz. Assim, retrocedeu o sol os dez graus que já havia declinado.*

A ideia geral de um deus supremo conectado ao Sol estava tão profundamente enraizada que, centenas de anos depois, o Sol tornou-se a marca distintiva da nova divindade – a qual os cristãos chamam Deus. Notamos que o sábado (*Shabat*) cristão é agora o domingo (*Sun-day*: dia do Sol), e todos os seres celestiais aparecem com um sol brilhando atrás de suas cabeças. O conceito de "Deus no Alto" parece ser uma memória do deus Sol El Elyon – que significa "O Mais Elevado" –, a luz brilhante da bondade sobre nossas cabeças. A ideia de sagrado está enraizada no conceito judaico da "retidão" conhecido como *Zedek*, que, como já mostramos, teve sua origem na devoção cananeia ao Sol, na qual os seus raios buscam a nossa maldade e corrupção. Os conceitos de luz e escuridão, bem e mal, estão condicionados à percepção primordial de que a energia irradiada pelo Sol traz calor e bênção para a Terra. E o que poderia ser mais natural? Nada na experiência humana pode ter uma função mais central e visível do que a estrela gigantesca que se eleva todas as manhãs para afastar os medos da escuridão da noite. Esse deus deixa-nos toda noite, mas retorna sempre. Ele traz promessas de um novo dia e nutre as plantações que nos fornecem o pão de cada dia. Os maus que se escondem nas sombras da noite têm de fugir para abrigos escondendo a sua vergonha da inevitável luz da bondade.

Para muitos israelitas, em épocas mais recentes, Deus tornou-se um conceito à parte do Sol, mas a evidência disponível sugere, convincentemente, que aqueles adoradores astrais continuaram suas práticas e suas crenças até quando os babilônios destruíram seu Templo em 596 a.C., época em que os principais líderes da cidade de Jerusalém foram levados para o exílio. No princípio do exílio na Babilônia, o profeta Ezequiel refere-se a uma visão que revela seu horror por todos que continuavam adorando a aurora:

> *Levou-me para o átrio interno da Casa do Senhor, e eis que estavam à entrada do Templo do Senhor, entre o pórtico e o altar, cerca de 25 homens, de costas para o templo do senhor e com o rosto para o oriente; adoravam o sol, voltados para o oriente.*[202]

Nesse versículo, Ezequiel repreende os judeus enoquianos por voltarem as costas a Deus e adorarem o Sol. Ele vai além e atribui a queda de Jerusalém a essas atividades astrais.

Já sabemos que os reis judeus seguiram os passos de Salomão por centenas de anos, adorando deuses solares e praticando o sacrifício ritualístico de suas próprias crianças em nome de sua busca pelos poderes divinos. Parece que, originalmente, esse culto real tinha um baixo nível de conexão com o Deus dos judeus, mas suspeitamos que o sacrifício infantil só tenha desaparecido depois do retorno do Exílio, momento a partir do qual Javé ganhou predominância.

A seguir, nossa questão era desvendar como a linhagem real protegia suas crenças astrais apesar de conviver com a teologia dos camponeses.

---

202. N.A.: Ez 8:16.

Retorno do Exílio

Os judeus que foram aprisionados e levados para as cidades da Babilônia choraram a perda de sua cidade e de seu templo, mas rapidamente se adaptaram às novas circunstâncias, e prosperaram fazendo parte de um império muito bem-sucedido. Eles devem ter se identificado com seus novos mestres, pois também esses queriam entender os céus e seu significado para o homem mortal.

Sempre estranhamos o fato de os judeus, repentinamente, serem libertados e voltarem para suas cidades, após um exílio de três gerações na Babilônia.

Havia muita turbulência política depois da morte de Ciro, o Grande, e quando Dario subiu ao trono, 42.462 pessoas foram mandadas de volta para Jerusalém, sua terra natal.

Seiscentos anos depois, Josephus, escrevendo sobre o episódio, relata que entendia as razões de Dario. Ele as descreve da seguinte forma:

Agora ele (Dario), enquanto ainda era um homem comum, fez uma promessa a Deus, que caso viesse a ser rei, mandaria todos os eleitos de Deus que estavam na Babilônia de volta para o templo de Jerusalém.

Dario seguia a religião de Zoroastro, e seu deus era Ahura Mazda (o deus Sol, senhor da sabedoria), e não Javé, o deus local de Jerusalém.

Josephus é um grande historiador, mesmo que um pouco tendencioso, mas aqui sua opinião foi moldada por sua própria crença em um deus único. Certamente, os judeus levados em cativeiro acreditavam que muitos deuses existiam, e que Javé estava no controle em Israel, mas não na Babilônia e em outros lugares. Quando estavam em outras terras, os judeus prestavam seus respeitos aos deuses locais. Na época em que foram libertados, adotaram o conceito do Deus único, inspirados no culto de Zoroastro, essencialmente monoteísta, mas que trazia em si uma dualidade de forças. De um lado a Verdade (Asha), sempre confrontada pela Mentira, de outro, em todo o Universo.

De acordo com os relatos de Josephus, Dario propôs um enigma, sugerindo que a resposta correta seria dada por aquele que deveria reconstruir o Templo de Jerusalém. A questão era sobre a força relativa de quatro possíveis contendores: reis, verdade, mulheres e vinho. A resposta certa foi dada e, intrigantemente, aquelas poucas palavras são a única inscrição em todo o edifício de Rosslyn, construído por William St. Clair em uma tentativa final de imitação do Templo de Jerusalém. A inscrição aparece em uma verga transversal no sul do edifício em latim medieval:

Vinho É Forte, Um rei É Mais Forte, Mulheres São Ainda Mais Fortes Mas A Verdade Conquista Todos.

Esse clássico sentimento da religião de Zoroastro deu nova vida ao Templo de Jerusalém.

Quando os judeus retornaram do exílio na Babilônia, apenas alguns idosos já tinham visto a cidade de Jerusalém. Mesmo as pessoas levadas cativas em uma segunda etapa já estavam 48 anos mais velhas do que quando partiram. Uma nova geração de dirigentes deve tê-los recebido com cuidado e, sem dúvida, com muita desconfiança. Estariam esses filhos e netos do velho poder buscando retomar a vida de onde seus antepassados tinham deixado? Porventura queriam suas terras de volta? E mais importante, será que queriam assumir o controle da cidade e do templo?

Josephus conta que 42.462 pessoas seguiram Zorobabel de volta a Jerusalém, com a expectativa de continuar de onde seus antepassados tinham parado. Concluímos que foi nesse ponto que a divisão entre o "natural" e o "astral" tornou-se um assunto polarizado. Os seguidores dos princípios naturais camponeses estavam focados na tradição associada a Moisés, enquanto a elite astral que retornava estava mais dedicada aos ensinamentos astrais deixados por Enoch.

Para os nobres aristocratas, partidários de Enoch, os aspectos astrais eram fundamentais para alcançar a grandeza de sua nação por meio de planos a longo prazo, que seriam complementados pela liderança de seu prometido Messias, que chegaria em um momento pré-ordenado do futuro. Eles sabiam que esse momento seria sinalizado pelo aparecimento da Divina *Shekinah*, a luz que anuncia a presença de Deus.

Diz-se que Zorobabel construiu o novo Templo sobre as ruínas do anterior e a vida em Jerusalém voltou ao normal. A Bíblia não diz muito a respeito do período posterior, durante o qual as ideias astrais foram fundidas ao culto de Javé. Porém, enquanto isso uma outra grande influência surgia: referimo-nos à cultura grega.

A grande intromissão da cultura grega (helenismo) começou com as conquistas de Alexandre, o Grande, em 331 a.C., as quais deixaram os judeus na defensiva. Uma guerra civil começou em Israel em 165 a.C., envolvendo judeus helenizados contra israelitas resistentes. A Revolta dos Macabeus começou como uma guerra civil e acabou como uma bem-sucedida guerra pela independência política judaica contra as forças de ocupação sírias, comandadas por Antíoco Epifânio.

Membros da família sacerdotal dos hasmoneus, que lideraram a revolta, proclamaram-se reis e sumo-sacerdotes hereditários, desprezando o fato de não pertencerem a essa linhagem ancestral. Isso consternou a verdadeira classe sacerdotal, que estabeleceu sua própria comunidade em Qumran, o local mais baixo da Terra, em uma tentativa de manter a pureza de suas tradições. A comunidade de Qumran foi originalmente formada da difícil aliança entre sacerdotes zadoqueus e enoquianos, constituída como resultado de muitas desilusões compartilhadas, por ambos os grupos, frente à discutível autoridade dos macabeus, em Jerusalém.[203]

---

203. N.A.: Boccaccini, G: *Beyond the Essenes*, Eerdmans (Grand Rapids), 1998.

Uma clara implicação de nossas descobertas foi constatar que um grupo enoquiano, previamente não identificado, persistia em sua forma pura na comunidade de Qumran, co-habitando com outro de características mais híbridas.

Eis o que Plínio, o historiador romano, escreveu sobre a comunidade de Qumran:

> *Na costa ocidental do Lago Asfaltitis (Mar Morto) estão assentados os essênios, a alguma distância dos fétidos odores emanados da margem propriamente dita. Eles são um povo solitário, o mais extraordinário do mundo, que vive sem mulheres, sem amor, sem dinheiro, com as palmeiras como suas únicas companheiras.*[204]

Tal como os Cavaleiros Templários, esses sacerdotes de Qumran praticavam iniciações ritualísticas, vestiam apenas linho branco e mantinham todos os seus pertences em bases comunitárias. Tal qual a Maçonaria original, o período de iniciação para se tornar membro do grupo levava três anos. Relembramos que fomos vestidos com linho branco para cada um dos três rituais da Franco-Maçonaria e que fomos instruídos a abandonar nosso dinheiro durante o primeiro grau, apesar de estarmos prontos para retrucar: "Nada tenho, ou livremente vos daria".

Sabe-se que os essênios mantinham fragmentos da tradição de devoção ao Sol, afinal cantavam hinos durante a aurora em louvor ao "Sol da Retidão". Eles também estariam sujeitos à ira de Ezequiel, que tinha criticado ferozmente a prática de voltar "suas costas para o templo do Senhor, e suas faces em direção ao oriente; já que adoravam o Sol em sua aparição oriental".[205] As autoridades de Jerusalém também não gostavam de suas tradições, afinal tinham aprovado uma lei proibindo a prática essênia de ajoelhar-se em frente ao Sol nascente na aurora; a penalidade era a morte.[206]

O estudioso bíblico Morton Smith interpretou uma escada dourada descrita em um dos Manuscritos do Mar Morto como um artefato de adoração ao Sol, "suplicando-lhe que se erga". Que o Sol, a Lua e as estrelas eram veneradas como criaturas angélicas é evidente no texto do Salmo 148:1-4:

> *Louvai ao Senhor do alto dos céus, louvai-o nas alturas, louvai-o, todos os seus anjos; louvai-o, todas as suas legiões celestes. Louvai-o, o sol e a lua; louvai-o, todas as estrelas luzentes; louvai-o, céu dos céus.*

Mas a escada, diz Morton Smith, pode realmente ter existido, pois os restos de uma com formato espiral foram encontrados em escavações em

---

204. N.A.: Pliny, *Natural History*, 5: 73.
205. N.A.: Ezl 8:16.
206. N.A.: Graves, R: *The White Goddess, Faber and Faber*, 1948.

Qumran.[207] Será uma mera coincidência que o segundo grau da Maçonaria descreva uma escada muito parecida como meio para encontrar mistérios ocultos da natureza e da ciência?

Astrologia e Culto ao Sol

Muitos cristãos hoje em dia detestam a Astrologia, acreditando tratar-se de uma abominação pagã, uma superstição que corteja o diabo e opõe-se aos ensinamentos de Jesus. Mas descobrimos que o conhecimento dos movimentos nos céus e uma crença no efeito da elevação espiralada das estrelas nos assuntos da humanidade era uma das crenças centrais de grupos judeus que deram origem ao Cristianismo.

Historicamente, a Astrologia foi um problema para os primitivos rabinos judeus, que também negavam o papel dela em sua religião. O Talmude babilônico (*Shabat* 156b) registra um debate a respeito da validade da Astrologia no qual o Rabi Hanina, um babilônio que veio para a Palestina em 200 d.C. para estudar com Judá Há-Nasi, esse um compilador da Mishna, disse:

A influência planetária dá sabedoria, a influência planetária dá saúde e Israel está sob influência planetária.

No entanto, a influência da Astrologia foi radicalmente combatida pelo Rabi Johanan, que declarou:

Não há constelações para Israel.

Surpreendentemente, à luz de sua declaração em apoio às influências planetárias, a *Mishna* de Judá Há-Nasi (*Mishna*: livro que codifica a lei judaica), posicionou-se contra alguns aspectos da Astrologia, afirmando que qualquer um que achasse um objeto com representações do Sol, da Lua ou de uma serpente deveria jogá-lo no Mar Morto. Essa instrução indica que tais imagens podem ter sido comuns e que havia uma grande tensão entre aqueles que apoiavam as ideias astrais e solares e aqueles outros que não as apoiavam.

A fascinação pelo culto ao Sol entre os judeus não acabou tão rápido quanto a Bíblia quer que acreditemos. Um mosaico recentemente descoberto em uma sinagoga em Seforis mostra um zodíaco com uma abstrata representação de um deus Sol em sua quadriga (carro puxado por quatro cavalos). Outras sinagogas mostram o deus Sol em forma humana, em vez de simplesmente um disco solar abstrato.

Sabemos que muitas Lojas maçônicas são decoradas com os signos do zodíaco e descobrimos que há uma forte influência astrológica na Maçonaria tão logo começamos a pesquisar esse tema. Em uma visita à biblioteca

---
207. N.A.: Vermes, G: *The Dead Sea Scrolls in English*, Penguin, 1995.

da Grande Loja da Escócia, acompanhados do estudioso bíblico professor Philip Davies, assim que demos início a uma busca no acervo de trabalhos maçônicos da coleção Morrinson (anteriores à Revolução Francesa), constatamos que essa influência aparece muito claramente.

Philip estava muito interessado em um grande volume com capa de couro. O livro era escrito à mão e, manuseando suas folhas, encontramos uma dupla no centro, como se fosse um folheto. Ao abri-lo, deparamo-nos com um grande diagrama mostrando as tribos de Israel, indicando o signo astrológico que cada uma representava e qual pedra preciosa estava associada a ela. Os antigos maçons que escreveram esse livro estavam visivelmente preocupados em registrar uma ligação estreita entre a Astrologia e as crenças judaicas.

Os 12 signos estavam dispostos em um arranjo radial em torno da carruagem solar de Hélios, imagem que pode ser encontrada em, no mínimo, sete antigas sinagogas em Israel, mas está ausente de prédios cristãos primitivos e exposta em apenas três sinagogas fora de Israel. Um poema encontrado em uma *genizah* (um local onde são guardados documentos fora de uso ou velhos) de uma sinagoga no Cairo afirma que:

> *Isso trouxe uma disputa entre os meses, quando (o mês de) agosto mandou-os para a terra do Egito. Venham (meses), vamos jogar sorte no zodíaco, para podermos saber em qual de nós Israel será redimido.*

Conforme procurávamos por mais informações a respeito do culto ao Sol na antiga Israel, descobrimos uma referência a um objeto encontrado entre as ruínas do Templo de Herodes para o qual não há explicação. Mas para nós ele se parecia exatamente com um aparelho para monitorar a posição do Sol em seu alvorecer a cada manhã, em seu constante balanço no horizonte, de solstício a solstício. Assim que estudamos atentamente a fotografia do estranho objeto, percebemos que, se um ponteiro fosse colocado atrás da sua ranhura central, projetaria uma sombra sobre a parte curva da pedra, na mesma direção em que estão dispostas as linhas entalhadas.

Nossa hipótese foi confirmada quando conferimos os ângulos formados pelas linhas exteriores. Descobrimos que correspondem aos ângulos das sombras dos extremos solstícios (60 graus) se estivessem projetadas na latitude de Jerusalém. As variações no espaçamento das linhas deviam-se provavelmente a colinas que podiam afetar a elevação do Sol em sua primeira manifestação visível. A linha que corre da direita para a esquerda pode ter sido usada para marcar a elevação do Sol em determinado instante depois do alvorecer – talvez indicasse o limite de tempo que define o fim do período entendido como aurora.

A sombra do ponteiro devia ser mais longa quando surgiam os primeiros raios de luz e diminuiria à medida que o Sol se erguesse no horizonte. Quando a sombra não ultrapassasse mais a linha horizontal, a aurora estaria

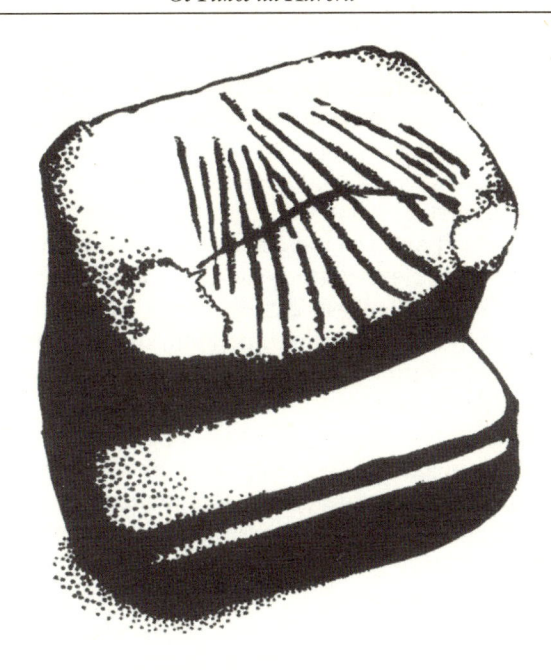

Essa pedra estranha foi encontrada nas ruínas do Templo de Herodes. Não existe explicação para ela, mas acreditamos que tenha sido um marcador do sol usado pelos sacerdotes de Qumran que ocuparam o Templo um pouco antes da cidade ter sido destruída por Titus, em 70 d.C. Sabe-se que os essênios reverenciavam o Sol nascente no Templo e parece que as apressadas linhas entalhadas devem ter sido feitas em aproximadamente nove meses de observações, com marcações sucessivas do ângulo de aparecimento do sol nascente

terminada. A sombra deveria estar no centro por ocasião dos equinócios e nas laterais nos solstícios. O lado direito do objeto devia corresponder ao solstício de verão, quando o Sol eleva-se mais rapidamente, enquanto do lado oposto o Sol deve elevar-se mais vagarosa e mais horizontalmente. Isso significa que poderíamos esperar ver a linha horizontal da pedra mais alta à direita do que à esquerda se, de fato, indicasse o período considerado como aurora ao longo do ano.

Isso é exatamente o que podemos ver nesta pedra.

A linha curva do artefato compensa a velocidade do movimento aparente do Sol ao longo do horizonte. Há seis segmentos entre as linhas e cada um deles representa um período de duas semanas. A manufatura dessa importante mas intrigante relíquia é pobre, sugerindo que não fazia parte do Templo oficialmente construído.

Discutimos a importância de achar um artefato, quase em estado bruto, destinado a medir tempos e ocorrências de auroras, entre as pedras que tinham feito parte do Templo de Herodes. Sentimos que nossa teoria de funcionamento desse aparelho fazia muito sentido por uma série de razões. Como sabíamos, afirma-se que os essênios tinham o hábito de prestar culto no Templo de Jerusalém, ajoelhando-se na direção do Sol nascente.[208] Também sabíamos que os sacerdotes de Qumran, considerados por todos como essênios, assumiram o controle do Templo em algum momento, durante a guerra judaica que começou em 66 d.C. e terminou em 70 d.C. com a destruição do santuário.

Esse grupo chamava a si mesmo de "Os Filhos da Aurora" e, como tal, argumentamos que eles seguramente devem ter reintroduzido a prática de reverenciar o Sol nascente. O Templo ainda não estava completo, mas os arquitetos de Herodes não tinham nenhum motivo para incorporar um aparelho medidor de auroras em suas pautas de trabalho, e, portanto, os Filhos da Aurora devem ter tido a necessidade de criar o artefato para uso de sua comunidade.

Um sacerdote mago precisava de nove meses para calibrar a pedra, que, depois de aferida, proporcionaria a qualquer um a possibilidade de dizer aos fiéis quando terminava a aurora, momento em que a reverência devia ser interrompida.

Um outro estranho artefato também chegou em nossas mãos. Era do mesmo período e esse também não fazia sentido para os arqueólogos, contudo nós o entendemos. Ele foi desenterrado em Qumran e, inicialmente, classificado como um relógio de sol, o que de fato não poderia ser. Acreditamos que se destinasse a medir os movimentos do Sol durante o ano. Esse "relógio solar" foi encontrado em Qumran pelo padre Roland de Vaux, 45 anos atrás. O Padre de Vaux descreve os três círculos concêntricos gravados em um disco como um sistema único e inédito de ler as horas: o círculo interior informaria as horas durante o inverno, o círculo médio durante a primavera e o outono e o círculo exterior durante o verão.

Na Antiguidade, o período entre o alvorecer e o anoitecer era usualmente dividido em 12 horas iguais, e como esse tempo varia de estação para estação, o comprimento de cada subdivisão horária também variava. A duração dos dias difere com o lugar e com as estações do ano, portanto, o comprimento da divisão de um dia é particular para cada localização específica. Isso significa que, podemos ter certeza, o objeto encontrado em Qumran não pode ter sido um relógio solar. As linhas que aparecem nele não estão igualmente espaçadas em toda a circunferência, e não há maneira pela qual as linhas espaçadas de forma desproporcional em cada círculo possam medir horas ajustadas às estações. Adicionalmente, as sombras são mais curtas no verão e mais compridas no inverno e, por isso, os círculos interior e exterior designados pelas estações que representam não podem estar corretos, como se afirmou.

Diversos relógios solares foram encontrados em Jerusalém e em outros locais por toda Israel.[209] Um importante relógio solar de pedra calcária

---
208. N.A.: Graves, R: *The White Goddess.*
209. N.A.: Layish, Dov Bem: *A Survey of Sundials in Israel*, 1969.

branca foi descoberto em Jerusalém em 1972 durante uma maciça escavação na parte sul do Monte do Templo. É muito pequeno, medindo 2 polegadas de largura por 2 polegadas de altura, mas a hora e as linhas sazonais estão cuidadosamente calculadas e riscadas para uso em Jerusalém. Foi encontrado no entulho decorrente da destruição do Templo e pertencia aos sacerdotes, pois uma *Menorah* estava gravada em uma de suas faces (convém lembrar que antes da destruição do Tempo a *Menorah* era um símbolo restrito exclusivamente aos sacerdotes do templo).[210]

O relógio solar do padre de Vaux tem sido associado a um antigo jogo de tabuleiro chamado *Mehen*, que significa "enrolar" ou "o enrolado" – porque o tabuleiro lembra uma serpente enrolada.[211] Esse jogo era conhecido no antigo Egito desde o período pré-dinástico (quarto milênio a.C.), e também existia no Líbano, na Síria, em Chipre, em Creta e outras ilhas do mar Egeu.[212] Concluímos que isso não era um jogo e duvidamos que artefatos semelhantes fossem jogos também. Talvez fossem usados como jogos em tempos mais recentes, mas, originalmente, achamos que se tratava de rastreadores do Sol, aparelhos que mediam as estações do ano, similares à pedra já mencionada mas operados de forma um pouco diferente.

Enquanto a pedra da aurora media o movimento do sol no horizonte de solstício a solstício, o *Mehen* media o Sol do meio-dia entre os solstícios e os equinócios. Conhecíamos a forma projetada pela sombra produzida pelo Sol através das estações do ano, e as descrevemos em *Uriel's Machine*, baseados em trabalho feito pelo artista americano Charles Ross.

Ross mostrou como, acompanhando o movimento do Sol pelas estações, sua sombra projetada reproduz uma espiral para cada quadrante entre os solstícios e os equinócios. A espiral produzida mostra a linha espiralada de sombras registradas do solstício de verão até o equinócio da primavera e uma segunda a partir do equinócio de outono. Em cada caso, há quatro espirais para essa específica serpente, correspondendo isso com a estrutura do disco encontrado em Qumran.

Acreditamos que os quatro entalhes do disco são mais importantes do que as três seções que apresenta. Uma pequena pedra poderia ser colocada na ranhura onde estivesse a extremidade da sombra do ponteiro quando o sol estivesse no zênite a cada dia, o que viria a marcar o caminho espiralado do Sol durante o ano. Uma vez calibrado, seria capaz de alertar para datas importantes, como, por exemplo, para chamar a atenção para os dias de festas – a informação dada diretamente por esse dispositivo seria infalível, e substituiria os cálculos confusos no calendário lunar que orientava os outros judeus.

---

210. N.A.: Levy, A: *Bad Timing*, Biblical Archaeological review, July/August 1998.
211. N.A.: *Idem*.
212. N.A.: Bellesort, Marie-Noel: *Le Jeu de Serpent: Jeux et Jouets dans l'Antiquité et le Moyen Age*, Dossiers d'Archéologie, 1992.

É bem sabido que o povo da comunidade de Qumran usava um calendário solar e não o lunar como os demais judeus. Ele era inteiramente baseado nos movimentos do Sol, em contraste com o calendário fariseu, que era orientado pelos movimentos lunares. De acordo com o calendário solar de Qumran, há 364 dias em um ano, divididos em 12 meses, de 30 dias, mais um dia adicional inserido a cada três meses, entre cada quarto de ano.

O aparelho encontrado em Qumran deu ao povo daquele culto solar uma agenda produzida pela escrita do Sol; um método infalível de assegurar que eles estariam comemorando o festival certo, precisamente na data correta.

Os habitantes de Qumran entendiam que os outros judeus tinham se desviado do calendário solar e, consequentemente, celebravam suas festividades nos dias errados. Os Manuscritos do Mar Morto mencionam como seus autores criticavam outros grupos judeus por sua inabilidade em entender quando deviam ser observados os dias santos, pois seus calendários estavam irremediavelmente incorretos. O povo de Qumran possuía um comportamento tão diferente do de outros judeus que um estudioso moderno chegou a perguntar: "Poderíamos chamá-los de judeus de fato?"

Quando surgem evidências de que a devoção ao Sol existia entre os judeus depois do tempo de Davi e Salomão, a tendência costumeira é justificar o fato em nome de influências de egípcios, gregos ou persas que podem ter induzido crenças em seus deuses Sol, respectivamente Rá, Hélios e Mitra. Não podemos negar que esses fatores devem ter influenciado, até porque nenhuma religião é inteiramente contida em si mesma apenas, mas tal interpretação distorce a verdadeira natureza da crença solar dos judeus. Certamente, temos de concordar que o culto ao Sol é um conceito óbvio e atávico, adotado por várias culturas por todo o mundo. Mas tínhamos certeza de que o conceito do deus Sol cananeu foi a principal inspiração para essa versão velada de Judaísmo que nos interessava no momento. Parecia que as crenças dos essênios eram a chave para o entendimento dessa filosofia.

Josephus explicou como eram extraordinários os essênios – um grupo com um foco mental único e semelhante a um barril de pólvora pronto a explodir:

> *Eles tinham um compromisso inviolável com a liberdade e diziam que Deus era seu único Senhor e Juiz. Eles também não se importavam com o tipo de morte a que fossem sujeitos, nem choravam as mortes de parentes ou amigos, nem havia medo que os fizesse chamar qualquer homem de Senhor.*[213]

---

213. N.A.: Josephus: *Antiquities*, 18: 1:6.

Eles disseminavam suas crenças adotando crianças para ensiná-las:

...Eles abriam mão da vida conjugal, mas escolhiam crianças de outras pessoas enquanto eram dóceis e prontas para aprender; eles as preparavam para serem semelhantes a eles e as formavam de acordo com seus princípios.[214]

Hipólito, em *Refutation of All Heresies*, conta, mais especificamente, o que era ensinado a essas crianças:

...E eles deixavam (essas crianças adotadas) em observação de seus costumes peculiares e, dessa forma, traziam-nas e incentivavam-nas para aprender ciências.

Lembramos do que é dito para o candidato ao segundo grau da Maçonaria:

...é permitido estender suas pesquisas até os mais ocultos mistérios da natureza e da ciência.

Já tínhamos dito que o estudo de ciência na Maçonaria refere-se principalmente à Astronomia. Poderia ser essa a ciência a que se referiam os essênios? Estariam eles particularmente preocupados em entender os movimentos do Sol e de Vênus?

Josephus registrou o culto essênio ao Sol da Aurora – uma ideia que ele, como judeu, achou difícil entender:

....como sua devoção perante Deus, que era extraordinária; de tal forma que antes da aurora não falavam uma única palavra a respeito de assuntos profanos, mas recitavam incessantemente uma oração que tinham recebido de seus ancestrais, como se estivessem suplicando pelo aparecimento do Sol.[215]

Se os essênios observavam o Sol com tamanha regularidade, não poderiam evitar a observação dos padrões de manifestação da Estrela da Manhã.

Josephus registra como os essênios recusavam posses pessoais e viviam uma vida totalmente austera, possuindo apenas um traje branco e um par de sandálias que usavam até se acabarem. Reconhecidamente, eles eram dotados de conhecimentos muito antigos de cura:

...eles também dedicavam um enorme esforço ao estudo de escritos antigos e selecionavam entre eles os de maior importância para sua alma e seu corpo; investigavam raízes e minerais terapêuticos que poderiam curar suas enfermidades.[216]

---

214. N.A.: Josephus: *Jewish War*, 2: 8:2.
215. N.A.: *Idem*
216. N.A.: *Idem*

Suas habilidades curativas estavam ligadas ao uso de pedras. Hipólito referia-se aos essênios como "ocupando-se eles mesmos em como entender a força operativa dessas pedras". Se os registros deixados por Josephus são precisos, os essênios devem ter possuído uma tremenda capacidade de atuar na preservação da saúde e, por isso, ele afirma:

> *Eles também viviam muito; em verdade muitos deles viviam mais de cem anos.*[217]

Não há razões para não acreditar em Josephus no que se refere a esse assunto, e tal longevidade para um único indivíduo devia ser um fato surpreendente e de muita notoriedade há dois mil anos, o que não dizer quando verificado entre "muitos" desses essênios.

Josephus ainda acrescenta que se tornar membro da comunidade essênia não era tarefa fácil. Primeiramente, o candidato recebia um cinto (espécie de espartilho), uma túnica branca e um pequeno machadinho e, logo depois, era instruído a viver um ano no estilo essênio, mas não em contato com a Ordem. Se ele passasse desse estágio, seria aceito como noviço por mais dois anos. Depois desse período, caso fosse julgado merecedor, seria admitido à comunidade. Esse mesmo termo "merecedor" é usado no primeiro grau da Maçonaria quando o candidato está prestes a ser admitido à Ordem:

> *É meu dever informá-lo que a Maçonaria é livre e requer uma completa inclinação para a liberdade por parte de todo candidato aos seus mistérios. Ela é encontrada acima dos mais puros princípios da moral e da virtude. Ela oferece muitos e inestimáveis privilégios aos homens dignos, e eu acredito que apenas para homens merecedores.*

Há mais similaridade com a Maçonaria, pois o candidato à Ordem Essênia também assumia a obrigação de ajudar seus companheiros. Josephus descreve isso desta forma:

> *E antes que lhe seja permitido tocar na comida comunitária, ele é obrigado a fazer grandes juramentos; em primeiro lugar, que ele exercerá devoção perante Deus; e depois, observará a justiça perante os homens; e que não ferirá ninguém, nem por sua vontade nem por vontade alheia; que odiará os perversos e será complacente com os justos; que será sempre fiel a todos os homens, e especialmente com aqueles no exercício da autoridade, pois ninguém chega ao governo sem a ajuda de Deus; e que se estiver em comando, jamais exorbitará na condução de sua autoridade nem tentará constranger seus súditos, nem por roupas nem por qualquer outro ornamento; que*

---

217. N.A.: *Idem.*

será, perpetuamente, um amante da verdade, e ele se propõe a reprovar aqueles que contam mentiras; que manterá suas mãos limpas de roubos, e sua alma de ganhos escusos; e que jamais esconderá alguma coisa de seus companheiros nem revelará qualquer de seus princípios comunitários a outros, mesmo que seja compelido a fazer isso com risco de perder a vida. E ainda, ele jura não comunicar a doutrina a ninguém, a não ser da mesma forma que ela lhe foi transmitida, que ele preservará os livros da comunidade e os meios dos mensageiros (o nome dos anjos).

Essas obrigações assemelham-se muito àquelas assumidas por um novo maçom imediatamente antes de ser convidado a compartilhar de sua primeira refeição com seus Irmãos. Apesar de Josephus não saber as palavras exatas usadas pelos essênios, ele conhecia o conteúdo geral. Qualquer pessoa poderia chegar a conclusões semelhantes ouvindo o ritual da Maçonaria atual.

Decidimos listar as comparações e semelhanças entre as duas Ordens:

Essênia: E antes que lhe seja permitido tocar na comida comunitária, ele é obrigado a fazer grandes juramentos.

Maçônica: ...mantenha-me imóvel e firme em meu primeiro, grande e solene juramento.

Essênia: ...ele exercerá devoção perante Deus.

Maçônica: Para Deus, nunca mencionando Seu Nome, a não ser com o respeito e a reverência devidos pela criatura ao Criador; implorando Sua ajuda no cumprimento dos preceitos legais e clamando a Ele, em todas as emergências, por conforto e apoio.

Essênia: ele observará a justiça perante os homens... sempre mostrará fidelidade a todos os homens.

Maçônica: A seu vizinho, agindo com ele com retidão; prestando-lhe qualquer tipo de ajuda que a justiça ou a misericórdia possam aconselhar; aliviando seu desconforto e amenizando suas aflições, e fazendo a ele o que, em casos similares, gostarias que fizessem a ti.

Essênia: ele sempre mostrará fidelidade a todos os homens, especialmente àqueles no exercício da autoridade.

Maçônica: ...prática da gentileza e condescendência com os inferiores, a cortesia e afabilidade com os iguais; a obediência e submissão com os superiores.

Essênia: ...será, perpetuamente, um amante da verdade.

Maçônica: ...imprima indelevelmente em sua mente os sagrados ditames da Verdade, da Honra e da Virtude.

Essênia: ...não revelar nenhuma das suas doutrinas a outros.

Maçônica: ...fazer por isso e para isso, de minha própria livre vontade e entendimento, muito solenemente prometo, e juro, manter, ocultar e nunca revelar, no todo ou em partes, segredo ou segredos, mistério ou mistérios pertencentes a esse primeiro grau da Maçonaria.

Os essênios eram neutros quando a guerra judaica contra os romanos começou. Sua bravura, mesmo na derrota, foi extraordinária. Josephus, que começou a guerra como um oficial judeu e terminou-a ("inteligentemente") como um oficial romano, disse a respeito dos essênios:

E com a morte, se fosse por sua glória, eles a valorizavam sempre mais que a própria vida; e, de fato, nossa guerra com os romanos deu mostras abundantes de que grandes almas eles mostravam em seus julgamentos, nos quais, apesar de torturados, queimados e cortados aos pedaços e sujeitados a todos os tipos de instrumentos de tortura, para forçá-los a blasfemar contra seu legislador, ou a comer o que lhes era proibido, ainda assim não o faziam, nem mesmo uma vez para enganar seus carrascos ou derramar uma lágrima; mas eles sorriam em suas dores, e riam com desdém daqueles que lhes infligiam os tormentos, e resignavam suas almas com grande entusiasmo, como se esperassem recebê-las novamente.

Os essênios que deixaram seus documentos em Qumran mostraram-nos que, às vezes, usavam senhas crípticas nas cópias de livros sagrados. J.T. Milik, estudioso dos Manuscritos do Mar Morto, menciona o uso de dois alfabetos diferentes, com sinais arbitrariamente escolhidos em substituição aos caracteres hebraicos usuais, ou em documentos em que a escrita corria da esquerda para a direita em vez da forma usual, da direita para a esquerda. Ocasionalmente, cartas fenícias ou gregas aparecem no lugar das equivalentes hebraicas. Esses documentos sagrados eram preparados com boa vontade para o dia em que Javé voltasse, no fim dos tempos.

A tradição de Enoch está no coração desses textos secretos, não apenas em *O Livro de Enoch*, mas também no Livro dos Jubileus que, provavelmente, é só uma parte de uma grande coleção de outros escritos que existiam naquele tempo.[218]

No Livro dos Jubileus, Enoch é descrito como uma figura obscura, familiarizado com o conhecimento científico e misterioso, o primeiro caracterizado pela habilidade de medir os movimentos dos corpos celestes e entender seus significados. O Livro dos Jubileus também apresenta um calendário solar usado pela comunidade de Qumran. Foi dito por estudiosos cristãos que Jesus Cristo pode ter, ele mesmo, seguido o calendário de Enoch – sugerindo que ele, de fato, era membro desse grupo de sacerdotes hereditários que marginalizava os costumes mal-orientados e corrompidos de Jerusalém. Eis a opinião do reverendo professor Harold Ruwley a respeito do calendário solar encontrado no Livro dos Jubileus:

> *Não precisamos atribuir a autoria do Livro dos Jubileus a um membro da comunidade de Qumran, e esse calendário, que é mais velho que o livro, pode ter sido adotado por outros além dos essênios, incluindo nosso Senhor, que depois celebraria a Páscoa na noite de terça-feira. Essa data não é contestada pelas evidências dos evangelhos sinóticos.*[219]

Havia tradições secretas de Enoch ligadas a Moisés e Ezra, a Noé e a Daniel. Há pouca dúvida de que essas tradições sejam as mais antigas e que para elas Enoch representa o provedor de segredos divinos de extrema antiguidade passados a gerações subsequentes.

O Livro dos Jubileus, tão importante para o povo de Qumran, diz o seguinte a respeito de Enoch:

> *Ele foi o primeiro entre os homens que nasceu para aprender a escrever e aprender conhecimento e sabedoria e que escreveu os signos do céu de acordo com o número de seu mês em um livro.*[220]

As lendas de Noé e Enoch parecem ser essencialmente semelhantes, tanto que alguns especialistas bíblicos acreditam que a lenda de Noé seja mais velha que a de Enoch, e que a última reconstrói as imperfeições da primeira.[221]

Precisávamos agora entender como o culto a Vênus sobreviveu juntamente com o solar. Se estivéssemos certos em nossas crenças, de que o ritual de Vênus veio do "Povo da Pote Entalhado" por meio dos cananeus e primitivos judeus, ele deve ter persistido até o tempo de Cristo e a destruição

---

218. N.A.: Russel, DS: *The Method and Message of Jewish Apocalyptic 200 a.C. – 100 d.C.*, SCM Press Ltd, 1960.
219. N.A.: Rowley, HH (ed): *Apocalyptic Literature*, Peake's Commentary on the Bible, Thomas Nelson and sons, 1962.
220. N.A.: *Livro dos Jubileus* 4: 17.
221. N.A.: Charles, RH: *The Book of Jubilees*, OUP, 1902.

do Templo. Nossa tarefa era encontrar firmes evidências de sua prática. Sem essa ligação vital, nossa hipótese nunca poderia ser provada.

Conclusões

Descobrimos que as ideias cananeias a respeito do deus Sol e uma religião baseada na aparição e nos movimentos das estrelas persistiram em Israel até o tempo do exílio para a Babilônia (cerca de 596 a.C.) e foram trazidas ao moderno Cristianismo na imagem da aura (dos santos).

Durante o período de reconstrução do Templo sob Zorobabel, a emergente nova cultura grega começou a influenciar Israel. Certos grupos não apoiavam as ideias gregas e um grupo formado por sacerdotes enoquianos e zadoquistas formou a comunidade de Qumran, como consequência de seu desapontamento com a autoridade macabeia em Jerusalém. Esse grupo usava técnicas astronômicas ancestrais para criar seus próprios calendários solares, distintos do lunar usado pelo sacerdócio macabeu, o qual ainda controlava o Templo de Jerusalém.

Capítulo Dez

A Sagrada SHEKINAH

O Ciclo de Vênus no Judaísmo

O significado do antigo nome de Jerusalém inequivocamente revela que a cidade foi fundada com a ideia de Vênus em mente. De acordo com a tradição, o Templo de Jerusalém ficava no lugar em que Abraão preparou-se para sacrificar seu filho Isaac e onde Salomão posteriormente decidiu construí-lo, alinhado ao surgimento de Vênus no pré-alvorecer. Sabíamos, de estudos anteriores, a respeito da cultura do "Pote Entalhado" nas Ilhas Britânicas, que o ciclo de Vênus é de 40 anos – um número que é de grande importância na Bíblia.

Para conferir se nossa afirmação sobre o uso do número 40 na Bíblia era mais do que uma simples especulação, buscamos no Livro tantas referências quantas pudéssemos encontrar envolvendo o número 40. Abaixo, apresentamos, apenas a título de exemplo, 40 menções a esse número no Velho e no Novo Testamentos:

1. O dilúvio diz respeito a um período de 40 dias e 40 noites de chuva (Gn. 7:4);
2. O dilúvio permaneceu sobre a terra por 40 dias (Gn. 7:17);
3. Isaac casou-se aos 40 anos (Gn. 25:20);
4. Esaú casou-se aos 40 anos (Gn. 26:34);
5. Os israelitas comeram maná por 40 anos (Ex. 16:35);
6. Deus disse que, ao fim de 40 anos, Ele terminaria o exílio dos judeus (Ez. 29:13);
7. Moisés esteve com Deus no monte por 40 dias e noites (Ex. 24:18);
8. Moisés esteve novamente com Deus por mais 40 dias e noites (Ex. 34:28);
9. Moisés deixou o Egito rumo a Israel com 80 anos de idade (2 x 40), e depois de 40 anos no deserto ele morreu com 120 anos (3 x 40) (Dt. 34:7);

10. Espiões sondaram a terra de Canaã por 40 dias (Nm. 13:25);
11. Deus fez Israel vagar por 40 anos (Nm. 14:33-34);
12. Quarenta chibatadas era a penalidade máxima admitida (Dt. 25:3);
13. Deus permitiu que a terra descansasse 40 anos (Jz. 3:11);
14. Deus concordou em dar descanso à terra por mais 40 anos (Jz. 5:31);
15. Mais uma vez Deus permitiu que a terra descansasse 40 anos (Jz. 8:28);
16. Abdon, um dos juízes de Israel, tinha 40 filhos (Jz. 12:14);
17. Israel fez o mal e Deus entregou-o ao inimigo (filisteus) por 40 anos (Jz. 13:1);
18. Eli julgou Israel por 40 anos (1Sm. 4:18);
19. Golias apresentou-se a Israel por 40 dias (1Sm. 17:16);
20. Saul, o primeiro rei judeu, reinou por 40 anos (At. 13:21);
21. Saul estava com 40 anos de idade quando se tornou rei (At. 13:21);
22. Ishbosheth (filho de Saul) foi coroado aos 40 anos (2Sm. 2:10);
23. Davi reinou por 40 anos (2Sm. 5:4, 1Rs 2:11);
24. Salomão reinou por 40 anos (1Rs11:42);
25. O lugar sagrado do Templo tinha 40 cúbitos de comprimento (1Rs. 6:17);
26. O tamanho dos lavatórios para abluções no Templo era de 40 *baths* (unidade de medida) (1Rs. 7:38);
27. As bases de prata eram em grupos de 40 (Ex. 26: 19, 21);
28. O rei Ahaz subiu ao trono, comeu e bebeu com um anjo, e com a energia da refeição andou 40 dias e 40 noites em direção ao monte de Deus, o monte Horeb (1Rs. 19:8);
29. Elias fez uma refeição que o alimentou por 40 dias (1Rs. 18:8);
30. Ezequiel aborreceu a iniquidade da casa de Judá por 40 dias (Ez. 4: 6);
31. Jehoash reinou por 40 anos em Jerusalém (2Rs. 12:1);
32. O Egito estava para ser desolado por 40 anos (Ez. 29:11-12)*;
33. O Templo na visão de Ezequiel tinha comprimento de 40 cúbitos (Ez. 41:2);
34. Os pátios no Templo tinham um comprimento de 40 cúbitos (Ez. 46: 22);
35. Deus deu a Nínive 40 dias para se arrepender (Jn. 3:4);

---

*N.T.: Aqui surge um equívoco, pois nessa passagem Deus diz que perdoará a maldição que lançou aos egípcios depois de passados 40 anos. Os judeus não estão envolvidos nesta passagem; apenas os egípcios.

36. Por 40 anos Deus desgostou-se com Israel (Sl. 95:10);
37. Jesus jejuou 40 dias e noites (Mt. 4:2);
38. Jesus foi tentado por 40 dias (Lc. 4:2);
39. Jesus foi servido no deserto por 40 anjos (Mc. 1:13);
40. Jesus permaneceu 40 dias na Terra depois da ressurreição (At. 1:3).

Tendo encontrado 101 exemplos (dentre os quais estão os 40 acima apresentados), perguntamos ao professor Philip Davies se havia alguma explicação para a fascinação bíblica pelo número 40. Philip respondeu que a única suposição que conhecia envolvia a ideia de que 40 anos representava uma geração, mas logo acrescentou que achava isso pouco provável, pois um período de 40 anos estaria mais próximo de duas gerações.

Claramente, 40 anos é mais do que uma geração humana, mas menos do que a expectativa de vida em uma sociedade saudável. Então, por que a Bíblia discute com tanta frequência períodos medidos em 40 unidades de tempo diversas? Poderia ser por causa dos 40 anos do ciclo de Vênus, planeta responsável pelos fundamentos da teologia cananeia e pela própria fundação de Jerusalém?

Entendemos ser particularmente interessante os três primeiros reis de Israel – respectivamente, Saul, Davi e Salomão – terem reinado por exatamente 40 anos. Será que lhes foi concedido um exato ciclo de Vênus para reinar, ou os escribas posteriores racionalizaram o período pois acreditavam haver algo de divino nesse particular lapso de tempo? As possibilidades de ter sido uma coincidência são, de fato, muito pequenas.

Detectamos também dois períodos muito mais longos, mas muito significativos, ambos com durações múltiplas de 40 anos. Nenhum sábio bíblico foi capaz de explicar satisfatoriamente os ciclos de 40 anos usados ao longo do Velho e Novo Testamentos – a duração de uma geração humana foi apenas uma tentativa isolada e única. Adicionalmente, diversos especialistas do último século também mencionam aqueles dois períodos muito mais longos que passam quase despercebidos. Eles consideram a duração desses dois períodos inexplicável e de pouca importância; entretanto, uma vez conhecido o significado do ciclo de Vênus, os mesmos passam a ter fundamental relevância.

Em um exame criterioso, descobrimos que esses dois períodos mais longos tinham sido cuidadosamente descritos, mas nunca explicados.

Genericamente, identificamos e denominamos os períodos de tempo encontrados no Velho Testamento como segue:

Geração Venusiana = 40 anos (um ciclo de Vênus)

Época Venusiana = 480 anos (12 ciclos de Vênus)

Eon Venusiano = 1.440 anos (3 x 12 ciclos de Vênus)

Chamamos o período de 40 anos de "Geração Venusiana" mais porque equivale ao período de governo dos três primeiros reis do que para tirar conclusões relacionadas com a duração da relação de parentesco entre pais e filhos. No dicionário, a palavra geração é definida como "qualquer número de estágios, níveis ou séries".[222]

O termo "Época Venusiana" parece inteiramente aceitável porque uma época é definida como "um ponto fixado ou notável por conta de algum grande evento a partir do qual o tempo passa a ser contado novamente – uma data precisa a partir da qual data-se um novo estado de coisas".[223]

Finalmente, escolhemos "*Eon* Venusiano" para o período mais longo, porque um *eon* é definido como "uma vasta idade. Sabe-se também que no Gnosticismo era considerado como a emanação de força da suprema deidade associada ao governo do Universo".[224] Isso soa como uma forma muito boa para descrever os ciclos de longa duração de Vênus – e relembramos ainda que o Gnosticismo estava diretamente relacionado ao Judaísmo no tempo de Cristo.

Os períodos que identificamos estão diretamente relacionados a eventos muito importantes. No primeiro Livro de Reis (6:1), lemos a respeito de uma época venusiana (de 480 anos):

No ano 480, depois da saída dos filhos de Israel do Egito, Salomão, no ano quarto de seu reinado sobre Israel, no mês de zive (esse é o mês segundo), começou a edificar a Casa do Senhor.

Então, a construção do grande Templo de Jerusalém começou exatamente 12 ciclos de Vênus depois de Moisés e seu grupo 'Apiru terem atravessado o Mar Vermelho. O grupo 'Apiru ou hebreu vagou pelo deserto, exatamente o número de anos do primeiro desses ciclos, ao final do qual Moisés morreu.

A questão aqui é saber se o período de 480 anos, mencionado em 1 Reis, é uma tentativa de registrar uma data verdadeira para o evento ou se era apenas um período de tempo "sagrado", colocado no intervalo entre esses dois eventos importantes por alguns escribas tardios. Se o Êxodo aconteceu nesse tempo, o faraó envolvido na história de Moisés deveria ser Tutmosis III (1479-1425), o que nos traz dois problemas. Primeiro, Tutmosis III era um grande construtor, mas suas obras estavam no Alto Egito, não no delta do Nilo, de onde se diz que escaparam os hebreus. Segundo, esse faraó liderou muitas campanhas militares vitoriosas em toda Canaã e suas tropas teriam derrotado rapidamente um bando de renegados liderados por Moisés e Josué.

---

222. N.A.: *Chambers Dictionary*.
223. N.A.: *Idem*.
224. N.A.: *Idem*.

Muitos estudiosos bíblicos acreditam que o intervalo de 480 anos é uma adição artificial e que a data mais provável para o Êxodo (se ele de fato aconteceu) é cerca de 1250 a.C.[225] Então, a próxima questão é – por que alguém sentiu necessidade de atribuir esse intervalo preciso entre os eventos?

Usualmente, aceita-se que o Velho Testamento foi um trabalho cuidadoso de coleta de tradições orais diversas, mas o elemento tempo parece pertencer a uma categoria que geralmente foge aos olhos. O período sagrado de 480 anos permaneceu, mas as razões de sua existência foram esquecidas. Nossa sensação é que esse número devia estar relacionado a alguma antiga tradição de Enoch, que foi adotada na tradição mosaica para dar autoridade à história muito mais nova do Êxodo.

O período de 480 anos também é aplicado à segunda chegada dos hebreus à Terra Prometida, no retorno do exílio babilônico. Isso tinha sido identificado pelo reverendo Frederick Foakes-Jackson, um professor de Estudos Cristãos, que acreditava que o mesmo intervalo de tempo podia ser encontrado entre o Templo de Salomão e o fim do exílio na Babilônia. Ele diz:

> *As fundações do Templo foram lançadas no ano 480 depois do Êxodo... um igual período pode ser percebido entre Salomão e o fim do exílio babilônico (430 anos até o último rei Zedekias, e mais 50 anos de cativeiro).*

Isso não é uma invenção; afinal, as datas desses eventos estão na história, e parece que pessoas preocupadas e responsáveis apreciaram a importância do período de 480, mesmo não tendo entendido seu significado.

Os ciclos de 40 anos são frequentemente associados com a vida das pessoas, e os dois longos períodos parecem separar eventos importantes e marcantes da história judaica. Esses pontos no tempo podem não ser historicamente acurados, mas o que importa é que sacerdotes antigos impuseram esse padrão acreditando que era verdadeiro e valioso.

O período mais longo, que chamamos de *eon* venusiano, foi mencionado por Josephus, o historiador dos judeus que viveu no século I:

> *Salomão começou a construir seu Templo... 440 anos depois do dilúvio.*[226]

Josephus registrou isso como um fato que lhe veio ao conhecimento, mas que nada significava para ele. Ele não diz que tradição forneceu essa informação, mas, como veremos mais adiante, sua fonte deve ter sido um ressurgimento do pensamento de Enoch em época anterior aos seus escritos, concentrados na segunda metade do primeiro século.

---

225. N.A.: Stalker, DMG: *Exodus*, Peake's Commentary on the Bible.
226. N.A.: Josephus, *Antiquities* 8:3:1.

Todavia, para nós, um grande horizonte se abria. O Templo de Salomão tinha começado exatamente 480 anos depois de Moisés liderar o Êxodo (deixando o Egito para vagar 40 anos no deserto) e 1.440 anos depois do Dilúvio (que, por sua vez, durou 40 dias). Há um claro entendimento, e mesmo uma crença, de que Deus trabalha de uma forma que pode levar à predição. Os estudiosos bíblicos notaram a existência repetitiva dessas sequências numéricas, mas nunca sugeriram qualquer razão para justificá-las. Estávamos nos convencendo, rapidamente, de que tudo isso tinha relação com a aparição de Vênus no céu durante a aurora.

Definitivamente, tínhamos encontrado na tradição judaica uma utilização dos ciclos de Vênus, que, de alguma forma, correspondia às nossas descobertas nos sítios da cultura do "Pote Entalhado" nas Ilhas Britânicas. Mas ainda precisávamos encontrar referências à aparição de Vênus em momentos adequados. Fomos logo surpreendidos pelo que encontramos tanto no Testamento Maçônico como na própria Bíblia.

O Velho Testamento diz que alguma coisa chamada "a divina *Shekinah*" brilhou no momento do nascimento de Moisés e, sabendo que ele provavelmente nasceu no começo de um ciclo de Vênus, entendemos que a presença dessa criatura deveria identificar alguma relação especial entre aquele planeta e alguém que nasce no início de um de seus ciclos. Logo depois, lemos também que o mais sagrado santuário dentro do Templo do rei Salomão era considerado a habitação dessa *Shekinah*, que a Bíblia descreve como "A Divina Presença".

Isso parece sugerir que a luz de Vênus, que sabíamos que entrava nos edifícios megalíticos em Newgrange, era considerada uma manifestação de Deus. Lembramos da claraboia no Templo de Salomão e de que o Santo dos Santos só podia ser visitado pelo Sumo Sacerdote e, unicamente, no primeiro dia do ano-novo.

Pesquisando entre muitos rituais maçônicos, encontramos uma instrução histórica do Arco Real que diz o seguinte:

> *A Primeira Loja Maçônica Sagrada foi aberta, depois do Êxodo dos israelitas do cativeiro egípcio, por Moisés, Aholiah e Rezaleel, em solo consagrado, aos pés do Monte Horeb, no Deserto do Sinai. Ali, a multidão de Israel assentou-se e levantou suas tendas para oferecer preces e graças por sua recente libertação. Nesse lugar, o Todo-Poderoso achou apropriado revelar-se a Moisés, seu servo fiel. Ali, O Mais Elevado entregou os projetos de misteriosos protótipos: o Tabernáculo e a Arca da Aliança; ali foi entregue a Lei Sagrada, gravada pela mão do Mais Alto, com aqueles sublimes e compreensíveis preceitos de comportamento civil e religioso, os quais separariam Seu povo preferido de todas as outras nações, tendo Ele os consagrado como os*

recipientes escolhidos para o Seu serviço. Por essas razões, essa é denominada a Primeira ou Loja Sagrada.

Até aqui, não há nada muito surpreendente, mas o ritual avança para conectar a *Shekinah* tanto às experiências de Moisés no deserto do Sinai como ao Templo de Salomão:

Bezaleel era o artesão inspirado do Santo Tabernáculo, o qual construiu para abrigar a Arca da Aliança e para permitir que a luz da Divina Shekinah brilhasse sobre ela. Seu projeto, depois disso, tornou-se o modelo do Templo do rei Salomão, que obedece aos padrões entregues no Monte Horeb, por Deus a Moisés, que depois se tornou o Grão-Mestre da Loja de Israel.

Essa passagem afirma especificamente que o Templo do rei Salomão foi projetado para permitir a entrada de luz exterior em suas dependências. O ritual continua dando ainda mais detalhes a respeito de onde aparece a *Shekinah* e quando:

Esse favor era sinalizado aos Irmãos pela aparição, no Oriente, da Divina Shekinah, que representava a Glória de Deus surgindo no Monte Sinai para entregar a Lei Sagrada.

Então, tínhamos um indício de que a *Shekinah* era uma luz externa que de alguma forma representava uma faceta de Deus; ela aparecia no Oriente e brilhava sobre a Arca da Aliança em ocasiões especiais. Sabíamos também que era distinta e diferente da luz do Sol nascente, esse muito importante para a Maçonaria. Mais à frente, a mesma instrução menciona que o brilho da *Shekinah* não é necessariamente um evento regular ou previsível. O ritual alerta que Deus pode remover esse sinal de Seu favor, se assim quiser.

Na consagração do Tabernáculo Sagrado, e depois, na sagração do Templo do Senhor pelo rei Salomão, a Divina Shekinah desceu e assim sua luz brilhou sobre a Arca que ficava no Santo dos Santos, no assento da Misericórdia, coberto pelas asas dos querubins, onde ela apareceu por diversas gerações, até os israelitas mostrarem-se infiéis ao Mais Elevado. Possa assim também a luz da Maçonaria ser removida de todos que se mostrem infiéis a seu Deus!

A afirmação de que a aparição da *Shekinah* era irregular e incerta foi inesperada. Afinal, o mérito do estudo dos movimentos de Vênus era exatamente a regularidade do seu ciclo – a grande previsibilidade de sua aparição. A menos que houvesse algum erro, a *Shekinah* não poderia ser Vênus, apesar da descrição da sua luz adentrando pela claraboia do Templo de Jerusalém. Essa era, certamente, uma informação inesperada e intrigante. Porém, a solução desse quebra-cabeça não estava muito distante.

Continuando nossa pesquisa, encontramos no ritual do Rito Escocês Antigo e Aceito uma referência que descreve a cena de sete candidatos ao grau de Mestre Secreto reunidos fora do Templo de Salomão, preparando-se para sua iniciação. Conforme entram na câmara interna do Templo, antes do nascer do Sol, eles veem-se expostos a uma luz sagrada que é maravilhosamente descrita:

Na aurora cinza da manhã, mesmo antes de o Sol aparecer sobre o Monte das Oliveiras, resplandeciam de carmesim as paredes do Templo; os poucos escolhidos, respeitosa e solenemente, reuniram-se. A luz do candelabro de sete braços no Oriente estava refletida no chão dourado do lavatório de bronze cheio de água, com hissopo e guardanapos, mas caía sombriamente nas pesadas cortinas de aniagem junto às janelas. Entre as preces e exortações, e o solene canto dos levitas, os sete entraram formando uma mística cadeia, e os votos de segredo e silêncio foram relembrados a eles. A seguir, as portas de cedro e oliveira, pesadamente entalhadas e decoradas, abriram-se, e os véus de azul, e púrpura, e escarlate, e linho branco ricamente bordado foram postos de lado, e os mistérios do Santo dos Santos revelados a eles.

Ninguém, a não ser os sacerdotes e levitas, tinha entrado no Sanctum Santorum *desde que a Arca Sagrada tinha sido posta ali, e agora, depois das Sete Sentinelas Secretas tirarem seus sapatos, lavarem seus pés e entrarem no santuário dourado, permaneciam em silêncio ofuscados pela luz que brilhava acima deles. As asas abertas dos querubins cobriam a Arca da Aliança, e por todos os lados as paredes resplandeciam em ouro e pedras preciosas.*

Encontramos aqui uma descrição afirmando que, na escuridão da pré-aurora do santuário interno do Templo de Salomão, uma luz resplandecia, ofuscando quem lá estivesse. A primeira instrução dos Graus de Perfeição confirma que a tenda de Moisés estava orientada na mesma direção leste para permitir o acesso da *Shekinah*:

E para melhor abrigar a solenidade do culto divino, como também para ser um receptáculo para os Livros e Tábuas da Lei, Moisés ordenou que um Tabernáculo ou Tenda fosse erguido no deserto, o qual, por comando especial de Deus, ficava situado em uma direção leste-oeste, pois Moisés fez tudo de acordo com as recomendações dadas pelo Senhor a ele no Monte Sinai. Essa Tenda ou Tabernáculo provou "mais tarde" ser a maquete, respeitadas as devidas proporções, daquele magnífico Templo construído em Jerusalém, por aquele sábio e corajoso príncipe, rei Salomão, cujo esplendor e beleza sem paralelo transcendem de longe nossa imaginação. Essa é a terceira, última e grande razão que eu, como maçom, dou, para explicar por que e como todos os lugares de culto divino, como também Lojas constituídas, regulares e bem formadas, são ou deviam ser situadas.

Na súmula dessa instrução, quando uma série de questões são colocadas aos candidatos a Mestre Secreto, o assunto começa a ficar mais claro.

Qual é a hora?

A Estrela da Manhã afastou as sombras da noite e a grande luz começa a alegrar nossa Loja.

Como a Estrela da Manhã antecede a grande luz que começa a brilhar em nossa Loja, e somos todos Mestres Secretos, é hora de começar nossos trabalhos.

A Estrela da Manhã é Vênus e, portanto, permanece a questão: seria a *Shekinah* alguma outra coisa diferente?

A Ordem Real da Escócia é uma invenção jacobita e afirma em seus rituais que foi estabelecida originalmente "no sagrado Monte Moriá no reino da Judeia", e mais tarde restabelecida "em Icolmkill, e depois em Kilwinning, onde o rei da Escócia, pela primeira vez, assumiu o posto de Grão-Mestre".

O motivo para esse restabelecimento pelos reis jacobitas da Escócia é explicado como "para corrigir os erros e eliminar os abusos que contaminaram os três graus da Maçonaria de São João" – uma óbvia referência à Maçonaria inglesa. A Ordem Real faz uma referência específica à *Shekinah* ligando-a à Primeira ou Loja Sagrada, presidida por Moisés, no Monte Horeb. O ritual pergunta e responde às duas questões abaixo:

O que representa a Estrela Flamejante? – Resposta: A Glória de Deus surgindo no Monte Sinai quando da entrega da Lei.

Por que a Estrela e a letra G interna aparecem? – Resposta: A Estrela e o G interior anunciam a Shekinah, onde quer que ela apareça. Seja no Sinai, em Salém ou no lugar onde os Magos Orientais viram a face bendita.

São novamente mencionados quando o ritual prossegue:

Quem encontraste na Câmara do Meio? – Resposta: Três homens sábios.

O que fizeram contigo? – Resposta: Levaram-me para a Sala da Sabedoria.

Como foste orientado? – Resposta: Por uma Estrela Flamejante aparecendo no Oriente.

O ritual, obviamente, considera a aparição da *Shekinah* de extrema importância na história da Maçonaria, e esse espetacular evento é descrito em detalhes:

Desejo saber qual a primeira e maior honra conferida aos maçons.

A aparição da Divina Shekinah, primeiro na consagração do Santo Tabernáculo e depois na sagração do Templo do Senhor pelo rei Salomão, colocando-se Ela mesma sobre a Arca ou Assento da Misericórdia do Santo dos Santos, coberta pelas asas dos querubins, de onde continuou a oferecer suas respostas proféticas por muitas gerações.

Quantas foram as gerações?

Catorze.

A Shekinah foi removida alguma vez?

Foi.

Por quê?

Porque os israelitas mostraram-se infiéis a seu Deus. E então, possa a luz da Maçonaria ser removida de todos aqueles que se mostrem infiéis a seu Deus.

Então, lemos novamente que a *Shekinah* deixou de aparecer, por causa do comportamento inconveniente e indevido dos judeus. Ainda estávamos bastante intrigados a respeito do fato de a *Shekinah,* algumas vezes, comportar-se nos padrões de Vênus e, em outras, simplesmente desaparecer. Decidimos aprofundar nossas pesquisas no assunto e acabamos encontrando um interessante trabalho produzido pelo pesquisador maçônico A.E. Waite, do começo do século XX.

Metatron, Shekinah e a Cabala

Waite, escrevendo sobre Cabala, refere-se à natureza celestial da *Shekinah* como um tema recorrente e descreve uma dimensão sexual associada a ela, na qual Deus no Céu tem um relacionamento com a Mãe Terra. No caso, os sexos não estão definidos e Deus e o mundo são ambos macho e fêmea, interagindo em um supremo ato amoroso com identidades sexuais mescladas.

A Cabala conta-nos muito a respeito dos aspectos femininos de Deus e afirma que isso faz parte de um sistema de crenças baseado em uma tradição astral secreta do Judaísmo, desconhecida do mundo exterior antes do século I da era comum. As seguintes citações do famoso livro de A.E. Waite, *The Holy Kabbalah*, envolvem a *Shekinah* como é vista na Cabala:

> *Agora, é dessa maneira que abro a alta conferência a respeito do Mistério da Shekinah, que é um mistério entre o homem e Deus, do homem na semelhança dos Elohim (deuses), das relações entre as coisas acima e as coisas abaixo, de relações sexuais para união na Terra, realizadas no espírito de união celestial, e a transmutação de um pelo outro para o trabalho de Deus no mundo.*

A tradição no corpo da Cabala parece concordar com nossas deduções a respeito da cultura do "Pote Entalhado" das Ilhas Britânicas, na qual a luz de Vênus estava diretamente envolvida com relações sexuais, nascimento e ressurreição – ligando o céu à Terra.

Waite continua:

> *Ela é agora a Filha do rei; ela é agora a Amante, a Noiva e a Mãe, e outra vez ela é irmã em relação ao mundo do homem em geral. Há um senso também de que essa Filha de Deus é – ou torna-se – a Mãe do homem. Em relação ao Universo manifesto, ela é o arquiteto de mundos.*

> *Ela é a Matrona que une com o rei, pois a perfeição do Divino Macho está na Divina Fêmea.*

A imagem indicava uma crença antiga na importância fundamental da fêmea em sua própria função e como ingrediente essencial ao homem completo.

> *Ela é aquela Divina Presença que andava no Jardim do Éden no frio da tarde.*

Isso sugere, enfaticamente, Vênus em sua função como Estrela da Manhã.

> *Dela é dito: "Observa, Eu mando um anjo perante ti, para manter-te no caminho, e para trazer-te para o lugar que Eu preparei". Mas está confirmado que esse Anjo Libertador manifesta-se como macho e fêmea, sendo macho quando espalha as bênçãos celestiais no mundo abaixo, porque ele se assemelha a um macho cortejando a fêmea, mas quando, em função de julgamento, ele é chamado fêmea, como uma mulher que carrega seu filho em seu útero.*

> *Em seu ofício como arquiteta do mundo, a Palavra é devida a ela, foi por ela concebida e trazida ou gerada e em execução. Vimos que a Shekinah abaixo coopera com o arquiteto acima e é também um construtor.*

> *Apesar de ser proibido separar o Noivo e a Noiva Celestiais, mesmo em pensamento, foi isso que aconteceu por causa do sofrimento de Israel, a quem a Shekinah estava destinada a suportar desde o início. "Quando Israel está no exílio, a Shekinah também está. É por essa razão que o Sagrado Uno lembrará Israel, significando que Ele lembra Sua aliança, que é Shekinah".*

Aqui, vemos a *Shekinah* absolutamente envolvida com sua função principal relacionada ao reino – sua bem-sucedida proteção do país de seus inimigos. Quando o país não é merecedor, a *Shekinah* vai-se embora, e seu retorno tem de marcar mudanças no destino, tal como é esperado dentro das expectativas messiânicas.

> *...em relação a todas as outras luzes da criação, é como a alma é para o corpo, apesar de que em relação ao Divino Uno ela é como o corpo para a alma, não esquecendo que ela e Deus são um. Ela é a Mestra da Escola Celestial, chamada a Casa dos Pastores, e essa é a escola de* Metatron, *entendido como uma veste ou forma assumida pela Shekinah.*

Aqui temos mais associações com eventos astrais e uma combinação de gêneros dentro da cabeça de Deus. Mais uma vez, vemos *Metatron* sendo descrito tendo responsabilidade pelo governo dos céus, abaixo da maior autoridade da *Shekinah*. A seguir, Waite revela como a Cabala faz referência direta a Abraão:

> *Foi depois de sua circuncisão que a letra HE foi adicionada ao nome de Abraão e também foi depois que ele foi unido à Shekinah. A maior parte das visões divinas observada por Abraão foram visões e manifestações de Shekinah, que frequentemente se hospedava na tenda de Sara...*

O importante pacto da circuncisão que identifica o tronco masculino no Judaísmo desde Abraão e Isaac está aqui diretamente conectado à *Shekinah*. Só podemos assumir que Deus, na forma de *Shekinah*, estava em sua personalização masculina quando se demorava na tenda com a jovem e bonita mulher de Abraão.

> *...deixando sua casa, Abraão manteve Shekinah iluminando o caminho à frente dele e rodeado por muitas legiões celestiais. Ela estava presente quando Isaac "benzeu" Jacó; foi ela também que conferiu o nome de Israel a Jacó, e ela estava com*

ele quando assentou a pedra mística como um pilar. Quando procurava uma esposa, foi com Shekinah que Jacó assumiu sua intenção de unir o céu e a terra quando se casasse com Raquel. No entanto, Shekinah não esquece ou ignora Lia, mas – como o Espírito Santo – inspira-a, e assim ela compreende e respeita sua participação na criação das 12 tribos.

Aqui temos a descrição da *Shekinah* como um objeto brilhante no céu noturno. Como sabemos, só a Lua e Vênus podem produzir luz suficientemente capaz de projetar sombras no chão e, evidentemente, não é a Lua que está sendo descrita aqui. Achamos de grande importância essa antiga lenda judaica dizer que a *Shekinah* estava presente quando o místico pilar de pedra foi erguido (o nome Jacó significa "pilar").

O Êxodo promovido por Moisés motivou uma maior intensidade na manifestação da *Shekinah* perante o povo de Israel: ela aparecia como o pilar de fogo à noite, enquanto Jeová surgia como a nuvem durante o dia.

Isso vem confirmar o que já sabíamos, que Vênus erguia-se no Oriente naquele momento atribuído ao Êxodo. Ela era de fato um pilar brilhante à noite.

Moisés impôs que a Shekinah se manifestasse na Arca da Aliança, sobre o Assento da Misericórdia, entre as figuras dos querubins. O Tabernáculo foi erguido para servir como sua residência; e, no momento em que foi instalado por Moisés, não havia outro erguido no mundo acima. No entanto, parece que o Tabernáculo Mosaico tornou-se a residência de Metatron, *que se conecta curiosamente com a Shekinah.*

Diz-se depois que o princípio masculino, ou Jeová, falou do Tabernáculo por intermediação de Shekinah, que é o princípio feminino... Ela é descrita como residente no Santo dos Santos, e ainda está relacionada à parede ocidental do templo de uma maneira especial. O Santo dos Santos era guardado mais frequentemente por Metatron.

O Tabernáculo original era uma dupla tenda erguida por Moisés e o Templo de Jerusalém era a sua versão em pedra. A destruição do segundo Templo é atribuída à ausência da luz de *Shekinah*; a divina radiância estava escondida. Entretanto, é aqui diretamente relacionada a Vênus:

... é Shekinah que preside o nascimento, parecendo estar em analogia com a Vênus virtuosa e conjugal.

Aqui, a Cabala traz a confirmação de nossa opinião de que a *Shekinah* está conectada a Vênus e a nascimentos importantes, como o de Moisés. Qualquer que seja a fonte de informação da Cabala, suas associações similares às nossas a respeito das características da *Shekinah*, baseadas em investigações separadas e independentes, são indícios de que nossa busca seguia na direção correta.

Waite também menciona um personagem da lenda judaica que já nos é familiar:

> *Assim, também* Metatron, *que é um aspecto de Shekinah, é indistintamente macho e fêmea, mudando incessantemente de acordo com a vibração da união. Diz-se que a Shekinah é para* Metatron *o que o Shabat é para os dias da semana. Em outras palavras, ela é o descanso, o êxtase do repouso; ou ainda, ela é aquele descanso no qual há cópula de união espiritual.*

Repentinamente e de forma fascinante, descobrimos *Metatron* conectado muito proximamente a *Shekinah*. *Metatron* é o nome dado a Enoch depois que Deus "elevou-o" aos céus sem ter experimentado a morte. No *Livro de Enoch* (escrito da tradição oral pela primeira vez em Qumran), ele é o homem a quem Uriel instruiu a fazer um círculo megalítico, registrando nele os movimentos do Sol na aurora e no anoitecer, ao longo do ano.[227]

O nome *Metatron* parece ser grego e se assim for, "meta" significa algo relacionado com mudança e "tron", um instrumento ou agente. Postos juntos podemos entender, com certa coerência, que o nome significa algo como "medidor de mudança". Isso, ao que parece, implica que o homem Enoch levou seu conhecimento astral para o céu quando assumiu seu novo nome, exatamente o que diz o Livro dos Jubileus.

Podíamos entender que a analogia da semana com o *Shabat* significa que *Metatron* é o medidor de tempos normais, mas que cabe a *Shekinah* definir momentos especiais. Em outras palavras, *Metatron* é responsável pelos mecanismos do Sol em seus ciclos diários e anuais, mas *Shekinah* ocupa-se do ciclo divino de longo prazo de Vênus.

Parece que a Cabala foi baseada em restos do Judaísmo enoquiano praticado no primeiro século da era comum; apesar dela – que significa "tradição recebida" – ter surgido no mundo apenas durante o período medieval, inquestionavelmente é muito anterior. Ela vem do primeiro século, e é a forma mais antiga de judaísmo místico conhecida, na qual o adepto, por meditação e uso de fórmulas mágicas, promove o êxtase e pratica viagens através e além das sete esferas astrais.[228] O fato da literatura de Enoch estar perdida para o mundo desde o começo do século II d.C. demonstra como essa tradição secreta devia ser conhecida, desde aquela época, por algumas pessoas selecionadas. Possivelmente, foi redescoberta entre os rolos que acreditamos que os Cavaleiros Templários recuperaram em suas escavações abaixo das ruínas do Templo de Jerusalém, no século XII.

---

227. N.A.: Knight, C & Lomas, R: *Uriel's Machine – The Ancient Origins of Science*.
228. N.A.: Kabbalah, *Microsoft Encarta Encyclopedia 2001*.

A Estrela de Belém

Estávamos revendo material bíblico para ver se havíamos perdido alguma evidência importante para a compreensão das características de *Shekinah*. Nessa ocasião, um comentário feito pelo professor Foakes-Jackson, apresentado abaixo, trouxe-nos uma ideia interessante:

> *A data relativa do Êxodo, 480 (12x40) anos antes das fundações do Templo de Jerusalém, no quarto ano do reinado de Salomão e, portanto, em 967 a.C., é obviamente a reconstrução artificial de alguma coisa religiosa muito antiga.*

A data 967 a.C., de repente, saltou a nossos olhos – isso porque é de uma proximidade notável a duas "épocas venusianas" (480 x 2 = 960 anos). Diz-se que a pedra fundamental do Templo de Salomão foi lançada quando *Shekinah* apareceu em 967 a.C. – então, duas épocas venusianas depois levam-nos à interessante data de 7 a.C. O calendário moderno está baseado no número de anos decorridos desde o nascimento de Cristo, que é considerado no ano 1 dessa era. Mas sabemos bem que os estudiosos modernos reconhecem que o ano fixado como o do nascimento do Cristo Messias está errado. Uma rápida pesquisa na *Encarta DVD Encyclopedia* confirmou isso:

> *Jesus Cristo: (entre 8 a 4 a.C. e 29 d.C.), figura central do Cristianismo, nascido em Belém na Judeia. A cronologia da Era Cristã é calculada de acordo com datação estabelecida no século VI, e é reconhecida atualmente como errada em 4 ou 8 anos.*[229]

Se Jesus nasceu em 7 a.C., é inteiramente possível que ele, o aclamado Messias, tenha nascido sob a luz brilhante de *Shekinah*, exatamente duas épocas venusianas depois da sagração do Templo de Salomão. Em qualquer lugar que estivesse a *Shekinah*, ela deve ter retornado naquele ano de acordo com o ciclo de 480 anos, repetido uma segunda vez. Outro pensamento nos veio à cabeça: Josephus, o historiador judeu do primeiro século, registrou que o Templo de Salomão começou exatamente 1.440 anos depois do dilúvio, e agora havia uma surpreendente possibilidade de Jesus ter nascido exatamente 1.440 anos depois do momento em que Moisés levou o seu povo através do Mar Vermelho.

Poderia haver alguma coisa nisso? O padrão de 480 anos e seus múltiplos para marcar eventos importantes descritos na Bíblia é plenamente aceito pelos estudiosos bíblicos, mas, por não serem explicados, passaram despercebidos. Concluímos que esses períodos devem ter sido muito sagrados em tradições ancestrais, quase certamente enoquianas, e eles continuaram sendo usados por uma das duas seguintes razões: ou seu

---

229. N.A.: Jesus Cristo, *Microsoft Encarta Encyclopedia 2001*.

significado foi esquecido e seu uso tinha fundamento puramente ritualístico ou havia uma classe sacerdotal oculta que os entendia, mas que preferiu não revelar seu significado para o mundo em geral.

Para resolver essa questão, teríamos de aprofundar nossas pesquisas.

A chamada *Shekinah* era um mistério. Ela ia e vinha, conforme nos conta a Bíblia, a critério de Deus. Mas sabíamos que os belos observatórios megalíticos de Newgrange, na Irlanda, permitiam a entrada da luz de Vênus em sua câmara interna no solstício de inverno, uma vez a cada oito anos e, portanto, cinco vezes no período dos 40 anos do ciclo de Vênus. Tínhamos previamente calculado os padrões de Vênus em Newgrange e, lembrando que, às vezes, Vênus brilha o suficiente para projetar sombras no chão, especulamos se poderia ter acontecido algo similar no tempo do nascimento de Cristo.

De acordo com a tradição, o nascimento de Jesus é celebrado em 25 de dezembro, o primeiro dia em que é possível ver claramente que o Sol começa a se mover na direção norte depois do solstício de inverno. Poderia Jesus ter nascido realmente sob o levante helicoidal de Vênus no dia de Natal?

A moderna comemoração do nascimento de Cristo é usualmente adotada como uma celebração trazida do festival pagão que marcava o meio do inverno. Todos os povos primitivos entendiam que o solstício de inverno acontecia no dia em que o nascer do Sol atingia sua máxima amplitude rumo sul, no horizonte. Por três meses, observava-se o movimento rumo sul do sol nascente no horizonte, até que ele parecesse se estabilizar para depois voltar a se mover na direção norte.

Apesar de os estudiosos bíblicos tomarem a data como inteiramente simbólica, a tradição cristã diz que Jesus foi concebido no equinócio da primavera e nasceu no solstício de inverno, sob a luz de uma estrela brilhante no Oriente. Poderia isso ser uma verdade literal? Poderia Vênus ser a Estrela de Belém? Decidimos confirmar o que estava no céu naquela manhã, e então Robert foi para o computador e abriu um programa de simulação astronômica.

O programa demorou pouco para ficar disponível.

Robert disse: "Estou pronto, dê-me os detalhes da data e do lugar, devagar".

Vinte e cinco de dezembro, 7 a.C., pouco antes da aurora, na direção leste-sudeste, e informei os dados de latitude e longitude de Jerusalém de acordo com o atlas que tinha no colo.

Os dados foram plotados e esperamos ansiosos a resposta do programa. Depois de longos minutos, Robert exclamou entusiasmado: "Uau!!" Há, de fato, um grande objeto brilhante, de fato muito brilhante, nessa posição oriental, mas é muito maior e mais brilhante que Vênus em sua magnitude máxima.

Aproximei-me da tela enquanto Robert continuava: "Sim, é Vênus, mas está em conjunção com alguma outra coisa. Talvez Mercúrio". Ele manipulou o programa para identificar o outro corpo e concluiu que se tratava realmente de Mercúrio. Era mesmo Mercúrio. Ambos estavam em sua magnitude máxima e o efeito da aurora deve ter sido inacreditável, verdadeiramente deslumbrante.

Uma estrela radiante no Oriente no dia que marca, possivelmente, o Natal original! Seria essa a resposta ao mito da Estrela de Belém?

Parecia que sim! Afinal, programas astronômicos são confiáveis hoje em dia. E a data 7 a.C. é uma opinião geralmente aceita, quase unanimemente, para a datação do nascimento de Cristo.

O impacto dessa descoberta foi chocante. Muitas pessoas, no passado, tinham tentado explicar o mito da Estrela de Belém, imaginando todos os tipos de objetos luminosos que pudessem estar no céu – mas não sabemos de ninguém que, antes de nós, tenha tentado deduzir o que poderia estar lá usando as indicações de uma antiga teologia judaica.

Perguntei a Robert se ele seria capaz de voltar à mesma manhã, mas, dessa vez, no ano de 967 a.C. Seria uma incrível coincidência se houvesse outra conjunção idêntica no lançamento das fundações do Templo de Salomão.

Assim que o programa executou as novas informações, demos um longo e baixo assobio.

Realmente, era a mesma conjunção novamente. Um brilho esplendoroso no Oriente. O mito da *Shekinah* parecia descrever um genuíno e real evento histórico.

Parece que tínhamos encontrado uma explicação do porquê a *Shekinah* ia e vinha. Apesar de Vênus mover-se com a precisão de um metrônomo, sua conjunção com Mercúrio, ou outros planetas, acontecia em intervalos complexos e irregulares, mas podíamos ver claramente que eles apareciam ressincronizados a cada 480 anos.

Tínhamos agora uma explicação provável para a *Shekinah* judaica e a Estrela de Belém cristã e quanto mais analisávamos esses fenômenos em sua descrição bíblica, melhor nos parecia a solução encontrada.

O ritual maçônico afirma claramente que a *Shekinah* e a estrela de Belém são a mesma coisa:

> *Refletindo apenas um débil e bruxuleante raio, a estrela e seu halo de glória revelam a Shekinah, onde quer que ela apareça. Indiferentemente se no Sinai, em Salém ou onde os Magos orientais viram a abençoada face do Redentor no estábulo.*

Estudiosos bíblicos também ligaram Cristo e a *Shekinah*, como encontramos na seguinte citação do reverendo A.J. Grieve, ex-professor de Teologia Sistemática em Edimburgo:

Os pastores da região estavam impressionados por ver um anjo e o esplendor da Shekinah, mas foram informados e convencidos de que o Messias tinha nascido no vilarejo.

Tínhamos encontrado, em uma antiga crença judaica, a informação de que os maiores eventos aconteciam de acordo com um padrão pré-ordenado, e agora sabíamos que isso não estava exclusivamente ligado a Vênus, mas sim à conjunção desse planeta com Mercúrio. E não apenas isso, agora tínhamos levantado a intrigante possibilidade de o próprio Jesus participar de algum grande plano baseado em cálculos astronômicos.

Só queríamos ter uma visão mais detalhada do fato para concluir se uma ocorrência semelhante à da Estrela de Belém poderia ter ligação com vários outros eventos. Logo descobrimos que sim.

O Padrão da Shekinah

Não encontramos referências em nosso arquivo de rituais maçônicos que nomeassem especificamente períodos de 40, 480 ou 1.440 anos, mas uma busca na Bíblia revelou muitos, e assim pudemos confirmar a importância desses intervalos de tempo.

Os rituais maçônicos sugeriam que a *Shekinah* era a aparição periódica de uma luz brilhante que poderia surgir muitas vezes em ocasiões importantes para depois desaparecer por muitos anos. Os períodos sem a *Shekinah* eram atribuídos ao desagrado de Deus para com seu povo escolhido que, por alguma razão, não merecia a Sua presença.

Sabíamos agora que Vênus tinha aparecido em conjunção com Mercúrio na aurora do solstício de inverno em 7 a.C., produzindo uma resplandecência vermelha que rapidamente se tornou branco-metálica, conforme o objeto erguia-se mais no céu da pré-aurora. Precisávamos entender se isso era uma coincidência ou um padrão que poderia começar a explicar a *Shekinah* e os interessantes períodos que agora chamávamos de gerações, épocas e *eons* venusianos.

Robert assumiu a tarefa de calcular o que estava no horizonte oriental e aparecia na aurora em Jerusalém em diversas datas e descobrimos que a conjunção de *Shekinah* acontece em blocos. Em torno da reaparição de 480 anos deve haver outras conjunções, porque os planetas estão alinhados de forma harmoniosa, mas elas aparecem por algum tempo e desaparecem por muitas gerações.

Descobrimos que havia muitos eventos interessantes e espetaculares acontecendo a cada 480 anos, antes e depois de fatos históricos descritos na

Bíblia. Em todas essas conjunções, os planetas ficavam próximos uns dos outros, fazendo com que, visualmente, fossem entendidos como únicas e incríveis estrelas brilhantes.

- 7 a.C., 25 de dezembro. Mercúrio/Vênus. Fase Vênus 99.3% – Fase Mercúrio 97.8%. Oito graus do Sol, elevando-se 22 minutos antes do alvorecer.
- 8 a.C., 18 de maio. Mercúrio/Vênus. Fase Vênus 99.2% – Fase Mercúrio 95.2%. Oito graus do Sol, elevando-se 25 minutos antes do alvorecer.
- 8 a.C., 26 de janeiro. Júpiter/Vênus. Fase Vênus 81.9% – Fase Júpiter 99.7%. Trinta e cinco graus do Sol, elevando-se quase duas horas antes do alvorecer. Esse deve ter sido facilmente observável mesmo à luz do dia.
- 487 a.C., 30 de dezembro. Vênus/Saturno. Fase Vênus 75.1% – Fase Saturno 99.9%. Trinta e oito graus do Sol, elevando-se duas horas e meia antes do alvorecer. Deve ter sido facilmente observada à luz do dia como um ponto branco luminoso no céu azul.
- 488 a.C., 15 de agosto. Vênus/Júpiter/Mercúrio. Fase Vênus 94.2% – Fase Mercúrio 59.6% – Fase Júpiter 99.9%. Dezoito graus do Sol, elevando-se uma hora e quarenta minutos antes do alvorecer.
- 489 a.C., 4 de fevereiro. Vênus/Mercúrio. Fase Vênus 90.3% – Fase Mercúrio 90.3%. Quinze graus do Sol elevando-se 27 minutos antes do alvorecer.
- 966 a.C., 13 de maio. Júpiter/Vênus. Fase Júpiter 99.6% – Fase Vênus 71%. Quarenta graus do Sol, elevando-se uma hora antes do alvorecer. Facilmente observável à luz do dia.
- 967 a.C., 22 de fevereiro. Júpiter/Vênus. Fase Vênus 98.7% – Fase Júpiter 100%. Dez graus do Sol, elevando-se dez minutos antes do alvorecer.
- 967 a.C., 3 de março. Vênus/Mercúrio. Fase Vênus 99.2% – Fase Mercúrio 21%. Oito graus do Sol, elevando-se quinze minutos antes do alvorecer.
- 1447 a.C., 21 de março. Vênus/Mercúrio. Fase Vênus 80% – Fase Mercúrio 50%. Vinte e oito graus do Sol, elevando-se uma hora e meia antes do alvorecer.
- 1447 a.C., 3 de maio. Vênus/Saturno. Fase Vênus 90% – Fase Saturno 99%. Vinte e sete graus do Sol, elevando-se uma hora antes do alvorecer. Deve ter sido visível à luz do dia.
- 1447 a.C., 8 de julho. Vênus/Mercúrio. Fase Vênus 98.7% – Fase Mercúrio 50%. Dez graus do Sol, aparecendo 45 minutos antes do alvorecer.

Havia muitas conjunções desses planetas brilhantes em torno de datas nas quais estávamos interessados, mas muito poucas em outras oportunidades.

Tendo descoberto esse interessante padrão, decidimos compartilhá-lo com Alan Butler, o especialista em matemática megalítica que havia trabalhado conosco na dedução da misteriosa jarda megalítica. Alan é um astrônomo amador e achamos conveniente pedir-lhe que conferisse os resultados independentemente. Ele voltou excitadíssimo, tendo também calculado as conjunções Vênus/Mercúrio e encontrado os mesmos resultados de Robert. Essas conjunções "*Shekinah*" ocorreram em blocos a cada 40 anos depois de 1447 a.C. por quatro novas visitas, mas não surgiram em 1207 a.C. e não apareceram no céu até 967 a.C.

Agora estávamos convencidos de que a *Shekinah* aparecia em todas as épocas venusianas e por algum tempo em torno dessas datas, mas depois ia embora. Isso parece explicar por que os judeus consideravam a *Shekinah* como um evento regular nas épocas venusianas mas não previsível entre elas. A conjunção pode ter sido previsível para astrônomos capacitados, como os magos, que eram melhores em Matemática e Astronomia, mas os judeus não devem ter tido muitas pessoas capazes de entender como fazer os cálculos.

Alan ficou surpreso com o padrão das conjunções que pedimos que ele conferisse. Ele comentou que enquanto Vênus era sempre facilmente previsível, Mercúrio não era. A conjunção dos dois planetas aconteceria com regularidade por um certo período de tempo e depois pararia até que um próximo ciclo de 480 anos começasse. Alan achou que a melhor maneira de calcular o ciclo de repetição da conjunção Vênus/Mercúrio, usando a Matemática do "Povo do Pote Entalhado", era lançar mão do ano megalítico de 366 dias, multiplicá-lo por 40, e depois subtrair 40 dias. Ele também acrescentou que entendia que o Povo Megalítico e os judeus tinham o Sol e Vênus em grande respeito, considerando-os respectivamente como os aspectos masculino e feminino de Deus. Paralelamente, Mercúrio foi adotado pelos gregos como "o mensageiro", e então ele podia imaginar que também eles teriam considerado esses eventos especialmente importantes e significativos.

Assim, parece que os judeus conheciam o ciclo de Vênus, a geração venusiana era um ciclo absolutamente previsível de 40 anos, mas também esperavam que a *Shekinah* aparecesse na mesma posição em uma série de ocasiões que eram espaçadas por uma época venusiana (480 anos). Poderiam eles calcular exatamente quando Vênus surgiria como a esplendorosa *Shekinah* – a glória de Deus que entrava pela claraboia do Templo, criando uma iluminação abrangente de vermelho rubro na câmara cheia de incenso em torno da Arca da Aliança?

Disso implica que a conjunção de Vênus com Mercúrio vista por Moisés sobre o Sinai quando levava seu povo para a terra prometida foi o mesmo evento que Salomão viu quando assentou a pedra fundamental de seu Templo e aquela que os magos testemunharam quando foram levados por ela ao prometido Messias. A história estava se repetindo nos Céus e na Terra. Mas isso podia significar que o construtor do Templo esperava que a *Shekinah* de fato aparecesse?

Nossa geração aprendeu as palavras do Pai-Nosso tão intensamente nas escolas que podemos dizer que quase deixamos de ouvir o significado das palavras, mas, quando discutimos o parágrafo anterior, ambos nos vimos, de repente, repetindo as palavras tão familiares:

Pai Nosso que estais nos céus, santificado seja o Vosso nome. Venha a nós o Vosso reino; seja feita a Sua vontade assim na Terra como no Céu.

A maior parte das pessoas tem apenas uma ideia muito vaga de que a tradição cristã coloca o paraíso no céu e o inferno em algum lugar subterrâneo. Ainda nos referimos ao céu noturno como "os céus", e o Pai-Nosso diz-nos, em suas primeiras palavras, que Deus reside lá – entre as estrelas. Os sacerdotes que escreveram o Velho Testamento eram levados por uma crença que os céus governavam eventos sobre a Terra. Eventos passados eram posteriormente racionalizados como tendo acontecido nesses momentos astronomicamente auspiciosos e imaginava-se que futuros eventos importantes também poderiam ser previstos, confrontando-os com o mesmo sistema-padrão.

Apesar de termos certeza de que os autores do Velho Testamento acreditavam que os grandes eventos de sua história tinham acontecido em épocas e *eons* venusianos, eles não poderiam ter conhecido nada de eventos futuros. Certamente, alguns cristãos afirmam que várias passagens do Velho Testamento eram referências proféticas a Jesus, mas parece muito mais apropriado dizer que Jesus e seus seguidores fizeram tudo o que puderam para assegurar que os fatos aparecessem de conformidade com a expectativa messiânica.

Conclusões

Nenhum especialista bíblico explica satisfatoriamente os ciclos de 40 anos usados no Velho e no Novo Testamentos, mas, assim que o ciclo de Vênus ficou conhecido, o padrão tornou-se admiravelmente importante.

Descobrimos, por meio de uma antiga crença judaica, que os grandes eventos astrais acontecem dentro de um padrão ligado não só a Vênus, mas muito mais em uma conjunção sua com Mercúrio. Esse evento astral extremamente brilhante, mas incerto, era chamado *Shekinah* e era tomado como um sinal da bênção de Deus. O padrão que achamos nessas conjunções confere perfeitamente com a cronologia judaica de eventos-chave na sua história.

Os escritores do Velho Testamento foram levados pela crença de que os eventos nos céus regiam a Terra. Eventos prévios eram pós-racionalizados como se ocorressem em tempos astronomicamente auspiciosos e grandes eventos do futuro deveriam seguir também os padrões. Acreditamos que os autores do Velho Testamento pensavam que os grande eventos de sua história ocorriam em épocas e *eons* venusianos, mas eles não tinham como prever o futuro. Diz-se que muitas passagens do Velho Testamento eram profecias relacionadas a Jesus, mas parece mais provável que ele e seus seguidores estivessem tentando adaptar-se às expectativas messiânicas judaicas que essas passagens tinham provocado.

Capítulo Onze

A Vinda do Messias

O Nascimento da Estrela

O mito de Natal assegura que os magos seguiram uma estrela do Oriente e foram levados a um estábulo na cidade de Belém, lugar onde havia nascido o rei Davi, um milênio antes. No entanto, precisamos entender que seria necessário um helicóptero, em voo baixo, equipado com poderosos faróis de busca, para localizar uma simples residência em situação análoga. Seria obviamente impossível os magos acompanharem uma estrela para encontrar qualquer lugar, afinal, sua luz não poderia apontar um local específico. No entanto, "seguir" a estrela poderia significar que eles procuravam o Messias, pois estavam "seguindo" as regras que lhes permitiriam entender o que tudo aquilo queria dizer.

O Evangelho de Mateus atribui aos magos a frase: "Nós vimos sua estrela no Oriente"; e as modernas técnicas de Geometria coordenada mostram uma conjunção Vênus/Mercúrio surgindo no Oriente na manhã de 25 de dezembro daquele ano. Então perguntamos: há alguma evidência de que houvesse tal profecia naquele tempo? A profecia de que um rei dos judeus nasceria quando uma estrela especial aparecesse no céu da pré-aurora?

Logo descobrimos que, de fato, havia. A chamada Profecia da Estrela está registrada em Nm. 24:17, e declara:

Vê-lo-ei, mas não agora; contemplá-lo-ei, mas não de perto; uma estrela procederá de Jacó, de Israel subirá um cetro que ferirá as têmporas de Moabe e destruirá todos os filhos de Seth.

Vemos aqui uma antiga predição do profeta Balaão, que afirma ter sido revelada a ele por Deus. Ele conclui seu oráculo prevendo a futura glória de Israel. Sua profecia afirma que, em alguma data futura, um messias majestoso aparecerá e seu nascimento será marcado por uma estrela. O cetro que ele menciona é um indiscutível símbolo de realeza, mencionado muitas vezes na Bíblia – por exemplo Hb. 1:8, que diz:

Teu trono, ó Deus, é para todo o sempre: um cetro de justiça é o cetro de Teu reino.

Nosso estudo de textos judeus havia revelado que seus escribas acreditavam que ciclos de 40, 480 e 1.440 anos eram de fundamental importância. Imaginamos que isso devia-se ao fato de eles saberem que esses períodos diziam respeito aos ciclos de Vênus observáveis na dança desse planeta brilhante em torno do Sol, revelando um padrão representado pela forma de dois chifres, conforme já discutimos.

Sabíamos também que os magos, em sua busca pelo messias, acreditavam que exatamente 1.440 anos (3 x 480) tinham se passado desde que Moisés havia tirado seu povo do Egito; que 2.400 anos (5 x 480) haviam se passado desde o dilúvio, e que já se iam 960 anos (2 x 480) desde a fundação do Templo de Salomão.

Então, perto do solstício de inverno de 7 a.C. esses sacerdotes astrônomos esperavam que a *Shekinah* aparecesse no Oriente, exatamente como sabiam que tinha acontecido no momento em que o Mar Vermelho se abriu para que o povo hebreu pudesse encontrar sua recém-conquistada liberdade. Como profetizado há alguns séculos, a Brilhante Estrela da Manhã surgiu de fato, alguns minutos antes da aurora, com seu esplendor avermelhado. Eles então acreditaram que isso era um sinal de Deus, anunciando a chegada do messias de Israel, e sua tarefa era encontrá-lo. Até hoje, os sacerdotes tibetanos ainda procuram um novo líder quando o anterior morre. Eles percorrem o país com a missão de identificar o neonascido Dalai Lama usando seu conhecimento de sinais específicos para reconhecer a verdadeira reencarnação de seu líder espiritual.

Surpreendentemente, descobrimos que há documentos do tempo de Cristo que afirmam que a primeira parte da Profecia da Estrela estava cumprida. E a fonte desses registros é nada menos do que os Manuscritos do Mar Morto. O Pergaminho da Guerra, de Qumran, atesta decisivamente que quando a estrela há muito tempo predita aparecesse na pré-aurora, o reino do messias chegaria – mas acrescentava que seu trabalho de derrotar os inimigos de Israel ainda estava para ser feito. As palavras falam por si quando comparadas com a Profecia da Estrela:

Uma estrela procederá de Jacó, de Israel subirá um cetro que ferirá as têmporas de Moabe e destruirá todos os filhos de Seth.[230]

O texto parece indicar que o messias surgirá porque a estrela apareceu – mas outro Pergaminho do Mar Morto, o Documento de Damasco, afirma:

E a estrela é o Procurador da Lei que está chegando a Damasco; como está escrito: "Uma estrela procederá de Jacó e um cetro subirá em Israel."

O cetro é o Príncipe de todas as Congregações e, quando ele subir, destruirá todos os filhos de Seth.[231]

---
230. N.A.: IQM 11: 16.
231. N.A.: CD 7: 18-21.

As palavras registradas pelo povo da comunidade de Qumran não podiam ser mais claras. O messias tinha chegado e esperava-se que fosse para Damasco (havia um grande grupo essênio em Damasco e imagina-se que esse nome identificava também a própria comunidade de Qumran). Eles acreditavam que depois da chegada a Damasco, o messias se levantaria e destruiria seus inimigos. Essa breve descrição das funções do messias mostram como ele se tornaria um rei que levaria seus exércitos para uma guerra que resultaria na vitória final dos judeus.

Também conferimos o que o historiador Josephus tinha dito a respeito da Profecia da Estrela. Descobrimos que ele a identificava como a força da motivação por trás do movimento de sublevação contra Roma. Ele descreve uma estrela parecida com uma espada, com uma luz tão grande que seu brilho rodeava o altar do Templo, fazendo-o parecer tão iluminado como se fosse dia, por meia hora.[232] A descrição da semelhança com uma espada é consistente com o alongamento da conjunção que podia ser vista no céu quando da superposição de Vênus e Mercúrio.

Então perguntamos: era Jesus Cristo, que a Bíblia diz ter nascido no tempo da aparição da estrela de Belém, a pessoa mencionada nos pergaminhos de Qumran?

No que diz respeito ao nascimento, parece que tanto Jesus como seus seguidores aclamaram esse momento divino de gênese, independentemente de ele ser verdadeiro ou não.*

É impossível saber com certeza a quem os escritos de Qumran se referiam, especialmente porque havia muitas pessoas sob suspeita de serem o messias – inclusive João Batista. Mas podemos concluir com razoável margem de acerto que ambos, Jesus e a pessoa descrita nos pergaminhos de Qumran, estavam tentando cumprir a mesma função pelo cumprimento das demandas ritualísticas da antiga profecia.

A próxima questão era saber se a comunidade de Qumran tinha escrito a respeito do mesmo "campeão" judeu que foi posteriormente identificado nos Evangelhos do Novo Testamento.

Primeiro precisamos considerar a ideia de que Jesus tinha de fato nascido para ocupar um alto cargo, como descrito pelos magos no Evangelho de Mateus, que diz:

...onde está ele, que nasceu rei dos judeus?

A Bíblia afirma que a linhagem paterna de Jesus retrocede até Abraão, o pai fundador do povo judeu. Ele também é descrito em Hb. 5-6 como um "eterno sacerdote da Ordem de Melquisedeque", uma Ordem mais antiga e com mais autoridade que a dos levitas. Isso é muito significativo, quando

---

232. N.A.: Josephus: *Jewish War*, 6: 290.
*N.E.: Sobre o assunto, sugerimos a leitura de *A Vida Oculta e Mística de Jesus – As Chaves Secretas do Cristo*, de A. Leterre, Madras Editora.

sabemos que somente um levita era considerado santo o suficiente para adentrar ao Santo dos Santos, na presença de Deus, mas isso apenas em um dia específico do ano.

O antigo profeta Isaías escreveu a respeito do futuro messias em termos que parecem estar baseados na *Shekinah* e menciona os presentes que deveriam ser oferecidos ao recém-chegado rei:

> *Dispõe-te, resplandece, porque vem a tua luz, e a glória do Senhor nasce sobre ti... As nações encaminham-se para a tua luz, e os reis, para o resplendor que te nasceu... trarão ouro e incenso e publicarão os louvores do Senhor.*[233]

O fato de o mito de Jesus incorporar tais presentes mostra como os antigos cristãos estavam interessados em fazer seu messias ser enquadrado nas profecias judaicas.

Um texto de Qumran (4Q521) descreve um messias mais comum nos textos judaicos desse período, mas que também parece conectar-se diretamente com a ideologia atribuída a Jesus Cristo:

> *... os céus e a terra ouvirão seu Messias, o mar e tudo o que estiver nele. Ele não se afastará dos mandamentos do Sagrado Uno.*
>
> *Sejam corajosos todos, todos os que procuram o Senhor e seu trabalho.*
>
> *Porventura não encontram o senhor todos aqueles que têm esperança no coração? Certamente o Senhor buscará os piedosos e chamará os justos pelo nome. Seu espírito paira sobre os pobres; os fiéis serão amparados por Ele, por Seu poder. Ele levará os piedosos ao trono do reino eterno.*
>
> *Liberta os cativos, dá vista aos cegos, levanta os doentes. Ficarei unido a Ele para sempre, contra os poderosos e confiante em Sua bondade amorosa.*
>
> *E sua bondade durará para sempre. Seu sagrado messias não demorará a vir.*
>
> *E as maravilhas que ainda não aconteceram virão com Ele (o messias); então Ele curará os doentes e ressuscitará os mortos; para os oprimidos, Ele anunciará marés de felicidade.*
>
> *... Ele conduzirá os santos, Ele vai pastoreá-los...*

Mesmo esses poucos textos essênios que assinalamos mostram que o esperado messias seria reconhecido por sua habilidade em realizar várias

---

233. N.A.: Is 60: 1, 3, 6

tarefas. O messias esperado pelos sacerdotes de Qumran seria conhecido porque:

1. Seu nascimento seria marcado pela aparição de uma estrela;
2. Ele seria um "filho de Deus";
3. Ele comandaria o céu e a Terra como seu reino eterno;
4. Seu espírito estaria sobre os pobres;
5. Ele reabilitaria aqueles com fé;
6. Ele restauraria a visão aos cegos;
7. Ele levantaria os aleijados;
8. Ele mostraria bondade amorosa;
9. Ele curaria os doentes;
10. Ele ressuscitaria os mortos;
11. Ele traria "marés de felicidade" aos oprimidos;
12. Ele seria "um pastor" para o seu rebanho de santos seguidores.

Esses eram também os pontos-chave do ministério de Jesus Cristo.

Seria possível que a pessoa lembrada como o Cristo não estivesse tentando satisfazer os saduceus e mesmo os fariseus, e que estivesse sim, especificamente, apresentando-se a si mesmo como o "prometido" esperado pelo sacerdócio de Qumran?

Quando os Manuscritos do Mar Morto foram descobertos, em 1947, os sábios católicos romanos presentes à escavação descredenciavam qualquer similaridade com o Novo Testamento. Eles escolheram enfatizar as diferenças. Havia uma clara intenção de colocar o maior espaço possível entre o mito de Jesus existente e qualquer potencial nova evidência que pudesse emergir desses indesejados documentos judeus. Mas os paralelos são agora impossíveis de serem negados.

Uma seção de manuscritos de Qumran (4Q246) é atualmente conhecida como o texto do "Filho de Deus". Está escrito em aramaico e é profundamente messiânico, referindo-se a alguém denominado "Filho de Deus" e "Filho do Mais Alto", que estabeleceria um reino eterno que faria os reinos anteriores parecerem "estrelas cadentes".[234]

Em todos os textos de Qumran, "os justos" são descritos como "os Filhos de Deus". Tais escritos também estão de acordo com o pensamento cristão, porque são altamente escatológicos em seu conteúdo, com grande ênfase no "julgamento" ou "o último julgamento".

Antes da publicação dos Manuscritos do Mar Morto, a ideia do messias como filho de Deus não era conhecida em textos judeus pré-cristãos. Na opinião de especialistas, essa ideia tinha surgido com o Cristianismo e não

---

234. N.A.: Eisenman, R & Wise, M: *The Dead Sea Scrolls Uncovered*, Element, 1992

poderia ser judaica. A divulgação do conteúdo de um particular pergaminho mudou tudo, já que trazia um antecedente judeu na conceituação do messias que reinava sobre o céu e a Terra. O professor Norman Gold classificou-o como "uma imagem muito mais refinada da ideia que se pensava ser uma inovação helenístico-cristã".[235]

Como discutimos no Capítulo 9, a comunidade de Qumran era originalmente uma aliança de sacerdotes enoquianos e zadoqueus. Também acreditamos que um grupo enoquiano, previamente não identificado, continuou existindo em sua forma pura, assim como a híbrida persistia em Qumran.

Seria possível Jesus ser um representante desse grupo inteiramente enoquiano e que o Cristianismo tenha coletado elementos desse culto antediluviano?

Também notamos que a curiosa figura de Enoch tanto aparece em textos de Qumran como em textos cristãos. Um fragmento de um manuscrito da Caverna 11, conhecido como "Texto de Melquisedeque", conta que os primitivos reis sacerdotes de Jerusalém eram vistos como espíritos celestiais responsáveis pelo julgamento dos anjos. Esperava-se que ele exigisse vingança para o povo de Deus na grande batalha que seria travada contra Satã e os espíritos sob seu comando.[236] E precisamos lembrar que a Bíblia descreve Jesus como um sacerdote da Ordem de Melquisedeque.

Quarenta Dias no Deserto

Identificamos o ciclo de Vênus, de 40 anos em toda a Bíblia, mas também encontramos menção a vários períodos de 40 dias. Esses variam desde a duração do dilúvio até a permanência de Jesus no deserto. Acreditamos que podemos agora explicar esses períodos, que também estão diretamente ligados a Vênus.

Como a Bíblia conta, a aparição cíclica de Vênus na pré-aurora era claramente um evento de grande importância no período antigo dos reis judeus. Por exemplo, o juiz Eli governou por exatamente 40 anos, assim como também os reis Saul, Davi e Salomão. Parece provável que o mandato de um indivíduo eleito para reinar era de um ciclo de Vênus, e a preparação para um novo reinado requeria um interregno de 40 dias para selecionar cuidadosamente o novo rei.

Isso faz sentido se as pessoas responsáveis estivessem usando o ano de 366 dias, que já descrevemos, como base de cálculo, a exemplo da forma usada pela cultura megalítica nas Ilhas Britânicas. A técnica então usada para

---

235. N.A.: Gold, N: *Who Wrote the Dead Sea Scrolls?* BCA, 1995.
236. *Idem.*

prever a próxima aparição de Vênus em seu ciclo de 40 anos consistia em contar 40 anos de 366 dias e depois subtrair 40 dias. Isso é muito mais lógico do que pode parecer, porque é a diferença precisa entre dois tipos de anos: o ano solar de 365 dias e o ano estelar com 366 dias, que é o número atual de revoluções da Terra em um ano. A diferença acontece porque a órbita da Terra em torno do Sol faz com que o alvorecer atrase todo dia 236 segundos que, somados durante o ano, correspondem a um dia. Rastrear Vênus por um ciclo envolve observar 40 anos solares seguidos por um "acréscimo" de 40 dias necessários para completar o mesmo período em anos estelares.

Existe uma passagem no Velho Testamento que nos diz que esse era o método de cálculo usado. Em Nm. 14:33-34, encontramos:

Vossos filhos serão pastores nesse deserto 40 anos e levarão sobre si as vossas infidelidades, até que vosso cadáver se consuma nesse deserto.

Segundo o número de dias em que espiastes a Terra, 40 dias, cada dia representando um ano, levareis sobre vós as vossas iniquidades 40 anos e tereis experiência do meu desagrado.

Isso claramente confirma que os 40 dias existem porque se trata de "cada dia por um ano" durante 40 anos. Sabíamos também que os essênios curvavam-se perante o sol nascente, o que sugere que entendiam o papel da aurora solar no mecanismo da escolha real.

Nossa próxima questão era inevitável e muito interessante.

Jesus permaneceu no deserto por 40 dias porque um novo ciclo de Vênus estava para começar?

E, se assim for, ele fez isso porque acreditava que o momento de seu próprio reinado estava prestes a começar?

Não pode haver dúvida de que Jesus era consciente da importância de cumprir o plano divinamente ordenado, e o conteúdo dos versículos de Nm. 14:33-34 não lhe era desconhecido. Jesus precisava se preparar para os próximos 40 anos, refletindo nas iniquidades dos últimos, enfrentando as tentações, como os hebreus levados por Moisés pelo deserto.

Nesse período de 40 dias, no início de sua fase ativa (seu ministério), ele testou a si mesmo com citações do Velho Testamento, começando por Ex 34:38 – "E Ele esteve lá com o Senhor 40 dias e 40 noites; ele nem comeu pão nem bebeu água". Podemos imaginar como Jesus enfrentou o diabo em seus 40 dias no deserto e como se preparou psicologicamente para a "mãe de todas as batalhas" que se insinuava à sua frente.

Esses pensamentos trouxeram-nos a outro assunto importante. Jesus nasceu quando a *Shekinah* estava nos céus; se ele esperou um ciclo de Vênus para cumprir a profecia de liderança, então isso significa que ele teria mais de 40 anos quando foi crucificado. Assim, se aceitarmos essa explanação das ações de Jesus, entenderemos a necessidade de olhar com mais cuidado para as evidências a respeito de sua idade. Existe algum fragmento substancial que indique a idade de Jesus na sua morte?

Pesquisando a pequena quantidade de informações a respeito da idade de Jesus, descobrimos logo que havia boas razões para suspeitar que ele estava acima dos 40 anos quando foi crucificado. No versículo 57 do capítulo 8 do Evangelho de São João, as seguintes palavras são ditas a Jesus:

Tu não tens ainda 50 anos de idade...

Seguramente, essa seria uma expressão muito estranha se dirigida a uma pessoa que estivesse na casa dos 30 anos. Ela sugere com clareza que Jesus estava, na época, em sua quinta década de existência.

Logo depois, lemos que o Padre Irineu da Igreja primitiva acreditava firmemente que Jesus estava na casa dos 40 anos quando foi crucificado.

Os romanos mantinham bons registros, e sabíamos que Pilatos, o homem que sentenciou Jesus à morte, foi procurador da Judeia por dez anos, entre 26 e 36 da era comum. Sabendo-se que Jesus nasceu em 7 a.C. e que não há ano zero, ele deve ter feito 40 anos no fim do ano 34 d.C. Concluímos então que a idade máxima que Jesus pode ter atingido seria 42 anos, o que justificaria o comentário de que ele não havia chegado ainda aos 50.

Outro fio de evidência vinha da data da morte de João Batista. João foi morto pouco antes de Jesus começar o que é descrito em círculos cristãos como "seu ministério". O professor Robert Eisenman acredita que a data da morte de João está clara em Josefus.[237]

> *As referências de Josephus a João Batista são, talvez, as mais completas e fornecem novos e valiosos dados que ajudam a posicionar João em um quadro histórico real, em oposição àquele quase mitológico encontrado nos Evangelhos. Uma das coisas que ele reporta claramente é o ano da morte de João, aproximadamente 35-36 d.C., que é, com certeza, totalmente contrário ao que dizem os Evangelhos.*[238]

Se João morreu em 35-36 d.C., isso significa que Jesus deve ter morrido no fim de 36 d.C., como nossa pesquisa vem sugerindo. Isso confirmaria que a morte de Jesus ocorreu quando ele já tinha mais de 40 anos, provavelmente apenas alguns meses depois de iniciar sua missão de cumprir suas próprias pretensões messiânicas.

---

237. N.A.: Josephus *Antiquities*, 18: 5: 2.
238. N.A.: Eisenman, R: *James the Brother of Jesus*.

Não pudemos encontrar qualquer contraevidência que amparasse a tese tradicional de que Jesus morreu com 33 anos de idade e concluímos, em virtude de nossa pesquisa e de documentos encontrados, que ele morreu aos 42 anos.

Como vimos, o período de 40 anos era de enorme importância para alguém que se candidatasse a rei dos judeus. Moisés viveu uma vida que pode ser dividida em três períodos de 40 anos, Davi e Salomão governaram por 40 anos, e qualquer coisa que Jesus fizesse seria levada em muita consideração, se acompanhada pelo mesmo padrão. De fato, Jesus deve ter acreditado que Deus exigiria esse padrão sagrado para considerá-lo apto, e a sua missão teria de ser cumprida dentro das demandas do ciclo sagrado de Deus.

Tendo passado pelo teste no deserto, ele se encontrava agora em seu segundo período de 40 anos, pronto para assumir sua função de rei dos judeus e apto a liderar o povo escolhido de Deus contra os invasores romanos.

O Homem que Seria Rei

João Batista, Jesus e seu irmão, Tiago, todos vieram da região agrícola da Baixa Galileia, em torno do lago de Genesaré, também conhecido como Mar da Galileia. O povo de lá tinha um claro senso de sua própria identidade e era muito orgulhoso de seu fervor judaico, porém, eram considerados camponeses grosseiros por seus compatriotas da Judeia, apesar de sua reputação de bravura e coragem ter merecido uma citação de Josephus, que os descreve como "endurecidos para a guerra desde a infância".[239] Eles haviam permanecido, a maior parte dos cem anos que antecederam a guerra, em estado de rebelião contra qualquer um que os tentasse governar, independentemente de ser hasmoneu, herodiano ou romano. Em linguajar rabínico, eram conhecidos como *Gelili Shoteh*, que significa "galileu estúpido", pois eram tidos como religiosamente incultos.

Parece, portanto, muito estranho que João, Jesus e Tiago tivessem causado um grande impacto quando chegaram à Judeia. De acordo com os evangelhos, Jesus se tornou um curador e exorcista entre seus compatriotas galileus. Naquele tempo, e centenas de anos depois, a doença e o pecado estavam diretamente associados e a cura era entendida como o resultado do perdão dos pecados por Deus, muito mais que qualquer tratamento físico. A dádiva da cura reclamada por Jesus nunca foi atribuída ao estudo de doenças ou qualquer conhecimento adquirido de tratamentos, tais como possuíam os essênios. Mesmo que Jesus tivesse usado plantas e pedras como os essênios, ele é descrito nos evangelhos como capaz de curar apenas pelo toque ou por simples comando vocal.

---

239. N.A.: Josephus: *Jewish War*, 3:41.

Há mensagens antagônicas no Novo Testamento, umas mencionando Jesus como um homem de paz e outras, como líder de um grupo com intenção de uma revolta armada. Sua mensagem "amorosa" estava de acordo com o pensamento essênio, mas existem passagens que pintam um quadro totalmente diferente, mais alinhadas com o conteúdo bélico dos Manuscritos do Mar Morto. Jesus apontava cinco "tipos de personalidades" principais: dois Simão, um Judas, um Tiago e um João, a quem ele descrevia como "filhos do trovão". Um dos Simão é chamado zelote, que é o nome dado aos membros de um movimento revolucionário fundado na Galileia, enquanto Judas era descrito como sicário, que significa "homem da faca". Em Lc. 22:35-38, lemos como Jesus disse a seus seguidores para vender suas roupas a fim de comprar armas.

No documento medieval hebreu conhecido como *The Josippon* há diversas referências importantes à atividade revolucionária dos seguidores de Jesus. O estudioso esloveno dr. Eisler acredita que se trata de uma tradução latina de Josephus feita em 370 d.C. por Gaudêncio e, alguns séculos mais tarde, alguém desconhecido fez uma tradução para o hebraico. No século IX, essa tradução hebraica foi "melhorada" por alguns judeus, no interesse do Judaísmo. Nessa revisão, eles usaram a versão grega de Josephus, que tinha escapado da censura conduzida pelos censores cristãos; portanto, o *The Josippon* é muito mais próximo da versão não expurgada. Entretanto, as várias versões medievais do *The Josippon* revisadas foram confiscadas pelos censores eclesiásticos e suas passagens ofensivas, retiradas em diversos graus de extensão. Porém, todos os censores falham e a preservação de três manuscritos diferentes permitiu a reconstrução das passagens originais, inclusive uma na qual os seguidores de Jesus são descritos por Josephus como "ladrões de nosso povo" e como adversários dos fariseus durante o tempo do imperador Calígula.

Os especialistas nos Manuscritos do Mar Morto, o professor Robert Eisenman e o dr. Michael Wise, apontaram para a similaridade entre a natureza bélica de Qumran e a mentalidade cristã, de acordo com as quais esperava-se que o rei criasse a paz na Terra – mas somente pela terrível destruição dos inimigos. Eles selecionaram outros exemplos-chave:

> *Seria difícil duvidar que os conceitos incorporados em palavras desse tipo pudessem ter aparecido diretamente na apresentação cristã de seu messias e de sua atividade. Vejam, por exemplo, a Linha 4 na Coluna 2 e Mt 10:34: "Eu não vim trazer a paz, mas a espada". Esse tipo de alusão à "espada" também é encontrado na coluna XIX do Pergaminho da Guerra, "a espada de Deus", usada na guerra contra os "Kittim"...*
>
> *No entanto, um ponto tem de ser enfatizado: a figura messiânica entrevista em textos como o Filho de Deus, Manuscritos da*

Guerra, etc., figurativamente ou não, é extremamente bélica. Isso confere com o caráter descompromissado, militante e nacionalista dos corpos de Qumran; a figura messiânica tinha de ser um rei triunfante e nacionalista. Poderíamos observar, também, que a paz almejada nesse texto só viria depois do cataclisma de uma guerra messiânica. Como no Pergaminho da Guerra, Deus ajudaria nessa empreitada com seu "Exército Celestial". Para o Pergaminho da Guerra, esse é o ponto da extrema pureza.[240]

Acreditamos que esse é um ponto crucial. Se Jesus estivesse atuando convencido de que era o messias prometido, ele teria acreditado que era de fato o rei dos judeus, cujo destino era declarar guerra aos inimigos de Israel e destruí-los. Deus garantiria o sucesso da ação. Tudo o que ele tinha de fazer era cumprir os requisitos pré-ordenados e seria levado a uma inevitável vitória, mesmo sobre o inimaginável poder do império romano. A evidência sugere que Jesus acreditava em sua missão, mas ainda sentia medos momentâneos porque entendia perfeitamente a dimensão da guerra que estava prestes a acontecer. Estaria ele convencido de que o momento certo, astrologicamente falando, já tinha sido escolhido?

Informações posteriores a respeito das ações do ex-futuro messias foram encontradas em outra antiga versão de Josephus, conhecida como *The Slavonic Halosis* (O Halosis Eslavo), a respeito da qual o dr. S.G.F. Brandon disse:

As referências a Jesus mostram-no como "um homem" e um "trabalhador prodigioso"; ele usa seus poderes miraculosos para realizar muitas curas, e é sumariamente condenado por quebrar a Lei e violar o Shabat*, mas está expressamente declarado que ele não fez nada vergonhoso. Sua influência levou muitos judeus a esperarem que ele pudesse ser o instrumento da sua libertação do jugo romano.*

Consequentemente, ele é convidado a liderar uma insurreição em Jerusalém para exterminar os romanos que lá estavam. Qual foi a natureza de sua resposta não está esclarecido; no entanto, antes de qualquer ação efetiva ser tentada, os líderes (sacerdotais) judeus deram alarme e avisaram a Pilatos, que tomou ações repressivas enérgicas, que deram como resultado a captura do "trabalhador prodigioso" e sua final condenação pelo procurador, como um rebelde desejoso de assumir o reino.[241]

---

240. N.A.: Eisenman, R & Wise, M: *The Dead Sea Scrolls Uncovered.*
241. N.A.: Brandon, SGF: *The Fall of Jerusalém and the Christian Church*, SPCK, London, 1951.

Se os seguidores de Jesus estivessem, de fato, tramando contra os romanos, em pouco tempo eles saberiam. A preocupação dos líderes judeus, que aquele candidato a rei fosse uma ameaça a toda a nação, é descrita em um trecho apresentado em Jo 11:47-51, no qual um conselho de fariseus mostra-se preocupado com esse trabalhador prodigioso. Eles tinham simpatia pelas causas nacionalistas, mas sua preocupação era a de que, deixando-o continuar, seu poder aumentasse e os romanos, inevitavelmente, reagissem contra toda a nação quando soubessem da séria ameaça. O conselho então decidiu que Jesus teria de morrer, em vez de colocar toda a nação em risco de uma violenta reação ao ataque terrorista. Daí Pilatos ter sido alertado e, por sua vez, ter mandado prender aquele "terrorista", que, consequentemente, foi condenado à morte acusado de insurreição.

Não há dúvida de que ninguém pensava que Jesus fosse um deus, ou um aspecto terreno de Javé antes de sua crucificação. Para alguns judeus, ele era o messias esperado, que viria a ser seu rei para governar a Terra como um regente de Javé, e que, com a ajuda de Deus, expulsaria todos os *kittim* (invasores) das terras de Israel; para outros judeus, ele era uma ameaça à estabilidade nacional; e para os romanos, simplesmente um criador de problemas que eles precisavam remover antes que trouxesse um dano mais sério.

Escritores cristãos antigos procuravam uma pessoa bem diferente. Eles queriam um homem em quem Deus estivesse encarnado e que sofresse para salvar a humanidade (até os romanos) das consequências de seus próprios pecados. Eles precisavam "tratar" as informações que colidiam com suas preferências e necessidades, e muitos deles mudaram textos escritos para "corrigir" os "erros óbvios" de escribas anteriores.

Alguns poucos estudiosos iluminados, tal como Orígenes, eram honestos demais para esse tipo de comportamento e tentaram ser coerentes com as evidências que tinham encontrado. Orígenes afirma que as versões que possuía da *Antiquities* de Josephus diziam que aquele autor, definitivamente, repudiava o teor messiânico de Jesus. Ele vai mais além para dizer que o historiador afirmava que a derrota e virtual aniquilação da nação judia pelos romanos entre 66 e 70 d.C. deu-se pela vingança de Deus pelo assassinato de Tiago, o irmão mais novo de Jesus. E Orígenes ainda acrescenta que o historiador judeu do primeiro século admirava Tiago e reconhecia nele um homem justo, embora estivesse, dessa forma, diminuindo a importância de Jesus até o ponto de condená-lo.[242]

As consequências dessa contradição são importantes: se os trabalhos originais de Josephus especificamente negavam que Jesus era o messias, concluímos necessariamente que Josephus estava ciente de que Jesus era um postulante ao estado messiânico (em seu aspecto político normal, mais que

---

242. *Idem.*

no senso cristão posterior de "deidade" que foi criado em torno do conceito grego de "Christos").

Em seu trabalho *As Guerras Judaicas*, Josephus diz que os judeus foram levados à fatal resistência aos romanos por acreditarem em um oráculo ambíguo de suas escrituras sagradas, que afirmava que, em determinado momento, um homem da Palestina se tornaria o governador do mundo. Ele diz que os judeus interpretavam essa profecia como indicativa de que um membro de sua própria raça ganharia essa suprema posição, e muitos de seus sábios estavam convencidos por esse oráculo. A trilha de papel que estávamos desvendando entre textos acadêmicos empoeirados, relatos arqueológicos e simulações astronômicas indicava-nos que o "oráculo" é uma referência à Profecia da Estrela e ao retorno da *Shekinah* para anunciar o novo messias.

O Grande Fracasso

Não podemos ter certeza se o Jesus do mito cristão é o indivíduo mencionado nos Manuscritos do Mar Morto como o esperado messias que havia chegado. No entanto, estamos seguros de que Jesus e seus seguidores estavam fazendo o possível para assegurar que sua vida e suas ações correspondessem ao que se podia esperar de um messias.

Jesus, o irmão mais velho de Tiago, o justo, a quem Josephus descreve como "um rebelde desejoso de realeza", certamente existiu e tinha um nobre perfil. Ele foi convidado a se tornar rei, e parece-nos que ele ganhou o apoio dos essênios de Qumran. Fazendo um balanço de probabilidades, apostaríamos que o Jesus do Novo Testamento é a mesma pessoa descrita nos Manuscritos do Mar Morto.

Em nossa opinião, Jesus acreditava que estava trabalhando em seu "grande plano" sob orientação de Javé e seus espíritos, como exemplificado pela luz da *Shekinah*. O ministério de Jesus, ou o período de sua ação política, não poderia ter início antes que um completo ciclo de Vênus acontecesse e que ele atingisse os 40 anos de idade. A princípio, ele poderia se fazer passar por um simples trabalhador prodigioso inofensivo, mas, conforme foi arrebanhando seguidores, esses, cada vez mais, esperavam ouvir a respeito da chegada do "reino dos Céus". E esperavam mais ações que palavras.

Jesus deu-lhes ação quando, com seus guarda-costas, invadiu o Templo em Jerusalém para esmagar o comércio que era ali permitido. Todos os essênios desprezavam o comércio, e exercer tal atividade dentro dos limites da casa de Deus era considerado por eles uma abominação. A ação de Jesus aconteceu à frente dos saduceus e junto à fortaleza romana de Antonia, e assim, qualquer aparência pacífica desvaneceu-se para sempre a partir daquele instante.

Jesus mostrou-se publicamente de muitas maneiras. Começou fazendo uma dramática entrada em Jerusalém, ao som de uma aclamação aparentemente espontânea. Esse aplauso só poderia ter surgido em resposta às declarações messiânicas, até porque Jesus mencionou a respeito de seu meio de transporte: "Eu sou aquele de que fala a profecia... Eu sou vosso rei". Ele estava agindo de conformidade à profecia em Zc 9:9:

Alegra-te muito, ó filha de Sião; exulta, ó filha de Jerusalém: eis aí te vem o teu rei, justo e salvador, humilde, montado em jumento, em um jumentinho, cria de uma jumenta.

Esse foi o lançamento de seu programa messiânico, de acordo com o que nos diz a Bíblia, que afirma que a maior parte das pessoas não sabia quem era Jesus, quando ele fez sua entrada triunfante na cidade.

Mt 21:10 admite essa realidade quando diz:

E, entrando ele em Jerusalém, toda a cidade alvoroçou-se, e perguntavam: quem é esse?

Então, aqui estava um homem, desconhecido do povo de Jerusalém, afirmando ser seu messias – seu rei. Ao fazer essa afirmação, publicamente, confirmou sua intenção de retirar os romanos da terra judia e construir um poderoso reino para dominar o mundo. Sua ação não deixou outra alternativa às autoridades a não ser prendê-lo. Destruir as barracas no Templo era um crime, mas ameaçar o governo romano era sério o suficiente para levar o rebelde à morte. Jesus e seu grupo dirigiram-se para Betânia, a exatamente 5 milhas a leste, mas retornaram no dia seguinte.

Jesus devia saber que tinha de ser rápido e era urgente arrebatar apoio popular para cumprir sua missão de ser instalado como o messias rei. Ele sabia o que podia acontecer aos pretendentes que falhavam; afinal, muito recentemente, João Batista tinha sido morto quando Herodes suspeitou que ele era o messias.

Em Lc 3:15, lemos como havia uma expectativa geral da chegada do messias e João Batista era um candidato potencial:

Estando o povo na expectativa, e discorrendo todos no seu íntimo a respeito de João, se não seria ele, porventura, o próprio Cristo.

Como sabemos que Jesus só se tornou ativo depois da morte de João, parece que ele estava reticente em assumir a função de líder. As palavras do Evangelho de João (6:15) assumem agora um significado mais claro:

Sabendo, pois, Jesus que estavam para vir com o intuito de arrebatá-lo para o proclamarem rei, retirou-se novamente, sozinho, para o monte.

O fim estava se aproximando. Não havia apoio suficiente para derrotar os romanos e o pequeno grupo de correligionários de Jesus não era suficientemente forte para lançar um ataque ao inimigo. Era apenas uma questão de tempo antes de eles serem presos, e seus discípulos já estavam procurando meios de fuga. De acordo com o Evangelho de Marcos, todo o drama começou com a entrada triunfante em Jerusalém, continuou com a multidão gritando contra ele em seu julgamento e acabou com sua subsequente crucificação, tudo ocorrido em uma única semana. A traição a Jesus é a chave para o entendimento desses eventos.

Mc 14:16-18 diz:

> *Saíram, pois, os discípulos, foram à cidade e, achando tudo como Jesus lhes tinha dito, prepararam a Páscoa. Ao cair da tarde, foi com os 12. Quando estavam à mesa e comiam, disse Jesus: "Em verdade vos digo que um dentre vós, o que come comigo, trair-me-á".*

Isso pode ser lido de duas maneiras. A primeira opção é assumir a interpretação tradicional, segundo a qual era previsto que Jesus falharia e seria horrivelmente torturado até a morte. Ele assim faria para que seu sofrimento pudesse transferir a responsabilidade dos pecados dos crentes – passados, presentes e futuros – de volta a si mesmo, isso é, aos ombros de Deus. Se essa interpretação estiver correta, então, se Judas não tivesse traído Jesus, não teria havido sofrimento, nem morte, nem ressurreição e não haveria salvação. Então, se aceitamos essa forma de ler, temos de concluir que Judas deve ser considerado o grande herói nessa história da humanidade.

Alternativamente, pode ser que Jesus soubesse que seu plano falharia e pensou que provavelmente um ou mais de seus seguidores tentaria salvar a própria pele, entregando-o às autoridades.

As palavras ditas por Jesus na cruz sugerem que a segunda interpretação é possivelmente a mais correta. Esse revolucionário derrotado, morrendo pendurado, pregado debaixo de uma placa onde estava escrito "Jesus de Nazaré, rei dos judeus", esticava-se contra a agonia de seus pés pregados tentando tomar fôlego para falar. O esforço físico e a dor envolvida com a luta pela aspiração de ar, em seus pulmões já paralisados, para poder gritar, é inimaginável. Mas, conforme os Evangelhos, ele contornou essa situação, e o que disse depois dessa incrível e agonizante luta?

Marcos conta que ele praticamente chorou em voz alta:

> *"Eloi Eloi lama sabachtani?" – Meu Deus, meu Deus, por que me abandonaste?*[243]

Agora, se Jesus é Deus, por que ele falou para si mesmo e ainda enfraquecendo sua própria credibilidade nessa conjuntura tão crítica? Essas parecem ser palavras desesperadas de um homem que acreditava fervorosamente que estava cumprindo ações profetizadas há muito tempo e que lhe dariam o poder de derrotar os romanos. Ele se sente intimamente traído – nem tanto por Judas, mas muito mais pelo próprio Javé.

---

243. N.A.: Mc 15:34.

O Jesus Enoquiano

Todas as evidências apontam para Jesus associado às expectativas messiânicas da comunidade de Qumran e à possível continuidade do sacerdócio enoquiano. A afirmativa de que Jesus era um sacerdote da Ordem de Melquisedeque é uma direta declaração de sua associação com uma antiga crença cananeia precursora de Moisés e de seu novo Deus, Javé. Já mencionamos que "fazer chover" era uma arte sagrada ainda praticada no tempo de Jesus, e esse argumento ainda recebe uma menção especial no Pergaminho da Guerra de Qumran, no qual chuva pesada é comparada ao dilúvio do julgamento final do último dia.

Já mencionamos, no Capítulo 8, que o primo de Jesus, João Batista, era considerado por muitos o novo Elias, e ele também construía círculos de pedra. Da mesma forma, outro membro da família de Jesus e de João era feitor de chuva, "Honi, o desenhista de círculos"[244], de quem o professor Robert Eisenman suspeita ser em realidade Tiago, o irmão de Jesus.

Já discutimos muitas referências a respeito dessa tradição oculta, do tempo do nascimento de Jesus, até que o primeiro "Honi, o desenhista de círculos" teve um filho chamado "Hanan, o Oculto", que também era um feitor de chuva e muito próximo de João Batista. Acreditamos que essa prática de fazer círculos de pedra florescia no tempo de Jesus, mas sua associação a usos mágicos era conhecida apenas por uns poucos selecionados – todos eles aparentemente conectados à família de Jesus.

Encontramos agora evidências adicionais de que uma outra crença mágica foi transmitida desde a época da Profecia da Estrela até Jesus e sua família. Essa era a magia cananeia de *lachash*, que pode ser traduzida como "cochichar" ou "murmurar". A técnica é uma forma de encantamento usada para ressuscitar os mortos, uma prática magia que especialistas bíblicos já identificaram:

> Em Is 3:3, o termo "encantador perito" significa em hebraico, literalmente, "hábil em compor um encantamento", isso é, em escrever fórmulas mágicas.
>
> Esse termo é usado apenas em relação à magia e já que, como veremos, a ideia de levantar os mortos por meios mágicos não era desconhecida para os hebreus primitivos, é possível que haja, na realidade, uma referência a uma tentativa de ressuscitar um filho de Davi por meio de um encantamento cochichado.[245]

Então, a antiga mistura cananeia de magia e religião ainda persistia quando foi feita a Profecia da Estrela.

---

244. N.A.: Eisenman, R: *James the Brother of Jesus*.
245. N.A.: Oesterley, WOE & Robinson, TH: *Hebrew religion, Its Origin and Development*.

Achamos essa ideia de murmurar palavras secretas, como um meio de ressuscitar uma pessoa, muito semelhante ao que acontece no ritual do terceiro grau da Maçonaria. Nele, as palavras mágicas são sussurradas ao ouvido do candidato no instante em que ele é tirado de sua sepultura, sob a luz de Vênus, na pré-aurora. Essa forma de magia também está conectada muito proximamente a Jesus, confirmando a Bíblia que diz ter ele ressuscitado os mortos antes de ressuscitar a si mesmo.

O assunto necromancia (a magia de prever eventos futuros consultando os mortos, que, como já vimos, fazia parte das crenças norueguesas) também parece ter sido uma tradição oculta entre um grupo do povo judeu. Isso está mencionado em Is 8:19, em uma passagem que está estranhamente fora do contexto em relação ao resto do livro:

> *Quando vos disserem: consultai os necromantes e os adivinhos, que cochicham e murmuram, acaso não consultará o povo a seu Deus? A favor dos vivos se consultarão os mortos?*

Nesse versículo, Isaías parece dizer ao povo que qualquer um que usa os mortos em seu caminho não terá alvorecer. Quando visto em conjunto com outro versículo do mesmo livro, pareceria ser uma referência à ressurreição sob a luz da *Shekinah*. O versículo iluminado de Isaías é popular nas igrejas hoje em dia e é frequentemente citado durante os cultos de Natal. Ele trata do retorno aguardado do messias judeu, e é frequente e equivocadamente entendido como uma referência divinamente inspirada ao messias cristão.

Os versículos-chave são 9:2 e 9:6-7:

> *O povo que andava em trevas viu grande luz, e aos que viviam na região da sombra da morte, resplandeceu-lhes a luz... Porque um menino nos nasceu, um filho se nos deu; o governo está sobre seus ombros; e o seu nome será: Maravilhoso Conselheiro, Deus Forte, Pai da Eternidade, Príncipe da Paz.*

> *Para que se aumente o seu governo, e venha paz sem fim sobre o trono de Davi e sobre seu reino, para o estabelecer e o firmar mediante o juízo e a justiça, desde agora e para sempre. O zelo do Senhor dos Exércitos fará isso.*

Os cristãos acreditam que nesse trecho de Isaías começa o entendimento da esperança messiânica em Israel; quando uma autoridade teológica afirma: "uma luz esplendorosa brilha na escuridão e a carga do opressor será partida no dia do Gideão".[246] Para nós, entretanto, parece ser uma referência à promessa do retorno da luz de *Shekinah* e o domínio político

---

246. N.A.: Bright, J: Isaiah 1, *Peake's Commentary on the Bible*.

que esse retorno traria a Israel quando o próximo rei mostrasse o caminho. Uma *Shekinah* surgiu no equinócio da primavera do ano de 740 a.C., que coincide exatamente com o tempo em que Isaías começou a profetizar a vinda do messias.

Como um tão dramático evento celestial poderia não ter inspirado Isaías?

Para os cristãos, essa passagem é entendida como uma profecia relativa à sua estranha interpretação da palavra "messias", como a figura do Cristo mítico. Mas isso não poderia ser entendido dessa forma, pois Jesus não foi bem-sucedido em sua missão de se tornar o rei dos judeus e seu aparecimento marcou o início de um dos mais desastrosos períodos de toda a história judaica. Nenhuma das promessas messiânicas foi cumprida, apesar de posteriormente muitas tentativas terem sido feitas para provar que sim.

Mas o Cristianismo estava prestes a tomar um caminho totalmente diferente depois de o mito de matar e ressuscitar Deus quase ter acabado com os segredos astrais cananeus de Jesus e sua família.

O Culto de Paulo

Uma versão da história de Jesus, radicalmente nova e de sucesso fenomenal, estava prestes a surgir. Um homem de Tarso, filho de judeus convertidos, tornou-se cidadão romano e mudou seu nome hebreu Saulo para o nome latino Paulo. Esse cidadão judeu do império romano da Turquia posicionou a si mesmo como o flagelo do grupo rebelde de judeus em Jerusalém e adjacências. Diz-se que Paulo perseguia os cristãos, mas isso seria impossível, uma vez que não havia tal grupo de pessoas. Os seguidores de Jesus, e depois de sua morte, de seu irmão Tiago, o Justo, permaneceram judeus e não se tornaram membros da nova religião cristã de Paulo. O Cristianismo foi um culto posterior, desenvolvido por Saulo de Tarso, exclusivamente para atrair pagãos convertidos por todos os recantos do imenso império romano – pessoas que já estavam inclinadas para um culto baseado na morte e na ressurreição de Deus, em seu ciclo natural vegetativo.

De acordo com o Novo Testamento, Paulo passou por um trauma depois do qual afirmou que somente a ele Deus tinha dado uma visão do significado da missão de Jesus. Paulo declarou:

Quando, porém, apeteceu a Deus... revelar seu filho em mim, para que eu pregasse entre os gentios.[247]

A palavra "gentios" tornou-se respeitável no pensamento cristão porque é tida como uma descrição judaica do cristão, mas não significava tal

---
247. N.A.: Gl 1:15.16.

coisa no tempo em que Paulo pregava seu credo bizarro. Era uma palavra usada pelos seguidores de Jesus e por Tiago para descrever os pagãos que não acreditavam no Deus dos judeus.

Paulo rapidamente se encontrou em total desacordo com Tiago, pois a história que estava contando a respeito do irmão de Tiago, Jesus, era muito ultrajante. É evidente que Paulo estava preparado para fazer qualquer coisa para continuar em seu caminho; ele mesmo admite que ficaria feliz em mentir, se isso fosse necessário:

> *Procedi, para com os judeus, como judeu, a fim de ganhá-los; para os que vivem sob o regime da lei para ganhar os que vivem debaixo da lei...*
>
> *Aos sem lei, como se eu mesmo o fosse, para ganhar os que vivem fora do regime da lei.*
>
> *Fiz-me fraco para com os fracos com o fim de ganhar os fracos;*
>
> *Não sabeis vós que os que correm, na verdade correm, mas só um leva o prêmio?*
>
> *Correi de tal maneira que o alcanceis.*
>
> *Assim como corro também eu, não sem meta; assim luto, não como desferindo golpes no ar.*[248]

O professor Eisenman, em seu livro *Tiago, o Irmão de Jesus*, diz que Paulo tornou-se um famoso mentiroso e que tinha de criar desculpas para si mesmo:

> *Paulo estava sendo escarnecido por alguns – dentro da Igreja e não fora dela –, considerado como "O Homem dos Sonhos", "Mentiras", "Embustes" ou o que pudesse sugerir, de forma paralela, como "Um Inimigo"... Nem era acidental nem indiferente que exatamente quando ele veio falar de Tiago, o irmão de Jesus e em 2Cor, falando dos arquiapóstolos hebreus, Paulo tenha se sentido obrigado a acrescentar: "Agora perante Deus, que eu escrevo a vós, eu não minto" ou, outra vez, "Eu não minto".*

A história que Paulo criou estava apenas levemente conectada às ações do recentemente morto Jesus e a seus seguidores, mas tinha muito a ver com o gosto romano por Teologia. Em Chipre, na Turquia, no Egito e em Roma, seguidores de Paulo escreveram os evangelhos que originaram

---

248. N.A.: 1Cor 9:20-26.

o Novo Testamento, enquanto em Israel o povo que tinha seguido Jesus seguia agora Tiago e forçosamente se opunha à nova religião que Paulo apressadamente inventara.

O novo culto de Paulo estava justamente enraizado na teologia camponesa cananeia dos deuses naturais que morriam e renasciam e reteve apenas poucos detalhes mal-entendidos do culto astral. A Estrela Brilhante da Manhã que marcara o nascimento de um messias judeu tornou-se uma mera estrela de natal que havia estacionado miraculosamente sobre o estábulo onde Jesus nasceu. O Sol foi relegado a ser um halo que decorava as cabeças dos justos. A circuncisão, a grande aliança com Deus, que se afirmava vir de Abraão, foi rejeitada porque os potenciais futuros recrutados do império romano não se sentiam satisfeitos em pagar esse tributo particularmente doloroso.

O Novo Testamento conta a história de Jesus sob a perspectiva de Paulo, e tenta estabelecer a ideia de que os seguidores do Jesus crucificado eram cristãos em suas igrejas. Eles não eram assim – eram sim, todos, judeus.

A versão paulina dos eventos desse tempo afirma que havia dois caminhos igualmente válidos para os crentes da época – a rota judaica de Tiago ou o plano de Paulo para os não circuncidados. A esse respeito, o escritor N.A. Wilson diz o seguinte:

> *Está claro para nós, hoje, que essa divisão ia acontecer mas, mesmo até a data em que Lucas escrevia – vamos dizer em torno de 80 d.C.? –, havia ainda a possibilidade de reconciliar os dois "caminhos"... Os próximos novos capítulos dos Atos têm de ser lidos cautelosamente... eles são propaganda, desenvolvida para nos fazer pensar que a "igreja primitiva" tinha sido sempre cristã – quando, de fato, é claro, ela pertencia a uma época em que a palavra cristão era simplesmente um apelido para uma seita dentro do Judaísmo.*[249]

O culto criado em nome de Jesus veio menos das crenças de seus reais seguidores do que das que Paulo arquitetou em Tarso. Todo outono, o pequeno Saulo, como era conhecido na época, teria observado a enorme pira funerária na qual o deus local era ritualisticamente queimado. Deus estava agora morto, mas voltaria novamente à vida na primavera (Páscoa). E, ainda mais, sabe-se que os tarsenses adoravam deuses salvadores (conhecidos como *theoisoteres*),[250] e então é pouca a surpresa de ver os pagãos aceitarem a nova religião de Paulo tão facilmente – estava muito longe da original, mas construída sobre tradições bem estabelecidas.

---

249. N.A.: Wilson, N.A.: Paul, *The Mind of the Apostle*, Sinclair Stevenson 1997.
250. *Idem.*

Isso pode ser facilmente observado na atitude de Paulo perante o sangue. A ideia de crucificação era horrível para todos os judeus, e sangue era alguma coisa para ser evitada a todo custo, mas mesmo assim o conceito Paulino de Jesus Cristo apoiava-se no poder do seu sangue derramado, e também, é claro, no impulso sacrificial que vinha da devoção a Moloch. Até hoje em dia, os cristãos ritualisticamente bebem o sangue de Cristo.

Esse conceito de ingerir sangue de uma vítima humana de um sacrifício está tão remotamente afastada do pensamento judeu quanto possamos imaginar. Mas essa ideia nauseante foi bem aceita entre os seguidores dos mais antigos cultos naturais. Wilson comenta de onde surgiu essa ideia de Paulo:

> *Tal como os devotos de Mitra, em sua nativa Tarso, podiam ficar sobre uma plataforma para colher o sangue do boi sacrificado que caía sobre eles, Paulo podia banhar-se no do crucificado e achar que a vida do Messias havia se tornado a sua própria. Ele era o Cristo. Assim como os contemporâneos de Paulo, em Tarso, acreditavam que o semideus Héracles – com um dos pais humano e o outro divino – tinha, em sua descida aos domínios da morte, tornado-se o salvador de seu povo, e assim Jesus "deu a si mesmo pelos nossos pecados para nos livrar da presente era do diabo, de acordo com o desejo de nosso Deus e Pai".*

Os romanos tiveram de manter Paulo preso por precaução quando pregou em Éfeso, para salvá-lo da comunidade judaica que estava ultrajada por sua versão distorcida do Judaísmo. Quando ele foi a Jerusalém, houve uma revolta em grande escala e ele foi retirado do Templo por uma multidão que pretendia linchá-lo. Uma corte de tropas romanas, da fortaleza Antonia (junto ao Templo), teve de intervir para salvar sua vida – uma corte era um termo romano para identificar um batalhão. Essa foi uma intervenção de grande porte das forças romanas de ocupação.

À medida que o culto de Paulo se multiplicava nos países em torno do Mediterrâneo, a teologia dos essênios continuava, com preces diárias ao amanhecer e ao anoitecer. Como sabemos dos Manuscritos do Mar Morto, eles mantiveram o calendário solar porque pretendiam ficar em harmonia com as leis de Deus, "as leis da grande luz dos céus".[251] Mas sua esperança no apocalipse não demoraria muito a se realizar. Em 62 d.C., Tiago foi morto, e Paulo morreu logo depois. De acordo com Josephus, na obra *As Guerras Judaicas*, os judeus finalmente revoltaram-se contra seus inimigos em 66 d.C. Eles combateram uma guerra terrível na tentativa de criar um reino dos céus na terra de Israel.

Os pergaminhos encontrados em Qumran contam que os essênios esperavam que essa guerra durasse 40 anos – um ciclo de Vênus completo.

---

251. N.A.: 1QH 12:5.

Eles também acreditavam que a batalha teria dimensões cósmicas, com parte dela sendo travada nos céus. Exércitos angélicos estavam sob o comando do "Príncipe da Luz" – título atribuído a Melquisedeque (a linha sacerdotal da qual, segundo a Bíblia, Jesus era descendente). Eles esperavam uma guerra difícil, com vitórias acontecendo por três vezes, para ambos os lados, até que, perto de se completarem os 40 anos, Javé interviria para aniquilar todo o mal.[252] Especulamos que devia haver sempre um elemento venusiano em toda a religião solar – afinal, tanto o Sol como Vênus ocupam frequentemente o mesmo lugar no céu –, mas o elemento venusiano frequentemente toma uma forma esotérica, pois Vênus é sempre ofuscada pela luz do Sol, fazendo-a parecer ainda mais misteriosa. Adicionalmente, os ciclos de Vênus são muito mais longos que os ciclos do Sol e assim os seguidores de Vênus são forçados a assumir uma visão de vida de mais longo prazo.

O povo que escreveu os pergaminhos de Qumran esperava que a vitória final fosse seguida imediatamente por uma era messiânica, e em alguns deles o "Príncipe da Congregação" era identificado como o messias davídico. Esse messias deveria governar como um rei secular, sob, ou com a orientação de um rei sacerdote que seria o "intérprete da Lei" e que ensinaria retidão até o fim dos dias.[253]

As ações atribuídas a Jesus no Novo Testamento são virtualmente idênticas àquelas expectativas registradas pela comunidade de Qumran. Como também vimos, a curiosa figura de Melquisedeque aparece tanto nos textos cristãos como naqueles de Qumran. Esperava-se que esse líder celestial vingasse o povo de Deus na grande batalha que seria combatida contra Satã e suas forças demoníacas.[254]

Alguns dos Manuscritos do Mar Morto contêm a ideia de que, depois desse período messiânico, os pecadores seriam levados ao "sofrimento eterno e interminável desgraça... no fogo das regiões escuras". Os justos iam ser premiados com "cura, grande paz em uma vida longa e frutífera, junto com bênçãos e alegria eterna de uma vida sem fim, uma coroa de glória e um manto de majestade de luz infindável".[255] Os justos mortos seriam ressuscitados para compartilhar da glória final, o que justifica a bravura incomum dos essênios. Sabendo que retornariam, entregavam-se à morte sem temor.

Os essênios, zelotes e os seguidores de Tiago, enfim, toda a igreja de Jerusalém, estavam no centro da batalha. Na metade dessa guerra, cerca de 68 d.C., o sumo sacerdote apontado por Herodes foi morto e Josephus descreve uma eleição conduzida por um novo grupo de sacerdotes que ele chamou de "os inovadores". Esses seriam os últimos sacerdotes a servir no

---

252. N.A.: IQM 18: 1-3 and 11Q Melq 2: 9, 13.
253. N.A.: CD 6: 11.
254. N.A.: Golb, N: *Who Wrote the Dead Sea Scrolls?*
255. N.A.: 1QS 4: 7-8.

Templo de Jerusalém para sempre. O professor Eisenman diz o seguinte a respeito deles:

> *Quando, descrevendo os "últimos dias", isto é, os últimos dias do Templo durante os eventos de 66 a 70 d.C. e, principalmente, aqueles ocorridos depois de 68 d.C. e da eliminação do sumo sacerdote indicado por Herodes, Josephus descreveu a eleição pelos "inovadores" do último sumo sacerdote antes dos romanos investirem sobre a cidade, um tal de "Phanius" ou Phineas, um simples cortador de pedras. Josephus constantemente refere-se aos "inovadores", reformadores e/ou revolucionários religiosos e políticos nesse período, que tinham sido todos recrutados de alguma forma imprecisa, dos exércitos zelotes.*[256]

O sumo sacerdote Phineas era um pedreiro e Eisenman o identifica como um feitor de chuva na tradição de Elias, Honi, João Batista e Tiago. Eis o que ele diz a respeito:

> *Havia também uma tradição de "fazer chover" associada ao nome de Phineas, que não estava apenas ligada às tradições de Elias, e por elas às de Tiago, mas também a outro interessante personagem que faz parte de todo esse complexo grupo de justos "feitores de chuva", "Honi, o desenhista de círculos."*[257]

A reconstrução do Templo de Jerusalém iniciada pelo rei Herodes em 19 a.C. continuou por diversas décadas, e as partes internas tinham de ser construídas por sacerdotes hereditários, pois ninguém mais poderia tocar na casa de Deus: não o lugar em que se rezava, mas o lugar da Sua divina presença. Milhares de sacerdotes foram treinados no ofício de pedreiro e parece bem provável que Jesus e seu pai José estivessem envolvidos nesse tipo de atividade. A Bíblia conta que José e Jesus eram carpinteiros, mas a palavra original usada na versão grega era *tekton* que significa "construtor". Como poucas pessoas trabalhavam com madeira em Jerusalém naqueles tempos, parece mais provável que Jesus e seu pai tenham sido sacerdotes pedreiros, assim como Phineas.

Os revolucionários tomaram o Templo e instalaram seu sumo sacerdote, sem dúvida imaginando que seu Deus viria ajudá-los em sua luta pela supremacia que eles tão ardorosamente aguardavam e descreviam nos Manuscritos do Mar Morto. Infelizmente, para esses judeus revolucionários, a guerra foi a seu clímax após apenas seis anos e não os 40 esperados, e acabou com a destruição do Templo e de Jerusalém. Josephus registra que 1,3 milhão de judeus morreram nesses poucos anos. E o culto a Vênus quase morreu com eles.

---

256. N.A.: Eisenman, R: *James the Brother of Jesus.*
257. *Idem.*

Por centenas de anos, os judeus ficaram unidos em sua devoção a Javé e em sua aceitação das obrigações entronizadas na Torá; mas sua crença comunitária havia chegado ao fim.

Antes da destruição do Templo, em 70 d.C., não havia qualquer coisa semelhante à ortodoxia judaica, mas somente grupos desiguais de saduceus, fariseus, essênios, zelotes e cristãos. Passariam outros 200 anos antes que os cristãos fossem mais que apenas uma estranha variedade de Judaísmo.

A Bíblia cristã é formada pelo Velho e Novo Testamentos. O primeiro cobre a história do mundo desde a criação até Malaquias, o último profeta que falou do retorno de Elias, que seria o predecessor do messias esperado. O Novo Testamento cobre um período pouco anterior ao nascimento de Jesus até aproximadamente 75 anos depois, quando começou a Guerra Judaica.

Então, a Bíblia comenta a interação de Deus com seu povo escolhido desde o princípio até o momento em que foram quase exterminados pelos romanos. Depois disso, a Bíblia praticamente para. Mas não parou de ser escrita: da mesma forma que foram perdidos os Manuscritos do Mar Morto, também aqui a história continuou por caminhos não oficiais.

As famílias que consideravam ter um relacionamento especial com Javé continuaram a documentar sua jornada. As linhas de sangue que produziam os sumos sacerdotes sobreviveram e continuaram a registrar seus progressos rumo à criação de um reino de Deus na Terra. Previamente expusemos o argumento de que esses sacerdotes escaparam do massacre em Jerusalém em 70 d.C., fugiram para a Europa e lá formaram famílias que se mostraram proeminentes com o passar do tempo.[258] Na França, essas famílias vieram a controlar Anjou, Champagne, Normandia e Burgundy, onde misturaram-se ao sangue escandinavo. Parece que duas tradições muito antigas tornaram-se convergentes na Europa: o ramo judaico do culto fenício venusiano e a versão norueguesa das crenças do primitivo "Povo do Pote Entalhado" que sobreviveram na Escandinávia pagã até no mínimo 1000 d.C.

Astrologia, o Grande Segredo?

Parece que a cadeia de eventos que começa com a ciência astronômica do "Povo do Pote Entalhado" foi sendo perspassada com o correr do tempo, via cananeus, e veio a se transformar em um ponto focal nas crenças e aspirações dos sacerdotes que viviam em Qumran, e do grupo liderado por João, Jesus e Tiago.

Mas começamos a nos sentir desconfortáveis. Os magos judeus entendiam claramente os movimentos de Vênus, e suas aspirações nacionais parecem ter sido centradas sobre a crença supersticiosa que a luz de Vênus, aparecendo antes da aurora, em conjunção com outro planeta brilhante,

---

258. N.A.: Knight, C and Lomas, R: *The Second Messiah.*

permitiria vencer guerras e chegar à grandeza que almejavam. Qualquer que seja o nome empregado, isso é Astrologia.

É aqui que nossa jornada vai acabar? Depois de 26 anos de investigação nas ciências que, como acreditávamos, amparavam a Maçonaria, e precisamos aceitar agora que era apenas uma tola pseudociência?

No começo deste livro, referimo-nos ao medo que alguns representantes da Igreja Católica Romana demonstravam ter a respeito de nossas investigações. Eles pareciam colocar muita energia nos ataques que nos faziam e preveniram as pessoas para não levarem nossas descobertas a sério. Sentimos que seu receio era de que descobríssemos alguma coisa que eles prefeririam manter oculta.

De repente, tivemos muitas demonstrações de simpatia por parte deles. Nossa linha investigativa nos conduzia à demonstração de que Jesus tinha sido levado por sua crença no poder da *Shekinah* – que é um pouco mais do que a Astrologia em uma escala grandiosa. A Igreja sempre detestara a Astrologia, e agora parecia que tínhamos mostrado que o "salvador" tinha nascido, vivido e morrido em função de uma antiga profecia baseada no movimento dos planetas. Seria o mito de Jesus da Igreja Paulina preferível, de alguma forma, a essa realidade pouco palatável?

Estávamos de alguma forma frustrados, mas nossa busca devia continuar porque tínhamos de testar, a partir de agora, e para nós mesmos, se realmente havia qualquer Ciência envolvida, ou se todo o ritual não era mais que uma confusa mistura de superstições. Seria essa longa linha de antigos sacerdotes astrônomos nada mais que um simples conjunto de leitores de sorte com ambições ao poder? Decidimos rever o que tínhamos aprendido a respeito dos ciclos de *Shekinah* e como ela se insinuou pela primeira vez nas crenças judaicas no tempo da construção do Templo de Salomão por Hiram, rei de Tiro.

Datas dos Ciclos de Vênus

Hiram assumiu o trono de Tiro em 983 a.C., quando, de acordo com o historiador Josephus, estava com 19 anos de idade. Isso significa que ele nasceu em 1002 a.C. Argumentamos que, se de fato ele era um Filho de Vênus, seu pai deve ter engravidado sua mãe nos rituais sexuais do equinócio da primavera. Em verdade, isso devia ser um dos deveres do rei, como representante de El na Terra.

Robert conferiu e descobriu que Vênus apareceu exatamente antes do Sol no solstício de inverno de 1002 a.C. Então, o nascimento de Hiram cumpria critério similar àquele que sabíamos ser aplicado pelos sacerdotes de Qumran para decidir se um messias teria nascido.

A maior diferença era que o nascimento de um messias judeu era marcado por uma série de conjunções Vênus/Mercúrio que apenas ocorriam a cada 480 anos. Não seria prático nem razoável os fenícios esperarem todo esse tempo para coroar um novo rei e assim, parece que achavam suficiente para ser um rei nascer à luz de Vênus na pré-aurora.

Entretanto, essa ideia de que reis nasciam quando uma estrela brilhante fosse visível na pré-aurora parece que foi adotada zelosamente pelos judeus. Ela ficou ligada a uma ideia de super-reis, favorecidos por Deus, e assim aptos a prover o povo com padrões de liderança que poderiam impulsionar a nação, e que nasciam apenas quando uma estrela superbrilhante aparecesse no tempo correto. O que nos intrigava era que os escribas do Velho Testamento estavam cientes desse extremamente longo ciclo de aparições da primitiva *Shekinah*, e que eles já tinham adquirido esse conhecimento no tempo em que o Templo de Salomão foi sagrado, em 967 a.C.

Tínhamos um problema no prognóstico. Sabíamos que essas conjunções entre Vênus e Mercúrio ocorriam dentro dos padrões normais dos ciclos de Vênus, de oito e 40 anos, que se repetiam a cada 480 anos. Mas, para chegar a essa conclusão dispúnhamos de um computador e um complexo programa astronômico. Os sacerdotes astrônomos do tempo de Salomão não dispunham de ferramental tão sofisticado, e então como poderiam saber que padrão esperar? Seus cuidadosos cálculos desde o tempo do Êxodo, e mesmo do dilúvio, mostravam que eles sabiam sobre esses padrões e, tanto a Bíblia como o Testamento Maçônico ligavam sua percepção desses eventos com as características aparições da *Shekinah*.

Só podíamos pensar em um único caminho possível para terem chegado às necessárias informações para seus cálculos. Eles devem ter tido acesso a séries de observações prévias.

Por si só, essa era uma ideia simples: é muito fácil estabelecer um padrão se coletarmos pontos suficientes em sequência que comprovem a repetição de um evento. Mas os fatos a respeito do quais estávamos interessados só aconteciam a cada 480 anos. Ninguém viveria tanto para ver mais que uma ocorrência desse espetacular acontecimento, e a maior parte das pessoas jamais o veria. Como seria possível registrar eventos tão espaçados no tempo? A informação teria de ser transmitida por dez ou mais gerações, de um ponto de observação para outro, possivelmente atravessando mais que o período de uma civilização.

Nosso próximo problema é que apenas duas ocorrências não confirmam a tendência. Ninguém seria capaz de prever com precisão o período entre uma conjunção *Shekinah* e a seguinte baseado em duas únicas observações. Dois pontos definem um único período, e assim, enquanto não for obtido o terceiro ponto, não se saberia se o ciclo seria ou não repetido. Isso significa que um mínimo de três observações eram necessárias para confirmar o período, e é necessário uma a mais para confirmar que o ciclo acontece de fato.

Essa cadeia lógica convenceu-nos de que não seria possível ter trabalhado o período da geração, época e *eon* venusiano usados na construção da cronologia bíblica sem quatro observações, no mínimo, o que teria levado 1.920 anos para coletar.

Partimos, em seguida, para calcular a data mais antiga necessária para permitir que a quarta repetição do ciclo acontecesse quando Hiram começou os trabalhos de construção do Templo. Encontramos a data de 2892 a.C., o que é um período de fato bastante grande e importante.

Essa data é apenas um pouco anterior àquela que parece ter marcado o momento em que o "Povo do Pote Entalhado" abandonou seus assentamentos nas Ilhas Britânicas. Mas tínhamos de ser cuidadosos, pois ela era também 350 anos posterior a mais antiga evidência da civilização suméria e 250 anos posterior a unificação do Egito superior e inferior.

Essa informação deve ter vindo ou por meio do "Povo do Pote Entalhado", ou dos sacerdotes astrônomos sumérios e egípcios influenciados pelos comerciantes do primeiro grupo e suas crenças – e não poderíamos esquecer que os sumérios e os egípcios tinham um sistema de escrita capaz de registrar os eventos observados. Concluímos, analisando a linha do tempo, que ninguém mais teria a oportunidade de coletar dados suficientes.

Sabíamos agora, por nossas pesquisas, que os três grupos haviam cultuado o planeta Vênus, que era usualmente, mas não sempre, considerado uma deidade feminina. Os traços comuns associados com essa estrela brilhante são amor, nascimento, morte e ressurreição. Os mais antigos escritos da Suméria e do Egito fazem referências a Vênus, mas os observatórios do "Povo do Pote Entalhado" da Europa ocidental antecedem a ambos em, no mínimo, 200 anos. Bryn Celli Ddu e Newgrange são exemplos importantes.

O professor Michael O'Kelly, que escavou Newgrange, afirma que a datação por carbono colocou aquele sítio no ano de 3200 a.C. e ele estimava que sua construção tenha levado no mínimo 30 anos. Mas, antes que seus construtores tivessem dado início à obra, devem ter observado muitos ciclos de Vênus para calcular seus padrões. Nesse caso, a construção representa uma forma de Astronomia que estava sendo catalogada desde a metade do século IV a.C., no mínimo. Um ciclo de conjunções Vênus/Mercúrio começou em 3367 a.C. e imaginamos que isso pode ter sido a inspiração para desenhar e construir Newgrange. Uma vez concluído, o *layout* de Newgrange é tal que teria sido impossível perder qualquer próxima aparição de *Shekinah* na escuridão de sua câmara.

O ciclo de Vênus permanece constante, e é apenas sua conjunção com Mercúrio que varia, portanto, qualquer observatório construído para monitorar Vênus deveria também manter a atenção sobre a *Shekinah*. O túnel, a fenda de luz e a câmara filtrariam e coletariam a luz da conjunção mais brilhante do ciclo da *Shekinah*. Estruturas como Newgrange e Bryn Celli Ddu eram instrumentos astronômicos para rastrear Vênus e eles, confortavelmente, antecedem qualquer outra referência a esse planeta em qualquer parte do mundo.

Entre 4500 e 2800 a.C., a cultura do "Pote Entalhado", que construiu esses observatórios, teve um período de forte atividade econômica. Seu sucesso foi caracterizado por excedentes agrícolas e atividades comerciais que se espalharam pela Bretanha e áreas costeiras da Europa, culminando na construção de enormes edifícios de pedra e outras estruturas que serviam a propósitos astronômicos e rituais.[259]

Como já tínhamos mencionado, esse período de expansão do comércio coincide com o estabelecimento de uma pequena vila em Biblos e de uma característica baía megalítica em Lixus na costa oeste africana, e sugerimos que isso era resultado da atividade dos comerciantes do "Povo do Pote Entalhado". Ao fim desse período de sucesso econômico trazido pela expansão do comércio de artefatos de pedra, tais como machados, pontas de flechas e facas de pedra, as nascentes civilizações da Suméria e do Egito começaram. Como já mencionamos, registros de ambas as civilizações contam de grupos de estrangeiros chegando e provendo a tecnologia que rapidamente deu início a essas novas culturas, as quais incorporaram um interesse no planeta Vênus, visto como uma deusa.

Os sumérios originalmente cultuavam Vênus sob o nome de Inanna (Rainha do Céu), com o auxílio de astrônomos ou sacerdotes *baru*. Ao longo do tempo, tiveram sucesso na previsão de eclipses, usando métodos de contagem e conhecimento do ciclo Saros da Lua,[260] e contribuíram grandemente para o desenvolvimento posterior das leis da Astronomia.

No antigo Egito, o nome de Vênus era Hathor. Ela era "o olho do deus do sol, Rá", "o habitante em seu peito", "a deusa de muitos nomes", Outro nome que ela usava era Uatchet, "A Senhora das Chamas", quando era mandada para a Terra para punir a humanidade por sua rebeldia contra Rá. Depois, ela assumia um outro nome: Sekhmet, "A que Prevalece". Rá chamava-a de volta e aí com outro nome, Nut, que carregava Rá entre seus chifres (uma referência ao efeito em chifre dos movimentos de Vênus em torno do Sol). Em algumas citações mais antigas, Ísis também era associada a Vênus, assim como com Sirius, ambas sendo caracterizadas pela Estrela Brilhante da Manhã. Sabíamos também que a forma hieroglífica egípcia para Vênus era literalmente "Estrela Divina", que fazia parte do hieróglifo para "conhecimento" e para "sacerdócio".

Os hebreus herdaram ideias sumérias de Abraão e crenças egípcias de Moisés, e acreditamos que o sacerdócio hebreu em geral também adotou as crenças dos ciclos vegetativos dos cananeus, mas um sacerdócio real manteve-se à parte, praticando cultos da tradição astral com seus reis sacerdotes, como foi Melquisedeque. Descobrimos também que muitos dos importantes eventos na cronologia bíblica parecem estar ligados às conjunções brilhantes de Vênus e Mercúrio que vieram a ser identificadas pela *Shekinah*.

Mas estávamos ficando preocupados com o fato de que a crença no poder da *Shekinah* pudesse ser nada mais do que Astrologia e superstição.

---

259. N.A.: Dyer, J: *Ancient Britain*, Routledge, 1997.
260. N.A.: O ciclo Saros é um padrão de 18 anos dos movimentos da Lua causado pela interação da gravidade do Sol, da Terra e da Lua.

Acreditávamos também que o Cristianismo foi construído no modelo cananeu de um deus natural morrendo e renascendo em ciclos constantes.

A Astrologia é taxada pela Igreja como uma inimiga primitiva e ignorante da verdadeira fé, e os maiores corpos celestes estão ausentes das Escrituras, apesar de os princípios da Astronomia estarem envolvidos nas entrelinhas dos cultos aos ciclos naturais do calendário cristão. O natal era originalmente um festival pré-cristão para celebrar o solstício de inverno. O ritual da Páscoa da ressurreição é anterior a Cristo em dezenas de milhares de anos, mas a Igreja ainda data a festa do Domingo de Páscoa no primeiro *Shabat* de lua cheia durante o equinócio da primavera.

A confusão a respeito de quem é o interlocutor de Deus no primeiro capítulo do Gênesis, quando Ele diz: "Deixe-nos fazer o homem à nossa imagem"[261] veio de um conflito entre duas diferentes tradições cananeias: uma vegetativa e outra astral. O culto vegetativo estava baseado no nascimento e na morte da natureza com a mudança das estações, e pode muito bem ter estado ciente dos movimentos do Sol. Mas o culto astral observava, a longo prazo, os padrões dos movimentos das estrelas, consideradas conselheiras de Deus, e tentava usar o que seus sacerdotes diziam dos movimentos para predizer a subida e a queda deles mesmos e de seus reis.

Os rituais da Maçonaria oferecem uma visão dessas crenças que não é encontrada na Bíblia. O Capítulo 1 do Testamento Maçônico diz que Deus falava a três ministros de Seu Eterno Conselho, e que havia também sete outras entidades em existência chamadas *malak* ou, coletivamente, *malakoth*. Esse termo é traduzido como "anjos". No entanto, a raiz da palavra *malak* significa conselheiro, e mais tarde veio a significar rei.

Então, talvez a Estrela Brilhante da Manhã, que ainda é celebrada em toda cerimônia do Terceiro Grau da Maçonaria, realmente date de tempo imemorial.

Precisávamos ver com mais detalhes o que aconteceu e as implicações astrológicas da ideia da Estrela Brilhante da Manhã, e como isso havia sido transmitido para o Testamento Maçônico, e daí à moderna Maçonaria.

Conclusões

Concluímos que os rituais maçônicos estão alinhados às práticas de cultos astrais pelas linhagens reais de Jerusalém (a cidade de Vênus), enquanto o Cristianismo traz suas crenças básicas da religião das povoações camponesas de Canaã.

Concluímos também que Jesus não era um simples camponês e o Novo Testamento está correto quando afirma que ele foi proclamado rei ao nascer e descrito como uno ao morrer. As histórias de nascimento e vida de Jesus têm uma conexão direta com as crenças astrais cananeias e em particular, à

---

261. N.A.: Gn 1:26.

"divina" luz de *Shekinah*. Nascido sob a luz da pré-aurora da divina *Shekinah*, Jesus preparou-se para cumprir a função profetizada de rei dos judeus e liderar o povo escolhido de Deus em uma revolta aberta contra os romanos.

Tanto teólogos judeus como cristãos não gostam da Astrologia, descrevendo-a como uma abominação pagã, uma superstição que corteja o diabo e em oposição aos ensinamentos de Deus. Mas descobrimos que o conhecimento dos céus e a crença em seus efeitos na humanidade é central no grupo judeu que deu origem ao Cristianismo.

Descobrimos evidências de uma batalha teológica acontecendo entre o culto astral de Vênus e os profetas do novo Deus, Javé. Às vezes essa batalha era extremamente violenta, como quando a Bíblia afirma que Elias, pessoalmente, matou 450 sacerdotes, enquanto em outro ponto encontramos Isaías mergulhado em crenças astrais, tais como a aparição da *Shekinah*, para predizer o nascimento de um messias.

Descobrimos que elementos importantes do culto cananeu de Vênus, que incluía a construção de círculos de pedra, "fazer chuva" e a ressurreição dos mortos usando palavras sussurradas, eram usados no tempo de Jesus.

Os autores dos Manuscritos do Mar Morto registraram o cumprimento da Profecia da Estrela e a chegada do messias. Investigamos essas pessoas e descobrimos que tinham ideias similares àquelas preservadas nos rituais da Maçonaria. Acreditamos que Jesus era seu Messias, mas que ele só aceitou o encargo depois da morte de João Batista, em 36 d.C. Fazendo um balanço de probabilidades, aceitamos o Jesus do Novo Testamento como a mesma pessoa descrita nos Manuscritos do Mar Morto.

Depois da morte de Jesus, Paulo criou um novo culto judaico chamado Cristianismo, o qual era enraizado na teologia camponesa cananeia do morrer e nascer de um deus natural e só manteve uns poucos elementos mal-entendidos do supremo culto astral. Isso incluía a história da *Shekinah* brilhante – como a estrela que apareceu sobre o local de nascimento de Jesus. O *status* do Sol ficou reduzido a um halo que iluminava as cabeças dos justos. Depois da destruição de mais de um milhão de judeus pelos romanos, apenas a nova religião de Paulo sobreviveu, para ser eventualmente adotada pelo declinante império romano, no Concílio de Niceia.

Calculamos o número de datas necessárias para assegurar a existência do ciclo de *Shekinah* e concluímos que ele teria de ter sido descoberto pelo "Povo do Pote Entalhado", construtor de Newgrange.

Capítulo Doze

O Retorno da Shekinah

O Milênio da Contracultura

Os romanos sufocaram a rebelião judaica sem piedade. A última resistência dos judeus determinou o cerco dramático à fortaleza de Masada, que ficava em uma montanha dominando a extremidade sul do Mar Morto, em 73 d.C. Ali, mil pessoas cometeram suicídio coletivo para não se renderem aos romanos.

Quando a guerra terminou, Josephus, que convenientemente tinha migrado para o lado vencedor, reportou que 1.356.460 judeus haviam sido mortos.[262] É impossível saber se isso foi um exagero ou não, mas podemos estar certos de que as mortes atingiram um nível alarmante na população desse pequeno país. A destruição da Cidade Sagrada e o consequente fim do culto no Templo tiveram um efeito paralisador no povo judeu, que sofreu um golpe que está além de qualquer compreensão. Na melhor das hipóteses, suas mais estimadas profecias tinham provado ser totalmente falsas.

Os redatores dos quatro Evangelhos do Novo Testamento registraram a história da vida de seu messias e da sua igreja em desenvolvimento desde o começo da guerra, mas não fizeram menção ao fato de que o elenco original da história de Jesus e Tiago tinha sido massacrado. Com a destruição da nação judaica e a autoridade da família de Jesus e Tiago, o Justo, eliminada, o caminho estava aberto para os seguidores da "Aliança dos Não Circuncidados" de Paulo transformarem seu rito pagão – com cara de Judaísmo – no culto separado que se tornou o Cristianismo.

O culto ao Cristo desenvolveu-se no mundo romano, e em 325 d.C. um concílio ecumênico foi convocado pelo imperador Constantino I, em Niceia. Seu propósito era principalmente político,[263] mas também tinha a intenção de resolver uma disputa a respeito da verdadeira natureza de Jesus, o Cristo.

---

262. N.A.: Milman, H: *History of the Jews*, Everyman, 1909.
263. N.A.: Knight, C & Lomas, R: *O Segundo Messias*.

Trezentos e dezoito dos 1.800 bispos do Império Romano compareceram ao Concílio para debater a natureza das crenças aceitáveis dentro de sua Igreja.

A questão que tinham de resolver era: "O Cristo é divino por natureza ou sua divindade tinha sido trazida pelas suas ações?" Dois sacerdotes alexandrinos lideravam as duas posições contrárias. Ário argumentava que Cristo nasceu um homem, e que um homem não poderia ser também Deus. Atanásio afirmava que Jesus e Deus eram de uma única substância – como Pai e Filho. Apesar das dificuldades de sustentar a argumentação que pai e filho seriam a mesma entidade, Atanásio venceu a votação subsequente, e Jesus se tornou, a partir daí, uma deidade em toda a extensão do Império Romano. O Concílio também fixou a celebração da Páscoa no domingo, depois da Páscoa judaica.

Daquela data em diante, a Igreja Romana desencorajava qualquer novo debate, e qualquer um que ao menos pensasse em se desviar do dogma oficial era rotulado de herege e tratado como tal. Isso usualmente significava uma lenta e dolorosa morte. Não surpreendentemente, as famílias dos sacerdotes que tinham fugido da destruição de Jerusalém, ocupando uma situação inferior na Europa, tornaram-se cristãs, até onde podia perceber o mundo exterior. Secretamente, devem ter protegido sua tradição venusiana e, muito particularmente, seu conhecimento da *Shekinah* e sua função divina nos assuntos da humanidade.

Quando os noruegueses invadiram a França e tomaram o controle da Normandia no século VIII, Hrolf More e seus primos decidiram assumir o nome St. Clair e estabeleceram-se como duques da Normandia. As famílias dos sacerdotes judeus que viviam na região devem ter ficado surpresas por esses recém-chegados à França terem conhecimento dos padrões de Vênus e adotarem um entendimento similar à sua religião astral.

O que aconteceu antes, e imediatamente depois, permite-nos construir o quadro dos dois cultos, identificando um com o outro como faria um par de velhos gêmeos separados desde o nascimento. Nem os noruegueses nem as famílias sacerdotais judias sabiam que mais ninguém colocava o divino planeta Vênus como centro de sua Teologia. Deve ter sido inquietante para as reservadas famílias sacerdotais, tais como os lordes de Gisors, Payen, Fontaine, Anjou, de Buillon, Brienne, Joinville, Chaumont e Habsburg, ouvir dessas vozes escandinavas ideias similares àquelas que eles guardavam em seus próprios pensamentos privados, especialmente porque não tinha havido nenhum prévio contato.[264]

Parece ter sido a família More a primeira que tentou recombinar os dois ramos da cultura do "Pote Entalhado" que tinham se encontrado novamente, depois de mais de três mil anos. Eles aproximaram esses ramos por meio de casamentos e celebraram a nova linhagem tomando o nome St. Clair, significando "Sagrada Luz Brilhante" – que parece ser o seu nome para o

---

264. *Idem.*

antigo conceito judeu da *Shekinah*. Quando esse foi combinado, mais tarde, com a palavra gaélica "Roslin", deu a essa família a designação:

Sagrada Luz Brilhante de Antigo Conhecimento Passado por Gerações.

Tomando esse título, acreditamos que a família de Henri St. Clair estava reconhecendo tanto sua ascendência norueguesa como a judia que havia preservado aquele antigo conhecimento.

Os St. Clair retornaram para as Ilhas Britânicas antes da invasão da Inglaterra por William da Normandia. Eles usaram seus fortes laços familiares com os reis da Noruega, por meio do conde More de Trondheim, para estabelecerem-se na Escócia.

William, duque da Normandia, tomou a Inglaterra em outubro de 1066 com a ajuda da parte norueguesa da família, na figura de Harold Hardrade, rei da Noruega. Não podíamos deixar de notar que essa iniciativa militar foi conduzida exatamente mil anos depois da guerra dos judeus contra os romanos. Estariam essas famílias tomando isso como um *pesher* – o conceito judeu que significa a constante repetição dos fatos através dos tempos?

Pode ser coincidência, mas também devemos notar que o famoso Bayeux Tapestry, que representa a conquista normanda, mostra um escudo com pelicanos levantando-se do chão, com uma estrela sobre suas cabeças (pelicanos são largamente usados como um símbolo de ressurreição). Podemos entender perfeitamente como essas famílias consideravam que seus ideais estavam finalmente acordando de seu longo sono.*

Mas logo depois alguma coisa muito estranha aconteceu: uma antiga profecia se realizou.

Para essas famílias, o livro mais importante do Novo Testamento deve ter sido o mais enoquiano deles, o Livro da Revelação, algumas vezes chamado de Apocalipse. Ele termina a Bíblia lançando um olhar para uma futura Nova Jerusalém que deveria ser construída. Estava escrito para preparar os fiéis para a última intervenção de Deus nos assuntos humanos, anunciando ao mundo uma nova era. Mas por mil anos estava previsto que os males e terrores da ordem mundial existente cresceriam e se intensificariam.

O capítulo 20 do Apocalipse diz:

Então, vi descer do céu um anjo; tinha na mão a chave do abismo e uma grande corrente.

Ele segurou o dragão, a antiga serpente, que é o diabo, Satanás, e o prendeu por mil anos; lançou-o no abismo, fechou-o e

---

*N.R. Curioso ainda é notar que o pelicano é utilizado como joia do Grau 18 do Rito Escocês Antigo e Aceito, que entre outros mistérios trata do I.N.R.I.

pôs selo sobre ele, para que não mais enganasse as nações até completarem os mil anos. Depois disso, é necessário que ele seja solto pouco tempo;

Vi também tronos, e nestes sentaram-se aqueles aos quais foi dada autoridade de julgar. Vi ainda as almas dos decapitados por causa do testemunho de Jesus, bem como por causa da palavra de Deus, tantos quantos não adoraram a besta nem tampouco a sua imagem, e não receberam a marca na fronte e na mão; e viveram e reinaram com Cristo durante mil anos.

Os restantes dos mortos não reviveram até que se completassem os mil anos. Essa é a primeira ressurreição.

Bem-aventurado e santo é aquele que tem parte na primeira ressurreição; sobre estes a segunda morte não tem autoridade; pelo contrário, serão sacerdotes de Deus e de Cristo e reinarão com ele os mil anos.

Quando, porém, completarem-se os mil anos, Satanás será solto de sua prisão e sairá a seduzir as nações que há nos quatro cantos da Terra, Gogue e Magogue, a fim de reuni-las para a peleja. O número dessas é como a areia do mar.

Marcharam então pela superfície da Terra e sitiaram o acampamento dos santos e a cidade querida; desceu, porém, fogo do céu e os consumiu.

Essa profecia afirma literalmente que aqueles que morreram na destruição de Jerusalém em 70 d.C. ressuscitariam mil anos depois, quando um poder sem Deus tomasse Jerusalém. Os renovados sacerdotes da Estrela Brilhante da Manhã devem ter ficado mais convencidos de que a história se repetia – e que o poder da profecia tinha retornado –, porque mil anos depois da perda da cidade querida e do Templo, Jerusalém era saqueada pelos turcos.

Acreditamos que esse evento foi o gatilho que motivou essas poderosas famílias a pressionar os reis da Europa para prepararem um ataque a Jerusalém e tomá-la de volta de Gogue e Magogue, como requeria a profecia. Mas isso exigiu um enorme esforço de persuasão e organização, e só em 1096 o exército cruzado partiu para a Terra Santa.

Em maio de 1099, eles chegaram às fronteiras norte da Palestina e, na tarde de 7 de junho, eles acamparam à vista das muralhas de Jerusalém. A cidade estava fortemente defendida e bem preparada para o cerco, mas os cruzados atacaram usando recém-construídos artefatos de assalto e finalmente tomaram Jerusalém em 15 de julho. Depois disso, ocuparam-se massacrando todos os habitantes, independentemente de serem judeus ou muçulmanos.

Na semana seguinte, o exército elegeu Godofredo de Bouillon, duque da Baixa Lorena, governador da cidade. Logo depois, muitos dos cruzados voltaram para a Europa, deixando Godofredo e um pequeno contingente para organizar um governo e para estabelecer uma nova autoridade sobre os territórios conquistados. Henri St. Clair retornou para Roslin, mas nove cavaleiros, que se tornariam os Cavaleiros Templários, permaneceram lá, tentando obter permissão para fazer escavações debaixo das ruínas do Templo de seus antepassados.

Parece que eles tiveram de esperar até que um rei mais amistoso fosse coroado. Depois das mortes consecutivas de Godofredo e de seu primo Balduíno I, o rei Balduíno II de Jerusalém deu-lhes permissão para cavar e suporte financeiro. Em 1118, eles estabeleceram seu acampamento na parte das ruínas do Monte do Templo conhecida como os Estábulos de Salomão. É bem sabido que eles viveram na pobreza por nove anos e depois, muito depressa, ficaram imensamente ricos e rapidamente se tornaram mais poderosos que qualquer rei do mundo.

A explicação mais aceitável para essa instantânea riqueza é que esses nove franceses desenterraram os artefatos listados no Pergaminho de Cobre. Os Cavaleiros Templários ficaram logo famosos por seu patrocínio a grandes igrejas e catedrais, mas sua primeira construção fora da Terra Santa foi em um lugar que eles chamaram "Templo" na terra dos St. Clair na Escócia – apenas uma milha distante do atual edifício conhecido como Rosslyn.

Como os grandes construtores medievais, os Cavaleiros Templários ajudaram os pedreiros a formar associações organizadas e deram-lhes rituais simples para admitir seus aprendizes de uma maneira similar ao primeiro degrau dos membros de seu próprio sacerdócio. Os Mestres Maçons (pedreiros) da Europa eram efetivamente o braço operativo dos Templários, compartilhando algum conhecimento do alinhamento celestial e Astronomia, mas muito mais oferecendo uma introdução ritualística para seu desenvolvimento pessoal.

Quando os Cavaleiros Templários entraram em declínio, em meados do século XIII, o relacionamento deve ter enfraquecido, mas quando a Ordem foi presa em 1307 e finalmente extinta em 1314, as associações de pedreiros foram deixadas sem leme, continuando a praticar seus rituais de iniciação sem qualquer relação maior com as pessoas que os tinham dado para eles.

Em 1441, William St. Clair de Roslin contratou alguns dos melhores pedreiros da Europa e pediu-lhes que viessem para construir uma nova Jerusalém. Ele até construiu a vila de Roslin para abrigar esses mestres de ofício do continente.

Decifrando o Código de Rosslyn

Um domingo à tarde, estávamos revisando as imagens norueguesas e judaicas de Rosslyn. Como estávamos trabalhando ao longo de uma linha de tempo, precisávamos conferir alguns detalhes. Chris pegou na prateleira um exemplar de *The Hiram Key*, abriu-o e leu em voz alta: "a primeira turfa foi cortada em 1441 e todo o trabalho foi concluído 45 anos depois, em 1486".

Quando escrevemos essas palavras naquele livro, a data da construção não representava nada para nós, mas agora seu significado brilhou como um farol. A construção de Rosslyn começou no ano de 1441 – e sabendo-se que não há o ano zero, esse é o número de anos de um completo ciclo de *Shekinah*, ciclo que tínhamos chamado de *Eon Venusiano*.

Chris leu novamente, 1441. Exatamente 1441 anos depois do ano 1 da era cristã – quando William pensava que Cristo tinha nascido.

Poderia isso ser coincidência?

Sabemos agora que Jesus nasceu sob a *Shekinah* em 7 a.C., mas 700 anos atrás, quando William Sinclair estava planejando Rosslyn, não tinha conhecimento disso, apesar de saber que não havia o ano zero. Para William, o ano de 1441 deve ter representado um período de exatamente 1.441 anos desde a sinalização da chegada do messias pela Estrela Brilhante da Manhã. Isso deve significar que ele seguia o padrão das aparições da *Shekinah* que acreditava serem verdadeiras.

O Templo de Salomão começou 1.441 anos depois do Dilúvio.

Jesus nasceu 1.441 anos depois de Moisés e de seu Êxodo.

Rosslyn começou 1.441 anos depois do nascimento de Jesus.

Os St. Clair de Roslin estavam trabalhando para os antigos preceitos de interação entre corpos astrais que apareciam na pré-aurora e a humanidade. Não só Rosslyn é uma cuidadosa cópia do Templo de Jerusalém, mas ela é uma cópia exata em relação à época em que foi construída.

Então, argumentamos, William St. Clair deve ter acreditado que estava construindo um Templo definitivo para fazer a vontade de Deus na Terra, tal como esperava que *Shekinah* estivesse a ponto de fazer a vontade de Deus no Céu.

Agora acreditamos, sem qualquer dúvida, que os pergaminhos encontrados embaixo do Templo de Jerusalém estão ainda escondidos sob a obra-prima de William – os pergaminhos que o Pergaminho de Cobre descreve como os que estavam escondidos debaixo do Santuário Sagrado, o que os rituais maçônicos confirmam, foram trazidos para as terras dos St. Clair em 1140 d.C.

A conexão dos St. Clair (nome agora transformado em Sinclair) com a Escócia é de grande importância em nossa pesquisa, e um grande número dos atuais membros do clã foram-nos particularmente úteis. O homem mais ativo no campo da história do clã Sinclair é, sem dúvida, Niven Sinclair, um negociante estabelecido em Londres, com uma natural sede por conhecimento e uma particular paixão por qualquer coisa relacionada a Rosslyn ou à história da família.

Niven é um septuagenário charmoso e dinâmico, com energia que envergonha muitos jovens de 20 anos, e possui ainda uma memória enciclopédica para fatos e pessoas. Ele usa sua riqueza pessoal para financiar pesquisas e divulga as informações na forma de livros e vídeos que ele autoriza. No passado, Niven Sinclair colocou recursos substanciais na manutenção de Rosslyn e fundou a biblioteca do clã Sinclair, que agora é mantida pelo Centro de Estudos Niven Sinclair. Essa extensa biblioteca está abrigada no antigo farol de Noss Head, perto de Wick, no norte da Escócia. O lugar pertence e é dirigido por outro baluarte da família Sinclair, Ian Sinclair.

Em março de 2002, quando pensávamos que todas as nossas pesquisas estavam completas, recebemos uma carta de Niven a respeito de uma nova observação feita por um negociante chamado Ashley Cowie. Robert não podia ir ao encontro com Niven, Ashley e Ian, que tinha abandonado a biblioteca para ir a Wick. Ashley explora um negócio de pescado no porto de Scrabster, e tinha ido se encontrar com os outros, em uma viagem de 300 milhas, naquela manhã.

Ian esperava no bar do Hotel Glen Roslin para receber Chris e, assim que ele entrou, Ian o abraçou. O brilho em seus olhos e um largo sorriso estampavam em seu rosto, apesar de a espessa barba cinza cobrir-lhe praticamente toda sua expressão.

"Olá", ele exclamou. "Bom ver você. Temos alguma coisa interessante para você."

Enquanto tomava chá, Ian explicou que Ashley e seu amigo Dave apresentariam suas descobertas a respeito dos assentamentos dos St. Clair em Caithness e depois explicariam algumas coisas a respeito de Rosslyn que Ashley pensava estarem relacionadas com uma observação mencionada em *Uriel's Machine*.

O encontro aconteceu em uma grande sala nos fundos do hotel. O pesquisador tinha espalhado dúzias de vários grandes mapas e diagramas em várias mesas. Seu entusiasmo pela investigação que fizera era óbvio e seus dedos apontavam para muitos lugares nos mapas para estabelecer uma série de padrões repetitivos. Explicou como acreditava que diversos assentamentos dos St. Clair em Caithness correspondiam a significantes estruturas megalíticas.

Depois de uma hora, ele se voltou para a razão principal do encontro. "Eu vou mostrar a vocês algumas marcas na parede da cripta de Rosslyn, as quais penso ser um diagrama complexo. As marcas definitivamente são anteriores à 'capela principal' e formam um tipo de mapa que vocês reconhecerão. Esses entalhes mostram quatro losangos e acredito que eles sejam símbolos de latitude."

Ashley lembrou que em *Uriel's Machine* mostramos que tais losangos eram usados pelo "Povo do Pote Entalhado" como parte de uma proto-escrita desenvolvida entre 4000 e 3000 a.C. Eles usavam losangos em forma de diamantes com o propósito de mostrar uma localização. Os ângulos do losango eram derivados dos ângulos da sombra projetada pelo Sol ao nascer nos solstícios, naqueles lugares. Quanto mais perto do equador, mais chato era o losango. Locais mais ao norte apresentavam símbolos mais compridos.

O grupo desceu em direção a Rosslyn. Ashley abria o caminho, ansioso em mostrar a figura entalhada.

Assim que avistamos o prédio, a massa de ferros que cobria Rosslyn fazia com que parecesse uma criatura viva, presa dentro de uma jaula. Os engenheiros responsáveis pela manutenção do edifício acreditam que cobri-lo por sete anos ajudará a secagem das pedras. Esperamos que estejam certos, pois todas as iniciativas anteriores parecem ter prejudicado o equilíbrio natural pretendido por William St. Clair.

Uma vez chegando, o grupo descansou por alguns momentos. Chris olhou por alguns minutos a intricada sucessão de entalhes que cobrem todas as paredes e o teto, e depois se juntou a Ashley. Juntos desceram para a cripta inferior.

Rosslyn é uma pequena estrutura que, ignorando-se o horrível batistério vitoriano, é uma construção simples, com uma segunda sala em nível inferior, conhecida como a cripta. Esse é um aposento comum, com algumas figuras entalhadas e pintadas nas paredes. À esquerda há uma minúscula câmara lateral feita de pedra bruta.

Ashley parou junto à parede do lado direito e apontou para um entalhe bastante fraco. Disse: "Aqui está".

Havia quatro losangos cortados em um arranjo vertical, cada um tocando o seguinte, nos vértices, segundo a verticalidade da figura.

A voz de Ashley reverberava na câmara vazia.

"Penso que pode ser um mapa. As linhas que correm para baixo e transversalmente parecem representar algum tipo de latitude e longitude, com o Egito no fundo. Mas são esses diamantes que eu penso serem significativos, pois se parecem exatamente com os losangos de latitude que vocês mostraram no *Uriel's Machine*."

Chris tinha visto as marcas fracas e desmaiadas antes, mas nunca lhes dera maior atenção, pois pareciam insignificantes perto dos pesados entalhes que cobrem a maior parte do edifício. Ele observou cuidadosamente as características das linhas finas, tentando estabelecer se elas poderiam ser do século XV ou se seriam mais recentes. Era impossível ter certeza sem testes mais detalhados, apesar de que era óbvio que alguma coisa tinha sido arranhada na parede recentemente ao longo das linhas, como para enfatizar um padrão que já existia. Mas, em alguns lugares, a linha original estava intacta, apesar de não podermos saber com certeza a idade das marcas. No entanto, elas pareciam conferir com outras marcas na cripta que são geralmente aceitas como mais velhas que o prédio principal de Rosslyn.

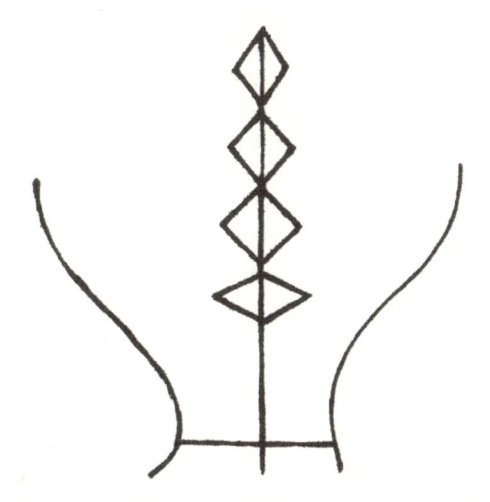

Os losangos inscritos na parede sul da cripta de Rosslyn. Correspondem aos quatro locais mais queridos da família St. Clair: Jerusalém, Rosslyn, Orcadas e Trondheim

A princípio, Chris estava cético, pois quatro formas de diamante em uma parede podem não significar absolutamente nada. Entretanto, ele fotografou a figura, de forma que pudéssemos tomar medidas precisas quando voltássemos para casa. Os diamantes não eram simétricos e, portanto, os ângulos internos opostos de cada losango não eram exatamente iguais. Mas eram muito próximos e as medidas médias deixavam claro que o autor pretendia alguma coisa. Em qualquer outro prédio, quatro losangos podem ser apenas um efeito decorativo, mas sabíamos que tudo em Rosslyn tinha significado. William St. Clair, com seus conceitos medievais, não permitiria outro comportamento.

Os ângulos desses losangos e seu arranjo pareciam sugerir que Ashley podia estar certo. Se assim fosse, eles eram uma tentativa de registrar informação em uma proto-escrita usada pelo "Povo do Pote Entalhado".

O losango do fundo tem uma forma achatada, com ângulos internos, direito e esquerdo, que somam 120 graus, o que corresponde ao triângulo equilátero maçônico, que, como já sabíamos, confere com os ângulos dos solstícios na latitude de Jerusalém.

O próximo losango é perfeitamente quadrado, o que corresponde à latitude de Rosslyn.

Isso já era muito interessante, porque os dois primeiros losangos coincidem com o conhecido local do Templo de Jerusalém e com sua contraparte posterior de Rosslyn, na Escócia. Mas losangos derivados de triângulos equiláteros e quadrados são formas básicas geométricas e seria muito cedo para afirmar taxativamente qualquer coisa. Eles nos dizem "Jerusalém" e "Rosslyn", mas podem ser facilmente meros elementos decorativos. Os outros dois losangos é que provariam ou não as teses de Ashley. Partimos para a verificação. Chris, com um atlas no colo observando latitudes, e Robert em seu computador, simulando o amanhecer, nos solstícios, em vários locais.

O terceiro losango foi fácil. Ele correspondia às Ilhas Orcadas – e William St. Clair, que projetou e construiu Rosslyn, foi o último *Jarl* norueguês de Orcadas.

Niven Sinclair havia sido bastante gentil passando-nos informações a respeito das ligações dos St. Clair com Orcadas por meio do Arquivo Nacional da Noruega:

> *Assim como o ano de 1195 marca a subordinação das Ilhas do Norte ao reino da Noruega, a instalação de Henry Sinclair como Conde de Orcadas, em 1379, ao menos na história norueguesa, sinaliza a transição próxima de Orcadas para a soberania escocesa, em 1468. Os condes de Sinclair foram os últimos condes noruegueses, apesar da descendência escocesa, e eles contribuíram muito pra libertar Orcadas da Escandinávia e submetê-la à política da Escócia.*[265]

Essa transição da soberania orcadiana da Noruega para a Escócia aconteceu enquanto a Capela Rosslyn era construída.

Imaginamos que o próximo losango correspondesse às ilhas Shetland, mas rapidamente descobrimos que elas estavam muito ao sul para se encaixarem no padrão. A seguir pensamos como a família Sinclair havia chegado a Roslin. O avô de Henri, "da Sagrada Luz Brilhante de Antigo Conhecimento Passado por Gerações", era filho de Rognvald, *Jarl* de More.

Robert sugeriu tentar Trondheim, que fica no meio da costa norueguesa. Localizamos a cidade dentro de um fiorde e plotamos no mapa a latitude do lugar. Quando o computador de Chris informou os ângulos azimutais do sol nascente no lugar, concluímos: "O lugar era esse, de fato! Cento e vinte e três graus de latitude representa a posição de Trondheim".

Os ângulos do losango do topo correspondem aos ângulos do nascer do Sol nos solstícios, no antigo condado de More, onde se originou a linha masculina que gerou a família St. Clair.

No entanto, tudo isso poderia ser coincidência, apesar de parecer muito mais provável que alguém tenha entalhado esse símbolo na parede da cripta – usando uma proto-escrita megalítica – por causa da importância dos

---

265. N.A.: *Historisk Tidsskrift*: Universities Forlaget, Bind 79, number 2, 2000.

locais que descreve. Tudo em Rosslyn está ligado a Jerusalém: sua planta baixa é cópia do Templo de Herodes; sua parede ocidental é copiada das ruínas daquele Templo; seus construtores, os Sinclair, estavam envolvidos com os Cavaleiros Templários desde sua formação em Jerusalém, em 1118. Orcadas pertencia à família St. Clair e Trodheim era o lar ancestral dela.

Então, esses são os quatro lugares que estavam ligados ao coração dos St. Clair que construíram Rosslyn. Os losangos representam locais em uma sequência norte-sul:

Trondheim
Orcadas
Rosslyn
Jerusalém

Parece que Ashley descobriu algo muito significativo quando notou aquela inscrição quase apagada. É possível que o desenho propriamente dito seja um diagrama de alguma coisa que os construtores planejaram criar dentro do trabalho do edifício principal, alguma coisa que não foi descoberta até agora nessa maravilhosa e complexa estrutura.

Mas sabemos que nem todos ficarão convencidos com as observações de Ashley.

O professor Alexander Thom chegou a um grande entendimento a respeito do "Povo do Pote Entalhado" aplicando técnicas estatísticas às estruturas megalíticas desde Orcadas até a Bretanha. Sentimos que pessoas racionais querem criar opiniões baseadas em informações de boa qualidade. Decidimos, então, aplicar a mesma análise estatística para a tese dos losangos. Os cálculos são mostrados no Apêndice 2.

O resultado é uma probabilidade de, no mínimo, 1:128 contra aquelas marcas terem aparecido acidentalmente juntas. O caso não poderá ser nunca provado, mas soa satisfatório assumir que os losangos não aparecem naquele arranjo apenas por coincidência. Isso significa que podemos admitir razoavelmente o inverso, isto é, que esse arranjo de losangos foi de fato desenhado para representar quatro locais, usando um sistema de escrita do "Povo do Pote Entalhado".

A prova de uma boa teoria é usá-la para prever alguma coisa que, se verificada, atesta a qualidade da tese inicial. Ashley Cowie não sabia o que os ângulos desses losangos mostravam, ele apenas pensou que eles pudessem indicar os locais, baseado na técnica que apresentamos e que era usada pelo "Povo do Pote Entalhado". Os cálculos demonstraram que ele estava certo, em um grau muito maior do que suspeitava originalmente.

Essa descoberta fez-nos refletir sobre o Templo de Freyja (a Vênus norueguesa) que os *Jarls* de More haviam construído em Trondheim por volta de 960 d.C. Já sabíamos que esse templo estava voltado para leste e que possuía duas colunas em sua entrada.[266] Porém, agora, o ano 960 d.C.

---

266. N.A.: Liden, K: From Pagan Sanctuary to Christian Church: the Excavation of Maere Church, Trondelag, *Norwegian Archeological Review*, 2, 23-32, Oslo, 1969.

chamou a nossa atenção. Esse era um período igual a 2 x 480 anos, que cobria o mesmo período compreendido do nascimento de Jesus até a prévia fundação do Templo de Salomão.

Nesse tempo, a Noruega não era cristã, portanto, a data não podia ter qualquer conotação com Jesus. Mas a religião dos noruegueses tinha uma dimensão astral, herdada do "Povo do Pote Entalhado" que construiu os círculos de pedra da Noruega. Para um novo templo a Freyja, a deusa norueguesa representada por Vênus, a data de fundação tinha de estar ligada à aparição da deusa em sua função da Estrela Brilhante da Manhã.[267]

O Túnel Secreto

Depois que o encontro com Ashley foi concluído, Chris permaneceu andando em torno de Rosslyn com sua mulher Caroline e com Niven. Não importa quantas vezes se visite esse prédio, haverá sempre alguma coisa nova para descobrir, e essa visita logo nos revelaria novos conhecimentos. O sol da tarde havia passado do zênite e suas sombras estavam começando a crescer enquanto os três ficavam no gramado do lado sudeste da capela. Estavam olhando para as torres e espirais de trabalho medieval em pedra, agora "embrulhadas" no material utilizado na cobertura.

A seguir, Niven começou a contar a história de como ele e alguns outros conduziram investigações fora e dentro do prédio. Relembrou como em 1997 eles haviam escavado muitos furos investigativos.

"Foi aqui que encontramos uma passagem subterrânea que leva da capela ao castelo. Tínhamos aberto o túnel, que era imenso... Tínhamos uma câmera de TV em um poste de 32 pés, mas depois a Historic Scotland impediu-nos de seguir em frente."

Sabíamos que Niven e muitos outros tinham feito investigações no local, mas desconhecíamos quaisquer detalhes a respeito do que haviam encontrado.

Aquela passagem subterrânea deveria ser muito profunda ao passar sob as fundações de Rosslyn. Chris perguntou a Niven sobre mais detalhes a respeito dessa passagem, ao que Niven disse: "Cobria uma considerável distância entre a capela e o castelo".

Chris perguntou-lhe se tinham encontrado mais alguma coisa debaixo da capela, e Niven continuou:

"Os degraus que vão para baixo da capela principal, para a cripta, acabam em um piso recente e muitos visitantes imaginam que ali está acabado, mas não está." Ele parou por um momento. "Existe outro lance de degraus debaixo daquele piso levando na direção oposta, de volta ao prédio principal, para uma outra câmara."

---

267. N.A.: Ellis Davidson, HE: *The Lost Beliefs of Northern Europe*.

De acordo com informações de Niven, era nessa câmara, central e profunda, que aconteciam os rituais de iniciação, com quatro níveis de graus. Ele não tinha certeza a respeito da natureza dessas iniciações, especulando que talvez se referissem a um ramo secreto dos Cavaleiros Templários ou a um rito da proto-Maçonaria. Porém, essas duas coisas eram uma só nesse ponto da história em que os Templários transformaram-se em maçons.

Na Escócia, hoje em dia, todo maçom passa por quatro graus fundamentais. Mas a Maçonaria inglesa reformou seu ritual e reduziu os graus para três.

Niven também descreveu uma segunda escada junto à porta norte, que ficou exposta quando uma grande parte do piso foi retirada. Debaixo das pedras do piso existe uma escada, com seis pés de largura, que desce uma pequena distância, para um nível abaixo do piso principal, mas acima da câmara mais baixa. Para o norte, nesse nível, estão os restos mortais de diversos cavaleiros Sinclair deitados em placas de ardósia. Eles eram enterrados usando a armadura completa. A última pessoa baixada a essa sepultura familiar foi outro *sir* William Sinclair, aquele que foi morto na batalha de Dunbar em 1650, durante a guerra civil.

Niven descreveu como o túnel vai para uma câmara, exatamente embaixo da cruz ornamentada do teto da capela. Em *The Hiram Key,* identificamos esse elemento no centro da cruz, marcando o lugar que deve ter sido o Santo dos Santos, contendo a Arca da Aliança, no Templo de Salomão. A passagem continua desde a câmara oculta até deixar o edifício diretamente abaixo da porta sul, perto da escultura do candidato sendo iniciado por um ritual que demonstramos estatisticamente estar ligado à Maçonaria moderna.

Nesse ponto, a passagem tem três pés de largura e cinco pés de altura, quando emerge debaixo do portão sul. Seu teto está a 8,5 pés abaixo do nível do chão. Depois de um trecho reto de aproximadamente 25 passos, a passagem vira abruptamente 90° para o leste e cai pela colina, quando seu teto fica 12 pés abaixo do nível do chão. Paralelamente aos degraus dentro de Rosslyn, há outra série de 13 degraus que levam em direção à cripta. O túnel então continua debaixo do campo em direção ao castelo.

Perguntamos: qual seria o motivo de alguém perder tanto tempo e gastar tanto dinheiro construindo uma escada subterrânea e um túnel para secretamente acessar os dois prédios?

Uma resposta óbvia podia ser que, em tempo de cerco, ele tinha como prover meios de abastecimento ou de fuga. Mas parece que era bem mais que isso, pois seria mais inteligente fazer uma rota de escape que levasse diretamente ao vale densamente arborizado, abaixo do castelo.

Fizemos o esboço dos túneis e câmaras e, conforme fazíamos isso, percebíamos que já tínhamos ouvido antes toda essa descrição de câmaras escondidas e túneis secretos entre elas. Havia sido no ritual que usamos para criar o Testamento Maçônico, e a história que reconstruímos descreve exatamente o mesmo *layout* subterrâneo para o Templo de Salomão e que Niven contou-nos que existe embaixo de Rosslyn.

O 14º grau do Rito Escocês Antigo e Aceito, também conhecido como O Grande, Eleito, Perfeito e Sublime Maçom, identifica uma passagem subterrânea ligando o Templo de Salomão com seu Palácio em Jerusalém, dizendo:

> ...o rei Salomão construiu uma câmara secreta, à qual se chegava através de oito outras câmaras, todas subterrâneas, e para a qual um longo e estreito corredor vinha do palácio. O nono arco ou câmara estava exatamente sob o Santo dos Santos do Templo. Ali, o rei Salomão fazia suas reuniões privadas com o rei Hiram e com Hiram Abiff.

O grau descreve a seguir o que aconteceu depois que a cidade foi atacada:

> *Depois que a cidade foi tomada, o palácio do rei e o Templo demolidos, alguns dos maçons Grande Eleitos lembraram-se da Câmara Sagrada e dos inestimáveis tesouros que lá estavam. Indo até as ruínas do Templo, à noite, descobriram que o caminho que levava para a câmara não tinha sido descoberto, nem a placa de mármore que o cobria havia sido mexida, mas sobre ela eles descobriram o corpo morto de Galaad, um eminente irmão e Chefe dos Levitas. Ele fora investido com a custódia da Câmara Sagrada e o cuidado das lâmpadas que queimavam continuamente.*

Então, de acordo com o ritual maçônico, existe uma câmara importante debaixo do Templo Sagrado, que estava ligada ao palácio de Salomão. E agora sabíamos que Rosslyn (uma cópia exata e deliberada do Templo de Jerusalém) também tinha uma passagem ligando a capela ao palácio ou à residência do Grão-Mestre. A similaridade entre os dois é impressionante.

Não restaram nem mesmo partes do Templo de Salomão ou de seu palácio. No entanto, já explicamos por que acreditamos que os templos subsequentes estavam no mesmo monte e que o Santo dos Santos devia estar a uma pequena distância oeste-noroeste do atual Domo da Rocha. Parece sensato assumir que Salomão construiu seu novo palácio muito perto, ou mesmo sobre aquele dos governantes cananeus anteriores, o qual devia estar dentro dos muros originais atribuídos a Davi. Então, até onde podemos reconstruir o *layout*, o relacionamento entre Rosslyn e o castelo Sinclair é muito similar ao do templo de Salomão e seu palácio em termos de distância e topologia. A realidade arqueológica em Rosslyn preenche os antigos preceitos do mito das construções de Salomão em Jerusalém.

Isso não quer dizer necessariamente que a planta de Rosslyn é uma fiel e detalhada cópia do Templo original de Salomão. Até poderia ser, mas é mais provável que toda essa história tenha sido construída em torno de Rosslyn e depois atribuída ao Templo de Salomão. Qualquer que seja o caso, estamos convencidos de que as narrativas do ritual maçônico que descreve uma câmara e um túnel de ligação debaixo do Templo de Salomão estão diretamente relacionadas à câmara e ao túnel debaixo de Rosslyn.

Essa fascinante informação que Niven nos deu liga Rosslyn a Jerusalém, se estivermos olhando para o passado; e Rosslyn à moderna Maçonaria, se olharmos para frente.

Niven Sinclair é um homem sábio que entende Rosslyn mais do que ninguém. Ele escreveu o seguinte a respeito das motivações do arquiteto e construtor de Rosslyn:

> ...o conde William St. Clair, sabendo que livros podiam ser proibidos ou queimados, cinzelou sua mensagem nas pedras esculpidas que adornam todos os recantos e vãos da Capela Rosslyn. Ele queria que as pessoas entendessem que o Cristianismo tinha sido sequestrado (pelos paulinos) e que Deus e a natureza eram (é) UM. Ele viu cada folha, cada broto verde como uma palavra de Deus. Se havia alguma blasfêmia ou heresia, essa era o que o homem estava fazendo ao Planeta Terra, do qual flui toda a generosidade. Ele pensou que muita atenção foi dedicada ao Pai no Alto e muito menor atenção à Mãe Terra, da qual toda a bondade flui. A dualidade de Deus tem de ser entendida. Deus não é uma deidade masculina... há "mulheres verdes" em Rosslyn, assim como "homens verdes".

De onde podem ter vindo ideias tão bizarras no começo do século XV – uma época que não se notabilizou pela liberalidade religiosa?

A resposta parece ser que haviam vindo dos Templários, que adotaram um culto, fusão da tradição norueguesa de Vênus com a veneração enoquiana da *Shekinah* dos sacerdotes judeus que escaparam para a Europa, entre os quais ainda estava preservada essa prática. De acordo com ensinamentos proféticos judaicos, o propósito de Israel é construir uma comunidade de responsabilidade social, de justiça, de compaixão e de fraternidade.

Está agora provado, sem qualquer sombra de dúvida, que a Maçonaria começou em Rosslyn.

A Maçonaria sempre declarou que é consequência da devoção ao Grande Arquiteto do Universo da maneira que a religião de cada um requerer. Seus princípios fundamentais são claros, mesmo que não sejam adotados ou demonstrados até por alguns de seus líderes ou editores de revistas.

A Maçonaria diz a seus membros:

> *Precisamos ser tolerantes com as ideias religiosas de outros homens, porque todas as religiões têm muito de verdade em*

seus ensinamentos e precisamos combater a ignorância pela educação, o fanatismo pela tolerância, e a tirania ensinando a verdadeira virtude.

Apesar de nós mesmos sermos maçons, não temos procuração para promovê-la ou elogiá-la. Hoje ela é frequentemente criticada; porém, a descrição que faz de si mesma, como uma jornada da escuridão em direção à luz, parece ser muito apropriada.

O Problema de Rosslyn

Lançamos o argumento de que importantes pergaminhos judeus foram enterrados debaixo do Templo de Jerusalém por volta de 68 d.C., recuperados pelos Cavaleiro Templários entre 1118 e 1128 d.C., e trazidos para Kilwinning na Escócia em 1140 d.C., antes de serem novamente enterrados sob Rosslyn pelo Conde William St. Clair.

Esses documentos são, efetivamente, os mais importantes dos Manuscritos do Mar Morto – dos quais a menor parte foi encontrada em Qumran.

Como mencionamos, quando lançamos nosso primeiro livro na Capela Rosslyn, um dos seus curadores anunciou publicamente que a fundação mantenedora apoiaria uma escavação arqueológica se uma equipe mundialmente reconhecida, com especialistas escoceses, fosse reunida para tal fim. Por alguma razão, eles mudaram de ideia.

Um ano depois, Niven Sinclair e seus associados encontraram câmaras debaixo de Rosslyn e um túnel que levava ao castelo. Mais tarde, no mesmo ano, conseguimos permissão para que o dr. Jack Miller, diretor de Estudos de Geologia da Universidade de Cambridge, e o dr. Fernando Neaves, da Escola de Minas do Colorado, conduzissem testes não invasivos, varrendo áreas externas de Rosslyn com radares para pesquisas do subsolo. Mas, dias antes de começarmos, a permissão para a varredura foi negada pela Fundação. Eles sugeriram que deveríamos ficar prontos para trabalhar com eles no futuro, mas que teríamos de manter os resultados secretos e, se fosse o caso, até negar que as varreduras tinham acontecido, se assim desejasse a Fundação.

Não concordamos com os termos, por considerá-los antiacadêmicos. Se as descobertas feitas por Niven e sua equipe levaram a alguma mudança de conceitos ou não, não temos forma de saber.

Como dissemos anteriormente, em 1998 contatamos mais acadêmicos de renome internacional para o projeto Rosslyn, inclusive o professor James Charlesworth, da Universidade de Princeton, que submeteu à Fundação uma proposta detalhada que envolvia arqueólogos escoceses e estrangeiros. Até onde sabemos, ele não recebeu resposta.

Estamos também interessados no volume de trabalho que obviamente está sendo desenvolvido debaixo de Rosslyn, aparentemente como parte do serviço de restauração, e curiosos com as largas valas cavadas por todo Gardener's Brae (nome do vale onde fica Rosslyn) para acomodar modestos tubos de drenagem. Não temos razão para duvidar que a Fundação tem boas intenções e os maiores interesses afetivos para com o edifício – mas ele foi projetado com um propósito que não pode ser ignorado. Acreditamos que ele foi construído para abrigar documentos preciosos do segundo século a.C. até 68 d.C., que claramente cobre o importante período da chegada do Messias cristão. Se realmente queremos entender o homem que afirmava ser o messias, precisamos escavar Rosslyn.

Como muitos outros estudiosos profissionais dos Manuscritos do Mar Morto, o professor Charlesworth está convencido de que havia outros rolos além desses encontrados em Qumran. A evidência de que eles estão hoje em Rosslyn é irrefutável. As informações que conseguimos organizar, da nossa vasta coleção de rituais maçônicos, permite-nos vislumbrar os pensamentos do último homem que possuiu esses documentos e depositou-os nos subterrâneos de Rosslyn. Sabemos que nossa tarefa, autoimposta, de descobrir de onde vieram os rituais da Maçonaria e o que eles significam, ainda não está completa. Uma investigação em Rosslyn, apropriada e pública, ainda é necessária.

Quando nos sentamos novamente para revisar tudo o que tínhamos descoberto, e para completar alguns detalhes da linha de tempo que liga eventos e datas, começou a surgir um quadro de entendimento mais completo e mais claro do Testamento Maçônico e seu Templo de Rosslyn.

Conclusões

A família St. Clair que construiu Rosslyn é descendente de um casamento entre famílias nobres francesas e os condes noruegueses de More.

Ashley Cowie, um comerciante de Caithness, encontrou uma série de símbolos em losangos na cripta de Rosslyn, que decodificamos para ler Jerusalém, Roslin, Orcadas e Trondheim, os principais centros de poder político para a família St. Clair.

Niven Sinclair compartilhou conosco os resultados de suas investigações no subsolo de Rosslyn, executadas um ano depois da publicação de *The Hiram Key*, e descreveu um *layout* subterrâneo que coincide exatamente com aquele projetado para o Templo de Salomão, conforme achamos relatado no ritual maçônico.

Capítulo Treze

Nem Inofensivo nem Engraçado

O Grande Segredo da Religião Astral

Bem, depois de muitos anos de pesquisa e quatro livros, descobrimos, por um lado, a ligação perdida entre o Judaísmo e o Cristianismo e, por outro, a tradição secreta maçônica. Existe uma pauta astral oculta, contida na corrente judaica e cristã, que sobreviveu na tradição maçônica e foi reforçada pelas crenças norueguesas do poder da Estrela Brilhante da Manhã, Vênus.

É muito polêmico observar que houve uma crença, amplamente difundida, segundo a qual movimentos de estrelas e de corpos planetários controlavam nossos destinos. Enquanto os modernos astrólogos têm suas próprias práticas, a Maçonaria retrocede a uma ideia primitiva, baseada em princípios astronômicos, que indica Vênus como o metrônomo da Terra.

Entendemos que pode ter sido esse o fato que alarmou a Igreja a respeito das nossas pesquisas, e foi, em outro nível, uma extraordinária descoberta. Nossa pesquisa descrita em *Uriel's Machine* encorajou-nos a acreditar que a tradição maçônica estava relacionada ao desenvolvimento da Ciência verdadeira – pois ela era contra a superstição – e até o momento o Cristianismo e também a Maçonaria parecem-nos em risco de serem reduzidos a meras conversas enganadoras – enganação que se projeta na Astrologia.

Seguramente, deve haver alguma coisa a mais nos mistérios da ciência e da natureza ocultos há mais de seis mil anos do que uma crença supersticiosa a respeito de uma estrela brilhante no horizonte, no momento de nosso nascimento, que assegura boa ou má sorte pelo resto de nossos dias!

Nossas evidências cronológicas mostraram que deve ter sido o "Povo do Pote Entalhado" que tanto começou o estudo do efeito Vênus como certamente deu o mais antigo indício dessa particular forma de Astronomia. Que vantagens podem ter eles obtido desse tipo de crença astrológica, tão importante que foi transmitida por gerações para os fenícios, judeus, noruegueses e finalmente aos maçons?

Parece que, hoje em dia, todas as principais correntes científicas rejeitam o conceito de que os movimentos dos corpos celestes têm efeitos sobre os assuntos humanos. Escrevendo para o *Sunday Times,* o professor Richard Dawkins disse o seguinte a respeito da Astrologia:

> *A verdade científica é muito bonita para ser sacrificada em nome do entretenimento leviano ou do dinheiro... Se os procedimentos dos astrólogos realmente mostrassem-se válidos, isso seria um fato de grande importância para a Ciência. Nessas circunstâncias, a Astrologia deveria ser de fato levada a sério. Mas se – como todos os fatos indicam – não há um pingo de validade em qualquer uma das coisas que os astrólogos tão lucrativamente fazem, isso também deveria ser tomado seriamente e não trivializado indulgentemente. Deveríamos aprender a ver o deboche da Ciência por lucro como um crime... Não seria tão difícil encontrar evidências para a Astrologia se houvesse alguma. Uma tendência estatística, mesmo que superficial, da personalidade das pessoas, preditas no seu nascimento, levando em conta as diferenças esperadas entre os nascidos no inverno ou no verão, seria um começo promissor.*

O professor Richard coloca o argumento de que qualquer hipótese a ser tomada seriamente, por pessoas racionais, tem de ser ao menos alguma tentativa de descrever uma ligação causal agindo no fenômeno observado. Com isso ele quer dizer que deveria haver algum tipo de correlação observável entre o movimento das estrelas e o fato supostamente previsto. Muito simples, não há evidência alguma de qualquer tipo de ligação.

O que ficou claro da pesquisa prévia que fizemos para esse livro é que a força motriz por trás da bem-sucedida expansão das ideias desse culto da Idade da Pedra foi sua descoberta dos princípios do comércio e da divisão do trabalho. Essas ideias econômicas criaram recursos excedentes que foram usados pelos astrônomos sacerdotes para construir grandes templos em centros de riqueza e civilização.

O conhecimento que angariaram das observações de longo prazo capacitou-os a prever o futuro, a saber quando plantar e quando colher, quando acasalar os animais, quando navegar e quando deixar o barco abrigado, quando haveria longos dias para viajar, caçar e comerciar, e quando a escuridão se estenderia mais pela manhã. Mas aí, em algum momento do passado distante, reis começaram a acreditar que, se os céus podiam predizer esses desconhecidos segredos da natureza, eles também poderiam dar orientação em assuntos de suas próprias vidas. Foi nesse instante que nasceu a Astronomia e sua irmã travessa, a Astrologia.

Assim, em nossos termos, esses astrônomos sacerdotes praticavam Astrologia. Eles ou seus reis queriam seus filhos nascendo quando a deusa estivesse perto do Grande Deus Sol. Eles presidiam festivais sexuais nos seus templos, ou ao redor deles, no equinócio da primavera, e "colhiam" suas crianças no solstício do inverno seguinte. E (como Abraão) alguns deles estavam preparados para queimar seus filhos vivos para mostrar sua gratidão ao Mais Alto.

Eles programavam sua procriação conforme o movimento da sua deusa brilhante, procurando o momento em que ela sorrisse à relação sexual praticada. Eles devem ter acreditado que esse procedimento era científico, mas para nós é apenas superstição sem sentido, fascinante como história – mas, ainda assim, sem sentido. Seus marinheiros alcançaram novos lugares, estabeleceram estações de reabastecimento conforme viajavam e, fazendo isso, carregaram suas crenças religiosas para novos convertidos. Devia ser uma religião muito fácil de converter adeptos, pois, até onde podemos ver, envolvia orgias sexuais e prometia, ao menos aos líderes, tornarem-se favoritos da deusa da Estrela Brilhante da Manhã e, assim, destinados à riqueza e ao sucesso.

Sumérios, egípcios e fenícios, cada um tomou elementos da Ciência, da Economia e da Religião do "Pote Entalhado" para seu próprio uso, os princípios intelectuais que levaram à invenção da proto-escrita dos primitivos comerciantes do "Pote Entalhado", o sistema de contagem desenvolvido na Mesopotâmia e a escrita baseada em um alfabeto criado pelos cananeus da Fenícia. Seu conhecimento e superstição em relação às estrelas e aos planetas foram assimilados por muitas culturas em desenvolvimento, do Egito a Noruega. Como já discutimos, todos esses grupos construíram grandes templos alinhados com os movimentos celestes e criaram enorme riqueza e poder.

Essas três influências – Abraão da Suméria, pai fundador do Judaísmo, Moisés do Egito, criador da lei Sagrada do Uno e Verdadeiro Deus, e Hiram de Tiro, rei fenício, construtor do Templo de Salomão, filho e marido da "Nossa Senhora dos Céus"– juntaram-se todas para formar o início das religiões monoteístas do Judaísmo, Cristianismo e Islamismo.

Essas ideias astrológicas da religião dos europeus da Idade da Pedra eram a força motriz intelectual por trás do sistema de crenças dos judeus enoquianos que diziam que grandes eventos aconteceriam e que grandes líderes (messias) nasceriam quando a *Shekinah*, a glória visível da presença de Deus, brilhasse imediatamente antes da aurora. E que se a *Shekinah* deixasse de aparecer, isso seria sinal de que Deus havia retirado Sua bênção.

Contudo, quanto mais pensávamos sobre isso, mais óbvio tornava-se o fato de que esse antigo culto ainda sobrevive em remanescentes excêntricos até nossos dias. A Maçonaria e a Astrologia são as duas tradições que melhor preservaram a crença de que a posição dos corpos celestes afeta as ações dos indivíduos na Terra. À primeira vista, esses dois sistemas de crenças são bem diferentes, mas nossa pesquisa mostrava que cada uma tinha retido elementos diferentes das ideias de seis mil anos atrás, dos sacerdotes do "Pote Entalhado".

A Maçonaria preservou muito da ciência de observação do culto, codificada na tradição oral, nos tipos de movimentos ritualísticos e nas lendas místicas; porém, essa herança está rapidamente desaparecendo, conforme os maçons, desesperadamente, tentam modernizar suas práticas e, fazendo isso, descartam qualquer coisa em seus rituais que sejam difíceis de entender ou que colidam com a intolerância de grupos cristãos. Descobrimos que os maçons estavam no fronte no começo da Ciência Moderna, na época da formação da Real Sociedade de Londres, mas também sabemos que os cientistas maçons bem-sucedidos do século XVII tinham sido todos fanáticos crentes da Astrologia.[268]

Por mais que não gostássemos da ideia, era evidente que estávamos nos encaminhando para investigações adicionais sobre a irmã caprichosa da Astronomia: a Astrologia. A história da crença em astrologia tem sido contada por muitos observadores, mas onde poderíamos começar a analisar os seus princípios fundamentais em um assunto tão completamente não científico?

Afirmações para oferecer uma base científica para a Astrologia foram feitas no passado, por exemplo, na bem conhecida série de estudos estatísticos feitos pelo dr. Michel Gauquelin. Ele tentou adotar um sistema de abordagem da Astrologia semelhante ao que Newton usou no estudo da gravidade. Newton não podia provar o que estava acontecendo com os movimentos dos planetas pela análise de várias observações, e estava impossibilitado de propor um mecanismo que explicasse isso. Suas regras, no entanto, permitiam predições precisas, e o retorno do cometa Halley provou a precisão de seu equacionamento.

O estudo da Astrologia de Gauquelin não tinha um retorno de predições tão apurado; ele só demonstrava padrões que não conferem com os horóscopos da Astrologia. O comentário que o psicólogo Hans Eysenck fez a respeito da evidência estatística ambígua de Michel Gauquelin soma-se à réplica de muitos cientistas:

> *Emocionalmente, eu preferiria que os resultados de Gauquelin não falhassem, mas, racionalmente, tenho de aceitar que eles falham.*[269]

O problema com as descobertas é a falta de qualquer mecanismo causal plausível para explicar o que estava sendo observado. Gauquelin estudou os horóscopos de um grande número de profissionais. Ele selecionou atores,

---

268. N.A.: Lomas. Robert: *The Invisible College.*
269. N.A.: Eysenck, HJ & Nias, DK: *Astrology, Science or Supersticion?* Maurice Temple Smith, 1982.

cientistas, esportistas, soldados e escritores. Ele encontrou estatisticamente evidências significativas: que grandes atores tinham uma tendência de nascer quando Júpiter estava em ascensão, ou passando por seu zênite; esportistas tendiam a nascer quando Marte estava em ascensão, assim como também os soldados; grandes cientistas, quando Saturno está nessa situação; e grandes escritores, quando a Lua está em elevação ou em seu ponto culminante.

Gauquelin foi a maiores detalhes para tentar identificar os traços de personalidade associados a cada uma dessas ocupações, chamando os traços dos atores como fatores Júpiter; para cientistas, fatores Saturno; para escritores, fatores Lua; e para esportistas e soldados, fatores Marte. Ele dedicou um capítulo inteiro à discussão dos efeitos da personalidade no sucesso e na formação do caráter. Ele se debateu com suas próprias evidências, que mostravam que muitas pessoas compartilhavam os traços de personalidade que ele identificara com seus indivíduos de sucesso, e mesmo quando eles trabalhavam na mesma profissão, não tinham os planetas previstos subindo ou culminando em seus horóscopos. Parte de sua dificuldade vinha da tentativa de definir uma medida para o sucesso. Ele recorreu a uma categorização dos seus esportistas como de "fraca vontade" e de "forte vontade". Os indivíduos dotados de forte vontade tinham Marte elevando-se ou culminando, os outros não. Essa abordagem parecia muito mais uma tentativa desesperada de explicar resultados que não revelaram suas expectativas.

Mas quais eram as expectativas de Gauquelin? Ele queria tanto provar a Astrologia como desaprová-la, então ele aplicou as regras e técnicas da Astrologia para tentar explicar os dados que tinha obtido. E olhou para Marte no horóscopo dos soldados e esportistas, porque a Astrologia dizia que estariam lá; ele aplicou a mesma lógica para Saturno, Júpiter e a Lua com respeito às outras profissões. Ele encontrou esses planetas no lugar certo para um grande número de indivíduos bem-sucedidos, mas eles estavam em uma posição totalmente errada, em termos dos conceitos astrológicos, quando ele observava pessoas com menos sucesso nas mesmas ocupações.

Esses resultados levaram Richard Dawkins a comentar, no mesmo artigo do *Sunday Times*:

> *Se há boa evidência (isto é, melhor que a frequentemente mencionada, mas não confiável, tentativa de Gauquelin) de que alguma outra espécie de Astrologia funciona, muito bem e muito bom. Tenho de dizer que ficaria extremamente surpreso.*

Assim, Dawkins afirma que, sem evidências observáveis, que permitam previsões precisas e verificáveis, não há espaço para a Astrologia.

Lemos o trabalho do dr. Michel Gauquelin, mencionado acima e, apesar de sua estatística parecer interessante, e sua metodologia precisa, suas explicações mostram por que Richard Dawkins é tão crítico a respeito de suas ideias.

Aqui está a razão dada por Gauquelin para explicar algumas de suas descobertas, em que mostra evidência estatística de que uma grande proporção de atores nasceu quando Júpiter estava em ascensão:

Enquanto dentro do ventre da mãe, a criança está isolada do mundo, talvez seu cérebro já seja um centro de controle capaz de receber sinais do espaço exterior e distribuir as ordens através de seu corpo. Obviamente, os procedimentos essenciais ao parto não são simples. Mas a criança não é surda às mensagens do Cosmos e reage a elas. A natureza decidiu que, em seu nascimento, o homem deve ser enlaçado na invisível rede de forças que ligam a terra e o céu.[270]

Ponderamos e decidimos concordar com o professor Dawkins, já que essa não é uma base consistente para um princípio causal de predição astrológica. Infelizmente, nossa pesquisa que revelou a crença de que os messias e os líderes nasciam, e que importantes eventos ocorriam quando a *Shekinah* (conjunção Vênus/Mercúrio) estava em ascensão na aurora, tinha todas as características da superstição que Dawkins condena tão sucintamente.

Estará em Nossas Estrelas?

Folheando nossos arquivos de artigos selecionados, tivemos um daqueles golpes de sorte que acontecem inesperadamente. Em um artigo tirado do *Daily Mail,* vimos uma manchete: "Por que eu agora acredito que a Astrologia é uma Ciência". O artigo era assinado por um velho amigo nosso, o autor e pesquisador Colin Wilson (que tinha sido o responsável por mantermos o recorte). O artigo de Colin era a respeito de uma doadora anônima de 500 mil libras que fundou uma nova cadeira profissional em Astrologia em uma Universidade Britânica, cujo nome estava omitido.

Sabendo que a Astrologia tinha sido, no passado, um assunto universitário respeitável, mas que deixou de ser depois das descobertas das leis da gravidade por Newton, ficamos intrigados pela reportagem de Colin, que declarava haver um sério interesse em revitalizar o assunto em nível acadêmico. Ele acabou o artigo com estas palavras:

A mulher por trás da doação de 500 mil libras não tem motivo para se envergonhar por querer reintroduzir a Astrologia como um assunto acadêmico, mesmo que ele tenha sido descartado pelas universidades por mais de três séculos. Eu posso assegurar-lhe

---

270. N.A.: Gauquelin, M: *Cosmic Influences on Human Behaviour*, Aurora Press, 1994.

que apesar de nós ainda não sabermos exatamente por que ela funciona, ela indubitavelmente funciona de fato.[271]

Com a nossa curiosidade recém-descoberta a respeito dos motivos para as crenças em astrologia, ficamos ainda mais interessados no que havia induzido Colin a dizer isso a respeito de suas próprias experiências. Seu artigo continuava:

Decidi, depois, que devia estudar Astrologia mais profundamente, mas parecia nunca encontrar tempo para isso. Depois, um jornal perguntou se eu escreveria uma coluna sobre Astrologia e decidi que essa seria a oportunidade pela qual estava esperando... E, ainda um pouco em dúvida, lancei-me em uma carreira de jornalista astrólogo.

Tive mais trabalho do que esperava. Não pode haver adivinhação envolvida nesse trabalho. A posição de todos os planetas tem de ser trabalhada, juntamente com seus aspectos (oposições, conjunções, etc.) e isso toma muito tempo.

Mas, gradualmente, comecei a ter uma certa sensibilidade com os horóscopos. E isso foi confirmado quando recebi uma carta de uma mulher cujo filho havia cometido suicídio, incluindo a hora exata e o lugar de seu nascimento. Fiquei um dia montando seu mapa astral e, conforme fiz isso, os cabelos de minha nuca começaram a eriçar.

O que surgia era uma personalidade – seu entusiasmo, suas esperanças e suas dúvidas a respeito de seu futuro. Foram essas dúvidas que o levaram ao suicídio. Mandei o mapa astral para sua mãe e ela respondeu que a descrição de seu filho a tinha chocado por sua precisão.[272]

Depois de ler isso, Robert telefonou a Colin e perguntou se de fato ele via algum embasamento científico na Astrologia. Colin estava muito cooperativo e feliz em falar sobre o assunto. Explicou que inicialmente tinha sido extremamente cético a respeito da Astrologia antes de estudá-la, o que só veio a fazer para escrever a coluna no jornal *Observer*. Enquanto escrevia sua coluna regular e respondia às cartas de seus leitores, ficou convencido de que havia alguma coisa real na raiz do assunto.

Quando o pressionamos para saber o que era essa tal "alguma coisa", ele admitiu que realmente não sabia. Sua crença estava baseada nas observações lógicas que os métodos astrológicos induziam, depois do que

---

271. N.A.: Wilson, Colin: *Why I Now Believe Astrology Is a Science*, Daily Mail, Thursday.
272. *Idem.*

passou a ter uma capacidade de vislumbrar situações de uma forma muito mais precisa do que ele poderia esperar, se baseado em chances aleatórias. Entretanto, a respeito de uma coisa, Colin foi bastante claro:

"O que influencia os seres humanos não são as estrelas, mas a posição dos planetas", disse ele.

"Mas você pensa que esse seja um assunto que mereça ser estudado em nível universitário?", perguntamos a ele.

"Bem", ele respondeu, "algumas universidades oferecem cursos em assuntos que fazem Astrologia soar tola e de aparência muito velha. Você sabe, Robert, que sua velha Universidade, Salford, oferece hoje Economia de Negócios e Jogos de Azar, a Universidade de Montfors oferece um curso de Estudos de Golfe, Nottingham anuncia um bacharelado em Estudos Equinos e Kent tem um curso sobre Teoria e Prática de Comédia de Fantoches. A Universidade de Plymouth, onde meu amigo dr. Percy Seymour trabalha (um astrônomo que também acredita que há alguma coisa real na Astrologia), pode oferecer graduações na Ciência do Perfume ou Ciência do Surfe. Entre todas essas modalidades, Astrologia soa positivamente conservadora", Colin acabou com uma risada.

Nosso prolongado silêncio deve ter persuadido Colin de que ainda não estávamos convencidos, e então ele acrescentou um pequeno detalhe a respeito da controversa questão que nos fez procurá-lo.

"Não esqueça", ele disse, "que o comitê encarregado de distribuir aquele meio milhão de libras dificilmente será acusado de apoiar estranhos buscadores de estrelas, pois algum dinheiro será destinado ao professor Chris Bagley da Universidade de Southampton, e ele estará usando esses fundos em um grupo que pretende provar que Astrologia é bobagem".

Mencionamos o professor Richard Dawkins a Colin, relembrando o que ele dissera: "Astrologia não é inofensiva nem engraçada, e precisamos vê-la como inimiga da verdade".

Entretanto, Colin permaneceu convencido de que havia uma ligação, mesmo que difícil de explicar, entre as personalidades e as ações das pessoas e a posição dos planetas em seu nascimento. Contamos a ele nossas descobertas, e o quanto estávamos perturbados porque a Maçonaria parecia estar amplamente preservando antigas tolices astrológicas em seus rituais.

"Meu conselho é não dispensar a Astrologia", disse ele. "Eu sei que funciona, mas só posso oferecer evidências factuais e vocês precisam bem mais que isso. Por que não olhar para suas próprias evidências?"

A conversa de Robert com Colin Wilson persuadiu-nos de que ele estava sendo absolutamente sincero em sua crença de que havia um desconhecido princípio científico envolvido na Astrologia. Se procurávamos um sentido para a corrente secreta da crença astral que encontramos preservada no *Testamento Maçônico*, precisávamos saber mais a respeito da Astrologia primitiva.

A História das Estrelas Espalhadas

Em 150 a.C., um escritor judeu chamado Eupolemus escreveu sua versão da história de seu povo.[273] O estudioso dos Manuscritos do Mar Morto, Geza Vermes, que traduziu uma série de textos astrológicos encontrados entre os pergaminhos de Qumran, atentou-se a uma citação que Eupolemus fez a respeito de Abraão, que a Bíblia garante vir da cidade de Ur dos caldeus (na terra da Suméria):

> *Pois se muitos judeus olhavam com desagrado a Astrologia, outros, tais como o escritor judeu helênico Eupolemus, creditavam sua invenção a Abraão.*[274]

Então, em torno da época em que a comunidade essênia estava estabelecida, no início do século II a.C., havia uma tradição popular na qual Abraão estivera envolvido na prática da Astrologia, antes que ele fosse para o Egito. Isso só poderia estar baseado em tradições sumérias. A questão que precisávamos reavaliar era se os sumérios acreditavam em eventos astrais, particularmente na aurora.

Decidimos olhar com mais atenção para o *Épico de Gilgamesh*.*

A Tábua XII do Épico descreve como Zisudra, que sobreviveu ao dilúvio pelo qual os deuses destruíram a humanidade, conta a Gilgamesh o "segredo dos deuses". Ele descreve como construiu sua arca, sob a supervisão de Enki (o deus chefe), e que recebeu um sinal "no horizonte, lá apareceu a primeira insinuação da aurora", mas nesse ponto da história ele não diz o que é isso.[273]

A seguir, ele descreve como, quando o dilúvio começou, ele olhou novamente o lugar onde o Sol estava prestes a nascer, mas uma nuvem escura cobria o horizonte e ele não pôde ver Ishtar, a deusa do amor, que ouviu intercedendo por ele no conselho dos deuses. Ele continuou olhando todos os dias na direção leste, antes do alvorecer, enquanto a inundação persistia, e depois ele descreve como Ishtar, a senhora dos deuses (o planeta Vênus), chegou:

> *Ela levantou a magnificente joia que Anu, o grande deus (o Sol), tinha feito de acordo com o seu desejo.*[275]

Isso nos pareceu ser uma descrição da ascensão de Vênus, antes da aurora, em conjunção com outro planeta brilhante, possivelmente Mercúrio. Exatamente como aparece Vênus quando brilha através da fenda acima da porta de Newgrange.

---

273. N.A.: Black, M & Rowley, HH (ed): *Peake's Commentary on the Bible*.
274. N.A.: Vermes, G: *Scripture and Tradition in Judaism*, Penguin, 1973.
*N.E.: Sugerimos a leitura de *Versão Babilônica sobre o Dilúvio e a Epopeia de Gilgamesh*, de E. A. Wallis Budge, Madras Editora.
275. *Idem*.

O tema da importância de observar constantemente o alvorecer volta na tábua IX, em que somos informados por Gilgamesh de que "ele apareceu pouco antes do Sol", e fazendo isso pôde ver um jardim de arbustos cheios de joias. E, na Tábua VIII, aparece outra vez um coro insistente que diz: "No horizonte, lá apareceu/a primeira insinuação da aurora". Eis abaixo o comentário de Robert Temple a respeito:

> *Essas duas linhas eram repetidas em intervalos ao longo dessa tábua. Sua inclusão nem é acidental nem tem propósito poético, mas reflete a obsessão dos sacerdotes astrônomos babilônicos com o que era conhecido como "ascensões helicoidais" de estrelas e planetas-chave. Uma ascensão helicoidal acontece quando uma estrela ou planeta sobe acima do horizonte no mesmo momento da "primeira insinuação da aurora".*[276]

A Tábua III traz mais informações, quando Gilgamesh faz um discurso para o povo de sua cidade de Uruk, dizendo:

> *Os homens de Uruk sabem, lá eu serei forte, eu viajo a roda anelada... Eu entrarei pelo portão da cidade de Uruk, eu retornarei para trás..., e o Festival Akitu. Eu celebrarei o Festival Akitu. O festival de Akitu será realizado e cantos felizes serão ouvidos.*[277]

Em uma nota de rodapé, Robert Temple identifica o festival Akitu como uma celebração de ano-novo, feita na época do equinócio da primavera. A "roda anelada" à qual Gilgamesh refere-se é o caminho do zodíaco, e parece que ele descreve como se moverá ao longo desse caminho dos deuses. Mais tarde, em sua jornada, ele se encontra com Ishtar (Vênus), que lhe pede para se tornar seu amante, mas ele recusa, dizendo que ela não é constante. "Nas estações frias, você certamente falhará comigo", diz ele, e continua listando os amantes dela e contando como todos eles morriam no outono e renasciam na primavera. Aqui, o mito está tentando explicar por que algumas constelações zodiacais só podem ser vistas nos meses de verão, e conforme o Sol se move para o sul, no inverno, essas estrelas desaparecem do céu. A inclinação da elíptica e o movimento da Terra em torno do Sol não eram conhecidos naquela época; então, histórias de amantes que morriam e renasciam eram substitutas.

Quando Ishtar ouve essa lista de suas más ações, ela vai até Anum, deus do firmamento, que lhe dá o cabresto do grande touro dos céus que ela leva para a cidade de Uruk:

> *Com um ronco do Touro dos Céus, buracos foram abertos e cem homens jovens de Uruk caíram dentro deles; com seu segundo ronco, buracos foram abertos e 200 homens jovens de*

---

276. *Idem.*
277. *Idem.*

*Uruk caíram dentro deles. Com o terceiro ronco, buracos foram abertos e Enkidu caiu dentro deles.*²⁷⁸

Isso parece descrever a ascensão helicoidal de Vênus na constelação de Taurus, o touro. Conforme a estrela brilhante da deusa subia antes do Sol, na época em que esse mito foi escrito, o planeta parecia estar conduzindo a constelação de Touro. Robert Temple afirma, em seus comentários, que "os babilônios estavam bem cientes desse fenômeno", a precessão dos equinócios, na qual o Sol parece aparecer em uma seção diferente do céu a cada dois mil anos, apesar de eles não usarem as mesmas constelações zodiacais que usamos hoje. Ele também acentua que eles deviam saber que o Sol, e Vênus na pré-aurora, ascendiam no grupo de estrelas que nós chamamos hoje Touro, entre os anos 4000 e 2000 a.C.²⁷⁹

Os heróis derrotaram o Touro dos Céus e depois Anu, o deus do firmamento, convocou seu conselho de deuses para decidir o que fazer. Esse tema do conselho de Deus reconhecemos do primeiro capítulo do Testamento Maçônico, no qual Deus consulta os membros do conselho, que são as estrelas dos céus, antes de decidir fazer Adão.

A Tábua IX descreve outra vez Gilgamesh olhando o céu antes de o sol nascer. "Ele sabe que o momento de levantar está próximo" e, como "o dia cresce brilhante", ele mais uma vez vê um arranjo de arbustos cheios de joias. A atmosfera tremeluzente causada pela grossa camada de ar, quando são observados objetos celestiais perto do horizonte, é descrita: "O esplendor de sua cintilação perturba as montanhas, que se mantêm olhando a elevação e o declínio do deus Sol".

Nesse ponto, uma referência à natureza do nascimento de Gilgamesh é feita e tem eco nos Manuscritos do Mar Morto, que diz do messias que "seu espírito consiste de oito partes na casa da luz da segunda coluna e uma na casa da escuridão. E esse é o seu aniversário, no qual ele está para nascer".²⁸⁰ Gilgamesh é descrito como "dois terços deus, um terço homem". Robert Temple comenta que essa afirmação é significativa na Matemática de base hexadecimal da Suméria, que liga Gilgamesh com o número 40, que é dois terços das básicas 60 unidades usadas para medir os minutos e segundos. O número 40, como sabemos, está proximamente ligado ao período orbital de Vênus. Temple continua dizendo: "Outros aspectos do tema de dois terços são relativos ao planeta Mercúrio, com o qual Gilgamesh é associado". Dos 12 signos do zodíaco, Mercúrio vaga por oito deles, o que equivale a dois terços do caminho zodiacal.

Porém, precisávamos saber mais a respeito da obsessão dos astrônomos assírios e babilônios pelos levantes helicoidais, e o lugar onde fomos procurar foi o Departamento de Antiguidades da Ásia Ocidental, no Museu Britânico.

---

278. *Idem.*
279. *Idem.*
280. N.A.: Vermes, G: *The Dead Sea Scrolls in English.*

Ali estão guardadas algumas tábuas de argila, de 1500 a.C., conhecidas como Tábuas de Vênus de Ammizaduga. As tábuas parecem um pouco danificadas, provavelmente por caírem ou quebrarem, por algum motivo em sua longa história. Elas são quase retangulares e totalmente cobertas com linhas muito próximas, com impressão de escrita cuneiforme.

Quando o texto foi decodificado, descobriu-se que essas tábuas são uma lista das aparições matutinas e vespertinas de Vênus por um período de 21 anos, e as tábuas mostram que os movimentos do planeta são interpretados como um meio de divinizar as intenções da deusa. Elas contêm informações importantes, tais como um comentário: "quando Vênus fica ao alto, fazer amor será prazeroso", sempre alguma coisa útil para saber, pensamos nós.

Mas essas tábuas de Vênus não são a mais antiga evidência que podíamos encontrar a respeito da religião astral na região da Mesopotâmia. No Louvre existe uma placa, datada de 2100 a.C., do reino de Naram-Sin, que mostra esse rei como um líder vitorioso, em pé, olhando em direção ao horizonte onde a Lua e Vênus estão se elevando pouco antes do Sol.

O historiador Peter Whitfield disse o seguinte a respeito do início da Astrologia na Suméria:

> *Havia, portanto, no pensamento mesopotâmico, uma íntima conexão entre o reino divino (os céus) e o reino da natureza e do homem. Ainda mais, havia uma sabedoria recebida, um conjunto de aptidões, uma ciência, pelas quais essa conexão podia ser entendida e que a ciência era território de* ummanu. *Mas os* ummanu *eram, nesse estágio, exclusivamente conselheiros reais. Nem sua especial sabedoria nem os eventos que estudavam eram do conhecimento da população como um todo, mas somente do rei. Os presságios diziam respeito de sua conduta, sua família, seus inimigos, seu reino, suas colheitas e assim por diante. Está aqui, indubitavelmente, a semente da doutrina de que o macrocosmo e o microcosmo estão ligados; porém, essa ligação era limitada e concentrada na figura do rei.*[281]

Whitfield explica que as ideias sumérias a respeito da realeza astral e o estudo dos presságios vieram de uma tradição, explicada em um documento encontrado na biblioteca de Assurbanipal, que dizia que essas aptidões eram aprendidas de um grupo de professores divinos que viveram na Terra em tempos ancestrais e que ensinaram Ciência, Filosofia e Lei aos homens.[282] Ele também especula que a tradição de interpretar presságios era empírica,

---

281. N.A.: Whitfield, P: *Astrology, a History*, The British Library, 2001.
282. *Idem.*

e que, em algum momento no passado, as relações foram observadas e uma ligação causal assumida. A princípio, isso era aplicado apenas às previsões do rei e de seu reino.

Então, as bases da Astrologia parecem ser os sacerdotes que fizeram cuidadosas observações e registraram o que viram no céu. Depois observaram eventos importantes que coincidiam com as aparições no céu antes de fazerem as suposições não garantidas de que as estrelas e planetas tinham causado aqueles eventos. O poder da profecia devia, então, apoiar-se na capacidade de prever quando padrões astronômicos similares ocorreriam novamente. Quando o evento astral era visto, o sacerdote podia avisar o que aconteceria, dependendo do que tinha sido observado na situação similar anterior.

O dr. Whitfield menciona um horóscopo do tempo de Assurbanipal dizendo:

> *Quando, no quinto dia do mês de Nissan, o sol nascente aparece como uma tocha vermelha, nuvens brancas sobem dele e o vento sopra do leste, então haverá um eclipse solar no 28º ou 29º dia daquele mês. O rei morrerá naquele mês, e seu filho subirá ao trono.*[283]

Ele explica como reis fantoches eram, às vezes, entronizados em períodos perigosos para evitar os efeitos dos maus presságios.

O ano babilônico começava com o festival ancestral de Akitu, no tempo da lua nova depois do equinócio da primavera,[284] a data que ainda celebramos como a Páscoa. Os nomes babilônicos para o Sol, a Lua e Vênus eram Shamash, Sin e Ishtar, e esses eram os três corpos celestes que mais interessavam aos astrônomos sumérios, particularmente quando os três elevavam-se juntos. Quanto mais olhávamos para o começo da Astrologia, mais ela parecia compartilhar as mesmas raízes com as crenças de fenícios, judeus e maçons. E, indo mais ao fundo, não parecia que houvesse base científica envolvida nela, além da necessidade de desenvolver técnicas básicas de Astronomia para prever a aparição dos "deuses".

Em torno de 1000 a.C., os astrônomos da Mesopotâmia desenvolveram um calendário baseado nas estrelas que definia as estações do ano em função da aparição das três estrelas mais brilhantes no céu da pré-aurora naquela estação. Essas tábuas mostram um grande interesse nos astros que surgem pouco antes do Sol. As placas de argila, que também podem ser vistas no Museu Britânico, são circulares e divididas em 12 segmentos por linhas que parecem mais fatias de bolo. Cada uma das 12 representa um mês do ano, e dentro do segmento estão inscritos os detalhes das estrelas com levante

---

283. Idem.
284. N.A.: Temple, R. *He Who Saw Everything? A Verse Translation of the Epic of Gilgamesh.*

helicoidal. O propósito destas fatias com três estrelas era possibilitar aos astrólogos advertir o rei da chegada de maus momentos.

Como mencionamos, uma forma bruta de zodíaco já era usada em 2000 a.C. na Mesopotâmia, mas não foi até o período do rei judeu Zorobabel construir o segundo Templo de Jerusalém que o mesmo povo (agora chamado de babilônio) desenvolveu o zodíaco como o conhecemos hoje em dia.[285] Esse foi um grande passo, porque ele oferece uma escala de referência em que a posição do Sol ou de qualquer planeta brilhante pode ser descrita.

O zodíaco é uma faixa de formas no céu, compostas por estrelas fixas muito distantes, que hoje chamamos constelações. Na mesma ordem dos nomes modernos de Áries até Peixes, os babilônios deram às formas os nomes Luhunga, Mul, Mas, Kusu, Ura, Absin, Zibanitu, Girtab, Pa, Suhur, Gu e Zib.[286] Cada constelação marca um segmento do céu, mas nem todos os segmentos têm o mesmo tamanho e, para compensar essa diferença, os astrólogos babilônios também inventaram o conceito dos signos zodiacais. No sistema atual, cada signo representa 30 graus exatamente, independentemente de que espaço a sua constelação ocupa no céu.

Os babilônios usaram esse sistema de aproximadamente 400 a.C. até 100 a.C., mas nunca notaram o problema de precessão (uma pequena oscilação no eixo de rotação da Terra que faz com que o nascer do Sol, no equinócio da primavera, pareça mover-se um grau a cada 72 anos, quando visto contra o fundo das constelações do zodíaco). Quando eles adotaram seu calendário, o equinócio da primavera do Sol estava em Luhunga; agora ele moveu um signo, para Zib.

Esse descuido sobreviveu até a Astrologia moderna e isso significa que os signos estelares que lemos nos jornais não conferem com as constelações zodiacais que estão no céu, acima de nós. Isso pode parecer um grande problema se estivermos usando as estrelas do céu para prever o que acontece na Terra. Mas parece que os astrólogos não olham mais para o céu; então esse desencontro, entre signos estelares usados nos horóscopos e as estrelas realmente sobre nossas cabeças, tende a ser evitado nos livros de Astrologia. Esse artigo mostra como o assunto é disfarçado:

> *A carta astrológica do nascimento é um mapa do zodíaco e da posição dos planetas na hora e no lugar do nascimento do indivíduo ao qual se refere. O zodíaco é um cinto no céu estendido cerca de oito graus em cada lado do caminho seguido pelo Sol e contendo o caminho dos planetas. Ele está dividido em 12 setores iguais conhecidos como signos. Cada signo, portanto, mede 30 graus e é nomeado de acordo com uma constelação.*

---

285. N.A.: Whitfield, P: *Astrology, a History.*
286. *Idem.*

Os signos e as constelações não coincidem, embora levemente sobreponham-se.[287]

Textos de Astrologia mais avançados tentam abordar esse ponto de diferença entre o signo estelar e as estrelas no céu noturno. Mas estávamos interessados em notar que esses astrólogos mais preocupados parecem estar afirmando que é a posição sideral da Terra em sua órbita em torno do Sol que realmente interessa, e não o fundo de estrelas que pode ser visto. Isso certamente coincide com tudo o que conhecíamos a respeito do tempo dos festivais nos equinócios da primavera. Comentando o processo de precessão, o astrólogo Robert Parry disse:

Mesmo plenamente cientes da distinção, quase todos os astrólogos, desde o tempo de Ptolomeu, no segundo século d.C., escolheram empregar o zodíaco baseados no movimento dos equinócios, o zodíaco tropical, como é chamado, em vez de baseados nas constelações.[288]

O que ele parece dizer é que muitos astrólogos simplesmente repetem o que está escrito em respeitáveis livros de Astrologia, em vez de tentarem explicar o que realmente pensam que está acontecendo.

Também achamos que Peter Whitfield compartilha de nossa opinião de que os ciclos astrais eram observados ao longo do tempo, e que, como variavam, o resultado foi a criação de uma suposta ligação entre o que acontecia no céu e acontecimentos humanos na Terra:

Se esquemas de dias de sorte e azar eram adicionados a uma observação de presságios celestiais, no mesmo dia, então um movimento em direção à Astrologia pessoal havia começado. Que esse movimento tenha se iniciado em 400 a.C. (na Mesopotâmia), ligando influências planetárias com a ideia de sorte ou azar, é certo, pela existência de horóscopos cuneiformes que comprovam isso. Nessas tábuas, as posições dos planetas são mostradas com os signos do zodíaco, e as interpretações a respeito da vida futura dessa criança eram às vezes mostrados.[289]

Foi durante esse período de proliferação astrológica e da extensão da ideia de um destino astral para indivíduos, além do rei, que o nome caldeu (significando sumério, babilônio ou mesopotâmio) tornou-se um sinônimo para leitor de sorte ou astrólogo, na Bíblia. A maior contribuição dos caldeus às ciências foi no campo da Aritmética e das observações astronômicas, aparentemente feitas no interesse da leitura de sortes. O professor Richard Dawkins certamente não teria aprovado seus motivos.

---

287. N.A.: Anderton, Bill: *Life Cycles*, Quantum, 1990.
288. N.A.: Parry, Robert: *Astrology's Complete Book of self-Defense*, Quantum, 1990.
289. N.A.: Whitfield, P: *Astrology, a History*.

Mas esses pretensos leitores de sorte foram os primeiros observadores a escreverem os resultados de suas observações astronômicas em linguagem que ainda podemos ler. Escrever, como mencionamos em *Uriel's Machine*, incrementou bastante o grau de inovação na sociedade, pois tornou muito simples trocar informações entre um grande número de pessoas, e até entre pessoas de diferentes gerações, sem a usual perda de tempo característica do aprendizado verbal. Conforme ficamos à frente das tábuas de Vênus no Museu Britânico, sentimo-nos muito perto dos sacerdotes astrólogos que coletaram toda aquela densa massa de dados por tantos anos. Sabíamos que os caldeus eram compulsivos na preparação de listas – eles faziam listas de tudo: eventos astrais, sintomas médicos, materiais, padrões climáticos, acontecimentos políticos –, mas só quando vimos as dificuldades que tinham de ser vencidas para a criação de uma dessas tábuas é que começamos a entender quanto esforço elas devem ter exigido. Peter Whitfield descreve o apogeu da Astrologia caldeia:

> *Os céus tornaram-se uma tapeçaria sobre a qual padrões complexos de entendimento celestial eram constantemente tecidos, e que a aptidão crescente dos astrólogos tentava interpretar. E a mudança crucial foi que esses padrões celestiais afetavam a todos – eles não estavam mais ligados apenas ao rei e à sua corte. A carta de posições celestes e a habilidade de mostrar seu significado requeriam dons astronômicos e divinatórios especiais, e isso claramente implica a existência de uma série de crenças sistemáticas a respeito do poder dos céus sobre a vida humana. Essa proto-astrologia, portanto, combinava aspectos de ciência exata com princípios religiosos ou filosóficos.*[290]

Porém, foram outras civilizações que lucraram com esse trabalho de base. Logo depois desse apogeu, a Babilônia foi invadida, primeiro por Ciro, o Persa, em 559 a.C., e depois pelos gregos sob o comando de Alexandre. O uso da escrita cuneiforme declinou e em torno de 100 a.C. ela só era usada em textos religiosos e astrológicos. Logo depois desses eventos, os caldeus desapareceram da História. Suas cidades foram cobertas pelas areias e suas bibliotecas de tábuas de argila foram perdidas e esquecidas até o século XX, quando arqueólogos europeus desenterraram-nas no deserto da Mesopotâmia.

O império dos persas acompanhou o Egito, onde Ptolomeu desenvolveu as ideias caldeias a respeito de listas que pudessem levar à análise de causa e efeito. Isto era o que ele tinha a dizer a respeito dos efeitos das estrelas na vida humana em seu livro *Tetrabiblos*:

---

290. N.A.: *Idem*.

Algumas poucas considerações poderão tornar aparente a todos que um certo poder emanando da eterna substância etérea está dispersada em tudo e permeia todas as regiões da Terra, que está sempre sujeita a mudanças, já que os elementos primários sublunares, fogo e ar, estão cercados e mudam pelos movimentos do éter.[291]

Soa como a descrição de Michel Gauquelin, que mencionamos antes, da maneira que as estrelas controlam a hora de nascimento de uma criança mandando "mensagens cósmicas". Interessante sim, científico não. E não podíamos evitar ficarmos perturbados pelo fato de alguns astrólogos modernos, que publicavam livros nos últimos anos, ainda citarem Ptolomeu como uma inestimável fonte de sabedoria astrológica. Talvez o pensamento de Ptolomeu tenha influenciado as ideias do dr. Gauquelin. Quando observamos com mais atenção o desenvolvimento da Astrologia entre os gregos, começamos a entender o porquê. Os antigos gregos desenvolveram a Astrologia moderna, e ela não mudou muito depois disso.

Os gregos fundiram ideias da Mesopotâmia, da Pérsia, do Egito e da Palestina. Já sabíamos a respeito da influência do pensamento grego no Novo Testamento, mas eles também interferiram na Astrologia. Ela se desenvolveu a partir das raízes caldeias, como meio de prever os destinos do reino, e tornou-se a ferramenta de leitura da sorte pessoal que é hoje.

Mas para onde isso levava a nossa busca por entendimento? Seriam os padrões da *Shekinah*, que encontramos no Testamento Maçônico, uma antiga ciência de observação? Ou seria apenas o começo de um sistema pomposo de leitura de sorte sem valor, que os gregos tinham sistematizado? De uma coisa ainda não tínhamos certeza: se havia algo de real para descobrir ou não. Colin Wilson tinha nos assegurado que ele pensava que havia, mas até agora não tínhamos descoberto nada para nos convencer de que alguma ciência apoiava a Astrologia. Ela parecia ter preservado todas as superstições e apelos emocionais do culto astral primitivo, mas não parecia ter muito a ver com a Ciência original. Depois disso, encontramos um estudo estatístico recente que nos fez pensar sobre o assunto novamente.

Procurando Padrões

Em 1994, o cineasta e fotógrafo Gunter Sachs decidiu proceder em uma investigação estatística e matemática das propostas astrológicas, uma aproximação empírica tal como imaginávamos que os antigos tinham feito. Ele não era astrólogo, tampouco nenhum de seus colaboradores. Quando começaram seus estudos, motivados por pura curiosidade, nenhum deles "sabia muito sobre Astrologia". Mas levantaram uma série de informações que acompanharam cuidadosamente. Citaremos seus termos de referência

---

291. N.A.: Kitson, A (ed): *History and Astrology*, Mandala, 1989.

em sua totalidade, pois achamos os resultados de seu trabalho extremamente importantes.

As sete principais referências eram:

1. Examinar por meio de um estudo científico largamente estruturado os possíveis efeitos dos signos estelares no comportamento humano;
2. Não tentar provar que existe tal coisa como a Astrologia acima ou ao lado da mitologia, mas investigar se ela existe, permitindo um resultado aberto e amplo;
3. Publicar seus estudos, mesmo que falhassem em provar a existência de uma Astrologia não mitológica, o que também teria seu interesse;
4. Basear sua pesquisa exclusivamente em dados empíricos e não consultar qualquer astrólogo;
5. Examinar e explicar cientificamente quaisquer fatores que pudessem distorcer seus resultados estatísticos;
6. Indicar como significativo qualquer desvio aparente dos resultados esperados que não pudesse ser explicado como puro acaso;
7. Ter seus cálculos e resultados conferidos por uma aceitável autoridade neutra, tal como uma universidade.[292]

Eles trabalharam com um Instituto de Pesquisa Europeu de grande prestígio, que atuou como seu árbitro independente: o Institute fur Demoskopie, em Allensbach, e utilizaram os serviços da dra. Rita Kunstler, uma profissional do Instituto de Estatística de Ludwig-Maximilian University, em Munique, como consultora em metodologia estatística. Seus resultados são tão fascinantes quanto inesperados.

Eles conseguiram seus dados brutos de autoridades públicas, companhias de seguro e pesquisadores de mercado. Coletaram um enorme arquivo de dados a respeito de criminosos, traficantes, casamentos e divórcios, doentes, suicidas e muito mais. As regras de proteção dos arquivos impediam que os indivíduos fossem identificados, mas eles seriam capazes de obter datas de nascimento ligadas a ausentes. Quando eles conseguiram os dados brutos, passaram a analisá-los e publicaram os resultados. Sachs ficou surpreso com o nível de hostilidade que encontrou.

> *Foi como se eu tivesse aberto as comportas de uma enchente. Fui envolvido por torrentes de injúrias e insultos. "Fique com o que você sabe fazer melhor,* playboy *– procurando mulheres atraentes!" Eu nunca imaginei que acadêmicos pudessem chegar a esse ponto. Acusaram-me de deixar minha terminologia confusa. Eu estudei Matemática na Universidade da Suíça francesa.*

---

292. N.A.: Sachs, Gunter: *The Astrology File*, Orion, 1997.

O fato de as somas estarem corretas não parecia interessar aos meus interlocutores.

Quando publiquei um segundo artigo a respeito de nosso levantamento de 350 mil casamentos, centenas de pessoas escreveram-me. Nossos cálculos eram incorretos, eles diziam, pois muitos casamentos entre dois signos estelares eram clássicos casos de profecias autocumpridas. Homens e mulheres que acreditavam em Astrologia iam a escritórios matrimoniais com a firme intenção de encontrar um companheiro de Áries, ou procurar nos arquivos uma mulher de Libra. Pode ser. Mas nenhum desses espertos críticos podia dizer quantos casos desses havia. Examinamos esse fenômeno em nosso capítulo sobre casamentos. Felizmente, ninguém nos acusou de fazer profecias autocumpridas de suicídios, que também pesquisamos. Seguramente ninguém poderia sugerir que há tais pessoas como conselheiros de suicidas?[293]

Quando lemos esse comentário, começamos a imaginar se essa resposta hostil é regra geral para qualquer um que tente analisar qualquer tipo de interpretação fora da normalidade usualmente aceita. Certamente já tínhamos experimentado críticas do sistema, por trazer conclusões indesejadas e evidências testadas que não são admissíveis para essas pessoas, se você não os encontrou por meios que elas definem como convencionais.

O estudo de Sachs usava amostras muito grandes, e quando ele procedeu a testes significativos, o Instituto de Estatística da Universidade Ludwig-Maximilian verificou seu método. Uma coisa estava muito clara: ele fez seus testes de uma maneira imparcial e teve um grande trabalho para eliminar amostras preconceituosas sistemáticas. Sachs começou analisando as vendas de editoras de livros de Astrologia, de signos estelares, e comparou as vendas com a proporção de indivíduos nascidos sob aqueles signos em particular em áreas de vendas. Ele encontrou significativas diferenças estatísticas em dez dos 12 signos, um resultado que poderia ocorrer por acaso apenas uma vez em dez milhões de tentativas (esse nível de significância era muito além da uma chance em 99 usada pela maior parte dos testes estatísticos usuais, tais como os utilizados em controle de qualidade). Ele baseou seus dados em uma amostra de 313.368 vendas de livros de signos durante o período de 1991 a 1994. Se alguém estiver interessado em saber qual signo é mais suscetível ao charme da Astrologia, sugerimos que leia o livro de Gunter. Estamos interessados apenas no fato de que ele encontrou diferenças de comportamento estatisticamente significativas.

---

293. *Idem.*

A seguir, Sachs analisou dez diferentes áreas da vida em que ele poderia obter dados. Quando não estamos fazendo nossas investigações históricas, somos ambos pesquisadores profissionais, e não podemos questionar seus métodos e suas análises. Aqui, apresentamos um sumário de suas principais descobertas.

1. *Quem casa com quem?* Ele partiu de uma amostra de 717.226 pessoas casadas e observou se seus signos eram compatíveis, para concluir se as expectativas astrológicas eram cumpridas. Sua hipótese nula (o resultado esperado) assumia que as combinações estariam aleatoriamente distribuídas entre todos os signos. Não estavam. Ele identificou 144 possíveis combinações de signos e nessas ele encontrou 25 pares que se desviavam significativamente das expectativas aleatórias. Quando conferimos a probabilidade de esse resultado ocorrer por coincidência, a possibilidade é de um para 50 mil contra. Isso significa que ela é 49.999 vezes mais provável de ser consequência de algum fator não conhecido do que ao acaso.

2. *Quem se divorciou de quem?* O tamanho da amostra para esse teste foi de 109.030 casais. O método usado foi o mesmo do casamento. Mais uma vez, nas 144 possíveis combinações, ele encontrou 25 desvios significativos, mas dessa vez com um nível de significância muito menor. De um em cada 26 testes, o resultado podia acontecer por puro acaso. Esse não estava em um nível estatisticamente significativo.

3. *Quem é solteiro?* Esse teste foi baseado no censo de 1990 cobrindo toda a população da Suíça, 4.045.170 habitantes. Isso deu uma amostra de 2.731.766 pessoas na idade aceitável (de 18 a 26 anos). Ele descobriu que certos signos estão mais preparados para comprometer-se em casamento do que outros. Os sete desvios significativos no comportamento aleatório eram estatisticamente significativos em um nível de um para dez mil. Isso mostra que há um padrão de comportamento definido nessa amostra.

4. *Quem estuda o quê?* Os dados vieram de universidades e cobriam 231.026 candidatos a dez cursos específicos. A hipótese nula era que os signos estariam aleatoriamente distribuídos entre as disciplinas. Houve 120 combinações signos/cursos possíveis e ele encontrou 27 desvios significativos. As chances de obter esse resultado por coincidência são de uma em dez milhões. Esse resultado é nada mais que monumental. Pessoas são condenadas à morte com base em evidências de DNA com uma significância estatística menor do que essa.

5. *Quem faz qual trabalho?* A amostra foi tirada do censo de 1990 que chegou a 4.045.170 habitantes na Suíça, e 47 tipos de ocupação. Isso resultou em 564 possíveis combinações entre trabalhos e signos. Sachs

encontrou 77 variações significativas com probabilidade de uma para dez milhões de ser mera coincidência. Novamente, só um tolo poderia negar uma correlação destas.

6. *Quem morre do quê?* Esse teste foi conduzido com todas as mortes registradas na Suíça entre 1969 e 1994, uma amostra de 1.195.174 eventos. Para tornar o teste significativo, apenas mortes por causas naturais foram consideradas. Isso reduziu a amostra para 657.492 indivíduos. As 240 possíveis combinações revelaram cinco desvios, com uma probabilidade de um para 270. Esse resultado parece modesto comparado com outros obtidos por Sachs, mas ainda tem valor estatístico.

7. *Quem comete suicídio?* Do registro de mortes acima, Sachs pôde extrair uma amostra de 30.358 pessoas que cometeram suicídio. Ele encontrou cinco desvios significativos, com a possibilidade dos resultados serem coincidência de somente um em mil.

8. *Quem guia como?* Essa amostra foi colhida junto a seguradoras britânicas e cobria 25 mil acidentes durante 1996. Mais uma vez, Sachs encontrou desvios para quatro signos com um nível de significância de um para dez milhões. Ele também tirou uma amostra de 85.598 acidentes na Suíça e novamente encontrou os mesmos quatro signos envolvidos mostrando significantes desvios estatísticos com probabilidade de um para cinco mil de ser coincidência.

9. *Quem comete quais crimes?* A amostra tomou 325.866 prisões para 25 diferentes tipos de crime. Os dados foram coletados no Ofício de Registros Criminais da Suíça. A combinação testada era de 300 possíveis crimes/signo. Seis dessas combinações mostraram desvios da expectativa, com significância de um para dez milhões contra a coincidência.

10. *Quem joga futebol?* De uma amostra de 4.162 futebolistas na Alemanha, Sachs encontrou nove signos desviando significativamente das chances esperadas. As chances de ser coincidência são um para dez milhões.

Tendo terminado esses espantosos testes estatísticos, Sachs pediu à sua consultora para executar uma conferência extremamente lógica dos dados encontrados. Os dados prévios foram misturados e as datas arrumadas em 12 signos artificiais antes de repetir os testes. Em termos mais simples, ele usou um gerador aleatório de números para agrupar os 365 dias do ano em 12 blocos totalmente arbitrários. Aqui está sua própria descrição do processo:

Os estatísticos podiam misturar os dados ao acaso e criar signos na mesma ordem com o ano, mas esse foi provido com datas de nascimento artificiais (falsas). Dessa forma, um ano artificial apareceria começando em 6 de abril, por exemplo, seguido por 11 de novembro etc....

Se a afirmativa dos astrólogos a respeito dos efeitos dos signos fossem inválidas aqui também, seriam encontradas significâncias estatísticas. No entanto, não havia correlações significativas entre os signos artificiais.[294]

Sachs resumiu seu trabalho como segue:

O principal propósito de nosso estudo não era produzir resultados individuais interessantes – esses seriam, de fato, não mais que entretenimento encontrado como subproduto de nosso projeto. Em vez disso, o objetivo declarado de nossa pesquisa era estabelecer se havia uma correlação entre o signo e o comportamento e predisposição humanos.

Provamos isso – Há uma correlação.[295]

Em nossas vidas, à parte de nossa mútua colaboração para investigar os antigos mistérios da Maçonaria, trabalhamos todos os dias com assuntos de pesquisa. Robert ensina Estatística e sistemas de informação para estudantes pós-graduados e Chris é membro de importantes corpos profissionais de pesquisa de mercado. Podemos apreciar o que Sachs detectou aqui, apesar de que nossas interpretações seriam um pouco mais cuidadosas. Ele demonstrou, com esse estudo, que um mapeamento entre signos astrológicos de nascimento e variações de comportamento não pode ser racionalmente rejeitado. O que Sachs provou foi a significância de sua correlação, mas não que a Astrologia funciona. Apesar de seu excelente trabalho, ele não podia satisfazer o critério de aceitação que o professor Stephen Hawking colocou:

A razão real pela qual a maior parte dos cientistas não acredita em Astrologia não é a evidência científica ou a falta dela, mas porque ela não é consistente com outras teorias que foram testadas por experimentação.[296]

Talvez isso aconteça porque o estudo é amplamente ignorado pela comunidade científica e pela astrológica também. A comunidade científica está entrincheirada contra ela porque a vê conflitando com outras teorias, e os entusiastas astrológicos porque o que encontram não confirma o que eles querem acreditar. Parece que poucas pessoas estão olhando para os fatos de uma forma neutra.

---

294. *Idem.*
295. *Idem.*
296. N.A.: Hawking, Stephen: *The Universe in a Nutshell, Transworld,* London, 2001.

Mas aqui está nossa primeira evidência de que deve haver uma ciência real de observação (experimental) por trás do saber astral dos judeus e do Testamento Maçônico, apesar de os dados não parecerem relacionados diretamente com nada do que pesquisamos.

Propusemos uma palavra para uma ciência astral que suspeitamos devia existir, "Cosmocologia", que significa, genericamente, o estudo dos eventos celestes na aurora.

Mas toda a nossa pesquisa até agora sugeriu que não deve haver outra coisa mais do que superstição sem sentido e belos mitos forjados acerca da aparição de raros eventos astrais. Nosso ceticismo foi agora agitado pelas descobertas de Sachs de que há padrões de comportamento humano que podem ser detectados usando um filtro astrológico adequado.

Aqui estava nossa primeira evidência exterior de apoio encorajando-nos a procurar alguma Ciência ancestral oculta nos mitos e rituais maçônicos, mas estamos muito longe de acreditar nas afirmações de que líderes bem-sucedidos nasceram quando a *Shekinah* apareceu como uma luz brilhante antes da aurora. Não há bancos de dados para testar os períodos nos quais temos interesse, então precisávamos procurar por outra evidência, se houvesse uma. A tarefa parecia impossível.*

Conclusões

Nossa pesquisa estava nos levando à conclusão de que a Maçonaria devia ser nada mais que um receptáculo para tolices astrológicas. Nossas pesquisas prévias sugeriam que deveria existir uma tradição secreta de observação levando-nos para trás no tempo, mas nossas descobertas mais recentes forçam-nos a perguntar se isso não era meramente pseudociência astrológica.

Depois de consultar o escritor e pesquisador Colin Wilson, fomos induzidos a estudar o desenvolvimento da Astrologia e a possibilidade de que ela fosse uma ferramenta precisa de leitura de sorte. Descobrimos que parecia que ela compartilhava das mesmas raízes das crenças messiânicas judaicas e das tradições maçônicas. Não encontramos nenhum fio secreto sequer de ciência primitiva.

---

*N.T.: A Maçonaria atual ainda mantém símbolos astrológicos nas decorações de Templos e em instruções como do terceiro grau ou Mestre Maçom. Não há como refutar a influência dos movimentos planetários e seus significados morais ou espirituais nos rituais maçônicos. As sessões ditas econômicas ou regulares reverenciam o ciclo solar diário, enquanto as cerimônias solsticiais são realizadas em homenagem aos ciclos solares anuais. A Maçonaria esotérica ainda trabalha com os ciclos precessionais ou das eras cósmicas. Dessa forma, a Maçonaria mantém a tradição de se percorrer o cinturão zodiacal de três maneiras diferentes em seus trabalhos, no rotacional diário, no translacional anual e no grande ciclo precessional. Até mesmo seus oficiais em Loja estão diretamente relacionados a posições astronômicas e movimentação dos astros.

A seguir, acompanhamos a investigação estatística de Gunter Sachs, que buscava correlação entre signos astrológicos e padrões de comportamento humano. Ele mostrou uma significativa correlação estatística, mas não ofereceu razões do porquê isso acontecia. Depois, estabelecemos uma tarefa para nós mesmos: se há um padrão estatisticamente significativo da mudança de comportamento de grandes grupos de pessoas, de acordo com a estação do ano em que nasceram, seria possível encontrar evidências para mostrar o que isso poderia significar em termos de efeitos na sociedade?

Capítulo Catorze

Os Conquistadores da Estrela

Aprendizado e Empenho

Depois de 13 anos de pesquisas a respeito das origens e significados dos rituais maçônicos, parecia-nos que a coisa toda era pouco mais do que Astrologia institucionalizada. Sim, a Maçonaria desenvolveu-se de uma Astrologia muito antiga e seus membros formaram o fronte avançado no início de uma Ciência moderna, mas, aparentemente, os rituais sempre foram conduzidos por uma crença supersticiosa em conjunções planetárias que afetavam diretamente o mundo. Até Jesus Cristo parece ter conduzido sua missão de vida dessa forma, apesar do fato de, no final, ela ter falhado. Mas, de repente, os resultados da investigação de Sachs viraram as coisas do avesso, demonstrando que havia uma correlação muito grande entre o comportamento humano e a data na qual o indivíduo nasce.

Conforme revíamos nossa posição, começamos a ver um novo caminho à nossa frente.

"Os movimentos de estrelas e planetas podem ou não ser a causa desse fenômeno, mas será possível que eles possam estar envolvidos, mesmo que fosse unicamente como um marco? Um sinalizador?", perguntou Chris, apontando com o indicador para seu relógio de pulso, enquanto continuava: "Quando vemos a hora do dia, sabemos que o nosso relógio não está criando o tempo, ele é apenas um bom indicador de como o tempo está passando. Da mesma forma, talvez as estrelas e planetas possam não causar efeitos no comportamento humano, mas revelem um calendário natural de alguma outra coisa que os cause".

"Sim", replicou Robert. "Parece não haver outra explicação para essas pessoas terem desenvolvido as ideias que continuamos encontrando, exceto fazendo observações, e depois mantendo e comparando listas de resultados. Penso que é improvável que as estrelas e planetas estejam causando os padrões, mas nossos antigos irmãos, provavelmente, acreditavam que eles o faziam."

Continuamos a discutir como milhares de anos de observações poderiam ter levado a um bom entendimento dos mecanismos celestes e concluímos que era natural que os líderes dos homens quisessem o conhecimento para trabalhar em benefício deles. Sacerdotes identificariam dias santos, reis gostariam de saber quando podiam ser coroados ou quando seus exércitos deviam marchar para as batalhas. O poder dos sacerdotes e do rei podia afetar uma nação por inteiro; portanto, a aparição da *Shekinah* devia levar a grandes eventos como a construção do Templo de Salomão ou a crença de que o messias de Israel tinha nascido. A conjunção de Vênus e Mercúrio não causou diretamente esses eventos, mas pode ter levado homens poderosos a fazê-los acontecer.

Conforme conversávamos sobre o assunto, Robert lembrou-se de um outro conjunto de descobertas interessantes. "A situação que estamos vendo aqui lembra-me a teoria da motivação que dá base à técnica de aprender fazendo que usamos em Bradford", disse ele.

Robert leciona na *Bradford School of Management*, uma das mais conceituadas escolas de negócios da Europa, em que a *action learning* é uma técnica para ajudar estudantes pós-graduados a adquirir e usar conhecimentos de uma maneira eficiente. Uma parte importante do método de ensino é identificar os meios de aprendizado preferidos por cada aluno e depois garantir que eles explorem suas forças e revertam suas fraquezas. O sucesso da técnica depende da identificação e utilização da motivação do estudante para aprender.

Robert explicou: "O trabalho original de pesquisa que apoia essa bem-sucedida forma de educar estudantes maduros é um estudo desenvolvido na Universidade de Harvard sobre o que motiva pessoas a aprender como melhorar suas habilidades para os negócios. Preciso olhar esse trabalho com mais detalhe – mas, de memória, acho que ele nos podia ser muito útil. A base do trabalho foi a observação de que algumas culturas e sociedades são extremamente bem-sucedidas e outras não. E a diferença está nos níveis de motivação das pessoas envolvidas".

Alguns dias depois, encontramo-nos novamente e Robert puxou uma grossa brochura vermelha com um claro título branco.

"Aqui está", disse ele. "O trabalho definitivo sobre o assunto motivação: *The Achieving Society*, por Davi C. McClelland."

"Então vamos ver se ele pode nos ajudar."

"Ao longo dos anos, cientistas comportamentais perceberam que algumas pessoas têm uma necessidade intensa de conquistar; outras, talvez a maioria, parecem não estar tão preocupadas com isso." Robert marcou a página com um marcador de texto amarelo. "McClelland estava fascinado pela motivação de conquistar, ou a ausência dela, em indivíduos. Esse livro é uma destilação de 20 anos de estudo de psicólogos comportamentais de destaque da Universidade de Harvard."

"Eu admito que o trabalho de McClelland tenha sido amplamente aceito", disse Chris, um pouco receoso pelo fato de a Psicologia comportamental ser, às vezes, vista como menos convencional.

"Oh, ele é totalmente limpo", respondeu Robert. "Seu trabalho é a fonte definitiva na área de aprendizado de motivação e suas técnicas tornaram-se as ferramentas-padrão para psicólogos comportamentais."

O livro de McClelland descreve como sua pesquisa levou-o a acreditar que a capacidade de conquistar é uma característica humana específica, que pode ser distinta dentre outras necessidades. E, mais importante, o motivo de empreender para conquistar pode ser isolado e acessado em qualquer grupo. Chamamos o fenômeno de *n-achievement* (conquista-n), uma abreviação do conceito de uma necessidade íntima de conquistar. Fomos bem além das fronteiras normais da Psicologia em sua busca pelo entendimento, desenvolvendo métodos inovadores de análise dos níveis de capacidade de conquista de sociedades desde a antiga Grécia até os Estados Unidos da primeira metade do século XX.

McClelland estava convencido de que o nível de motivação da *n-achievement*[297] das pessoas pode ser melhorado e aumentado, e desenvolveu um programa de treinamento para negociantes que estavam preparados para aumentar sua motivação de empreender. Mas ele nunca se preocupou em especificar os níveis inerentes de *n-achievement* que estava capacitado a medir em diversas sociedades diferentes. O que estava bastante claro em seu trabalho era que as sociedades passam por um ciclo de crescimento econômico seguido pelo declínio, e que esse ciclo estava intimamente relacionado ao nível *n-achievement* que tinha medido nessas sociedades. Em suas próprias palavras:

> *Suponha que aceitemos, por força de argumento, que uma parte do "empurrão" para o desenvolvimento econômico venha de uma característica psicológica que é, grosso modo, refletida em nossas medidas do* n-achievement. *O que então? Por que algumas pessoas têm mais* n-achievement, *em algumas épocas, que outras? Será uma questão de hereditariedade racial, desafio do meio circundante? Ou talvez alguma desvantagem econômica, política ou social?*[298]

Talvez McClelland pudesse nos ajudar a entender as características das pessoas de sucesso e, indiretamente, dos messias.

Ele testou sua metodologia em sociedades contemporâneas existentes, por meio de detalhadas entrevistas com grupos de indivíduos com faixas de cultura diferentes e comparou os resultados com aqueles previstos pelo seu método de acesso literário e habilidade de memorizar. Ele procurou generalizar o comportamento característico das pessoas com alto grau de

---
297. N.A.: *N-achievement*: necessidade de conquista.
298. N.A.: McClelland, Davi C: *The Achieving Society*, The Free Press, New York, 1961.

n-achievement e foi capaz de mostrar que os fatores que distinguem essa atitude foram encontrados em todas as culturas que havia estudado. McClelland descreve o padrão comportamental de potenciais *n-achievers*[299] como segue:

1. Eles são engajados, com maior frequência, em movimentos expressivos. Possuem uma tendência a evitar repetição (isso o ajudou a identificar tais pessoas em sociedades não literárias, por seu uso de memorização característica).
2. Eles sempre alcançam um alto nível de desempenho quando lhe são oferecidos incentivos.
3. Quando usam cores, preferem azul e verde, em detrimento de vermelho e amarelo.
4. Eles têm maior mobilidade geográfica e social que indivíduos com baixo *n-achievement*.
5. Eles dão grande ênfase a jogos competitivos, maior que os indivíduos com baixo nível de *n-achievement*.
6. Eles têm percepção de tempo mais rápida se comparados com pessoas com níveis mais baixos de *n-achievement*.

Ele termina seu sumário dizendo:

Pessoas com alto n-achievement *comportam-se de certas maneiras características, mas se perguntados, não respondem de forma coerente com as atitudes e crenças que seu comportamento poderia sugerir.*[300]

McClelland descreve um experimento em que um grupo de crianças, nas quais ele tinha previamente testado os níveis de *n-achievement*, foi solicitado a atirar uma argola sobre um pino. Elas podiam ficar tão longe ou tão perto do pino quanto quisessem durante o experimento. Ele descobriu que as crianças com altos graus de *n-achievement* escolheram ficar a uma distância moderada do pino, e as crianças com baixos graus ficavam ou muito perto ou muito longe do objetivo.

McClelland explicou esse resultado dizendo que altos *n-achievement* preferem aceitar riscos moderados, portanto, posicionam-se onde sua habilidade tem mais condições de lhes dar uma sensação subjetiva de sucesso. Se ficassem muito perto do pino, a tarefa seria muito fácil e não lhes traria satisfação pessoal. Entretanto, se os de alto *n-achievement* ficassem muito distantes do pino, teriam menos chance de conseguir realizar a tarefa e ficariam insatisfeitos, pois, mesmo que acertassem, reputariam seu sucesso à sorte e não à habilidade pessoal.[301]

---

299. N.T.: Aqueles que têm necessidade de conquistar.
300. *Idem.*
301. *Idem.*

Então, altos *n-achievers* procuram dificuldades moderadas, porém com resultados potencialmente possíveis. Mas será que pessoas com grande capacidade de empreender comportam-se assim o tempo todo? McClelland concluiu que eles só se comportam dessa maneira se puderem influenciar o resultado. Em testes de pura chance, ou situações de jogo, eles se comportam como todos os outros. Então, pessoas motivadas a empreender e a conquistar não são jogadoras; elas preferem mais trabalhar no problema que deixar as consequências acontecerem ao acaso.

Baixos *n-achievers* tenderão a jogar e correr grandes riscos porque o resultado está além de seu poder, e assim eles podem justificar facilmente sua responsabilidade pessoal se perderem. Ou, se forem conservadores, escolherão riscos muito pequenos, em que o ganho é pequeno, mas seguro, pois há pouco risco de alguma coisa sair errada e pela qual seriam responsabilizados.

Altos *n-achievers* ficam no meio do campo e tomam um grau moderado de risco porque acham que sua habilidade e seu esforço podem influenciar os resultados. Em negócios e atividades econômicas em geral, esse agressivo realismo é a marca do empreendedor bem-sucedido.

McClelland também estudou como os altos *n-achievers* gostavam de ser recompensados. Ele descobriu que eles não eram motivados pelo que os economistas chamam "o motivo do lucro". Foi observada a história de grupos de altos *achievers*, tais como os *quakers* da Inglaterra, e descobriu-se que, apesar de terem sucesso nos negócios, eles não pareciam muito interessados no dinheiro que ganhavam, certamente não para seu próprio benefício. Frequentemente, eles investem seus grandes lucros de volta na expansão de seu negócio. O autor destacou que os *quakers* são proibidos, por sua religião, de gozarem ostensivamente sua riqueza, e assim, a menos que sejam hipócritas, o dinheiro não pode ser a força motriz que os encoraja a empreender. Acrescentou, ainda, que o comportamento deles não mostrou evidências de ser motivado pela ganância e, portanto, o acúmulo de dinheiro deve ter um propósito diferente. McClelland destacou que o dinheiro desempenha uma importante função na sociedade, pois é visto como um símbolo de conquista. "Um homem com uma grande renda provavelmente ganha respeito, não por causa da renda em si, mas por causa da presunção de que ela é um indicador de sua competência."

O trabalho de McClelland foi além da motivação pessoal, passou pela motivação de grupos e chegou até a de envolvimento nacional. Ele percebeu que havia uma variação no nível da motivação de empreender e conquistar em várias sociedades ao longo da História e comparou estatisticamente níveis de motivação de *n-achievement* com diversos graus de atividade econômica. Todas as suas curvas mostram ciclos de crescimento, picos e declínios na atividade econômica das sociedades, ciclos esses que podem se repetir de tempos em tempos.

McClelland usou várias técnicas, inclusive análise literária, que mostravam uma correlação próxima ao grau de atividade econômica daquela sociedade aproximadamente 50 anos mais tarde. Por exemplo, a época da rainha Elizabeth I produziu muitos grandes autores e novelistas, inclusive Shakespeare, Marlowe e Ben Jonson, em um momento de tremendo sucesso, desenvolvimento e expansão nacional, enquanto o pico econômico ocorreu na metade do século XVII.

O trabalho de McClelland era de fato fascinante, mas o que tínhamos em mente era a questão de haver alguma maneira de usarmos a análise de comportamento das características de sociedades particulares que justificasse nossas descobertas sobre o messias e o mito da *Shekinah*.

Os líderes bem-sucedidos e os "capitães de indústria" de quem ele falava pareciam ser tipos de pessoas semelhantes aos reis, sacerdotes e messias que estivéramos estudando. A principal diferença era que nós tínhamos encontrado uma crença de que os indivíduos de sucesso nasciam quando a Estrela Brilhante da Manhã estava no horizonte oriental antes da aurora, enquanto McClelland havia isolado fatores que levavam pessoas a empreender e conquistar. Mas ele também havia descoberto o mesmo padrão de repetição de períodos de alta atividade seguidos por outros de desempenhos pobres antes que todo o ciclo começasse novamente.

Parecia-nos inteiramente razoável que os líderes que acreditavam no poder da *Shekinah* usassem sua aparição como uma "permissão para empreender". Mas quando plotamos as datas dos picos de épocas bem-sucedidas, identificadas pela *n-achievement* de McClelland, sobre nossa linha de tempo representativa dos eventos de *Shekinah*, percebemos uma superposição.

Cavalgando os Ciclos do Sucesso

A pesquisa de McClelland concentrou-se inicialmente na importância de seu índice *n-achievement* como uma maneira de explicar crescimento econômico bem-sucedido, mas ele estava consciente de que havia limitado suas observações ao desenvolvimento econômico moderno, no qual culturas estavam adaptadas à tecnologia, à divisão de trabalho e ao sistema fabril. Ele estava interessado em uma teoria geral de motivação que pudesse ser aplicada em qualquer circunstância. McClelland imaginava que o crescimento econômico no passado podia ter sido diferente de alguma maneira e, possivelmente, causado por diferentes influências motivacionais. A forma como ele explicou a questão é de particular interesse:

> Mas, afinal, foi um caso histórico a conexão entre a Reforma Protestante e o surgimento do Capitalismo que deu origem à minha hipótese geral. Poderíamos coletar quaisquer dados que conduzissem mais diretamente a essa interpretação?... Porventura um

aumento da motivação pela conquista precedeu o crescimento econômico em vários países no passado e sua queda precedeu um declínio econômico?

Felizmente, existe um método para coletar dados capazes de responder tais questões. O sistema de análise de conteúdo do n-achievement *aplicado originalmente a histórias escritas por indivíduos, e depois a contos folclóricos e lendas infantis, também pode ser aplicado a qualquer literatura imaginativa que tenha sobrevivido de antigas civilizações. Com um pouco de criatividade, nossa necessidade de algum tipo de índice quantitativo de atividade econômica pode ser normalmente satisfeita, e assim, não precisamos ficar discutindo se e quando um país estava crescendo ou declinando no sentido econômico. O capítulo presente traz consigo os esforços que têm sido feitos até agora para aplicar o enfoque usado em capítulos anteriores aos problemas históricos.*[302]

McClelland realizou estudos particularmente detalhados sobre a proporção de *n-achievers* ativos em sociedades do passado e o que tinha acontecido ao sucesso econômico dessas sociedades. Ele escolheu quatro culturas e povos bem diferentes para garantir que cobriria um grande período histórico. Os escolhidos foram a Grécia antiga, a Espanha do fim da Idade Média, a Inglaterra do fim da Idade Média até a Revolução Industrial e os Estados Unidos de 1800 a 1950.

Sua técnica era engenhosa. Ele precisava de duas medidas estatísticas, uma para o nível geral de *n-achievement* e a outra para o nível geral de desenvolvimento econômico, para assim comparar os dois modelos. Quando tratava com indivíduos no momento atual, ele podia usar questionários. Mas, para ao menos três dos períodos que ele havia escolhido, todos os membros das sociedades envolvidas já tinham morrido há muito tempo. Isso significava que ele não poderia questioná-los diretamente, e então, em vez disso, decidiu estudar os escritos e os artefatos da época e desenvolver sua técnica para avaliar o conteúdo literário, assumindo que os vários exemplos de material escrito poderiam ser selecionados para representar adequadamente as dificuldades e esperanças das porções da população que eram significativas no crescimento econômico. Ele continuou para estender com grande sucesso esse índice ao uso de cerâmica decorativa.

Ele já havia identificado um padrão comum de crescimento, clímax e declínio em muitas civilizações antigas, mas determinar datas exatas para a presença desses padrões no desenvolvimento de uma civilização era problemático.

---

302. *Idem.*

Aqui está como ele descreveu seu processo com relação à Grécia:

Os historiadores antigos estão todos de acordo que Atenas atingiu seu maior ponto de desenvolvimento no século V a.C., durante a "Idade Dourada" de Péricles. O desenvolvimento de Jônia, onde Homero viveu, foi mais cedo e o de Esparta e Beócia, terra de Hesíodo, aconteceu um pouco mais tarde ao menos a julgar pelo sucesso militar subsequente que tiveram sobre Atenas. Consequentemente, o ano de 475 a.C. foi escolhido de certa forma arbitrariamente como a data precisa dividindo o período de crescimento do período de clímax, um tempo que não seria muito tarde para Jônia e Atenas, nem muito cedo para Esparta e Beócia. Ele também corresponde ao tempo em que Atenas teve sucesso na organização da Liga de Delos, uma grande federação marítima de Cidades-Estado gregas que finalmente foi vitoriosa na expulsão definitiva dos persas do Egeu. No fim do século V, Atenas havia perdido a Guerra do Peloponeso para Esparta e começou seu declínio. Esparta, por seu turno, foi derrotada pelos tebanos sob Epaminondas em 369 a.C., mas com sua morte, em 362 a.C., os tebanos perderam sua influência para Felipe da Macedônia. Então, a data 362 a.C. foi arbitrariamente escolhida para marcar o fim do período de clímax das Cidades-Estado consideradas apesar de ser um pouco tardia para Jônia e Atenas. Essas decisões estabeleceram as datas limite para os três períodos conforme segue:

Período de Crescimento – 900 a.C. a 475 a.C.

Período de Clímax – 475 a.C. a 362 a.C.

Período de Declínio – 362 a.C. a 100 a.C.

Essa descoberta era fascinante para nós, pois mostrava que a cultura grega, que, como já sabíamos, havia tido grande influência sobre os judeus desde a época do Templo de Zorobabel até o Novo Testamento, havia passado por períodos de crescimento, clímax e declínio que combinavam com os padrões de aparições da *Shekinah*. A *Shekinah*, depois de um longo período de ausência atribuído aos erros e faltas dos sucessores de Salomão, começou um novo ciclo de aparições em 487 a.C. Sabíamos que os judeus beneficiaram-se da interação com mercadores gregos, e o crescimento das Cidades-Estado gregas como contraponto para os persas deve ter encorajado Ciro e Dario a permitir a reconstrução de Jerusalém como um Estado-barreira contra a expansão grega.

Aqui estava uma possível explicação de por que o mito da *Shekinah* foi levado tão seriamente no tempo em que o Velho Testamento estava sendo escrito. A *Shekinah*, a glória da Presença de Deus no céu do pré-alvorecer, tinha sido vista pela última vez no triunfo bíblico relatado no Livro de Reis como a dedicação do Templo de Salomão. O retorno da *Shekinah* coincide com o período de turbulência econômica e política, que aconteceu para beneficiar os judeus, exatamente como antigas profecias diziam que seria.

Podíamos ver facilmente como essas pessoas entendiam os eventos, tanto bons como maus, como vontade de Deus. A *Shekinah* aparece, eles se sentem confiantes e saem para conquistar. Ela vai embora e eles ficam temerosos, ligando o fato ao cumprimento de uma profecia agourenta. Infelizmente, se eles se tornassem irracionalmente confiantes (ficando muito longe do pino no jogo de argolas), falhariam de qualquer forma.

McClelland disse o seguinte a respeito de seu estudo de *n-achievement* na Grécia antiga:

> *O teste de Qi-Quadrado (teste estatístico) mostrou que tais diferenças ao longo do tempo não poderiam ter acontecido por acaso... O que significa o resultado? É o* n-achievement, *um tipo de "primeira causa" que aparece e desaparece do nada e que faz a civilização subir e cair? Claramente não é. Agora sabemos muito a respeito do que faz os níveis de* n-achievement *subirem e caírem e praticamente todos os determinantes têm origem social... Saúde econômica, não importa quão alto seja o* n-achievement, *não pode ser construída para uma sociedade inteira em uma geração. Mas a sequência de interações entre o homem e a sociedade deve ser descrita, não importa quantas gerações isso leve.*[303]

O estudo definitivo de motivação e sucesso econômico de McClelland descreve em detalhes como ele mediu esse efeito, e não pretendemos discutir seus métodos, que são totalmente aceitos nos meios acadêmicos. Estávamos muito mais interessados em discutir o que ele tinha descoberto do que o seu método de análise.

Vamos agora ao período seguinte que McClelland estudou. Em particular, notamos que ele coincide com outra aparição da *Shekinah*, aquela que inspirou William St. Clair a planejar e iniciar a construção de Rosslyn em 1441 d.C. McClelland observou os níveis de *n-achievement* na Espanha medieval cobrindo o período de 1200 a 1700 d.C. Aqui está o sumário de suas descobertas:

> *Período de crescimento econômico/crescimento com* n-achievement: *1200 a 1492 d.C.*

---

303. *Idem.*

Clímax: 1492 a 1610 d.C.

Declínio: 1610 a 1730 d.C.

McClelland diz o seguinte a respeito desse estudo:

O resultado foi muito parecido com o encontrado para a Grécia antiga e confirma a conexão entre a motivação pela conquista e o crescimento econômico em outro período e para uma cultura totalmente diferente... Os resultados desses dois estudos são suficientemente encorajadores para garantir um exame mais detalhado da relação entre sucessivas ondas de motivação empreendedora e "pulsos" de crescimento econômico no mesmo país.

Sabíamos que *sir* William St. Clair, o construtor de Rosslyn e fundador da Maçonaria, viajou em peregrinação para Compostela, na Espanha, antes de retornar à Escócia.[304] Então, William experimentou o rumor da alta motivação que surgia na Espanha naquele tempo. A iminente aparição da *Shekinah*, predita tanto pelas crenças enoquianas como norueguesas, provavelmente inspirou sua própria ambição de marcar a ocasião com um novo templo e uma nova Ordem para preservar as antigas tradições. E podemos criticá-lo por acreditar nas evidências que seus próprios olhos confirmavam ser verdadeiras sobre os ensinamentos secretos da Estrela Brilhante da Manhã? Não há surpresa no fato desse poderoso mito permear o Testamento Maçônico.

O próximo período de observação de McClelland era uma época que conhecíamos muito bem, mas um momento que não combinava com o padrão da *Shekinah*. Marcou, no entanto, um período em que surgia um grande interesse em Astrologia entre os maçons da Escócia e da Inglaterra. O período coberto era de 1500 a 1800 d.C. e o lugar, a Inglaterra. Aqui estão suas descobertas de níveis de *n-achievement* naquele país:

Crescimento até um pico: 1600 a 1690 d.C.

Período de estagnação: 1700 a 1780 d.C.

Crescimento até um pico: 1790 a 1833 d.C.

O crescimento para um pico como na tabela acima, representado pelo período estimado de 1600 a 1690, ocorreu, muito provavelmente, na última metade do século XVI... O resultado é uma interessante e potencialmente importante confirmação das

---

304. N.A.: Wallace-Murphy, T & Hopkins, M: *Rosslyn, Guardian of the Secrets of the Holy Grail.*

expectativas teóricas, não testadas na Grécia e Espanha, de que o n-achievement *tem de crescer para o ponto mais alto no começo das fases de crescimento econômico.*[305]

Isso não tem ligação com a *Shekinah*, mas sugere que as expectativas da sociedade foram refletidas nos eventos políticos e econômicos. Esse é o período em que, como já sabíamos, as expectativas da Maçonaria fundaram a Ciência Moderna na forma da Real Sociedade (Royal Society).[306]

McClelland observou, depois, um período que era, até onde sabíamos, muito interessante: os Estados Unidos no período de 1800 até 1950 d.C. Agora os padrões do Testamento Maçônico previam um pico de atividade política e econômica que deveria acontecer nos 40 anos seguintes a 1913. Esse período acabava em 1953. Estávamos cientes de que esse período cobria a grande depressão de 1929 e duas Guerras Mundiais. McClelland viu esse período em um contexto mais abrangente:

O que aconteceu com a motivação de conquista nos Estados Unidos no século passado não é somente de grande interesse tópico; também preenche um importante intervalo em nosso estudo dos registros históricos ocidentais que correm mais ou menos continuamente de 1300 até os tempos presentes. Primeiro, notamos uma onda pequena de motivação na Espanha no fim do século XV, seguida por uma onda similar, com duração um pouco mais longa, na Inglaterra na metade do século XVI, depois uma pausa e uma onda muito maior precedendo a Revolução Industrial inglesa. Ali, os registros cessam até que aparecem novamente em torno de 1920 nos Estados Unidos, e encontram uma onda enorme de motivação ocorrendo primariamente nos países subdesenvolvidos do mundo na década de 1950-1960.[307]

Isso poderia sugerir que o padrão *Shekinah* de fato coincide com os ritmos de longo prazo do desenvolvimento social – mas não pelas razões dadas na Bíblia ou no Testamento Maçônico. Se o leitor quiser entender os padrões de comportamento humano que McClelland diz que motivam os ciclos, então recomendamos com entusiasmo que leia os livros dele. Ele entra em grandes detalhes a respeito das causas, e como elas podem ser manipuladas para melhorar o desempenho econômico.

Mas Davi McClelland possuía mais uma surpresa escondida para nós. Ele também observou o nível de *n-achievement* no Peru pré-incaico por 1.500 anos, desde 800 a.C. até 700 d.C. Ele fez isso por meio de um estudo das marcas e quantidades de urnas funerárias, alguma coisa por volta de

---

305. N.A.: McClelland, Davi: *The Achieving Society.*
306. N.A.: Lomas, Robert: *The Invisible College.*
307. N.A.: McClelland, Davi: *The Achieving Society.*

254 urnas encontradas da cultura que vivia na costa norte do Peru, as quais podiam ser dispostas em uma sequência confiável. Sua razão para fazer esse exercício era "desenvolver ferramentas aplicáveis a culturas ancestrais que não tinham deixado relatos escritos, mas algumas marcas" (ele havia desenvolvido uma técnica de avaliar rabiscos e o estilo de decoração de cerâmicas para caracterizar os níveis de *n-achievement*, que ele testou em sua pesquisa com a cerâmica grega. A ideia funcionou, e então ele queria testar isso em civilizações que não deixaram registros escritos).

Seus dados mostraram um declínio constante em *n-achievement* desde as amostras mais antigas, de cerca de 900-800 a.C. Esse caiu para um nível ainda menor a partir de 400 e 500 d.C., quando foi a um pico novamente. O ano de 987 a.C. foi um pico de *Shekinah*, como foi 473 d.C. Curiosamente, não há amostras em seu estudo para o período 700-300 a.C., então, se houve um pico de *Shekinah* no Peru nesse tempo, seu estudo não possui dados para identificá-lo.

Das seis sociedades que McClelland estudou, não menos que cinco chegaram a um pico de desenvolvimento que coincide com as aparições da *Shekinah* como uma Estrela Brilhante da Manhã, antes do alvorecer. Decidimos conferir as possibilidades de isso ter acontecido de forma aleatória. Robert calculou uma distribuição estatística de Qi-Quadrado para ver qual a chance de cinco em seis sociedades empreendedoras do passado terem chegado ao pico em ciclos de Vênus exatamente no aparecimento da *Shekinah*. Seus cálculos mostraram que qualquer hipótese nula, dizendo que esses picos estavam aleatoriamente distribuídos ao longo dos 480 anos do ciclo da *Shekinah*, podia ser rejeitada com um nível de significância de 0,001. Então, há menos que uma chance em mil para que esses picos de conquistas ocorressem aleatoriamente no mesmo tempo da *Shekinah*.

Por certo, essa análise não sugere que a *Shekinah* causa os picos de desenvolvimento encontrados por McClelland, mas devemos deixar aberta a questão de por que picos ocorrem com padrão de similaridade tão grande.

McClelland comentou em seu trabalho que "seria útil e ajudaria a decidir que culturas estavam crescendo, e quais declinando em energia, saber quem teria conquistado quem".[308] Fizemos uma anotação para conferir se o método poderia ser usado para estudar a proto-escrita do "Pote Entalhado", o que parecia uma tentativa valiosa para entender esses importantes recursos, mas até agora não tivemos oportunidade de tentar.

Então, ponderamos: há alguma coisa real por trás dos padrões de observação que o Testamento Maçônico e a Bíblia nos passaram? Nossas pesquisas mostram que picos de atividade econômica e política parecem ter ocorrido com muita frequência nas épocas em que a *Shekinah*, a Estrela Brilhante da Manhã, aparece em ascensão helicoidal.

---

308. *Idem*.

McClelland estava convencido de que o nível de motivação *n-achievement* podia ser melhorado e incrementado, e desenvolveu programas de treinamento para negociantes, destinados a aumentar sua motivação de empreender. Estaria ele, inadvertidamente, redescobrindo uma técnica de seis mil anos? – uma técnica talvez usada pelos bem-sucedidos astrônomos sacerdotes do "Povo do Pote Entalhado"?

Seu trabalho afirmava que muitas sociedades passaram ao longo de ciclos de crescimento econômico seguidos por declínios, e que esse ciclo estava relacionado de perto aos níveis de *n-achievement* que ele mediu nessas sociedades. Os sacerdotes do "Pote Entalhado" controlavam os excedentes econômicos criados por sua Ciência profética, e esses recursos trouxeram poder, crescimento da população e condição para explorar mais recursos aproveitáveis. Sua civilização expandiu-se e seu sucesso motivou suas crianças que, por sua vez, motivaram seus próprios filhos nascidos sob a benevolente luz da deusa. Parecia que eles administravam a criação de uma das ondas de sucesso econômico de McClelland, transformando uma motivação conquistada em uma crença no destino divinamente inspirado.

Descobrimos que o Velho Testamento judaico reflete uma visão cíclica da história que McClelland mostrou ser real. Os eventos-chave do Judaísmo: o Dilúvio, a Aliança de Abraão, Moisés e o Êxodo, o Templo de Salomão, a reconstrução do Templo, o nascimento de Jesus, como sabemos, foram todos colocados no ciclo da *Shekinah* pelos escribas da Bíblia.

Essa crença deu aos redatores do Testamento Maçônico uma estrutura para o Universo e nele repousam as fundações da Ciência moderna sugerindo que Deus decreta leis da natureza que podem ser descobertas pelo homem. A mensagem subliminar continuou a mesma. Ela diz: Deus tem um propósito se puder ser visto, e cada porção da humanidade não é independente dos mistérios ocultos da natureza e da Ciência. A Ciência pode não ter um papel para Deus, mas ainda é uma grande ferramenta para Seus propósitos. Elas podem ser renomeadas como "as leis da Física".

Parece-nos que há dois mecanismos em atividade aqui. Um é o padrão de 480 anos da Estrela Brilhante da Manhã. O outro é a série de ondas de conquista motivacional que, às vezes, parecem coincidir com suas aparições. Estávamos agora cientes de que McClelland também tinha mostrado que essas ondas podiam aparecer em outros tempos, quando a *Shekinah* não estivesse no céu, mostrando, portanto, que não há uma simples ligação causal, e seria muito assustador se todas as realizações humanas fossem totalmente ligadas a algum padrão de movimento planetário invisível. Mas parece, de fato, haver uma correlação que transcende a coincidência.

Achamos impossível aceitar o argumento de que Deus estabeleceu os ciclos orbitais básicos do Sistema Solar, bilhões de anos atrás, com a intenção deliberada de usar conjunções de Vênus e Mercúrio apenas uma vez em milhões de outras repetições para mandar uma mensagem a respeito do Messias em 7 a.C. A Estrela de Belém é um mito motivador extraordinário, não um argumento científico.

Até agora, não mudamos de opinião a respeito da Astrologia. Não podemos oferecer bases lógicas para ela, e mesmo o excelente trabalho de Sachs falhou na tentativa de provar que existem. Mas alguma coisa está acontecendo aí fora. Alguma coisa afeta o comportamento humano por acasião da ambição e da conquista.

O conceito de Astrologia tem uma simplicidade infantil que pode ser aplicada para os problemas da vida cotidiana. Até os mercadores do "Pote Entalhado" e os sumérios, que eram povos sofisticados, eram também incomparáveis observadores do céu. Sua paciência, a precisão de seus cálculos e a exatidão de suas observações levou o mundo a um entendimento da natureza, a verdadeira mente de Deus. Mas eles também sentiram os problemas e terrores de serem expostos aos perigos e mistérios do mundo, e assim criaram ídolos, de quem esperavam proteção. E seus ídolos tomaram a forma de listas e ligações. Depois de tudo, quando o mundo se torna uma coleção de mistérios, é o negócio do sábio estabelecer correlações e responder à questão: Como? A questão do porquê pode ser deixada para discussão posterior. Lembre-se, eles não tinham professores de Matemática para lembrá-los que suas teorias teológicas não eram consistentes com outras teorias que tinham sido testadas por experimentação.[309]

Mas por que eles colocaram as divindades de sua fé no céu? Nossa simples resposta: os céus eram o guia visual para o entendimento de seu próprio meio ambiente. A Bretanha do "Pote Entalhado" e os antigos sumérios compartilharam um clima em que nuvens raramente cobriam as estrelas e, confrontados por seu belo fulgor, os homens acharam fácil acreditar que os planetas brilhantes eram deuses e deusas. Assim, essa Estrela Brilhante da Manhã, aparecendo para iluminar a escuridão horas antes da aurora, parecia compartilhar dos medos e sentimentos do homem, e controlar seus destinos. Não surpreende que Hiram, rei de Tiro, quisesse se casar com uma deusa e ser pai dos filhos dela.

Sem dúvida, algumas pessoas que lerem este livro vão querer acreditar que o surgimento do sucesso econômico descoberto por McClelland era realmente causado pelas estrelas e planetas no horizonte, afetando o destino dos indivíduos que beneficiava. McClelland também considerou essa possibilidade, quando observou que o povo judeu tem níveis de motivação *n-achievement* bem acima da média, e afirmou: "O Judaísmo é uma religião messiânica que afirma que viver de acordo com os mandamentos de Deus ajudará a trazer o dia em que Deus premiará Seu povo escolhido... o que consideramos ser uma característica de pessoas de alto *n-achievement*". Depois de conduzir uma extensiva pesquisa com meninos judeus em muitas cidades americanas, ele acrescentou: "nossa previsão de que os meninos judeus deveriam ter um alto nível de *n-achievement* está claramente confirmada pelos fatos".[310]

---

309. N.A.: Hawkins, Stephen: *The Universe in a Nutshell*.
310. N.A.: McClelland, Davi: *The Achieving Society*.

Vamos mais longe para dizer o que segue a respeito dos efeitos gerais das crenças da religião judaica nos níveis de comportamento:

> *Tudo o que a presente pesquisa acrescenta à controvérsia é que, se os judeus tiveram um alto nível de* n-achievement *no passado, como parece que têm agora nos Estados Unidos, então sua preocupação com os negócios e assuntos comerciais poderia ser prevista na base de todas as descobertas feitas anteriormente.*[311]

McClelland acrescenta que os judeus não estavam sozinhos entre os grupos religiosos que tiveram sucesso ao longo de níveis potencializados de *n-achievement*. Ele também estudou *quakers*, calvinistas, católicos, hindus e persas e avaliou seus pontos de vista a respeito dos efeitos da religião nos níveis de motivação:

> *Nossa pesquisa refinou muito mais profundamente o núcleo dos valores religiosos associados com alto* n-achievement... *a pessoa com alto* n-achievement *quer ser responsável por suas próprias decisões e o ato de fazê-las implica alguma incerteza no resultado. Ele está, por isso, na ponta dos pés da mesma forma que o crente está em religiões individualistas. No sistema formal ritualístico eclesiástico, por outro lado, o indivíduo estará salvo se fizer exatamente o que se supõe que deve fazer, realiza rituais corretos, diz suas preces com a frequência prevista, fala com o sacerdote certo no tempo correto, etc. Mas aqui ele cai no velho problema da galinha e do ovo: o que veio primeiro, religião individualista ou* n-achievement? *Uma resposta clara a essa questão não pode ser dada e nenhuma cobrirá todos os casos. No entanto, teoricamente, ambos os fatores podem "vir primeiro" e influenciar o desenvolvimento do outro. Assim, pais* quakers, *com visões religiosas que descrevemos, certamente tenderiam a se comportar com seus filhos de forma que os estariam conduzindo para o desenvolvimento de alto* n-achievement. *Nesse caso, a religião logicamente viria primeiro e, de fato, desde que a religião é um dos muitos elementos persistentes e estáveis em muitas sociedades, deve frequentemente vir primeiro.*

A Maçonaria é exatamente como uma "religião individualista". Então, os ciclos de conquista de McClelland foram a causa da motivação oferecida pela prática da religião? Não pensamos que o misticismo ofereça um explicação completa, apesar de poder ter contribuído para os padrões que achamos. Deve haver um terceiro fator desconhecido, tal como mudanças do meio ambiente, que tem relação com os dois fatores e oferece uma ligação causal. Mas não temos no momento qualquer outra sugestão a respeito dessa estranha ligação.

---

311. *Idem.*

Durante os primeiros dias da Real Sociedade, um de seus fundadores, *sir* Robert Moray, trabalhou com o cientista holandês Christiaan Huygens, tentando desenvolver um pêndulo de relógio preciso para uso no mar, com a função de determinar a longitude.[312] Como parte dos experimentos, Huygens fez uma série de relógios idênticos e, enquanto eram testados em sua oficina, ele notou um estranho fenômeno. Quando mantinha dois desses relógios idênticos na mesma prateleira e fazia-os trabalhar em momentos diferentes, de tal forma que seus pêndulos não estivessem sincronizados, na manhã seguinte eles estavam perfeitamente em fase. Ainda, se os dois relógios fossem colocados em bancadas diferentes em lados opostos da oficina, permaneciam permanentemente dessincronizados.

A razão para isso é simples. Quando os dois relógios estão na mesma prateleira, o movimento do pêndulo também mexe a prateleira levemente, e assim transmite um leve solavanco para o outro relógio. Quando os pêndulos estão se movendo em oposição, os pequenos solavancos atrasam os pêndulos pela transmissão de energia entre eles. Como os dois atrasam levemente, podem, eventualmente, entrar em fase.

Talvez esse mecanismo possa ajudar a explicar a estranha fase entre os dados de McClelland e as aparições da Estrela Brilhante da Manhã. Se acreditarmos na *Shekinah*, como Jesus acreditava, agiremos de acordo, e assim também o tempo das ações ficarão em fase com a percepção da Vontade Divina. Um belo pensamento, mas estamos cientes de que não chega nem perto do que o professor Hawking define como critério suficiente para aceitar a Astrologia.

Mas, estranhamente, esse culto astral antigo que deu origem às grandes religiões monoteístas do mundo, que compartilham do Velho Testamento que ele inspirou, ainda sobrevive em raros remanescentes até hoje. Como já comentamos, a Maçonaria e a Astrologia são duas tradições que preservam a antiga crença de que a posição dos corpos celestes afeta as ações dos indivíduos na Terra.

A moderna Astrologia está congelada na forma que Ptolomeu idealizou há quase dois mil anos, em que a Terra é considerada no centro de numerosas esferas de cristal que carregam o material das estrelas e influenciam os destinos do homem com sua harmonia. Estamos convencidos de que a Astrologia de jornal não tem valor, e mesmo horóscopos individuais são provavelmente tão significativos quanto ler folhas de chá.

Mas a Ciência diz que alguma coisa está afetando o comportamento humano – e a Maçonaria parece ser a memória de alguma coisa historicamente importante. Ela preservou muito da Ciência de observação da Astronomia,

---

312. N.A.: Lomas. Robert: *The Invisible College*.

mas está profundamente enterrada em tradições verbais esquisitas, estranhos movimentos ritualísticos e contos místicos.*

O Fim da Jornada

Já se passaram 13 anos desde que nos dedicamos à nossa missão de encontrar as origens dos rituais maçônicos. Começamos com uma folha de papel em branco e, apesar de sermos maçons, não tínhamos preferência pelos resultados. Se nossas descobertas mostrassem a Maçonaria como uma invenção excêntrica do século XVI, que assim fosse. Se tivéssemos concluído que os maçons eram maldosos ou malfeitores, teríamos alertado nossos leitores. E se tivéssemos descoberto que, como quer a linha oficial, ela tinha saltado das associações medievais de pedreiros, se isso fosse verdade, teríamos dito.

A jornada foi muito mais longa e árdua do que imaginávamos, mas fizemos muitos amigos no caminho. Só isso fez valer as 20 mil horas que investimos no trabalho. Infelizmente, e talvez, inevitavelmente, a divulgação de nossas descobertas causou ressentimentos em alguns, outros nos menosprezaram e outros, ainda, nos atacaram de muitas maneiras.

Como já tínhamos registrado, os ataques mais maldosos vieram de pessoas que parecem não terem lido nossos livros, mas sentem-se ameaçadas pelas nossas interpretações da Bíblia. Para eles, Jesus é Deus e Filho dele mesmo e morreu há dois mil anos para nos salvar, e ainda, que ele vive hoje em um lugar chamado céu.

Abertamente, admitimos ter dificuldade com tais conceitos, e para nós ele era um líder carismático de homens e mulheres que revolucionaram o mundo, apesar do fracasso pessoal dele. Apesar de não aceitarmos muito da tradicional interpretação bíblica, temos grande admiração pela Igreja em geral e pelas pessoas religiosas. É nosso ponto de vista que o mundo só pode tirar benefício da discussão aberta e franca sobre o assunto das crenças humanas e da nossa interação com a força que sustenta o Universo – a força que muita gente chama Deus e cientistas chamam "as leis da Física".

A Maçonaria afirma que não é uma religião e que é compatível com os sistemas de crença de todas elas. Aceitamos isso integralmente, apesar de ela oferecer um ponto focal para muitos que não são praticantes de nenhuma

---

*N.T.: Dentro do estudo da Astrologia Científica, existe uma corrente de pensamento que se refere à Terra com seus campos magnéticos. Convencionou-se dividir esse campo magnético em 12 gomos ou seções, chamados de casas zodiacais. Dentro desse conceito, os planetas e estrelas nada mais são do que ponteiros de um grande relógio cósmico, e não os influenciadores de características pessoais. O indivíduo quando nasce está entrando na atmosfera magnética da Terra e, portanto, imprimindo em sua atmosfera individual as características magnéticas daquela ocasião, tempo e local. A posição dos planetas e estrelas em seu mapa astral auxilia a identificar essas características, assim como os ponteiros de um relógio nos auxilia a entender o momento de tempo.

fé em particular – e, para estes, ela se torna uma substituta para a religião, oferecendo valores espirituais sem a exigência de subscrever-se a um inteiro sistema de crenças.

Talvez algumas das pessoas mais estranhas que conhecemos sejam aqueles homens que se consideram especialistas em Maçonaria. Sem dúvida, a maioria dos maçons recebeu bem nossa contribuição e valorizou o debate que estabelecemos em muitas Lojas pelo mundo. Mas estamos cientes de que alguns desses "especialistas" estão ultrajados pelo nosso atrevimento em questionar a história-padrão e depois publicar nossas descobertas para que qualquer um as lesse. Alguns deles se referem à sua crença de que há uma exigência de segredo, mesmo que a Loja mais antiga do mundo, a Grande Loja Unida da Inglaterra, tenha expressamente dito que não há segredos, salvo palavras e sinais usados para reconhecimento entre os maçons – os quais não tivemos necessidade de mencionar.

Há alguma coisa como uma "máfia maçônica" constituída por homens que se consideram cavalheiros bem informados e conduzem encontros e seminários intermináveis para discutir a visão-padrão da história maçônica. Enquanto ministramos palestras por todo o mundo em público e para grandes, e às vezes nem tão grandes, Lojas, eles suspendem suas discussões acadêmicas no silencioso conforto de sua fé em uma Maçonaria que é uma expansão natural das associações de pedreiros medievais. Eles geralmente se recusam a olhar nossas descobertas, e os poucos que o fazem usam o processo de "extrair e comparar". Esse é o simples processo de tirar um elemento de nossas descobertas e conferi-lo contra seu próprio quadro de história. Compreensivelmente, eles concluem que as descobertas em questão estão erradas porque eles assumem que seus paradigmas fundamentais estão corretos.

Em resposta, diríamos que a ideia de que a Maçonaria surgiu dos rituais dos pedreiros é nada mais do que tolice. Acreditar nisso é fazer enormes suposições para se aceitar o ponto de vista da "autoridade", quando não há fatos que consubstanciem tal crença. Nossas pesquisas dizem-nos que as associações de pedreiros (guildas) tiveram um envolvimento, mas a razão é que eles estavam originalmente unidos ao protomaçons, os Cavaleiros Templários.

Os Cavaleiros Templários eram responsáveis pelo enorme volume de construções de catedrais na Europa nos séculos XII e XIII, e eles naturalmente organizaram os pedreiros em associações (guildas). Acreditamos que eles teriam dado a esses pedreiros rituais de algum tipo para mantê-los presos à Ordem dos Cavaleiros Templários. Quando os Templários foram presos, em 1307, os pedreiros da Europa tiveram poucas opções, a não ser continuar com seus rituais, que serviriam eventualmente para os fundir com a Maçonaria não operativa desde 1441 e da construção de Rosslyn. As mesmas tendências podem ser observadas em Londres em épocas mais tardias.

Quando damos palestras em assembleias em que essas pessoas estão presentes, eles observam com uma expressão confusa, porque descrevemos uma trilha que abrange milhares em vez das centenas de anos. Para eles, é muito mais confortável assumir que tudo na História cabe em sua pequena caixa, intocada por eventos mais avantajados. Isso lhes permite catalogar documentos maçônicos sem-fim, e chamar a isso pesquisa.

Ministramos palestras a maçons em todo o mundo e eles usualmente ficam entusiasmados. Enquanto estávamos acabando este livro, o Grão-Mestre de um país ficou tão impressionado com nosso trabalho que, depois da palestra de um dia, propôs que Chris fosse aceito como membro honorário de sua Grande Loja. Ficamos ambos muito satisfeitos por esse reconhecimento.

Nós acolhemos questões investigativas e apreciamos um debate bem formado – mas, às vezes, achamos que as pessoas preferem não pensar sobre novas ideias. Depois de dar uma palestra durante um seminário maçônico anual na Escócia, Chris passou uma boa parte da noite com um membro daquela "máfia maçônica", muito charmoso, mas muito míope. Apesar de ser o Venerável Mestre de uma Loja de pesquisa, ele não tinha lido nossos livros, porque, de alguma maneira, sabia que eles continham nada mais que extravagâncias sem sentido. Ele admitiu ter ouvido que, surpreendentemente, éramos "rapazes normais", mas durante as agradáveis conversas, ele assumia o que acreditava ser um sério e confiável conhecimento adquirido, afirmando que precisaria ver todos os passos que levaram a novas conclusões, insinuando que tínhamos pulado algumas vezes, conforme nos levasse a imaginação. Qualquer tentativa de introduzir uma ideia que não fizesse parte de seus dogmas padronizados, ele considerava ser inadmissível.

Aqui estava um homem que tomou as coisas como garantidas, convencido de que seus pontos de vista sobre as origens maçônicas estavam absolutamente corretos, e que qualquer variação ou desenvolvimento deveria começar com suas suposições antes de prosseguir. Quando Chris lhe disse que sua aceitação das explicações padronizadas da Grande Loja Unida podia ser seriamente imperfeita, ele simplesmente olhou confuso e admirado.

O problema é de colisão de paradigmas. A explicação-padrão para a existência da Maçonaria é baseada na ideia de que os bizarros rituais são apenas "peças moralistas" emprestadas dos ritos de iniciação das guildas de pedreiros por cavalheiros filósofos para seu próprio aperfeiçoamento. Em nossa visão, esse ponto de partida é inerentemente tolo, e quaisquer passos que partam daí são da mesma forma profundamente imperfeitos. Nossa pesquisa começou engatinhando e foi construída vagarosamente, olhando sempre para o contexto mais amplo possível. As duas opiniões a respeito da origem da Maçonaria têm pontos de acordo, mas eles têm de ser avaliados independentemente por sua própria consistência.

Mas a Maçonaria está ouvindo, mesmo que especialistas autoproclamados na Inglaterra prefiram tornar-se surdos. Apenas um mês antes, Robert tinha sido convidado para falar a respeito da Real Sociedade para uma Loja de Mestres Instalados no norte da Inglaterra, uma Loja que também tinha um sério interesse em pesquisa. Muitos dos seus membros pertencem à Loja universitária local e são também acadêmicos. Perguntaram-lhe se ele retornaria para dar futuras instruções sobre nosso trabalho. Assim, ficamos sensibilizados por perceber que as descobertas de nossa pesquisa e nosso entusiasmo pessoal pela Maçonaria não estavam sendo inteiramente ignorados e há muitos grupos de Irmãos esclarecidos que querem ouvir novas ideias sobre a história de nossa Ordem.

Há muito poucas provas absolutas na História e aceitamos que podemos ter acessado uma série de coisas erradas. Mas, mesmo estando errados, encontramos um padrão que sugere contundentemente que estamos menos errados que os outros. Como um professor colocou quando viu nosso trabalho: "Eu não posso dizer com certeza que vocês estão certos, mas vocês foram pelos pontos da História melhor do que eu tenha visto alguém ter ido antes".

No curso de nossa jornada, viajamos para o passado muitas vezes e muitos milhares de anos, e a folha de papel em branco que trazíamos nos motivou a resolver problemas de grande porte, tal como o enigma da jarda megalítica. Isso resultou na prova de que o professor Alexander Thom estava certo a respeito da existência dessa incrível unidade de medida precisa e pré-histórica que era usada desde o norte da Escócia até a França ocidental. Demonstramos que algumas das estruturas megalíticas das Ilhas Britânicas eram avançados artefatos astronômicos para rastrear os movimentos de Vênus e mostramos o enorme benefício social e econômico que isso teria trazido ao homem pré-histórico. Essas descobertas eram testáveis e tinham sido aceitas por acadêmicos renomados (apesar de não o serem pela máfia maçônica). Por exemplo, tivemos um grande prazer de receber a reimpressão de um estudo do alinhamento de antigas igrejas na Bretanha, desenvolvido pelo Departamento de Ciências da Terra da Universidade de Hong Kong, que citava nossa pesquisa em *Uriel's Machine*.

Mostramos a existência dos padrões da *Shekinah* na Bíblia e produzimos a primeira explicação aceitável para a fixação dos judeus com os números 40, 480 e 1.440.

Diversas pessoas no passado tentaram explicar a realidade da Estrela de Belém procurando por qualquer objeto brilhante no céu naquela época, mas demonstramos exatamente o que ela era pela análise das tradições judaicas e cananeias, além de uma grande variedade de textos judaicos, juntamente com o cruzamento de dados astronômicos. Acreditamos que pintamos um quadro do homem que lembramos como Jesus Cristo que ajudou a melhorar nosso entendimento sobre sua missão como um messias judeu.

O estranho edifício de Rosslyn foi apresentado como uma cópia do Templo de Herodes e análises de uma simples escultura demonstraram que é razoável aceitar que há uma forte conexão com o primeiro grau da Maçonaria moderna. Mostramos como o *layout* do edifício combina perfeitamente com as descrições do Templo do rei Salomão no Testamento Maçônico. No entanto, ainda estamos aguardando permissão para proceder à escavação proposta pelo professor Charlesworth.

Colecionamos tantos rituais maçônicos quantos pudemos pôr as mãos e os publicamos em um imenso *site*, patrocinado pela Universidade onde Robert trabalha como um recurso acadêmico geral para pesquisadores, que está disponível, gratuitamente, para qualquer interessado na Maçonaria ou em seus ensinamentos. Também comparamos uma sequência cronológica de informações históricas contidas na Maçonaria, e produzimos o Testamento Maçônico como um livro complementar aos livros da Bíblia, e que publicamos aqui como a Parte Dois do *Livro de Hiram*.

Por algum tempo pareceu-nos que os rituais da Maçonaria eram realmente ciência corrompida, e que eles não seriam mais que superstição astrológica. Depois, encontramos estudos bem aceitos que sugerem que a Maçonaria é a memória de alguma coisa que funcionou no passado e que pode ter significado para o futuro. Qualquer que seja o relacionamento, Sachs mostrou que há correlação entre a data de nascimento de um indivíduo e seu comportamento posterior. E ciclos econômicos e sociais sugerem que deve haver alguma realidade para efeitos de comportamento de longo prazo, que têm uma tendência de coincidir com eventos planetários.

Nos últimos anos, a Maçonaria parece ter sido uma memória ancestral de uma Ciência que dirigiu a ambição e as conquistas humanas. E isso é indubitavelmente o que é conquistado: os homens que construíram a maior democracia do mundo e única superpotência atual eram todos maçons ou submissos aos valores da Ordem. O grande renascimento da Ciência que deu origem à Era Moderna foi conduzido por maçons tais como *sir* Robert Moray, Benjamin Franklin e *sir* Christofer Wren. A Maçonaria foi uma atitude que esperava para emergir, uma ciência ancestral que tinha de esperar seu tempo antes de se transformar em uma ciência moderna.

E o que dizer a respeito do futuro?

Começamos esse livro afirmando que a Maçonaria está morrendo e que os despojos durariam enquanto as pessoas que a dirigem continuassem a usá-la como um clube de jantares para cavalheiros. Eles mudam os rituais quando e onde lhes interessa e não têm nenhuma ideia de sua origem, muito menos de seu propósito. A Maçonaria merece viver, mas ela sempre pertenceu aos homens que ousam para conquistar, que procuraram um caminho melhor por acreditarem no propósito de Deus e na Ciência.

A moderna tensão entre Deus e a Ciência é, em nossa opinião, um assunto de vida curta. Não há diferença entre o Todo-Poderoso, Seu trabalho e a Ciência – é simplesmente uma maneira diferente de expressar a mesma coisa. A Ciência não acaba, é apenas uma aproximação à condição humana que busca explicar o mundo em termos racionais que podem ser testados contra outras observações.

O caminho da humanidade deve, seguramente, continuar com o objetivo de buscar e abraçar os mistérios ocultos da natureza e da Ciência. Nessa tarefa, o mundo ocidental nunca viu um caminho melhor de alcançar isso do que os reais princípios sobre os quais repousa a Maçonaria.

Nós, verdadeiramente, temos esperança de que ela possa sobreviver.

Mas para fechar nossa busca temos de retornar à questão que apresentamos no início:

O que é a Maçonaria?

No ritual maçônico fazer a pergunta "O que é a Maçonaria?" requer a resposta: "Um peculiar sistema de moralidade, encoberto em alegoria e ilustrado por símbolos". Isso é indubitavelmente verdade, mas é inteiramente inadequado, como qualquer outro tipo de descrição de por que a organização existe.

Mergulhando, por muitos anos, em uma pesquisa das origens dos rituais usados pelos maçons, chegamos finalmente a um novo entendimento da Ordem. Nós entendemos amplamente suas origens e sabemos como e por que se tornou uma história de sucesso global por tanto tempo, antes de, gradualmente, declinar até o ponto em que se encontra hoje, sujeita ao ridículo.

Sempre que somos entrevistados pela imprensa ou mídia falada, o entrevistador expressa seu espanto por estarmos preparados para admitir que somos maçons, sem dizer orgulhosos de sê-lo. A visão geral é que os maçons são reservados, elitistas e possivelmente maus, em credo e obras.

A visão altamente negativa tem sido consolidada por décadas de fraca liderança que fomentou reserva desnecessária e promoveu a crença arrogante de que o mundo devia ocupar-se de seus próprios assuntos. As tentativas de torná-la mais aberta vieram muito tarde e têm sido fracamente executadas para conter a grande onda de inquietação pública.

Na Inglaterra, membros do governo trabalhista recentemente procuraram uma oportunidade de mudar a lei para coagir os maçons do judiciário, ou empregados em outros corpos públicos, a declarar formalmente sua participação na Ordem. Nada como o que tinha sido visto desde a perseguição de maçons na Alemanha nazista.

A Maçonaria floresceu do fim do século XVI até a metade do século XX. Antes de seu declínio, ela estava no coração da sociedade, contava com reis da Inglaterra e muitos dos arcebispos de Canterbury eram todos maçons regulares. Apesar de chefes da Igreja da Inglaterra, como o rei George VI, terem sido membros da Ordem, é agora popular entre certos grupos cristãos a afirmação de que a Maçonaria é incompatível com o Cristianismo.

Então, o que é a Maçonaria?

E por que ela pode ser confiável?

Nossa resposta é que a Maçonaria foi uma máquina de empreender que levou o mundo da escuridão à luz.

A Maçonaria foi uma organização que era o exemplo da "Sociedade Empreendedora" descrita por Davi McClelland. Seus membros eram os grandes e os bons, as pessoas que conduziam a Igreja, o país, a indústria, as forças armadas e as academias. Eles eram os empreendedores e a "inteligência" que fazia a Revolução Industrial e que conduzia o progresso social e científico.

A Europa prosperava na Maçonaria e a Ordem era espalhada por Lojas militares em viagem para todos os cantos do planeta. As mais antigas universidades, como Oxford e Cambridge, eram orgulhosas de suas Lojas, os grandes estaleiros e os homens que construíam as ferrovias americanas para o oeste mesclavam-se com juízes e generais para trabalhar por uma sociedade melhor. A ambição estava em suas crenças e conquistar era seu único objetivo.

A Constituição Americana e a Real Sociedade vieram à existência por causa de maçons como George Washington, Benjamin Franklin, *sir* Robert Moray, Alexander Bruce e Elias Ashmole. A cidade de Washington foi projetada por maçons e Londres levantou-se das cinzas do Grande Incêndio por causa da inspiração do Grão-Mestre Maçom *sir* Christofer Wren. Até mesmo o "velho oeste" foi conquistado por maçons como Davy Crockett, Jim Bowie, Buffalo Bill e Pat Garret, para nomear apenas uns poucos.

Em todas as cidades ao longo do mundo ocidental, os templos maçônicos ofereciam o ponto de encontro para os homens que saíam para conquistar. Na cidade de Halifax, no West Yorkshire, o maior edifício da sociedade no mundo foi construído por maçons que se reuniam no Old Cock Inn. Agora um grande banco, essa instituição, chamada pelo nome da cidade, oferece estrutura financeira para dar a milhares de pessoas comuns uma nova oportunidade de possuir suas próprias casas.

Em uma época em que os pensadores e realizadores na Inglaterra eram ou cristãos ou judeus, os maçons de todas as religiões encontravam-se em igualdade de termos, na Loja, para compartilhar seu entusiasmo pelo progresso, no empenho de tornar a vida melhor para si, suas famílias e toda a comunidade. Eles trabalhavam em harmonia com suas igrejas ou sinagogas, já que diferenças religiosas evaporavam na atmosfera de tolerância que é central para a Ordem.

Conforme conseguiam cada vez mais sucesso, suas cidades e seus países cresciam em prosperidade e novas e mais especializadas formas de trabalharem em união, surgiam. A Maçonaria lutou e conquistou uma era de razão e liberdade pessoal. O povo podia se desenvolver sem a necessidade de se encontrar em salas escuras, vestir estranhos adereços e recitar rituais sem sentido.

As Lojas maçônicas não eram mais lugares de encontro daqueles que mandavam.

As pessoas que, no passado, foram o esteio da Ordem, agora nem sonhariam em pedir admissão a ela. Eles tinham coisas melhores a fazer em suas vidas – carreiras a construir, famílias para sustentar, compromissos sociais para atender. Todos, desde o comerciante até o oficial de polícia, de conselheiros a acadêmicos, evitam a Ordem. Hoje em dia, ser membro de uma Loja local é irrelevante ou possivelmente prejudicial para a carreira de um jovem.

Quando nosso primeiro livro foi editado, não éramos exatamente populares na Grande Loja Unida da Inglaterra. Mas quando um jornalista de uma revista nacional entrevistou as lideranças no *Masonic Hall* em Great Queen Street, Londres, eles se mostraram inicialmente embaraçados quando ele perguntou se podia conversar com um maçom que ocupasse um alto cargo em uma indústria. A única pessoa que eles conheciam era Chris Knight, que era o diretor de uma companhia de propaganda – como também sócio do acadêmico Robert Lomas, que tinha recentemente publicado o livro herético *The Hiram Key*.

Ser membro da Maçonaria moderna não traz qualquer benefício e o resultado é que, em sua maior parte, os maçons não são mais dirigentes sociais. Os membros das Lojas não falam mais de ambição e desenvolvimento social. Eles fazem doações de caridade, mas falam pouco de Filosofia ou Física, e gastam horas lustrando os símbolos de uma idade passada.

A Maçonaria é vítima de seu próprio sucesso. Ela alcançou as mudanças sociais e científicas que procurava estabelecer, mas agora é como um velho soldado, uma força esgotada representando um grande passado que demanda respeito, não pelo que é agora, mas pelo que foi um dia.

A Maçonaria pode ser confiável.

Apesar de rumores infundados do contrário, ela sempre exigiu os mais altos padrões de honestidade e decência. Hoje, o fato triste é que ela não pode ser mais do que benigna, mesmo se quisesse, porque não tem poder, nem dinheiro, nem influência.

Mas, em uma análise final, a Maçonaria ganhou seu lugar especial na história porque foi uma das ferramentas de trabalho usada pelo Grande Arquiteto do Universo para construir nosso mundo moderno.

Parte Dois

O Testamento Maçônico

Para o Leitor

A opinião geral sobre o ritual maçônico não é positiva. Escrevendo no jornal *British Times* sobre o assunto de fraternidades masculinas e femininas, um jornalista disse:

> *Os maçons elaboraram iniciações "mumbo-jumbo", com olhos vendados, pernas das calças enroladas para cima e a ponta de um compasso pressionando o peito nu.*[313]

O *Dicionário Chambres* define "mumbo-jumbo" como "ritual tolo" ou "jargão vergonhoso", o que é uma avaliação justa de um ritual maçônico, quando visto sem ser entendido. A grande questão é se há um significado por trás do ritual, da mesma forma que a Bíblia não pode ser desconsiderada apenas porque tem algumas seções realmente bizarras. Muitas coisas na vida tendem a se tornar consideravelmente lógicas por familiaridade, e apenas raramente mediante um genuíno entendimento.

O ritual maçônico só foi escrito há talvez 200 anos, mas seria errado assumir que o seu conteúdo data apenas desse tempo. A Maçonaria era no passado uma tradição inteiramente oral – e teoricamente ela ainda é, já que muitas Lojas conduzem seus trabalhos de memória. O Velho Testamento foi escrito pela primeira vez mais de mil anos depois da suposta época de Abraão e diversas centenas de anos depois de Salomão, mas é inteiramente aceito que isso foi apenas uma formalização da tradição oral.

Outro exemplo pode ser visto na perda e descoberta do *Livro de Enoch*. Agora se acredita que foi escrito na comunidade de Qumran em torno de 200 a.C., apesar de registrar elementos que entendemos ser de uma memória tribal de eventos reais que aconteceram alguns três mil anos antes daquele tempo. Quando o maçom James Bruce retornou da Etiópia no fim do século XVIII com cópias do *Livro de Enoch*, que tinha ficado perdido por mais de 1.400 anos, o mundo em geral pensou que deveria ser uma versão totalmente corrompida, porque ela parecia não fazer sentido. Somente quando algumas cópias do livro foram encontradas em Qumran, entre os Manuscritos do Mar Morto, é que foi provado que o livro de Bruce era autêntico e estava correto. E isso requereu análises de não teólogos como Robin Heath e de nós mesmos para extrair os significados de trechos perdidos.

O problema com todas as tradições orais é que o significado pode ser perdido com o correr do tempo, deixando o ritual parecer um absurdo charmoso. Considere a rima da canção de ninar "Ring a ring of roses... a pocket full of posies".[314] O som é suave e agradável, mas não faz sentido porque muitas pessoas, hoje em dia, não percebem que ela era a história

---

313. N.A.: Howard, Philip: *"Ritual Ordeal is all too human"*, *Times* (London), 19 October 2002.
314. N.T.: "Toque um anel de rosas... um bolso cheio de ramalhetes".

da praga, com tentativas de prevenção seguidas pelo espirro na linha final "atishyoo, atishyoo... we all fall down",[315] e posteriormente a cena da morte.

Como o significado de palavras individuais evolui e as terminologias mudam, o material oral usualmente fica congelado no passado. Outro exemplo tirado de rimas de canções de ninar demonstra esse argumento:

Half a pound of tuppeny rice,	Meia libra de arroz de dois pennies
Half a pound of treacle,	Meia libra de melaço
Thats the way the money goes,	É assim que se gasta o dinheiro
Pop! Goes the weasel!	Pop! Vai-se o terno!

Originalmente, isso era um lamento a respeito do custo de vida na antiga Londres vitoriana, em que *pop* era o termo usado para levar alguma coisa à casa de penhora e *weasel,* uma deturpação para *whistle* (assobio), que compõe uma gíria para terno (*Whistle and flute* = terno = *suit*).

Aparentemente, era muito comum, há dois séculos, os homens penhorarem seus melhores ternos apenas para terem algum dinheiro para a comida, mas isso é algo que seria incomum nos dias de hoje.

Os manuais maçônicos impressos podem ser relativamente recentes, mas seu conteúdo não é. Por exemplo, os rituais sempre descreveram uma claraboia na face leste do Templo do rei Salomão, quando não há qualquer menção a isso no Velho Testamento. O ritual maçônico fala dessa claraboia sem qualquer entendimento de sua função, apesar de descrever a luz da *Shekinah* que entra por ela. Como mostramos, isso deve ser, provavelmente, conhecimento muito antigo.

A correlação estatística entre as aparições da *Shekinah* e os picos de empreendimento e conquista em várias sociedades, cuja veracidade foi confirmada pela pesquisa do professor de Harvard Davi McClelland, mostra um fio de conhecimento adquirido por observação que pode ser rastreado em um passado de mais de três mil anos, mediante a descrição do significado da *Shekinah* contida no ritual. O conhecimento dessa ligação não estava, certamente, disponível aos maçons que escreveram pela primeira vez os mitos verbais da Maçonaria, mas estava para o construtor fenício do Templo de Salomão. Esse mito verbal em particular sobrevive apenas nos rituais da Maçonaria.

Acreditamos que os rituais maçônicos sejam a principal fonte de informação histórica para aqueles que têm olhos para vê-la. Para ajudar todos os pesquisadores a clarificar sua visão, "Rcdc de Hiram" foi construída e abriu para todos um recurso acadêmico, cortesia do *website* da Universidade de Bradford. Extraímos desse imenso material um segmento histórico que chamamos de O Testamento Maçônico.

---

315. N.T.: Atchim, atchim... todos nós caímos.

Esse Testamento foi laboriosamente remontado nos 160 graus da Maçonaria, com os quais ficamos familiarizados desde que publicamos *The Hiram Key*. Está na natureza desse ritual ser repetitivo – cada item é repetido ao menos três vezes, usualmente por três oficiais diferentes, usando palavras muito similares. Também há muitos elementos comuns entre os graus e as ordens, o que envolve abrir e fechar a assembleia, conferir sempre se todos os oficiais sabem seus deveres e responsabilidades, e assegurar que apenas os membros iniciados daquele grau estejam presentes. Não incluímos esses elementos nessa compilação. Nós nos concentramos nas maravilhosas histórias que são contadas aos candidatos como parte de sua iniciação na vasta diversidade de graus. Algumas vezes, as histórias são encenadas, com o candidato fazendo o papel de um dos heróis maçônicos; outras vezes, as histórias são contadas aos Irmãos reunidos na forma de uma "história tradicional" cuidadosamente memorizada. O ritual é sempre verbal e frequentemente inclui gestos e passos que devem ser executados durante as reaberturas.

Dessa forma, contando e recontando histórias antigas desde tempos imemoriais, os maçons preservaram e nutriram seus mitos e lendas. Assim foi até tempos recentes, isto é, até quando alguns indivíduos resolveram, por conta própria, "aperfeiçoar" e "simplificar" as histórias que, a partir daí, passaram aos seus cuidados. Assim, juramentos politicamente incorretos e penalidades foram removidos das cerimônias, os nomes usados para descrever o "Mais Elevado" foram mudados por outros "mais apropriados" e muitos graus começaram a ser conferidos apenas por comunicação, sem as suas cerimônias serem conduzidas em Loja aberta. Dessa forma, beatos ignorantes e iletrados destruíram uma herança verbal ancestral sem qualquer cuidado com seu possível significado.

Tivemos o cuidado de preservar as histórias exatamente como são contadas nas cópias mais velhas de rituais que conseguimos encontrar. Isso significa que o estilo de linguagem muda frequentemente, mas decidimos aceitar isso para conservar a essência dos registros verbais maçônicos.

Algumas afirmações, tal como a apresentada no Capítulo 14, de que o imperador romano Constantino nasceu em York, podem estar fazendo o gosto da Grande Loja de York para que possa reclamar uma ancestralidade gloriosa – mais do que contando uma verdade histórica – mas reproduzimos as narrativas dos rituais sem acrescentar qualquer comentário editorial. Nossos comentários foram restritos à Parte Um do livro. Nesse Testamento Maçônico, coletamos o grande mito da Maçonaria e o apresentamos em uma ordem lógica. Adotamos a convenção de capítulo e versículo de outros testamentos para fazer referência a seções particulares mais facilmente. Agora, pela primeira vez desde 1813 e depois da tentativa de destruição do ritual maçônico pelo duque de Sussex, é possível ler, mais uma vez, a vasta e arrebatadora história que era a sabedoria secreta que a Ordem Maçônica ensinava a seus adeptos.

Por que deixar o Leste e ir para o Oeste?
Em busca do que foi perdido.
O que foi perdido?
O genuíno segredo de um Mestre Maçom.
Como ele se perdeu?
Pela intempestiva intervenção do duque de Sussex.
Como espera encontrá-lo?
Pela reconstrução do Testamento Maçônico.

Leia e, conforme aprenda os genuínos segredos da Maçonaria, desfrute o avanço diário no conhecimento e na tolerância maçônicos que a Arte Real esqueceu.

Capítulo Um

Deus Cria a Humanidade

1. Quando Deus, em seu conselho eterno, concebeu a ideia da criação do Homem, chamou a Ele os três ministros que continuadamente pairavam sobre o trono. Seus nomes eram Justiça, Verdade e Misericórdia.

2. E Ele se dirigiu a eles dizendo: "Faremos nós o Homem?" A Justiça respondeu: "Oh, Deus, não o faças, ele tripudiará sobre Tuas leis"; a Verdade também respondeu: "Oh, Deus, não o faças, pois ele profanará Teu santuário". Mas a Misericórdia, caindo sobre seus joelhos e olhando através de suas lágrimas, exclamou: "Oh, meu Deus, faça-o e eu olharei por ele com meu cuidado, pelos caminhos escuros e lúgubres por que ele terá de passar".

3. E ouvindo os argumentos da Misericórdia, Deus fez o homem e chamou-o de Adão, e lhe disse: "Ó Homem, tu és o filho da misericórdia – vai e compartilha com teu irmão".

4. Quando Adão se apresentou pela primeira vez ante Deus, sob o dossel celestial de diversas cores que é o céu, apresentou-se em uma postura humilde, com as mãos postas e joelhos dobrados denotando imediatamente sua humildade e dependência ao bendito autor de seu ser. Outra vez ele se apresentou ante seu Juiz desgostoso, quando ele se empenhou em evitar Sua ira, e atraiu Sua misericórdia e, essa forma constrita e expressiva, ele levou consigo para a posteridade, para sempre.

5. A partir daquele tempo, esse sinal penitencial denotava aquele estado de coração e de alma, sem o qual nossas orações e oblações não poderiam nunca serem aceitas no trono de graça, perante o qual uma frágil e errante criatura do pó devia se apresentar ao seu criador.

6. E o lugar de Adão era no leste voltado para oeste, vestido em um manto cor de açafrão, e com a cabeça coberta. Em sua mão direita, ele segurava um cetro, seu cabo dourado, e no topo, um globo de ouro. Sua joia era um sol de ouro, suspenso por uma corrente também de ouro, usada em torno do pescoço. No lado oposto da joia, estava

inscrito um hemisfério de ouro, mostrando a metade norte da elíptica e o zodíaco, com os signos de Touro até Libra.

7. No eterno conselho de Deus, o ministro chamado Verdade residia no oeste. Seu manto era cor-de-rosa e ele segurava um bastão branco, na ponta do qual estava um olho de ouro.

8. Lá também havia sete seres menores conhecidos coletivamente como Malakoth (que significa anjos). Individualmente, eram chamados Malak (que significa anjo) e seus nomes eram Gabriel, Uriel, Miguel, Rafael, Zaraquiel, Hamaliel e Tsafiel. Eles vestiam mantos cor de chamas brilhantes e um avental e de seus colares pendia uma estrela de ouro com sete pontas.

9. Gabriel estava colocado no nordeste, tendo à sua direita sua bandeira, de forma quadrada, de seda carmesim, tendo em sua parte superior a figura de uma águia e o signo do planeta Júpiter.

10. Miguel no sudeste, tendo à sua direita sua bandeira de seda preta, com a mesma forma, ostentando a figura de um leão e o signo do planeta Saturno.

11. Uriel no sudoeste, sua bandeira de seda cor de chamas, com a mesma forma, à sua direita, ostentando a figura de um touro e o signo do planeta Marte.

12. Rafael no noroeste, sua bandeira de seda verde, com a mesma forma, à sua direita, ostentando a figura de um homem e o signo do planeta Mercúrio.

13. Zaraquiel no leste, sua bandeira de seda púrpura, com a mesma forma, à sua direita, ostentando o signo do Sol.

14. Tsafiel no leste, em frente à Verdade, sua bandeira de seda branca e à sua direita, ostentando o signo da Lua.

15. E Hamaliel no sul, sua bandeira de seda azul, ostentando o signo do planeta Vênus.

16. Gabriel usava braceletes de estanho puro; Miguel, de chumbo; Uriel, de aço; Rafael, de vidro oco, parcialmente cheio de mercúrio; Zaraquiel, de ouro; Tsafiel, de prata; e Hamaliel, de cobre polido. As bandeiras de Miguel, Gabriel, Uriel e Hamaliel eram franjadas com prata; aquelas dos outros, com ouro.

17. Os outros membros do Conselho eram chamados Aralim (plural de aral, significando Leão de Deus; ou herói). Suas joias eram uma estrela de cinco pontas suspensa por uma fita cor de chamas no lado esquerdo do peito.

Capítulo Dois

Enoch Encontra Deus e Conhece Seu Nome Verdadeiro

1. Jared, que era o sexto em descendência de Adão, tinha um filho cujo nome era Enoch, significando cidade. Enoch estava cheio de amor e temor a Deus, ele se esforçou para levar os homens para o caminho da honra e do dever. E, em uma visão, Deus apareceu a ele de forma visível, e lhe disse: "Enoch, tens almejado conhecer Meu nome verdadeiro: levanta-te e segue-me, e tu o conhecerás".

2. Nessa visão, Enoch viu uma montanha e um triângulo dourado mostrando os raios do sol. Dali em diante, esse objeto ficou conhecido como O Delta de Enoch.

3. Enoch, entendendo sua visão como uma inspiração, saiu em busca da montanha que tinha visto no sonho, até que, cansado da procura, parou na terra de Canaã, já povoada pelos descendentes de Adão, e lá empregou trabalhadores. Depois, com a ajuda de seu filho Matusalém, Enoch escavou o chão, criando nove apartamentos, um em cima do outro, e cada um coberto por um arco como tinha visto no sonho, o mais baixo sendo cavado na rocha sólida.

4. Na coroa de cada arco, ele deixou uma abertura pequena fechada com uma pedra quadrada, e sobre a mais alta, acima do nível do chão, ele construiu um templo modesto. Ele foi construído por enormes pedras não escavadas e sem teto para que pudesse ser visto o dossel celeste que é o trabalho de Deus, o Grande Arquiteto do Universo.

5. Enoch criou depois um prato triangular de ouro, cravejado de muitas pedras preciosas, no qual ele gravou o NOME INEFÁVEL DE DEUS, e engastou o prato em uma face de um cubo de ágata. Esse objeto dos mais preciosos foi colocado nas câmaras debaixo do Templo.

6. Ninguém soube do depósito do precioso tesouro e que ele permaneceu oculto; sobreviveu ao dilúvio, que tinha sido revelado a Enoch que aconteceria logo e transformaria o mundo em um vasto mar de lama; ele cobriu a abertura e a pedra que a fechava, e o grande anel de ferro usado para erguer a pedra, com o pavimento de granito de seu templo primitivo.

7. Depois, temendo que todo o conhecimento das artes e ciências fosse perdido no dilúvio universal, ele construiu duas grandes colunas sobre uma alta colina – uma de bronze, para resistir à água, e uma de granito, para resistir ao fogo. Na coluna de granito, estava escrito, com hieróglifos, uma descrição dos apartamentos subterrâneos; na de bronze, os rudimentos das artes e ciências.

8. E Enoch soube que o Senhor era grande em Zion. Que toda a Terra louve a Ele, por Seu grande e terrível nome, pois que é sagrado. Glorifique o Senhor nosso Deus, pois que Ele é santo e Seu nome, pois que é eterno para a eternidade.

9. Ele fala da coluna de nuvens e do fogo, e das profundas riquezas de lugares secretos. Glorifique o Senhor nosso Deus, pois que Ele é santo, e Seu nome, pois que é eterno para a eternidade.

10. Somos nada como ontem, e não sabemos nada. Nossos dias são nada como a sombra e não sabemos.

11. Podes, pela pesquisa, encontrar Deus? Podes encontrar a perfeição do Todo-Poderoso? Ele é tão alto quanto o céu. O que podes fazer? Ele é mais profundo que o inferno. O que podes saber?

12. Marca o homem perfeito e ampara o justo: pois o fim desse homem é a paz. "Meus olhos estarão no homem perfeito", disse o Senhor. "O perfeito da Terra habitará comigo: ele andará em meu nome, a servir-me para sempre".

13. Demos graças a Deus, que nos deu os tesouros das riquezas escondidas em lugares escuros, ocultos e secretos.

14. Oh, Tu, real e eterno Senhor Deus, fonte de luz e amor – Tu Inspetor Soberano e Poderoso Arquiteto das maravilhas da Criação – quem de Seu trono no mais alto céu, em misericórdia contempla os habitantes da Terra – escuta, nós te imploramos, Teus ouvidos para as preces e pedidos de Teus servos indignos agora reunidos em Tua presença, para ensinar os mistérios daquele Sublime Edifício que está erigido e dedicado a Teu Muito Sagrado e Glorioso Nome.

15. O sagrado e abençoado Uno elevou Enoch do mundo para servir a Ele, como está escrito, para Deus tomou-o, Deus mostrou-lhe todos os repositórios dos reinos superiores e inferiores, e Ele lhe mostrou a árvore alfabeto da vida, a respeito da qual Adão recebeu seu comando, suas folhas e seus ramos nós vemos todos em seu Livro.

Capítulo Três

Noé Constrói a Arca e Sobrevive ao Dilúvio

1. Antes da Inundação Universal, que é chamada comumente Dilúvio de Noé, havia um homem chamado Lamech, que tinha duas esposas, a primeira chamada Ada e a outra, Sila.

2. De Ada, ele teve dois filhos, Jabel e Jubal; de Sila, ele teve um filho chamado Tubal e uma filha chamada Noema. Essas quatro crianças fundaram o início de todos os ofícios no mundo; Jabel fundou a Geometria, e dividiu rebanhos de ovelhas. Ele primeiro construiu uma casa de pedra e madeira. Seu irmão Jubal fundou a Arte da Música. Ele foi o pai de todos os que manejam a Harpa e o Órgão. Tubal-Caim era o instrutor de todos os artífices em bronze e ferro. E a filha fundou a arte de tecer. Essas crianças de Lamech sabiam bem que Deus se vingaria do pecado pelo fogo ou pela água, tendo sido alertadas por seu avô Enoch.

3. Em sua velhice, Lamech gerou Noé, e Deus avisou Noé a respeito do Dilúvio que se aproximava, dizendo-lhe para construir uma Arca.

4. Com a expectativa do Dilúvio, Noé construiu a Arca usando um machado, com o qual ele cortou árvores e esquadrejou-as; uma serra, com a qual ele serrou aquelas árvores em pranchas, e uma verruma, com a qual ele fez furos nas pranchas. Também com o machado ele cortou pinos e colocou-os em cavilhas de tal maneira que as pranchas eram mantidas juntas.

5. Essas ferramentas tinham outros significados. O machado derrubou as árvores, e elas, sendo cortadas, são emblemáticas da queda do velho mundo. A serra, dividindo as toras em pranchas, é emblemática da separação de Noé e sua família do resto da humanidade, pelo Senhor. A verruma, fazendo furos nas pranchas, ensina-nos como usar a aflição para produzir humildade e a busca do coração.

6. Como a Arca foi construída por essas ferramentas, também nos é mostrado que, pela perseverança na fé, esperança e amor, podemos ser postos na Arca da segurança, quando os elementos fundir-se-ão com calor fervente, e toda a Terra será dissolvida.

7. Sabedoria, força e beleza foram mostradas na construção da Arca. Pela sabedoria e pelo trabalho habilidoso de Noé, aquela bela estrutura, a Arca, tornou-se a força que proporcionou a salvação temporal dele, de sua família e de todas as criaturas vivas contidas nela.

8. Os antediluvianos, sentenciados às profundezas, mobilizaram-se para frustrar a ira do céu indo para o alto das colinas, para o topo das árvores e todos os outros lugares que apresentavam um alívio temporário da justiça Dele, que chovia destruição sobre suas cabeças.

9. A coluna de granito, que tinha sido erigida por Enoch antes do Dilúvio, foi derrubada e levada pelas águas, mas aquela de bronze manteve-se firme, e foi depois encontrada por seu neto, Noé.

10. Depois do Dilúvio, os homens e animais saíram da Arca nas montanhas da Armênia. Eles foram dispersos por toda a Terra e chegaram onde a providência de Deus os levou.

11. Noé ficou com uma postura ereta quando ofereceu o sacrifício a Deus em agradecimento por sua salvação do Dilúvio. Deus então colocou Seu arco-íris no céu e estabeleceu Sua aliança com Noé, que as águas não mais se transformariam em um dilúvio para destruir a carne.

12. Ouçam a promessa dada por Deus como uma aliança com Noé:

13. "Em uma pequena indignação, Eu escondi minha face de vós por um momento: mas com bondade eterna terei misericórdia de vós", disse o Senhor vosso Redentor. "Pois isso é como as águas de Noé junto a mim: pois, como Eu jurei que as águas de Noé não mais viriam sobre a Terra, também jurei que não ficaria irado convosco, ou vos censuraria."

14. "Pois as montanhas desaparecerão e as colinas serão removidas; mas Minha bondade não vos abandonará, nem a aliança da Minha paz será removida", disse o Senhor, que tinha misericórdia por vós.

15. Essa é a promessa de que Deus confortar-nos-á na adversidade, amparar-nos-á na hora de nossa morte e far-nos-á felizes para toda a eternidade.

16. O Ramo de Oliveira é o emblema de esperança e comemora o recuo das águas.

17. Naquele tempo ancestral, os sobreviventes do Dilúvio fundaram seus lugares de culto usando a misteriosa Pedra Pórfira. Eles usaram a Pedra Pórfira e não as Sagradas Escrituras, porque naquele tempo ainda não existiam os Sagrados Escritos.

18. As tradições conectadas com a Pedra Pórfira são três em número. Primeiro: sobre essa Pedra Pórfira, Noé repousou quando diariamente

voltava de seu devotado trabalho na construção da Arca, e foi colocada por ele no centro da Arca quando a terminou. Segundo: com essa Pedra, Noé ancorou a Arca quando repousou no Monte Ararat. Terceiro: sobre essa Pedra, Noé fez sua oferta ao Senhor em agradecimento pela salvação; ele quis que ela ficasse aos pés do Monte Ararat até que o primeiro de seus descendentes pudesse ser chamado para viajar novamente por terra ou água.

19. Sobre a Pedra Pórfira nossos Antigos Irmãos colocaram um triângulo dourado com seu vértice voltado para o leste.
20. O Delta, que fica na misteriosa Pedra Pórfira, é emblemático do Sol, da Lua e das estrelas.
21. Aqueles na alta esfera da vida têm a maior obrigação de fazer o bem, mas aqueles de um grau inferior deverão ser eminentemente distinguidos, mudam-se regularmente e provam ser membros úteis da sociedade. O mais alto é aquele que faz melhor a sua parte, não aquele que está na posição mais exaltada: pois a Lua, apesar de refletir sua luz do Sol, evidentemente desce perante a Glória de Deus; e as flores do campo declaram Seu poder igualmente com as estrelas do firmamento.
22. Os três pontos do Triângulo são sinônimos de Sabedoria, Força e Beleza.
23. O homem, em sua ignorância no começo de sua peregrinação, julga-se seguro, e, frequentemente, dispensa o uso do infalível compasso, escorrega do curso verdadeiro, e assim incorre no risco de ser tragado pelas águas.
24. Desde que a providência de Deus preservou nossa antiga Irmandade das águas avassaladoras, eles têm obedecido e observado a voz de Deus para frutificarem e multiplicarem-se na Terra e, assim, eles mantiveram a lembrança de tal sinal de libertação.
25. Entrando na Arca, eles provaram ser verdadeiros e fiéis irmãos, e desde aquele tempo ficaram conhecidos pelo nome Noaquita.

Capítulo Quatro

A Torre de Babel Destruída por Deus

1. Não obstante, sabendo do recente castigo que a divindade mandou sobre a humanidade por suas iniquidades, causando o Dilúvio universal; não obstante a divindade ter dado o arco-íris como um sinal de reconciliação e concedido esse favor declarando que o mundo não seria novamente destruído pelas águas, os descendentes de Noé, por sua descrença na predição divina, estando apreensivos a espera de um segundo dilúvio, disseram: "Vamos construir uma cidade cujo topo possa atingir o céu, e vamos fazer um nome para que não sejamos varridos da face da Terra".
2. Para cumprir seus desígnios, eles começaram a erigir uma alta torre na planície de Shinar; mas esse empreendimento, sendo desagradável aos olhos de seu Criador, visando a frustrar ou demorar a execução de Seu desígnio, de que a humanidade não deveria continuar junta, Ele os obrigou a abandonar o projeto, confundindo suas linguagens, e assim um não podia entender o outro.
3. Dessa circunstância, a cidade tomou o seu nome de Babel, que significa confusão; e uma dispersão do povo e uma divisão entre nações seguiram-se. Foi na noite da lua cheia que o Senhor fez esse prodígio.
4. O nome do arquiteto era Peleg; ao menos, foi ele quem deu a ideia da construção.
5. Como punição por sua contumácia e presunção de seus companheiros construtores, ele foi desprovido da fala; e para evitar o ultraje de seus companheiros, que o consideravam a causa do fracasso de seu desígnio, ele viajou para países longínquos de Shinar e, desde aquele tempo, apenas à luz da lua, pois tinha medo de ser massacrado, se fosse reconhecido.

6. Seu lugar de retiro foi em uma floresta escura, onde, tendo levantado uma moradia triangular, ele, por humilhação e contrição pela parte que lhe coube no plano de Shinar, obteve remissão de seus pecados e teve sua fala restaurada. Nessa habitação de Peleg foi encontrada uma pedra de mármore branco, na qual estava inscrito o seguinte epitáfio: "Aqui repousam as cinzas do grande arquiteto da torre de Babel. O Senhor teve piedade dele porque ele se tornou humilde."

Capítulo Cinco

Melquisedeque, Rei de Salém, Faz de Abraão um Sumo Sacerdote

1. E passaram os dias de Amraphel, rei de Shinar, Arioch, rei de Ellasar, Chedorlaomer, rei de Elam, e Tidal, rei das nações; que esses fizeram guerra com Bera, rei de Sodoma, e com Birsha, rei de Gomorra; Shinab, rei de Admah; e Shemeber, rei de Zeboiim; e o rei de Bela, que é Zoar.
2. Todos esses estavam juntos no vale de Siddim, que é o mar de sal.
3. Doze anos eles serviram Chedorlaomer, e no décimo terceiro ano eles se rebelaram.
4. E ali saíram o rei de Sodoma, e o rei de Gomorra, e o rei de Admah, e o rei de Zeboiim, e o rei de Bela (o mesmo Zoar); e entraram em batalha com eles no vale de Siddim.
5. Com Chedorlaomer, rei de Elam; e com Tidal, rei das nações; e Amraphel, rei de Shinar; e Arioch, rei de Ellasar; quatro reis com cinco.
6. E o vale de Siddim estava cheio de poços de lama; e os reis de Sodoma e Gomorra fugiram, e caíram neles; e permaneceram afundados na montanha. E pegaram todos os bens de Sodoma e Gomorra e todas suas provisões, e seguiram seu caminho.
7. E pegaram Lot, filho do irmão de Abraão que morava em Sodoma, seus bens e partiram. E aí veio um que havia escapado e contou a Abraão, o Hebreu, pois ele morava na planície de Mamre, o Amorita, irmão de Eschol, e irmão de Aner: e esses estavam aliados com Abraão.
8. E quando Abraão escutou que seu irmão tinha sido aprisionado, ele armou seus servos treinados, nascidos em sua própria casa, 318, e

perseguiu-os até Dan. E ele se dividiu contra eles, ele e seus servos, à noite, e derrotou-os, e perseguiu-os até Hobah, que está à esquerda de Damasco. E ele trouxe de volta todos os bens, e também trouxe seu irmão Lot, seus bens, também as mulheres, o povo.

9. E o rei de Sodoma foi se encontrar com ele depois de seu retorno do assassinato de Chedorlaomer e dos reis que estavam com ele, no vale de Shaveh, que é o vale do rei.

10. E Melquisedeque, rei de Salém, trouxe pão e vinho: ele é o sacerdote do Mais Alto Deus. E ele o abençoou, dizendo: "Bendito seja Abraão do Mais Alto Deus, possuidor do Céu e da Terra: E bendito seja o Mais Alto Deus que entregou teus inimigos em tuas mãos". E ele deu a ele o dízimo de tudo.

11. E o rei de Sodoma disse a Abraão: "Dá-me as pessoas, e leva os bens para ti".

12. E Abraão disse ao rei: "Eu levantei minha mão junto ao Senhor, o Mais Alto Deus, o dono do Céu e da Terra. Que eu não tomarei nem um cordão de sapato, e que eu não tomarei nada que é teu, para que não pudesses dizer: Eu fiz Abraão rico; guardo apenas o que os jovens têm comido, e a porção dos homens que vieram comigo, Aner, Eschol, Mamre; deixa-os tomar suas porções".

13. E Melquisedeque, príncipe de Jerusalém e rei de Salém, sentou em sua tenda real no vale de Saveh, que é conhecido como o vale do rei. Conforme Abraão aproximou-se de seu tabernáculo, Melquisedeque ficou à entrada, tirou sua espada e dirigiu um golpe em direção a Abraão, que aparou o golpe e ajoelhou-se perante ele.

14. Melquisedeque perguntou quem era o estranho e em resposta foi-lhe dito que a pessoa à sua frente era seu amigo e irmão Abraão, dizendo: "Mantém os cativos e os espólios: Eu dou dízimos de todos".

15. E Melquisedeque disse: "Abençoado seja Abraão do Mais Alto Deus, dono do Céu e da Terra; abençoado seja o Mais Alto Deus, que entregou teus inimigos em tuas mãos. Levanta, meu amigo e irmão Abraão. Entra em minha tenda, come do meu pão e bebe do meu vinho".

16. E Melquisedeque ficou com a espada em sua mão no centro de seu tabernáculo e serviu pão a Abraão com a ponta dela, dizendo: "Olha, quão bom e quão agradável é habitarem os irmãos juntos em união. Come conosco esse pão, que recebes na ponta dessa espada, para te ensinar que deves estar sempre preparado para dividir teu último pão com um Companheiro Sumo Sacerdote ungido e, se sua necessidade demandar isso, apesar de ele ser um inimigo pessoal, alimenta-o na ponta da espada.

17. Mantendo sua espada sobre o seu peito, Melquisedeque depois ofereceu a Abraão seu cálice sobre a parte plana de sua lâmina, dizendo: "Olha, abençoa a vós o Senhor, todos os vossos servos do Senhor, que à noite ficam na casa do Senhor, levanta vossas mãos no santuário e abençoa o Senhor. O Senhor que fez o Céu e a Terra abençoa a ti fora de Zion. Bebe conosco esse vinho, que recebes sobre a espada, para te ensinar a estares sempre pronto para dividir as luxúrias, como também as necessidades da vida, com um Companheiro Sumo Sacerdote ungido. Se ele tiver fome, alimenta-o; se tem sede, dá-lhe o que beber; se estiver nu, veste-o; se estiver doente ou aflito, visita-o e reza junto dele; simpatiza com ele em sua dor e alegra-te com ele em sua alegria. Essas coisas faz junto dele e nunca o abandones".

18. Melquisedeque ordenou a seus companheiros que se colocassem nos lados de um triângulo equilátero. Ele colocou Abraão no centro do triângulo e ficou no leste, no vértice, enquanto todos se ajoelharam conforme ele rezava:

19. "Possa o Supremo Sumo Sacerdote do Céu e da Terra conceder Sua bênção para esse nosso companheiro, e assim possa ele ensinar as leis e os mandamentos do Senhor e realizar os deveres de seu ofício com fervor, fidelidade e zelo."

20. E ele abençoou Abraão, dizendo: "O Senhor te abençoe e te guarde. Que o Senhor mostre Sua face para brilhar sobre ti e ser benevolente para contigo. O Senhor levante o rosto para ti e te dê a paz".

21. E Melquisedeque falou a Abraão, que ainda estava ajoelhado no centro do triângulo equilátero, dizendo: "Eu agora vou te explicar os segredos dessa Ordem Sagrada. Ungir com óleo é a cerimônia principal divinamente indicada na investidura de três oficiais típicos da Comunidade Judaica – Profetas, Sacerdotes e Reis. É recebida como um símbolo de santificação e de dedicação ao serviço do Mais Alto Deus".

22. Quando Eu, Melquisedeque, rei de Salém, fiz Abraão um Sumo Sacerdote, Eu o ungi primeiro três vezes com óleo, e depois três vezes com vinho: ambas essas tríplices unções são em alusão ao Triângulo, um símbolo da divindade. Portanto, estás relembrado que o verdadeiro irmão deve dedicar-se ao serviço do Mais Alto Deus.

23. Como o imutável Sacerdócio de Melquisedeque é superior àquele de Aarão, que morreu, então temos de olhar para a frente, depois de terminar essa existência terrena, para uma entrada naquele Tabernáculo "não feito com mãos, mas eterno nos Céus".

24. Lembra que as responsabilidades dessa Ordem sagrada repousam não apenas sobre os Oficiais, mas igualmente sobre os membros individuais da Ordem, uma deserção do dever sendo igualmente destrutiva em um caso como no outro.

25. Como teu valor, então, tua honra como um homem e um irmão; como teu prêmio, a pureza e permanência na Ordem; como tu temes desagradar o Todo-Poderoso, Cujo Nome invocaste solenemente; então mantém inviolada qualquer promessa que tenhas feito, e cumpre com fidelidade todo dever ao qual estás obrigado.
26. Deixa o Leão da Tribo de Judá ser o símbolo de tua força e coragem na causa da Verdade e Justiça. Sê tão paciente quanto o boi com as falhas e erros de teus irmãos, e tão rápido quanto a águia para fazer qualquer bom trabalho. Estabelece ante teus companheiros do Ofício Real o brilhante exemplo de um justo e perfeito homem, e especialmente de um Companheiro Sumo Sacerdote Ungido.
27. Deixa que a santidade do Senhor esteja gravada sobre teus pensamentos, palavras e ações.
28. Finalmente, depois dessa vida sofrida acabar, possa o Mais Alto Deus, que habita entre os Querubins, admitir-te em Seu glorioso e eterno Santuário, lá para adorá-Lo para sempre.*

---

*N.T.: Melquisedeque perpetuou-se nas tradições esotéricas como o Rei do Mundo, ou seja, o objetivo maior de evolução da alma humana neste ciclo planetário. A ele todos sem exceção devem reverências, este é o verdadeiro pontífice ou aquele que constrói a ponte entre o mundo material e o espiritual.

Capítulo Seis

Os Segredos de Moisés

1. O verdadeiro nome de Deus permaneceu desconhecido até que Ele o disse para Moisés no Egito, quando lhe ordenou que fosse ao Faraó e o compelisse a mandar as crianças de Israel para fora do Egito: "Eu sou aquilo que sou e serei: Eu sou o Deus de teus pais, o Deus de Abraão, de Isaac e de Jacó. Portanto, tu dirás às crianças de Israel: Ele que me mandou a vós, Eu sou o Senhor, que apareceu a Abraão, a Isaac e a Jacó pelo meu nome, El Shadai, mas meu nome Eu não lhes mostrei".
2. Moisés gravou o nome inefável sobre um prato de ouro e depositou-o na Arca da Aliança. Moisés revelou o nome a Aarão e Josué e, posteriormente, revelou-o aos chefes sacerdotais.
3. A palavra, sendo composta apenas por consoantes, teve a pronúncia logo perdida, mas a palavra ainda permaneceu na Arca; e no tempo de Otoniel, em uma batalha contra o rei da Síria, aqueles que carregavam a Arca foram mortos, e a Arca caiu ao chão. Depois da batalha, os homens de Israel, procurando por ela, foram levados até onde estava pelo rugido de um leão, que, agachado sobre ela, tinha-a guardado, segurando a chave dourada em sua boca. Conforme se aproximaram o Sumo Sacerdote e os levitas, ele deixou cair a chave e foi-se embora. Por isso, sobre a chave dourada usada pelo tesoureiro, veêm-se as iniciais das palavras: "in ore leonis verbum inveni" – "Na boca do leão eu encontrei a palavra". Esse prato de ouro foi fundido e transformado em uma imagem de Dagon pelos filisteus, que o tomaram em uma batalha.
4. A Primeira ou Loja Sagrada foi aberta depois do Êxodo dos israelitas da sua escravidão egípcia, por Moisés, Aholiab e Bezaleel, em solo consagrado aos pés do Monte Horeb, no deserto do Sinai, onde a multidão de Israel tinha montado e assentado suas tendas, para oferecer preces e ações de graça por sua notável libertação das mãos dos egípcios. Nesse lugar, o Todo-Poderoso pensou adequado para

revelar-Se antes daquele tempo ao Seu servo fiel Moisés, quando Ele o comissionou Seu Alto Embaixador de indignação contra o faraó e seu povo, e de Liberdade e Salvação para a casa de Jacó. Aqui foram entregues as formas daqueles misteriosos protótipos, o Tabernáculo e a Arca da Aliança; aqui foram entregues as Leis Sagradas, gravadas pela mão do Mais Alto, com aqueles sublimes e abrangentes preceitos de comportamento civil e religioso, que, separando seu povo escolhido das outras nações, consagrou Israel como um vaso sagrado para Seu serviço; por essas razões, essa é denominada a Primeira ou Loja Sagrada.

5. Essa graça foi sinalizada aos irmãos pela aparição no leste da Divina *Shekinah*, que representa a Glória de Deus aparecendo no Monte Sinai, quando da entrega da Lei Sagrada.

6. Os bastões, que usamos como emblemas de poder, tal como eles foram empregados por todas as nações, mas nós os usamos em comemoração do bastão que, com Moisés, fez tantas maravilhas na terra do Egito e no deserto.

7. Bezaleel foi o inspirado trabalhador do Santo Tabernáculo que ele construiu para abrigar a Arca da Aliança e para permitir que a luz da *Shekinah* brilhasse sobre ela. Seu projeto posteriormente se tornou o modelo do Templo do rei Salomão e obedece a um padrão entregue no Monte Horeb por Deus a Moisés, que posteriormente se tornou o Grão-Mestre da Loja de Israel.

8. Algum tempo depois, quando o Senhor Deus apareceu a Moisés aos pés do Monte Horeb, no arbusto em chamas, incapaz de suportar a esplêndida radiância da Divindade, Moisés protegeu seus olhos do divino esplendor, ao mesmo tempo pondo sua mão em seu coração em sinal de submissão e obediência.

9. Esse sinal penitencial denota o estado de coração e mente, sem o qual nossas preces e oblações não podem ser aceitas no trono da graça, diante do qual se deve apresentar uma frágil e errante criatura do pó, com mãos postas e joelhos dobrados denotando de imediato sua humildade e dependência. Nessa postura humilde, Adão apresentou-se a Deus pela primeira vez; outra vez ele se apresentou ante seu Juiz ofendido quando ele se empenhava em reverter Sua ira e conciliar Sua misericórdia. Essa forma contrita e expressiva ele entregou para a humanidade para sempre.

10. Moisés criava Príncipes no Tabernáculo. O dever especial de um Príncipe do Tabernáculo era trabalhar incessantemente para a glória de Deus, a honra de seu país e a felicidade de seus irmãos, e então oferecer agradecimentos e preces à Divindade, em vez de sacrifícios de carne e sangue.

11. A Corte de Príncipes do Tabernáculo era presidida por Moisés, o Mais Poderoso Líder, seus sumos sacerdotes eram Eleazar e Ithamar, os filhos de Aarão. Aholiah e Bezaleel apoiavam Moisés quando ele presidia essa corte. Eliasaph, filho de Lael, da casa de Gershom, era o orador da corte. Seu secretário era Eliazaphan, o filho de Uzziel, da casa de Kohat, e o tesoureiro era Zuriel, filho de Abihael, da casa de Merari. Caleb, o filho de Jephuneh, era o Mestre de Cerimônia, e Joshua, filho de Nun, era o Capitão das Guardas. Todos os Príncipes do Tabernáculo eram levitas.

12. Quando o Pentagrama, ou Estrela Flamejante, estava para ser visto no leste, Moisés convocava a Corte para iniciar novos Príncipes. Conforme os iniciantes entravam, Eliasaph comunicava à Corte dizendo: "Meu irmão, o iniciante é ele que possui a lâmpada, o manto e o bastão. A lâmpada é a razão iluminada pela Ciência, o manto é a liberdade, ou a total e inteira possessão de si mesmo, que isola o sábio das correntes do instinto, e o bastão é a assistência das ocultas e eternas forças da natureza".

13. Depois Moisés dizia: "Meus irmãos, o poder da escuridão prevaleceu sobre o príncipe da luz. A terra lamenta e está encarquilhada com o frio. As folhas caem das árvores, a neve cobre as montanhas e ventos frios sopram sobre os céus escuros. Toda a natureza lamenta, e nós compartilhamos dessa tristeza comum. Deixemos preces serem oferecidas no Tabernáculo para o retorno da luz e a ascensão do sol, e da luz moral e espiritual da qual Ele é o símbolo".

14. Moisés dizia: "Nós, como nossos mestres ancestrais, lamentamos Osíris, o símbolo para nós do sol, da luz, da vida. O escorpião e a serpente governam as ondas de inverno, que balançam a frágil arca que contém seu corpo. Chorem, meus irmãos, por Osíris! Chorem pela luz perdida, e pela vida que partiu, e os bons e belos oprimidos pelo mal! O homem caiu de sua primeira situação e está perdido, como o sol que afundou dentro dos braços gelados do inverno. Chorem por Osíris, símbolo do bem, do verdadeiro, do belo! Como pôde seu corpo ser recuperado dos abraços do mar faminto, e a terra outra vez ficar alegre pela sua presença?"

15. Eleazar dizia: "Irmãos, amparem um novo Príncipe do Tabernáculo, para ser instruído e preparado para cumprir todos os seus deveres como um Príncipe de benfeitores nesse frágil Tabernáculo da vida, que ele possa ser erguido no grande dia do julgamento, um monumento brilhante à glória de Deus, no Tabernáculo da eternidade.

16. Quando ocorreu a lua nova, no equinócio da primavera, durante o quadragésimo ano em que as crianças de Israel vagavam no deserto, Aarão morreu. Moisés assentou seu acampamento em Punon, no lado ocidental das montanhas de Hor, Seir ou Edom, na Arábia, nos confins da Idumeia, e lá ele presidiu um conselho.

17. Moisés presidiu sobre o conselho que consistia de Jeshua, filho de Nun, e Caleb, filho de Yephanah. O orador do conselho foi Eleazar, filho de Aarão. Seu irmão Ithamar era o escriba do conselho. Em frente a Moisés ficaram duas colunas baixas, uma no leste e uma no oeste. Em uma coluna estava um globo alado envolvido por uma serpente e no topo da outra estava uma iguana, seu corpo anelado em dobras e sua cabeça e pescoço eretos. No leste estava uma cruz tau ereta, com uma serpente enrolada nela.

18. Moisés falou ao conselho: "Muito da verdade como ela é dada aos mortais está ao alcance daqueles solitários cujos intelectos estão anuviados pela paixão ou excesso. Para consegui-la, para compreender a delicada distinção do pensamento no qual a verdade está envolvida, o intelecto, como um afiado instrumento do melhor aço, deve estar apto a dissecar o pensamento e distinguir seus invisíveis nervos uns dos outros. O gume do instrumento fica sem corte pela indulgência dos apetites sexuais ou das paixões destemperadas da alma. Portanto, ela é o que os sábios sempre requisitaram daqueles que procuram escalar as alturas da Filosofia, uma disciplina preparatória, da permanente temperança e autocontrole; e jejuar é prescrito assim como rezar. Se vosso intelecto é tolo e vulgar por natureza, ou anuviado e confuso por indulgência, o simbolismo sagrado não terá significado para vós; e estaremos vos comunicando em língua desconhecida. Assim é que a Maçonaria tem sempre sido e sempre deve ser, confinada a poucos; pois, para as massas, suas verdades são tolices e não têm valor".

19. Eleazar respondeu: "Mais Poderoso Líder, a alma das pessoas estava desencorajada, por causa do caminho, viajando do Monte Hor, pelo caminho do Mar Vermelho, para circundar a terra de Edom; e eles falaram contra Adonai e contra ti, dizendo: 'Por que El Shadai e seu servo Moisés trouxeram-nos para fora do Egito, para morrer nesse deserto? Não existe pão nem nenhuma água e nossas almas detestam esse leve maná. Andamos para cima e para baixo nesses 40 anos; e como Aarão morreu, no deserto, assim também nós todos morreremos. Não confiemos mais em Adonai, mas deixem-nos chamar os grandes deuses Amon e Astarte, Osíris e Ísis, para nos tirarem dessa miséria'".

20. E conforme as crianças de Israel choraram alto, Adonai mandou serpentes flamejantes para dentre eles, pelo que muitas pessoas morreram. E aqueles que restaram arrependeram-se e disseram: "Ponham correntes ao redor dos pescoços em sinal de nossa penitência, vão para junto de Moisés, nosso líder, e peçam-lhe para rogar a Adonai que leve embora as serpentes", e Eleazar fez como eles desejavam.

21. Só é merecedor de iniciação nos profundos mistérios quem sobrepujou o medo da morte e está pronto para arriscar sua vida quando o bem-estar de sua nação ou o interesse da humanidade requerer isso; e para morrer mesmo uma morte ignóbil, se com isso o povo possa se beneficiar.

22. Eu rezei pelo povo e Adonai me disse: "Faze uma imagem de uma serpente venenosa e coloca-a sobre um mastro; e todo aquele que for mordido passará pelo mastro e, olhando para ela, viverá. A praga das serpentes acabou e, como tinham fugido para suas covas, a serpente celestial escapou, com o escorpião, ante as brilhantes estrelas de Orion. O grande festival do equinócio da primavera aproxima-se, e é tempo de nos prepararmos pela purificação da Páscoa. A luz logo prevalecerá e os pulsos da vida baterão outra vez no âmago da terra, há muito tempo resfriado pelos gelos do inverno".

23. "Deixem a cruz de bronze e a serpente serem conduzidas ante a congregação e ser para sempre um símbolo de fé, e impeçam que o significado desses símbolos seja perdido no tempo, de tal forma que as pessoas depois disso imaginem que são alguma coisa divina, e cultuem-nos; nós perpetuaremos as lembranças dos eventos desse dia, e o verdadeiro significado desse e de outros símbolos, e das fábulas de Osíris e Ormuz, e Tiphon e Ahriman, como o último grau desses sagrados mistérios que José, o filho de Jacó, como eu mesmo, aprendemos dos egípcios e que eu vos ensinei, assim como nossos antepassados praticavam nas planícies da Caldeia."

24. "O Pai mandou serpentes flamejantes para picar e ferir suas crianças. Ele ainda nos manda perdoar aqueles que trespassam contra nós. E essa lei não é o mandato de Sua vontade, mas a expressão de Sua natureza. Quem explicará esse grande mistério?"

25. Abaixo, sobre a terra, a serpente é o ministro da morte. Sua imagem, erguida ao alto, cura e restaura a vida. O primeiro sábio que procurou pela causa das causas viu bem e mal no mundo; eles observaram a sombra e a luz, eles compararam o inverno com a primavera, velhice com juventude, vida com morte, e disseram: "A primeira causa é beneficente e cruel. Ela dá vida e destrói".

26. Há, portanto, dois princípios contrários, um bom e outro mau? Choraram os discípulos de Manes.

27. Não! Os dois princípios do equilíbrio universal não são contrários um ao outro, apesar de estarem em aparente oposição. O bem está à direita, o mal, à esquerda; mas o bem supremo está acima dos dois, e faz o mal ajudar o triunfo do bem, e o bem servir para reparar o mal.

28. Portanto, essa primeira causa revela-se pela cruz; a cruz, aquela composta de dois, cada um dos dois divididos, e então eles consti-

tuem quatro, a cruz, aquela chave dos mistérios do Egito, o tau dos patriarcas, o divino símbolo de Osíris, a chave-mestra do templo, o símbolo da Maçonaria oculta; a cruz, aquele ponto central de junção de ângulos retos de quatro triângulos infinitos, os quatro em um, o divino tetragrama.

29. O Universo é o Templo da Divindade a quem ele serve. Sabedoria, Força e Beleza estão perto de Seu trono como colunas do Seu trabalho. Sua Sabedoria é infinita, Sua Força, onipotente, e Beleza brilha através de toda a criação em simétrica ordem. Os céus que Ele estendeu como um dossel, a terra que Ele plantou como Seu escabelo, Ele coroou Seu Tabernáculo com Estrelas como com um diadema, e Suas mãos estendem Seu poder e glória.

Capítulo Sete

A Construção do Templo de Salomão

1. Davi resolveu construir um Templo a Deus, mas deixou a tarefa para Salomão, seu filho, e Salomão escolheu um lugar perto de Jerusalém; mas, achando colunas derrubadas do Templo de Enoch, supondo que elas fossem ruínas de um templo pagão, e não querendo selecionar um lugar profanado, escolheu o Monte Moriá para o lugar de seu Templo ao Verdadeiro Deus.
2. Nossos três Grandes Mestres, Salomão, rei de Israel; Hiram, rei de Tiro; e Hiram Abiff, estando de posse dos escritos de Moisés e dos profetas, sabiam bem que, se as crianças de Israel se desviassem das leis ali contidas, seus inimigos cairiam sobre elas, suas cidades e seu Templo Sagrado seriam saqueados, arruinados e destruídos e todos os tesouros sagrados contidos no Santo dos Santos seriam perdidos para sempre.
3. Para prevenir esse mal, eles concordaram em construir uma câmara secreta subterrânea, só acessível ao aposento mais retirado do rei Salomão e acabando debaixo do Santo dos Santos.
4. O rei Salomão construiu uma câmara secreta; para chegar a ela era preciso passar por outras oito câmaras, todas subterrâneas, e para as quais uma longa e estreita passagem vinha do palácio. O nono arco ou câmara estava exatamente embaixo do Santo dos Santos do Templo. Naquele aposento, o rei Salomão mantinha suas reuniões secretas com o rei Hiram e Hiram Abiff.
5. A câmara secreta estava dividida em nove arcos ou criptas. O nono arco foi construído pelos nossos três Grandes Mestres como um lugar apropriado para depositar todos os vasos santos e tesouros sagrados que poderiam estar guardados no Santo dos Santos acima; e também como um lugar em que os três Grandes Mestres pudessem se encontrar e conferir o grau de Mestre Maçom quando o Templo estivesse terminado.

6. Cada maçom aplicará os símbolos e as cerimônias de acordo com sua fé. De nenhuma outra forma a Maçonaria poderia possuir sua universalidade, aquele caráter que foi sempre peculiar a ela desde suas origens, e que permitiu dois reis, adoradores de duas divindades diferentes, sentarem-se juntos como Grandes Mestres enquanto as paredes do primeiro Templo subiam; e os homens de Gebal, que reverenciavam os deuses fenícios, a trabalhar lado a lado com os hebreus, para quem esses deuses eram uma abominação.

7. Havia empregados para trabalhar nos outros oito arcos, 22 homens de Gebal, uma cidade da Fenícia, junto com Adoniram e Ahishar; todos eram capacitados nas artes e ciências em geral, mas particularmente em escultura.

8. Suas horas de trabalho eram das 9 da noite até as 12, o tempo em que todos os olhos indiscretos estavam fechados no sono. Em complemento, os 24 *Menatzchim* receberam os segredos de reconhecimento de um Mestre Maçom e foram escolhidos como Mestres Perfeitos. Depois da câmara secreta ser usada como um escritório no qual os três Grande Mestres, junto com os 24 Mestres Perfeitos, formaram um conselho de 27 para discutir assuntos de alta administração e, quando necessário, para conferir o grau de Mestre Perfeito. No entanto, foi acordado que o Conselho nunca deveria exceder o número de 27.

9. Considerando que todos os supervisores estavam de posse dos necessários segredos, uma Palavra Maçônica era essencial para habilitar qualquer um para negociar contratos, empregar artesãos e falar em igualdade com outros Mestres. Foi, a princípio, arranjado pelo Grande Mestre Hiram Abiff que os Mestres Perfeitos deveriam liderar as primeiras levas de trabalhadores a deixar o Templo quando o edifício estivesse completo. Com o objetivo de preservar o segredo da câmara, os Mestres Seletos não usavam identificação especial de seu posto, mas se portavam em público como supervisores seniores comuns.

10. No entanto, apesar do segredo oficial, rumores persistiam em apontar certos *Menatzchim* com *status* especial. Isso, naturalmente, engendrou muitos mal-entendidos entre aqueles que se consideravam elegíveis para os segredos de um Mestre Maçom, o que os classificaria a liderar grupos de trabalhadores em procura de trabalho quando o Templo estivesse acabado.

11. Entre esses estava Zabud. Ele, por haver tido muito contato com o rei Salomão, havia ficado conhecido como "o amigo do rei" e, um dia, animado pela familiaridade, perguntou ao rei quais seriam as suas chances de receber a palavra. O rei disse-lhe para ser paciente, assegurando-lhe, metaforicamente, que uma porta seria aberta para ele logo. Zabud tomou essa metáfora literalmente e, em um certo dia,

tendo um relatório confidencial para fazer ao rei, foi para os aposentos privados no palácio. Ele notou uma porta aberta e imediatamente chegou à conclusão de que era a porta à qual o rei tinha se referido. Passando através da porta, ele se encontrou em um túnel e, eventualmente, chegou a outra porta, também parcialmente aberta. Entrando, ele se encontrou na presença do que era o Conselho dos 27.

12. Zabud foi imediatamente preso e condenado à morte como um invasor. Explicações e discussões seguiram-se, até que Zabud foi liberado das acusações de invasão, mas o irmão descuidado que não havia fechado a porta foi executado, enquanto Zabud foi escolhido para preencher a vaga aberta.

13. Quando o nono arco foi completado, nossos três Grandes Mestres depositaram lá uma exata cópia da Arca da Aliança, contendo o pote de maná e o bastão de Aarão, também uma cópia verdadeira do Livro da Lei, ou todos os escritos da Bíblia até aquele período. E para que se pudesse saber por quem e com qual propósito ela tinha sido ali posta, eles colocaram em três lados da arca as iniciais de seus nomes, e no quarto, a data, significando depositado no Ano da Luz 3000 por Salomão, rei de Israel; Hiram, rei de Tiro, e Hiram Abiff, para o bem da Arte Real em geral e da nação judaica em particular.

14. Quando o depósito tinha sido feito dessa maneira, nosso Grande Mestre Hiram Abiff foi assassinado e, a princípio, pensou-se que a Palavra de Mestre estava perdida. Mas, de acordo com a informação de Adoniram, era desejo de Hiram Abiff que, em caso de sua morte, a Palavra de Mestre fosse depositada embaixo do Santo dos Santos do Templo. Nossos dois Grandes Mestres remanescentes concordaram em depositar a Palavra no nono arco da câmara secreta, em cima da Arca da Aliança, em uma forma triangular e em três línguas, a síria, a caldeia e a egípcia. Desse modo, se as crianças de Israel fossem levadas cativas e dessa maneira ficassem tanto tempo que esquecessem sua língua nativa, ainda assim, em seu retorno, o nome poderia ser restaurado por meio de outra linguagem.

15. E para que pudesse, quando encontrada, ser conhecida e distinguida como a Palavra do Maçom, eles colocaram no topo da Arca da Aliança as joias dos três Grandes Mestres, inscrita cada uma em uma linguagem, sabendo que as descrições ali contidas poderiam ser manipuladas na posteridade.

16. Depois da morte de Hiram Abiff, os dois reis pararam de visitar a câmara, resolvendo não fazê-lo até que escolhessem outro para ocupar seu lugar; e que, até esse momento, não diriam o nome sagrado a ninguém.

17. Salomão propôs levantar um Templo da Justiça e selecionou como lugar aquele onde tinha estado o Templo de Enoch, e para isso recomendou que as colunas caídas e o entulho fossem removidos. Gibulum, Joabert e Stolkin foram selecionados para pesquisar o terreno e lançar as fundações.
18. Limpando o entulho, encontraram a câmara secreta preparada por Enoch, na qual estavam depositados tesouros que eles levaram ao rei Salomão. O rei tomou os tesouros de Enoch: um delta de ouro incrustado em um cubo de ágata e os fragmentos de um pilar contendo as artes e ciências do mundo, e os colocou no nono aposento, em uma coluna torcida de mármore branco; ali ele mantinha suas conversas privadas com o rei Hiram de Tiro e Hiram Abiff, e só eles conheciam como chegar lá.
19. Depois de Joabert, Adoniram e Stolkin terem descoberto o cubo de ágata e o nome misterioso e terem-nos entregue ao rei Salomão, os dois reis acharam prudente fazer o depósito dos achados na câmara secreta e permitiram aos três Mestres que descobriram o tesouro estar presentes, revelando-lhes a pronúncia da palavra inefável, que constitui o último grau da Antiga Franco-Maçonaria, e chamou-os de Maçons Grande Eleitos.
20. Na construção do Templo de Salomão e antes da instituição do grau de Mestre Maçom, havia 80 mil empregados operativos, parte dos quais estava nas pedreiras de Zeredathah, e parte, construtores do Templo; além desses, havia uma leva de 30 mil nas florestas do Líbano.
21. Para que cada um dos 110 mil trabalhadores pudesse ser conhecido por seus oficiais superiores, cada grupo de trabalhadores sujeitava-se ao mais interessante escrutínio, e cada trabalhador fiel recebia pontualmente a recompensa por seu trabalho e habilidade; esse imenso número era dividido entre 1.100 Lojas de Companheiros e Aprendizes, os últimos sendo Lojas localizadas sob a superintendência daquele que os tinha ensinado o trabalho.
22. Sobre o todo presidiam 3.300 *Mentzchim*, Supervisores ou Mestres de Marca,* três sobre cada Loja. Cada Companheiro tinha uma marca peculiar para ele mesmo, pela qual seu trabalho era reconhecido por seu supervisor imediato e, enquanto os supervisores tinham apenas uma marca em comum pela qual eles aprovavam o trabalho do Companheiro, eles tinham outras marcas com as quais eles assinalavam a justaposição de duas pedras. Portanto, dessa forma, sem qualquer dificuldade, estava cada trabalho individual perfeitamente identificado e reconhecido como perfeito, e no lugar próprio indicado no edifício.

---

*N.E.: Sugerimos a leitura de *O Grau da Marca*, de David Mitchell, Madras Editora.

23. Os Companheiros podiam escolher qualquer marca, não previamente usada por outro em sua própria Loja. Ela consistia de três, cinco, sete, nove ou outro número de pontos conectados por linhas formando qualquer figura que quisessem, exceto aquela do triângulo equilátero. Os supervisores, como já foi dito, tinham uma marca em comum, o Triângulo Equilátero, aludindo à essência Trina da Divindade, como revelado por Enoch. Esses 3.300 supervisores eram divididos novamente em 100 Lojas, com 33 em cada uma, sobre as quais presidiam 300 Harodim ou Regentes. Esses são agora chamados Venerável Mestre, Primeiro e Segundo Vigilantes, respectivamente. Eles eram indicados por Hiram Abiff pessoalmente e tinham o dever de pagar aos outros seus salários.

24. Quando os Companheiros e seus Supervisores ou Mestres de Marca recebiam seus salários, eles punham suas mãos de diferentes maneiras e em diferentes postigos, de tal forma que, se um Companheiro pusesse sua mão no postigo do Mestre de Marca, seria imediatamente detectado como impostor e o segundo Harodim, ou Vigilante, ficava pronto com um machado para infringir a penalidade, que era decepar a mão criminosa. Isso constituía parte da penalidade de um Mestre de Marca, e, como a outra parte, era uma punição ancestral entre os sidonianos.

25. O grau de Mestre de Marca foi constituído em Joppa por Hiram Abiff antes de ele vir para Jerusalém, e a madeira para o Templo foi carregada para lá em flutuadores pelo mar, e, como informam as tradições maçônicas, as costas no lugar eram tão íngremes que era impossível subi-las das balsas sem assistência de cima; isso era efetuado pelos Irmãos que ficavam estacionados lá com o propósito de dar um forte aperto de mão (garra) para assistir os Irmãos na costa.

26. A garra copiava a mútua adaptação das pedras, junta com junta, e a marca peculiar do Mestre de Marca. Os antigos irmãos eram conhecidos como Companheiros da Marca.

27. Era atribuição dos Mestres conferir cada pedra não apenas pelo som, para o que batiam nela três pancadas com um malhete, mas também pelo acabamento, virando-a, pois tinham sido feitas de acordo com o programa de trabalho com o qual cada Mestre de Marca era equipado. Se fosse perfeita em todas as maneiras, ela recebia a marca do Mestre de Marca e era mandada para o Templo; mas, se não, ela era condenada e jogada ao entulho. Isso era feito por dois ou mais irmãos que, tomando-a entre eles, depois de balançá-la para a frente e para trás três vezes, lançavam-na para o entulho.

28. Todo sexto dia de trabalho era costume dos Supervisores ou Mestres de Marca esperar pelo Grande Mestre Hiram Abiff para receber instruções, como também os necessários planos de trabalho para manter

o trabalho e os homens empregados. Parte de um desses planos de trabalho parece ter sido perdido, mas um engenhoso e inteligente Companheiro, tendo visto a parte perdida de posse do Supervisor antes de ser perdida, ou tendo formado uma boa ideia dele pela natureza do trabalho, percebeu que uma pedra de forma e construção muito peculiares seria necessária para concluir o projeto e, provavelmente, imaginando ganhar honra para si mesmo por mostrar um conhecimento superior de seu trabalho, ele imediatamente começou a confeccionar tal pedra.

29. Depois de empreender muito trabalho nela, ele conseguiu terminá-la e colocou-lhe sua marca. Quando o trabalho foi examinado, não se encontrou lugar para essa pedra particular, e o Companheiro, em vez de honra, recebeu nada além de palavras ásperas e reprovações por perder seu tempo. No calor da discussão, o Supervisor mandou que a pedra fosse atirada ao entulho, o que foi feito por dois irmãos, provavelmente satisfeitos com o que eles consideravam uma humilhação da vaidade de seu Companheiro. O tristonho Companheiro que havia cortado a pedra, ao ver o injusto tratamento que tinha recebido por seu trabalho, pôs suas mãos na cabeça e, reclinando-se de maneira desconsolada, exclamou seu desespero.

30. A pedra ficou esquecida no entulho. Por fim, o tempo passou, até que a Pedra-Chave do pórtico do Templo do rei Salomão foi necessária. Uma busca foi feita no Templo, mas tal pedra não foi encontrada, e, em inquéritos posteriores, ficou claro que nenhuma pedra daquela forma requisitada tinha sido trazida para lá. Os supervisores daquela porção do edifício imediatamente mandaram aos supervisores das pedreiras, que não tinham recebido os planos e ordens para essa porção do trabalho, perguntas das razões por que essa pedra não havia sido mandada com as outras. Eles declararam que não sabiam nada a respeito e que não havia nenhum plano de trabalho para qualquer pedra entre as outras solicitadas.

31. O trabalho parou, e Hiram Abiff quis imediatamente saber o motivo, pois recolhera desenhos e instruções a respeito dessa pedra, e se lembrara que a tinha dado para o Supervisor de Marca dos Hebreus. Este foi repreendido por sua falta de cuidado, perdendo essa porção do plano e, ao ver o formato da pedra necessária, recordou-se de que uma com essa descrição havia sido cortada por um de seus trabalhadores. Ele informou a Hiram Abiff e acrescentou que, por não ter encontrado nada em seu plano, tinha recusado a marcá-la, causando assim sua rejeição. Hiram Abiff imediatamente mandou chamar o Companheiro que cortou a pedra e o questionou a respeito, descobrindo que devia ser exatamente a pedra necessária.

Imediatamente, uma cuidadosa busca foi feita entre o entulho, onde ela foi encontrada em perfeitas condições.

32. Como o Supervisor de Marca tinha demonstrado tal ignorância de seu plano de trabalho, não tendo sido capaz de descobrir a utilidade da pedra, Hiram despediu-o de seu ofício e tirou-lhe o distintivo e a insígnia, que passou ao humilde Companheiro, a quem ele fez um Mestre de Marca e promoveu para ocupar seu lugar.

33. O Companheiro, ou novo Mestre de Marca, foi ordenado a cortar a marca do Mestre de Marca na pedra em torno de sua própria. A pedra foi conduzida ao Templo com grande pompa e, enquanto estava sendo colocada em seu lugar, o novo Mestre de Marca, em êxtase de alegria, batendo suas mãos juntas e olhando para cima, exclamou: "Toda a Glória ao Mais Elevado".

34. Quando o Templo estava quase completo, o rei Salomão e os príncipes de sua família foram para vê-lo e ficaram tão chocados com sua magnificência que, em uma emoção simultânea, levantaram seus braços e exclamaram: "Ó valorosos maçons".

35. Os ornamentos do Templo eram o Pórtico, a Claraboia e o Pavimento Mosáico. O Pórtico era a entrada do Santo dos Santos; a Claraboia, a janela que dava luz ao mesmo; e o Pavimento Mosáico era para que o sumo sacerdote andasse sobre ele.

36. O ofício do Sumo Sacerdote era queimar incenso em honra e glória do Mais Alto, e rezar fervorosamente para que o Todo-Poderoso, de Sua sabedoria e bondade, consentisse em conceder paz e tranquilidade à nação israelita durante aquele ano.

37. A força de trabalho empregada no projeto do Templo era organizada em Lojas, cada uma governada por três *Menatzchim*. Conforme o edifício chegava ao fim, vários ofícios tornavam-se redundantes, por isso uma Loja poderia ser fechada e seus membros sairiam em busca de outro emprego liderados pelo seu Supervisor qualificado. O termo "supervisor qualificado" significava que ele sabia todos os segredos necessários do ofício de sua associação (guilda), também conhecia a Palavra Maçônica que o habilitava falar de igual para igual com outros Mestres, aceitar contratos, negociar termos e organizar em geral o bem-estar de seus homens.

38. Supervisores considerados pelos Grandes Mestres capazes de serem líderes aceitáveis eram honrados com o posto de Mestre Real, e não é difícil apreciar o estado de alma de um supervisor que, tendo feito tentativas de liderar um grupo, ainda não tinha recebido a Palavra Maçônica.

39. Tal acontecia com Adoniram, um supervisor de um grupo de metalúrgicos envolvidos em terminar tochas para o santuário. Sabendo que ele

e seus homens seriam brevemente dispensados, estava preocupado porque ainda não tinha se tornado um Mestre Real. Uma manhã, pela hora 12, ele tomou de um vaso ricamente decorado para aprovação de Hiram Abiff, e esse estava na hora de passar para o almoço.

40. Os trabalhadores saíram e Hiram Abiff dirigiu-se ao santuário para rezar e para depositar o recém-aprovado vaso. Adoniram, em vez de acompanhar seus homens, esgueirou-se por trás e após o Mestre haver terminado suas devoções, preparando-se para sair do santuário, Adoniram atravessou seu caminho e perguntou quando seria honrado com o posto de Mestre Real. Hiram Abiff pediu que ele tivesse paciência, já sabendo que seu nome estava na lista, e (de uma maneira irregular) afirmou que, se ele morresse antes de Adoniram receber os segredos, a Palavra Maçônica seria encontrada enterrada no lugar onde estavam, isto é, na câmara secreta que Adoniram não conhecia. Apenas parcialmente satisfeito, Adoniram retirou-se, enquanto Hiram Abiff, juntando-se a seus dois colegas, relatou o incidente e confessou sua indiscrição. Depois de discutir, o Conselho dos Mestres Reais foi convocado com o propósito de conferir o grau a Adoniram. Mas ele não era o único aspirante ansioso aos segredos de um Mestre Maçom. Pouco depois da entrevista entre os dois, Hiram Abiff foi assassinado, e então o grau de Mestre Real teve de ser dado a Adoniram pelos dois Grandes Mestres sobreviventes.

41. Deve ter havido muitas profissões empregadas: ferreiros para produzir ferramentas, carpinteiros para erigir andaimes, fazer gabaritos e medidores, também pintores, decoradores e outros ofícios auxiliares. No entanto, o trabalho com pedras, sendo o principal ofício, era costume para o diretor de qualquer construção ser chamado Mestre Maçom. Consequentemente, um artesão honrado com o posto de Mestre Real recebia os segredos de reconhecimento de um Mestre Maçom.*

---

*N.T.: Também conhecidos como Mark Maçons.

Capítulo Oito

O Assassinato de Hiram Abiff

1. Para o homem justo e virtuoso, não há pior morte do que aquela mancha da falsidade e da desonra. Desta grande verdade, os anais da Maçonaria oferecem um exemplo glorioso na fidelidade inabalável e nobre morte de nosso mestre Hiram Abiff, que foi morto pouco antes do término do Templo do rei Salomão, na construção do qual ele era o principal arquiteto.

2. Como Mestres Maçons, viemos do leste dirigindo nosso curso para o oeste. Fomos induzidos a deixar o leste e ir a oeste para procurar aquilo que foi perdido, que, pelas nossas instruções e nosso próprio empenho, esperamos encontrar: os segredos genuínos de um Mestre Maçom. Eles vieram a se perder pela prematura morte de nosso Mestre, Hiram Abiff.

3. Quinze Companheiros, daquela classe superior apontada para presidir os demais, achando que o trabalho estava quase terminado e que eles não seriam informados sobre os segredos do terceiro grau, conspiraram para obtê-los de qualquer maneira, mesmo recorrendo à violência; no entanto, no momento em que preparavam a conspiração para execução, 12 dos 15 desistiram, mas três, de um caráter mais determinado e atroz, persistiram em seus ímpios desígnios e, prosseguindo em seus intentos, posicionaram-se respectivamente nas entradas leste, norte e sul do Templo, para onde nosso Mestre havia se retirado para prestar adoração ao Mais Alto, como era seu costume na hora de altas 12.

4. Tendo terminado suas devoções, ele tencionava retornar pela entrada do sul, quando foi afrontado pelo primeiro daqueles rufiões, que, por falta de outra arma, tinha se armado com uma pesada régua, e em uma atitude agressiva, exigiu os segredos de um Mestre Maçom, avisando-o de que a morte seria a consequência de uma recusa.

5. Nosso Mestre, fiel à sua obrigação, respondeu que aqueles segredos eram conhecidos por apenas três no mundo, e que, sem o consentimento e a cooperação dos outros dois, ele não poderia divulgá-los. Sugeriu ao homem que tivesse paciência e zelo, pois no tempo devido seria merecedor do grau de Mestre Maçom, mas que, de sua parte, preferiria morrer a trair a sagrada confiança depositada nele. Essa resposta, não sendo satisfatória, fez com que o rufião desferisse um violento golpe na cabeça de nosso Mestre, mas, estando amedrontado pela firmeza da conduta de Hiram, errou a testa e somente resvalou sua têmpora direita, porém com tamanha força que fez com que ele cambaleasse e caísse sobre seu joelho esquerdo. Recuperado do choque, encaminhou-se para a entrada norte, onde foi abordado pelo segundo daqueles homens, a quem ele deu uma resposta similar com a mesma firmeza. O rufião que estava armado com um Nível, atingiu-o com um violento golpe na têmpora esquerda, que o levou ao chão sobre seu joelho direito.

6. Encontrando sua saída bloqueada naqueles pontos, Hiram Abiff cambaleou já fraco e sangrando para a entrada leste, onde o terceiro rufião estava postado, e recebeu uma resposta similar à sua demanda insolente, quando o vilão, que estava armado com um pesado malho, desferiu-lhe um violento golpe na testa, que o deixou sem vida, a seus pés.

7. A morte de nosso Mestre Hiram Abiff foi uma perda tão importante, sendo ele o principal arquiteto, que não poderia deixar de ser rápida e severamente sentida. A falta dos planos e desenhos, que eram até ali regularmente fornecidos por todas as seções de trabalho, foi a primeira evidência de que alguma grande calamidade havia acontecido a nosso Mestre. Os *Menatzchim* ou Perfeitos, ou ainda falando mais familiarmente, os Supervisores do trabalho, comissionaram-se para avisar Salomão da enorme confusão na qual a ausência de Hiram os tinha colocado, e para expressar sua apreensão de que alguma catástrofe fatal devia ser atribuída a seu repentino e misterioso desaparecimento.

8. No mesmo dia, os 12 artesãos, que tinham originalmente participado da conspiração, vieram a Salomão e fizeram uma confissão voluntária de tudo que sabiam até o momento em que haviam desistido da conspiração. Crescendo o medo pela segurança de seu artista chefe, o rei selecionou 15 fiéis Companheiros e lhes ordenou que fizessem buscas diligentes pela pessoa de nosso Mestre, para descobrir se ainda estava vivo ou se tinha morrido na tentativa de extorquirem dele os segredos de seu exaltado Grau.

9. Eles se formaram em três Lojas de Companheiros e partiram das três entradas do Templo. Muitos dias se passaram de busca infrutífera; de fato, uma Loja retornou a Jerusalém sem ter descoberto nada de

importante, mas uma segunda Loja foi mais afortunada, pois, na tarde de um certo dia, depois de terem sofrido as maiores privações e fadiga, um dos Irmãos que estava descansando em uma posição reclinada, para se acomodar, segurou um arbusto que crescia perto, que, para sua surpresa, foi facilmente arrancado do chão.

10. Em um exame mais detalhado, ele descobriu que a terra tinha sido recentemente revolvida. Chamou seus Irmãos e, com seus esforços unidos, conseguiram reabrir o buraco, onde encontraram o corpo de nosso Mestre Hiram indecentemente enterrado. Eles o cobriram novamente, com todo o respeito e reverência, e, para distinguir o lugar, espetaram um ramo de acácia na parte superior da cova, depois partiram para Jerusalém, para comunicar a aflitiva descoberta ao rei Salomão, que, quando as primeiras emoções de seus lamentos passaram, ordenou-lhes que retornassem e levantassem o corpo de nosso Mestre para lhe oferecer um sepulcro condizente com seu cargo e exaltados talentos. O rei foi informando que, por sua morte inesperada, os genuínos Segredos de um Mestre Maçom estavam perdidos; ele, portanto, recomendou que fossem particularmente cuidadosos na observação de sinais casuais, toques ou palavras que poderiam ocorrer entre eles enquanto pagando seu último e triste tributo de respeito ao digno falecido.

11. Eles cumpriram sua tarefa com a maior fidelidade e, na reabertura da cova, um dos Irmãos, olhando em redor, observou alguns de seus Companheiros em uma posição expressiva de horror pela visão aflitiva, e outros, vendo os ferimentos ainda visíveis em sua testa, esmurravam suas próprias em solidariedade com seu sofrimento. Dois dos Irmãos desceram na cova, um deles tentou levantar nosso Mestre pela garra do Aprendiz, que se provou insuficiente, o outro tentou a garra de Companheiro, que se mostrou também insuficiente. Foi então que um Irmão mais zeloso e preparado desceu e, usando a garra forte de um Mestre Maçom, levantou-o pelos Cinco Pontos de Perfeição, enquanto outros, ainda mais animados, exclamavam palavras de importância similar. O rei Salomão ordenou que esses sinais casuais, toques e palavras deveriam designar todos os Mestres Maçons através do Universo, até que os tempos ou as circunstâncias restaurassem os genuínos.

12. Foi ordenado que o corpo de nosso Mestre fosse enterrado tão perto do Santo dos Santos quanto permitisse as leis israelitas, em um túmulo 3 pés do centro para leste; 3 pés para oeste, 3 pés entre norte e sul e 5 pés ou mais de profundidade.

13. Ele não foi enterrado no Santo dos Santos porque nada comum ou sujo era permitido ali, nem mesmo o Sumo Sacerdote, exceto uma vez por

ano e, mesmo assim, só depois de muitos banhos e purificações. Pelas leis israelitas todos os corpos mortos estão irremediavelmente sujos. Os mesmos 15 Companheiros foram chamados a atender ao funeral, vestidos com aventais e luvas brancos como emblemas de sua inocência.

14. Imediatamente depois do assassinato de Hiram Abiff, o Templo estava parcialmente concluído. O rei Salomão escolheu sete dos mais merecedores e habilitados Irmãos, fez deles Mestres Maçons e indicou-os para guardiões especiais do Santo dos Santos e da sagrada mobília daquele Lugar Sagrado. Eles eram chamados Mestres Secretos.

15. Na aurora cinza da manhã, mesmo antes de o Sol aparecer sobre o Monte das Oliveiras, resplandeciam de carmesim as paredes do Templo. Os poucos escolhidos, respeitosa e solenemente, reuniram-se. A luz do candelabro de sete braços no Oriente estava refletida no chão dourado do lavatório de bronze cheio de água, com hissopo e guardanapos, mas caía sombriamente nas pesadas cortinas de aniagem junto às janelas. Entre as preces e exortações, e o solene canto dos levitas, os sete entraram formando uma mística cadeia, e os votos de segredo e silêncio foram relembrados a eles.

16. A seguir, as portas de cedro e oliveira, pesadamente entalhadas e decoradas, abriram-se, e os véus de azul e púrpura, e escarlate e linho branco ricamente bordado foram postos de lado, e os mistérios do Santo dos Santos revelados a eles.

17. Ninguém, a não ser os sacerdotes e levitas, havia entrado no *Sanctum Santorum* desde que a Arca Sagrada tinha sido posta ali, e agora, depois das Sete Sentinelas Secretas tirarem seus sapatos, lavarem seus pés e entrarem no santuário dourado, permaneciam em silêncio, ofuscados pela luz que brilhava acima deles. As asas abertas dos querubins cobriam a Arca da Aliança, e por todos os lados as paredes resplandeciam em ouro e pedras preciosas.

18. O rei Salomão perguntou: "Que horas são?", e Adoniram, filho de Abda, respondeu: "A Estrela da Manhã está levando embora as sombras da noite, e sua luz rosada começa a alegrar nossa Loja".

19. E o rei Salomão novamente falou: "Como a Estrela da Manhã é a predecessora da grande luz que começa a brilhar sobre nossa Loja, e como somos todos Mestres Secretos, é hora de começarmos nossos trabalhos. Quem dedicou a noite para a contemplação dos inefáveis mistérios deve tirar os sapatos de sua conversação mundana, pois o lugar em que estamos é chão sagrado. Estabelece um vigia, ó Jeová, ante minha boca e mantém a porta de meus lábios".

20. Ó Jeová! Nosso Adonai, quão excelente é teu nome sobre toda a Terra! Teu nome declara a glória de Elohim. Parece ser o poder em Teu nome que revela segredos.

21. Permitam-me agora, meus irmãos, recebê-los como Mestres Secretos, e dar-lhes um posto entre os levitas. Pelo posto que agora exercem entre os levitas na qualidade de Mestres Secretos, vós vos tornastes guardiões do Santo dos Santos, e eu os coloco no número de sete.

22. Irmão Adoniram, é tua ordem que providencies a construção de uma tumba ou obelisco, de mármore branco e preto, a oeste-sudoeste do templo, onde deverão ser depositados os restos embalsamados de nosso lamentado Grande Mestre Hiram Abiff. O mármore branco denotará a inocência e a pureza de nosso Grande Mestre que partiu, e o preto, a sua precoce morte que lamentamos. Vejam, portanto, que o dever solene seja rapidamente executado, e deixem as exéquias serem realizadas com as cerimônias que se avizinham.

23. O rei Salomão abriu uma Loja de tristeza pela partida de um Irmão valoroso. Ele abriu a Loja de Perfeitos Maçons na escuridão da aurora, conforme a estrela flamejante no leste projeta sua luz vermelha lúgubre sobre o caixão preto no qual repousa a joia e o avental do Grande Mestre Hiram.

24. O rei Salomão ficou ante o caixão de nosso Mestre Hiram e rezou ao Mais Alto:

25. "Ó Todo-Poderoso e Eterno Deus! Não há número para Teus dias ou Tuas misericórdias. Tu nos mandaste a este mundo para Te servir, mas estamos perdidos longe de Ti no caminho do erro. Nossa vida não é mais que um palmo em duração, e ainda entediante, por causa das calamidades que nos cercam por todos os lados. Os dias de nossas peregrinações são poucos e maldosos; nossos corpos, frágeis; nossas paixões, violentas e destemperadas; nosso entendimento, fraco; e nossa vontade, perversa. Olha sobre nós, nosso Pai, em misericórdia e piedade. Adoramos Tua majestade, e confiamos como pequenas crianças em Tuas infinitas graças. Dá-nos paciência para vivermos bem e firmeza para resistir ao mal, assim como resistiu nosso irmão que parte. Dá-nos, ó mais misericordioso Pai, fé e confiança em Ti; e capacita-nos a viver, e, quando viermos a morrer, poderemos descansar na cova como aquele que se preparou para dormir, e que possamos ser merecedores de ser lembrados nas memórias dos homens. Abençoa-nos, ó Deus: abençoa nossa amada fraternidade, que possamos viver e emular o exemplo de nosso Irmão que partiu e, finalmente, que possamos atingir neste mundo o conhecimento de Tua verdade, e no mundo vindouro, a vida eterna. Amém."

26. Essa cerimônia foi criada pelo rei Salomão para celebrar a morte de nosso Grande Mestre Hiram Abiff, cujos trabalhos no edifício do primeiro Templo e cuja trágica morte forneceram tanto do conhecimento místico da Antiga Maçonaria de Ofício. Ela é uma lição tanto

útil como instrutiva. Deixem-nos vislumbrar cenas mais iluminadas, quando nosso falecido Irmão, que havia sido cativado pela irresistível mão da morte, for erguido de seu estado prostrado no mundo sem nosso Supremo Grão-Mestre, e admitido aos privilégios da Loja Perfeita acima.

27. Felizes por ter a pobre consciência encontrado os preciosos despojos de tão grande e tão bom homem como Hiram Abiff, e tendo a oportunidade de pagar um justo tributo de respeito à sua memória, o rei Salomão ordenou ao nobre Adoniram, seu Grande Inspetor, para providenciar os arranjos necessários para seu enterro. Os Irmãos estavam instruídos a apresentarem-se com luvas e aventais brancos, e ele proibiu que as marcas de sangue que caíram no Templo fossem limpas até que os traidores fossem descobertos e punidos.

28. Nesse meio tempo, ele determinou a Adoniram que providenciasse um plano para uma soberba tumba ou obelisco, de mármore preto e branco, cujo projeto foi aceito e o trabalho terminado.

29. Três dias depois das cerimônias do funeral, o rei Salomão retornou com sua corte ao Templo, e todos os Irmãos foram revestidos como para o funeral. O rei se encaminhou com os Irmãos para ver e examinar a tumba e o obelisco, com suas inscrições. Atônito e admirado, ele levantou os olhos e os braços ao céu e exclamou: "Está cumprido e completo!"

30. O rei Salomão, diante da morte do Grande Mestre Hiram, achou necessário apontar diversos juízes, para que a justiça pudesse ser administrada entre os trabalhadores do Templo, suas reclamações ouvidas e suas disputas decididas, pois dificuldades e distúrbios eram agora mais frequentes, em consequência da temporária paralisação dos trabalhos e ao período de lamentações. Esse direito de julgamento tinha sido implantado pelo lamentado Hiram, e sua perda motivou a indicação de Tito e seus associados para ouvir e ajustar as reclamações que pudessem ser trazidas perante eles.

31. O rei Salomão apontou Tito, príncipe de Herodim, para ser o Chefe Preboste e Juiz, Adoniram e Abda, seu pai, outros quatro entendidos na Lei de Moisés, para completar o número e constituir o tribunal. Eles tomavam assento no meio da câmara do Templo, onde os registros do Tribunal eram mantidos em uma caixa de ébano, cravejada de pedras preciosas, a chave da qual era confiada aos Prebostes ou Juízes; e ali eles consideravam e ajustavam as demandas e diferenças entre os trabalhadores, e determinavam todos os apelos dos julgamentos de um simples Preboste ou Juiz administrando a mesma Lei para os fenícios assim como para os hebreus, e esforçando-se para promover inteira justiça, de acordo com a lei de Moisés, entre homem e homem.

32. A necessidade de uma corte de juízes não existia até antes da morte de Hiram, pois as dificuldades e desentendimentos entre os trabalhadores não eram tão numerosos, e prontas decisões eram tomadas por Hiram, que estava acostumado com isso.

33. A morte de Hiram, o Arquiteto Chefe, levou os trabalhadores do Templo do rei Salomão a uma grande confusão e, por um tempo, a construção do edifício ficou paralisada, pela inexistência de planos essenciais e um diretor preparado para o trabalho. Quando o período de lamentação terminou, o rei Salomão, depois de consultas, decidiu apontar cinco Superintendentes – um para cada Departamento de Arquitetura – e, sob sua direção, o edifício progrediu.

34. O rei Salomão chamou Adoniram, o filho de Abda, que fez o Chefe do Grupo de Arquitetos; Joabert, um fenício, que fez Chefe Artífice em Bronze; Stolkin, um hebreu, que fez Chefe Carpinteiro; Selec, um giblemita, que fez Chefe do Pedreiros; e Gareb, um hebreu, que fez Chefe do Trabalho em Prata e Ouro, e gravador. E Salomão lhes disse:

35. "Meus Irmãos, para se tornar um Intendente do Edifício é necessário que sejam arquitetos habilidosos e estudados no conhecimento do Leste e do Egito. Mas é igualmente necessário que sejam caridosos e benevolentes, que simpatizem com os homens trabalhadores, atendam suas necessidades, zelem por seu conforto e o de suas famílias, reconhecendo todos os homens como seus irmãos, e vós próprios como provedores da generosidade de Deus."

36. Depois da morte do Grande Mestre, os assassinos escaparam e uma grande assembleia de maçons foi convocada pelo rei Salomão, para consultar a respeito dos melhores meios de descobri-los e prendê-los. Suas deliberações foram interrompidas pela entrada de um pastor que queria falar com o rei. Sendo admitido para uma entrevista, ele avisou Salomão que havia descoberto pessoas escondidas em uma caverna perto da costa de Joppa, correspondendo à descrição dos traidores, e ofereceu-se para conduzir aqueles que o rei escolhesse para o lugar de seu esconderijo. Isso sendo comunicado aos Mestres, todos manifestaram a intenção de participar na vingança devida aos assassinos. Salomão conferiu seu ardor, declarando que apenas nove deveriam assumir a tarefa e, para evitar fazer qualquer ofensa, ordenou que a escolha fosse feita por sorte. Às primeiras horas da noite, Stolkin, o favorito de Salomão e oito outros, conduzidos pelo estranho, viajaram por uma região lúgubre e rude em direção à costa de Joppa.

37. No caminho, Stolkin, o mais ardente dos nove, sabendo que os assassinos estavam escondidos em uma caverna não muito distante de onde estavam, apressou-se à frente, encontrou a caverna e entrou nela

com o pastor, onde, pela fraca luz de uma lâmpada, ele descobriu um dos assassinos dormindo, com um punhal a seus pés. Inflamado pela visão, e atuando por um zelo impaciente, ele imediatamente tomou do punhal e atingiu-o, primeiro na cabeça e depois no coração. O assassino só teve tempo de dizer "*necum*", ou "vingança é feita", e expirou. O vingador foi depois matar sua sede em uma fonte.

38. Quando os oito chegaram ao local e lhe perguntaram o que havia feito, ele respondeu: "Eu matei o assassino de nosso Grande Mestre e realizei um feito pela honra e glória do Ofício, pelo que espero ser recompensado". Stolkin depois separou a cabeça do corpo e, tomando-a em uma mão e o punhal na outra, com os outros oito retornou a Jerusalém. Em seu entusiasmo, no entanto, ele se apressou para ir à presença do rei, passando os guardas na entrada. Salomão ficou a princípio muito ofendido que o poder da vingança lhe tivesse sido roubado e, na presença de todos os trabalhadores, para que lhes servisse de aviso, ele ordenou aos guardas que matassem seu favorito; mas, pela intercessão de muitos Irmãos, Stolkin foi perdoado por seu zelo, e reconciliaram-se. O rei Salomão estabeleceu o grau Mestre Eleito dos Nove, e o conferiu aos nove Companheiros.

39. Seis meses após a execução do assassino, Bengager, um intendente do rei Salomão, na região de Gath, promoveu um inquérito para saber se alguma pessoa recentemente havia pedido abrigo na região e supostamente tinha vindo de Jerusalém. Ele publicou uma precisa descrição dos traidores que escaparam. Pouco depois, ele recebeu a informação de que pessoas parecidas com as descritas haviam chegado lá e, acreditando que ali estavam em segurança, tinham começado a trabalhar nas pedreiras de Bem-Dekar.

40. Tão logo Salomão foi avisado, escreveu a Maaka, rei de Gath, para ajudá-lo a prendê-los e entregá-los a pessoas que ele indicaria. O rei queria que eles fossem trazidos para Jerusalém a fim de receberem a punição que lhes era devida por seus crimes.

41. Salomão então selecionou 15 Mestres, nos quais ele depositava total confiança. Entre eles estavam os nove que tinham estado na caverna, e mandou-os com uma escolta de tropas em busca dos vilões. Depois de cinco dias de procura, Zerbal, que trouxera a carta de Salomão para o rei Maala, com Stolkin e outro de seus companheiros, descobriram-nos cortando pedras na pedreira. Imediatamente, agarraram-nos e prendendo-os em correntes, conduziram-nos para Jerusalém. À sua chegada, eles foram aprisionados na torre de Achizar e na manhã seguinte receberam a punição que seus crimes mereciam.

42. Depois da punição aos assassinos, o rei Salomão instituiu um grau, como uma recompensa pelo zelo e constância do grupo dos 15, que o

ajudaram a descobri-los e também a permitir que ele pudesse elevar outros Irmãos merecedores de graus mais baixos para mais altos que ficavam vagos com as promoções. Doze desses 15 ele fez Sublimes Cavaleiros, e fez a seleção por sorteio, colocando o nome de todos em uma urna. Os primeiros 12 que foram tirados formaram um Capítulo, deu-lhes o comando sobre as 12 tribos. Ele deu a eles o nome Emeth, que é uma palavra hebraica que significa "verdadeiro homem". Ele lhes mostrou as coisas preciosas que estavam depositadas no tabernáculo.

43. Depois que os assassinos de Hiram foram descobertos, agarrados, julgados e punidos, e os assuntos que diziam respeito à renda do reino providenciados, o rei Salomão, para garantir uniformidade de trabalho e vigor em sua execução, e para premiar a eminente e superior ciência e habilidade de Adoniram, apontou-o para ser chefe Arquiteto do Templo, com o título de Grão-Mestre Arquiteto. Entregou-lhe aquele ofício como único sucessor e representante do falecido Mestre Hiram Abiff, e ao mesmo tempo fez dele Grande Mestre dos maçons e o representante maçônico dele e do rei Hiram de Tiro. Depois disso, o título foi conferido a outros príncipes da corte judia como um título honorário, que ficou assim estabelecido.*

---

* N.T.: Os *Menatzchim* são os Mestres Perfeitos ou também conhecidos como os Escoceses Fiéis na Maçonaria Moderna.

Capítulo Nove

A Conclusão do Primeiro Templo de Jerusalém

1. O rei Salomão promoveu a instalação de Adoniram na Câmara de Projetos, dentro do Templo parcialmente concluído, quando o sol tinha se posto e a estrela da tarde havia aparecido.
2. Antes de começar a construção do Templo, o rei Salomão havia construído uma câmara secreta, cuja aproximação exigia passar ao longo de outras oito câmaras, todas subterrâneas, e, para chegar a ela uma longa e estreita passagem vinha desde o palácio. O nono arco ou câmara estava imediatamente abaixo do Santo dos Santos do Templo. Nesse aposento, Salomão promovia suas conferências privadas com o rei Hiram e Hiram Abiff. Depois da morte de Hiram Abiff, os dois reis deixaram de visitá-la, resolvendo não o fazer até que pudessem selecionar alguém que ocupasse seu lugar; e, até esse momento, eles não revelariam o nome sagrado a ninguém.
3. Gibulum, Joabert e Stolkin foram escolhidos para sondar o solo e lançar as fundações do Templo da Justiça de Salomão e, durante o trabalho, eles descobriram as câmaras secretas debaixo das ruínas do Templo de Enoch. Eles as exploraram e encontraram escondido nas profundezas e na escuridão da terra o delta ou prato de ouro sobre o qual Enoch havia gravado o nome inefável de Deus.
4. Eles levaram o delta a Salomão, que disse: "Companheiros, deixem-nos dar agradecimentos ao Senhor que nos deu os tesouros da escuridão e as riquezas de lugares secretos". O rei Salomão determinou depositá-lo na câmara secreta e permitiu que os três Mestres que descobriram o tesouro estivessem presentes, revelando-lhes a verdadeira pronúncia da palavra inefável, que constitui o último grau da Antiga Maçonaria de Ofício, e chamou-os de Maçons Grande Eleitos. O cubo de ágata foi assim depositado.

5. Posteriormente, os 12 Príncipes de Emeth, os nove Eleitos e o Chefe dos Arquitetos foram admitidos a esse grau. Essa câmara era, portanto, chamada câmara secreta e foi originalmente construída por Hiram Abiff, e ninguém, a não ser os Maçons Grande Eleitos, sabia de sua existência, ou sabia outra além da palavra substituta.
6. Seis anos e meio depois do lançamento da pedra fundamental, o Templo do rei Salomão estava acabado e planos foram feitos para transferir a Arca da Aliança do Tabernáculo temporário, onde havia sido colocada pelo rei Davi, para seu novo lar no Santo dos Santos e também para dedicar o Templo ao Mais Alto. Para celebrar a ocasião, o rei Salomão decidiu instituir o grau de Muito Excelente Mestre, para conferi-lo a aqueles *Menatzchim* que tanto mereciam reconhecimento especial, particularmente os 24 que, desconhecidos para a maioria, já tinham o grau de Mestre Perfeito: um passo que habilitava o rei Salomão a dar distinção pública àqueles valorosos sem revelar a existência da câmara secreta.
7. A mobília do Santo dos Santos incluía muitos vasos sagrados feitos de ouro puro, mas o mais importante era a Arca da Aliança, chamada a Glória de Israel, que ficava no meio do lugar Mais Sagrado debaixo das asas dos Querubins.
8. Ela era uma pequena caixa ou cofre, de 2,5 cúbicos de comprimento e 1,5 cúbico de largura e profundidade. Era feita de madeira, exceto apenas o assento da misericórdia, e revestida de ouro por dentro e por fora. Possuía uma saliência de ouro em torno dela no topo, no qual tinha sido deixada a tampa chamada de assento da misericórdia. Este era de ouro sólido, com a espessura da largura de uma mão; em suas extremidades havia dois Querubins olhando um para o outro, com suas asas esticadas, que abraçavam toda a circunferência do assento da misericórdia e se encontravam ao meio de cada lado. Todos os Rabinos diziam que era feita da mesma massa sem partes soldadas.
9. Aqui a *Shekinah* ou Divina Presença descansava e era visível na aparição de uma luz anuviada sobre ela. Daqui a Bat-Kol emitia e dava respostas quando Deus era consultado. E era onde Deus, diz-se, habitava entre os Querubins, pois é entre os Querubim, no assento da misericórdia, que havia o assento ou trono da presença visível de Sua glória.
10. Antes da data prevista para a cerimônia, Hiram Abiff foi assassinado e as ditas cerimônias tiveram de ser adiadas enquanto Israel e seu rei lamentavam a morte do Mestre.
11. O Templo foi concluído no ano 3000, seis anos, seis meses e dez dias depois do rei Salomão ter lançado a primeira pedra fundamental e sua conclusão foi celebrada com grande pompa e esplêndida magnificência.

12. E os governantes das nações vizinhas mandaram embaixadores para congratular o rei Salomão pela conclusão do edifício cujo esplendor régio e brilho sem precedente dizia-se ter ultrapassado qualquer imaginação. Mas uma soberana do leste não estava contente em mandar embaixadores, como outros haviam feito; ela veio para Jerusalém para ser recebida pelo rei Salomão dentro do templo sagrado.

13. Para dedicar o Templo, o rei Salomão convocou uma assembleia geral de maçons e dedicou-o com prece solene e sacrifício dispendioso, enquanto que, ao som da melhor música, a vasta congregação levantou as suas preces ao Mais Alto. A seguir, colocando a Arca no Lugar mais Sagrado, a glória do Senhor encheu a Casa. E quando os cantores e trompetistas estavam para fazer um som em prece e agradecimento ao Senhor, dizendo: "Rezem ao Senhor, pois Ele é bom; Sua misericórdia durará para sempre", o Templo foi preenchido por uma nuvem e o nome foi completamente pronunciado.

14. Foi durante a cerimônia de dedicação que a Divina *Shekinah* entrou no Templo e brilhou dentro do Santo dos Santos, como em sinal de aprovação do Mais Alto.

15. A primeira e maior honra conferida aos maçons foi essa aparição da *Shekinah* vinda do leste, primeiro na consagração do Santo Tabernáculo e, posteriormente, na dedicação do Templo do Senhor pelo rei Salomão, colocando-se a si mesma na Arca da Aliança – ou assento da Misericórdia do Santo dos Santos, coberta pelas asas dos Querubins, de onde ela continuou a enviar suas respostas oraculares por 14 gerações.

16. O símbolo da Estrela Flamejante representa a Glória de Deus aparecendo como a Divina *Shekinah*, como tinha previamente aparecido no Monte Sinai na entrega da Lei recebida por Moisés.

17. Subsequentemente, durante a cerimônia de dedicação do Templo, o rei Salomão conferiu esse sublime grau aos 25 Irmãos.

18. No segundo dia, uma audiência foi dada a todos os maçons, desde o grau de Mestre do Arco Real, e todas as vagas foram preenchidas. No terceiro dia, o rei Salomão devotou seu tempo para elevar e iniciar Companheiros e Aprendizes.

19. Até aí, o sábio rei de Israel comportou-se merecedor de si mesmo e ganhou admiração universal; mas, com o correr do tempo, quando já avançado em anos, seu entendimento tornou-se enfraquecido e tornou-se surdo à voz do Senhor, e era estranhamente irregular em sua conduta. Orgulhoso por ter edificado um Templo para seu Criador, e muito intoxicado com seu grande poder, ele caiu em todas as formas de licenciosidade e devassidão, e profanou o Templo oferecendo incenso ao ídolo Moloch, o que só deveria ser oferecido ao Deus Vivo.

20. Os Maçons Grande Eleitos viram isso e ficaram extremamente ofendidos, estando temerosos de que essa apostasia terminasse em algumas horríveis consequências e talvez trouxesse sobre eles aqueles inimigos a quem Salomão tinha orgulhosa e temerariamente desafiado. O povo, copiando a insensatez e os vícios de seu rei, tornou-se orgulhoso e idólatra, negligenciando a verdadeira devoção de Deus por aqueles ídolos.

Capítulo Dez

O Retorno do Cativeiro na Babilônia

1. Com a morte do rei Salomão, em 938 a.C., o império judeu começou a se desintegrar. Israel prontamente acertou sua independência, deixando Judá, compreendendo apenas a tribo com esse nome, com sua capital em Jerusalém.
2. A Divina *Shekinah* desceu e sua luz permaneceu sobre a Arca ou Assento da Misericórdia e lá ficou, no Santo dos Santos, até os israelitas mostrarem-se infiéis para com o Mais Alto e, assim, possa a luz da Maçonaria ser removida de todos os que se mostrarem infiéis ao seu Deus!
3. O Conselho de 27 caiu em descrédito: vagas entre os Mestres Perfeitos não eram mais preenchidas e a existência da câmara secreta vivia apenas como uma lenda conhecida de poucos e merecedores Irmãos.
4. Os maçons continuaram a manter reuniões anuais do Conselho dos Príncipes de Jerusalém no 20º dia do décimo mês – Tebet, e Oficiais eleitos em todos os encontros anuais: estes, eles instalavam no 23º dia do 11º mês – Adar. Era atribuição do Conselho dos Príncipes de Jerusalém inspecionar e supervisionar, com o devido cuidado e fidelidade, as poucas Lojas de Perfeição remanescentes, e garantir que seu "trabalho" fosse feito de conformidade com os regulamentos e *Landmarks* da Ordem.
5. Como uma adequada punição pela apostasia do rei Salomão, Deus inspirou o coração de Nabucodonosor, rei da Babilônia, para promover vingança contra o reino de Israel. Esse príncipe mandou um exército com Nebuzaradan, capitão das guardas, que entrou em Judá com fogo e espada, tomou e saqueou a cidade de Jerusalém, arrasou seus muros e destruiu aquele soberbo modelo de excelência, o Templo. O povo foi levado cativo para a Babilônia, e os conquistadores levaram com eles todos os vasos de ouro e prata do Templo.

6. Israel desapareceu em 734 a.C. e, por volta de 597 a.C., o reino de Judá estava a ponto de ser extinto.
7. Dez anos antes, Jerusalém havia sido capturada por Nabucodonosor (herdeiro do trono da Babilônia). Deixando a cidade e o Templo intactos (exceto por seus tesouros), Nabucodonosor levou dez mil dos principais cidadãos em exílio para a Babilônia. O profeta Ezequiel acompanhou os exilados, enquanto Jeremias permaneceu em Jerusalém. O reino de Judá foi reduzido ao *status* de uma província babilônica, com Zedequias no trono como *satrap* (rei tributário).
8. Depois de 11 anos de vassalagem, Zedequias rebelou-se, razão pela qual Nabucodonosor (agora rei da Babilônia) mandou seu general Neburazadan capturar e destruir Jerusalém e o Templo para devastar a província. Tendo negociado com outros fortes adversários, Nebuzaradan deitou cerco a Jerusalém e, quando Zedequias viu que a situação era desesperadora, tentou escapar para o Egito com poucos seguidores. Ele foi interceptado, seus olhos foram arrancados (a usual punição para traição naqueles dias) e ele levado para a Babilônia em correntes de bronze.
9. Foi nessa conjuntura que Gedaliah, governador de Jerusalém, presidiu o Conselho de Super Excelentes Mestres para considerar planos para os últimos minutos. Aquela palavra supostamente perdida quando Hiram Abiff foi assassinado estava atualmente depositada na câmara secreta embaixo da Câmara do Conselho onde Gedaliah estava presidindo o Conselho. E permaneceu lá, perdida para a memória viva, depois que o Templo foi destruído.
10. O encontro foi convocado enquanto o Templo estava cercado e Gedaliah perguntou ao Zelador do Templo: "Estamos seguros?" Ele recebeu uma resposta afirmativa. Gedaliah abriu o encontro oferecendo uma prece ao Mais Alto, dizendo: "Companheiros, ofereçamos nossa fervorosa prece ao Todo-Poderoso, que Ele possa conceder-nos Seu cuidado protetor e favor".
11. Ó Senhor e Supremo Mestre do Universo, nós humildemente Te pedimos para nos abençoar em todas as nossas iniciativas, ajuda-nos a reverenciar-Te; enche nossos corações com Teu temor e faz com que estejamos prontos para Teu serviço, que de agora em diante possamos rezar a Ti por toda a eternidade.
12. Ele depois ordenou que a Arca da Aliança fosse desvelada, ponto em que um mensageiro forçou a entrada na Loja com uma mensagem urgente. Gedaliah ordenou-lhe que entrasse e o mensageiro falou: "Companheiros, a espada do inimigo prevalece, as inumeráveis forças de Nabucodonosor, rei da Babilônia, avançam e enchem a cidade, o rei

fugiu, e o exército dos caldeus perseguiu-o e agarrou-o nas planícies de Jericó".

13. Gedaliah ficou em pé e exigiu que os maçons na assembleia permanecessem calmos e disse: "Neste momento extremo, vamos nos dirigir ao Santo Altar, e lá empenhar a nossa fé, renovar nossos votos e demonstrar uma vez mais os laços que nos unem para sempre ao Mais Alto".

14. Gedaliah, depois, convocou os maçons reunidos a formarem um quadrado em torno da Arca da Aliança e lhes disse: "Este quadrado representa o acampamento dos israelitas, com a Arca da Aliança no centro e três tribos em cada lado. No lado leste, de frente para o sol nascente, estão aqueles do estandarte do campo de Judá, junto aos de Escachar e Zebulum. No lado sul, o estandarte do campo de Ruben, com Simeão e Gad. No oeste, o estandarte do campo de Efraim, com Benjamim e Manasses, e, no norte, o estandarte do campo de Dan, com Asher e Naftali. Posteriormente, o Tabernáculo da congregação será estabelecido à frente do acampamento dos levitas, no meio do campo".

15. Gedaliah depois disse: "Companheiros, formai um triângulo em volta da Arca da Aliança. O triângulo ou delta é um emblema da Divindade e representa Sua onisciência, onipresença e onipotência; ele também representa a tripla obrigação que devemos a Deus, a nossos vizinhos e a nós mesmos. Companheiros, formemos um círculo em torno da Arca da Aliança. O círculo é um emblema de amizade; a Arca da Aliança no centro é como uma Estrela Flamejante. São também emblemáticas no círculo as nossas virtudes morais, como inculcadas no grau de Aprendiz pelo ponto dentro do círculo, tangenciado por duas linhas paralelas. Ele é mais um emblema da eternidade, não tendo nem começo nem fim. O primeiro, o emblema da amizade, pode ser quebrado; o segundo, o emblema de nossas virtudes morais, pode mudar; mas o terceiro, o emblema da eternidade, jamais se alterará. Esse emblema encorajará a esperança que, pela fé no Divino, traz promessas de que podemos obter a total frutificação da gloriosa imortalidade. Nós somos os guardiões das tradições do Conselho dos 27. Solenemente prometemos que nunca reverenciaremos outros deuses ou faremos adoração a ídolos, mas culturaremos fiel e zelosamente somente o Uno e Verdadeiro Deus Vivo. Juramos isso sob penalidade não menor que ter nossos polegares cortados fora, nossos olhos arrancados e nossos corpos presos com correntes de bronze".

16. Gedaliah fechou o Conselho com outra prece: "Todo-Poderoso e Eterno Deus, o Protetor de todos que em Ti creem, salva-nos, nós Te pedimos, ampara-nos em todo o perigo e dificuldade. Mantém-nos

fiéis a nossos votos verdadeiros para com nossas obrigações, e assim não precisaremos hesitar nem ser jogados para baixo, mas por Tua misericórdia possamos ser admitidos naquele Templo imortal e eterno nos céus".

17. Logo depois, Gedaliah foi morto pelos babilônios e Nebuzaradan invadiu a Judeia e levou todo o povo. Depois de destruir Jerusalém, Nebuzaradan levou os remanescentes do povo para a Babilônia, deixando apenas uns poucos agricultores e produtores de vinho para trabalhar a terra.

18. Quando os judeus retornaram depois do exílio, eles encontraram aquela que tinha sido uma terra fértil reduzida a um deserto de quase mil milhas quadradas.

19. A captura da Babilônia, em 538 a.C., por Ciro, rei da Pérsia, fez dele o mestre de um império que ia do Mar Cáspio ao Mediterrâneo. Com a possibilidade de subsequentemente conquistar o Egito, decidiu que uma força amiga, baseada em Jerusalém, seria uma considerável vantagem estratégica. Esse objetivo poderia ser conseguido repatriando os judeus que tinham sido deportados para a Babilônia sob o regime anterior.

20. O rei Ciro estava sentado em audiência, em sua Torre de Audiências, quando um estranho se aproximou. O guarda na entrada perguntou: "Quem vem lá?" E teve a resposta: "Um estranho, o primeiro entre iguais, um maçom deposto e cativo por infortúnio".

21. O estranho pediu admissão à presença do grande rei, mas, antes de ser admitido, Ciro falou a seu Conselho: "Generais e Cavaleiros, esse *Sheshbazzar* é príncipe de Judá, conhecido entre os judeus cativos pelo nome de Zorobabel (significando "O Exilado", ou estranho na Babilônia), mas antes de admiti-lo eu quero relatar as particularidades de um sonho que tive na noite passada".

22. "Enquanto eu dormia, percebi um leão pronto para atacar e devorarme, e a distância meus predecessores Nabucodonosor e Belshazzar acorrentados. Eles estavam contemplando UMA GLÓRIA, que os maçons interpretam como o símbolo do Grande Arquiteto do Universo. Nas nuvens surgiu uma águia, de cujo bico pendia uma ordem: DÁ LIBERDADE AOS CATIVOS, pois, se assim não fizesse, minha coroa passaria a mãos estrangeiras. Eu estava surpreso e confuso. O sonho acabou, mas minha tranquilidade está comprometida. Há muito tempo desejo deixar os judeus cativos em liberdade, pois estou cansado de ouvir seus clamores e anseios pelo lar. Esse sonho determinou-me agora. Portanto, vocês não se surpreendam com a recepção que vou dar a esse príncipe judeu. Vocês consentem que ele seja admitido?"

23. Os Cavaleiros do Conselho levantaram-se, sacaram as espadas e indicaram seu consentimento. Ciro então ordenou: "Deixem o cativo ser introduzido, que eu o interrogarei".
24. Ciro falou: "Estranho, como te chamaste a ti próprio, com que propósito vens até nós?" O estranho respondeu: "Imploro por tua boa vontade e justiça".
25. Ciro perguntou baseado em que ele pedia por boa vontade e justiça, e o estranho respondeu que estava baseado em sua própria vontade, e na de seus companheiros que haviam ficado 70 anos cativos.
26. O rei depois perguntou que favor ele queria, e a reposta foi que ele pedia que seu povo fosse libertado e fosse-lhe permitido voltar à Judeia para reconstruir o Templo do Mais Alto.
27. Ciro falou: "Já que motivos tão justos e honoráveis trouxeram-te até aqui, serás admitido à nossa graça. Levanta-te, valoroso príncipe, eu testemunho há muito tempo o peso de vossa escravidão e estou pronto a garantir tua solicitação, nesse instante, se comunicares a mim os mistérios de tua Ordem da Maçonaria, uma Ordem pela qual eu sempre tive a mais profunda veneração."
28. O estranho cochichou para o guarda, que depois falou para o rei dizendo: "Mui Poderoso Senhor, o príncipe pede que lhe diga que a condição proposta é impossível de ser atendida, pois Salomão, quando pela primeira vez estabeleceu os princípios da Ordem, ensinou que Igualdade, Fidelidade e Amor Fraternal deviam ser o critério entre os maçons. Seu cargo, seus títulos e sua corte são incompatíveis com as mansões humildes onde os sagrados mistérios da Ordem prevaleceram. Seus compromissos com seus Irmãos são invioláveis, e ele ousa não revelar a ti seus segredos. Se a liberdade tem esse preço, ele prefere o cativeiro".
29. Ciro replicou: "Eu admiro seu zelo e coragem. Generais, Cavaleiros, esse valoroso príncipe merece a liberdade, por sua fidelidade aos seus compromissos. Zorobabel, eu atendo a tua solicitação, e consinto que sejas colocado em liberdade. Tu estás livre".
30. O rei ordenou a seus guardas que quebrassem as correntes que tolhiam o estranho, dizendo: "Possam esses emblemas de escravidão nunca mais desgraçar as mãos de um maçom, muito particularmente um príncipe da casa de Judá".
31. Ciro depois se dirigiu a Zorobabel dizendo: "Zorobabel, retorna a teu país da Judeia. Eu permito que reconstruas o Templo de Jerusalém destruído por meus predecessores, e teus tesouros retornarão a ti antes que o sol se ponha. Eu te indico chefe entre teus irmãos e para presidir sobre teus iguais, e eu comando que eles deverão honrar-te e obedecer-te como se fosse a mim. O tributo que cobrarei não será

opressivo, mas será uma evidência, para teus vizinhos, de que tu estás ainda sob minha proteção. Será de três cordeiros, cinco ovelhas e sete carneiros. Daqui em diante serás para mim, e serei para ti, um amigo; em sinal disso, aproxima-te e ajoelha".

32. "Eu te crio um Cavaleiro da Espada. Levanta-te, Zorobabel, Cavaleiro da Espada. Eu agora te armo com essa espada, como uma marca de distinção entre teus companheiros. Considera-a como a mesma espada que Nabucodonosor recebeu de teu rei Jehoiakim quando o tomou cativo. Eu estou convencido de que só a usarás em tua própria defesa ou na de teu país, religião ou lei, ou na causa da justiça. Pega-a e deixa-a ficar em sua bainha até ser consumida pela ferrugem, em vez de levantá-la em causa da injustiça e da opressão. Eu também te condecoro com essa faixa que, apesar de não acompanhada de nenhum mistério como aqueles de tua Ordem, ofereço como uma honra aos príncipes da minha corte. Daqui em diante, tu gozarás dos mesmos privilégios e distinções. Vai para teu próprio país. Tu receberás de meu tesoureiro os vasos sagrados e as relíquias pertencentes a teu antigo Templo. Toma esse ramo de oliveira como um símbolo da paz entre nós. Eu darei instruções aos meus guardas para permitirem que tu e teus companheiros passem pelos meus domínios".

33. Voltando-se para o conselho, ele disse: "Generais, a audiência está terminada. O cativeiro cessou daqui para a frente".

34. Quando Zorobabel retornou para Judá, disse as seguintes palavras: "Irmãos, estamos agora retornando para Jerusalém vindos da Babilônia, onde fomos mantidos em cativeiro por muitos anos. Agradecimentos têm de ser feitos ao rei Ciro, de quem partiu a proclamação que nos libertou e que permitiu o retorno à nossa terra nativa para ajudar na reconstrução de nossa cidade e de nosso Templo. Deixamos os domos e espirais da Babilônia para trás, e eu posso agora vê-los brilhando à luz do sol sobre as colinas e planícies da Caldeia. Nossa confiança está no grande EU SOU e, apesar de nossa jornada ter sido longa, tediosa e lúgubre, e nosso caminho, rude e perigoso, ainda assim nós insistiríamos em transpor todo obstáculo, tolerar todo sofrimento e enfrentar todo perigo, para promover o grande e glorioso trabalho com o qual estamos empenhados".

35. Zorobabel contou a seus irmãos que as rotas divergiram; uma dirigindo-se em linha reta pelos desertos da Arábia; a outra, pelas margens do rio Eufrates, ao redor de Tadmor e Damasco. A rota do deserto é menos frequentada por viajantes, por causa de suas extensas planícies de areia, seu intenso calor e a grande escassez de provisões e água. A outra rota é muito mais agradável, apesar de mais longa e mais montanhosa. Nessa rota encontra-se fartura de água fresca e frutas.

36. Eles tomaram a rota mais agradável, mas, antes de chegar às margens do rio Eufrates, tiveram de passar por um lugar rude e perigoso. Antes de tomar essa passagem, eles fizeram como todos os bons homens sempre fazem antes de tomar alguma decisão importante e ajoelharam-se para invocar as bênçãos da Divindade.

37. Eles passaram sobre as verdes margens do rio Eufrates, de águas perenes, e avançaram pela Síria para Damasco. Passaram perto da antiga cidade de Tadmor ou Palmira e em meio a muitos belos bosques e vinhas. Antes de atingirem Damasco, tiveram de atravessar uma ponte sobre uma profunda ravina, que examinaram e acharam um lugar muito difícil e perigoso. Portanto, antes de prosseguir, ajoelharam-se para rezar.

38. Os viajantes conseguiram atravessar a ponte antes que sua estrutura entrasse em colapso e puderam continuar a viagem para chegar a Damasco. Esse era um famoso lugar de repouso, e aí eles se assentaram para se refrescarem entre as vinhas e fontes de água fresca. "Levantem-se, Irmãos!", disse Zorobabel, "Vamos indo. Nós não podemos demorar muito, pois temos ainda 120 milhas para viajar antes de chegarmos a Jerusalém".

39. Eventualmente, eles passaram por entre as florestas do Líbano, onde seus pais derrubaram e prepararam as madeiras para o Templo do rei Salomão, mas depois chegaram a outro lugar muito difícil, mais perigoso que os outros. Uma vez mais ajoelharam-se para rezar, antes de continuar a jornada para as planícies do Jordão, entre Sucot e Zaredata, onde nosso antigo Grande Mestre Hiram Abiff tão fielmente manufaturou em fundição todos os vasos para o Templo do rei Salomão. Foi ali que as duas colunas de bronze, as famosas Jachin e Boaz, foram fundidas.

40. Zorobabel incitava seus seguidores a ficarem animados conforme sua jornada chegava ao fim. As ruínas de Jerusalém podiam ser vistas a distância, junto às tendas brilhantes de seus Irmãos. Dura e rude tinha sido a estrada, longa e penosa tinha sido a marcha, mas, sustentados por uma firme confiança no grande EU SOU, eles chegaram ao fim de sua jornada.

41. E depois Zorobabel disse: "Eu posso ver o Tabernáculo pouco antes. Vejam, vamos nos apressar. Vejam, Irmãos, vejam".

42. Na primavera de 517 a.C., o 70º depois da primeira deportação, uma caravana de 42 mil judeus, homens, mulheres e crianças com seus rebanhos e manadas, junto com os tesouros do Templo, seguiu para Jerusalém sob a liderança de Zorobabel, príncipe de Judá, e Joshua era o Sumo Sacerdote. Eles vieram pelas margens do Eufrates para a antiga cidade de Mari, depois, pelo deserto, para Damasco e para o sul, via Mar da Galileia. A jornada levou dois anos e, na chegada,

os repatriados não encontraram nada além de um lúgubre deserto desocupado, exceto pelas tendas de tribos nômades com suas cabras e camelos.

43. Abrigo não havia nenhum, mas ficou decidido que a prioridade devia ser dada ao edifício do Templo; o povo tinha de fazer abrigos temporários pelo tempo que fosse necessário. Um ou mais Tabernáculos foram levantados, em linhas feitas por Davi quando ele trouxe a Arca de Kirjath Jearim. Um Tabernáculo servia como tesouro e armazém, outro era o Quartel General, acomodando o Grande Sanedrin, presidido pelos três principais. Esse augusto corpo, antes conhecido como a Grande e Real Loja, dirigia o trabalho e, quando necessário, conferia os graus de Excelente Mestre.

Capítulo Onze

A Redescoberta dos Segredos do Templo do Rei Salomão

1. Um pequeno grupo de três maçons que ainda estavam cativos na Babilônia queria retornar para ajudar na construção do Templo de Jerusalém, mas primeiro precisava obter permissão da Grande Loja da Babilônia, que lhes tinha conferido o grau de Excelente Mestre. Tinham de se aproximar do Justo Venerável e Excelente Mestre e cada um fazer a seguinte petição:

2. "Eu desejo agora me beneficiar do decreto de Ciro e retornar a Jerusalém para ajudar na reconstrução da casa do Senhor Deus de Israel, e encaminho à Grande Loja da Babilônia uma solicitação para que me seja dada a permissão e os toques com os quais possa identificar-me a meus Irmãos que já saíram daqui e chegaram a Jerusalém. Eu faço essa solicitação em nome do Pentagrama, ou Estrela Flamejante".

3. O Justo Venerável e Excelente Mestre oferecia uma prece ao Mais Alto, dizendo: "Ó Tu Eterno e Onipotente Deus, que outrora apareceste a Teu servo Moisés em um arbusto ardente, incendeia, nós Te pedimos, em nossos corações, devoção por Ti, amor por nossos Irmãos e caridade por toda a humanidade. Conforta-nos e a todo Teu povo com Tua divina graça, guia-nos e assiste-nos na reconstrução de um segundo Templo para Teu Sagrado Serviço, e garante que, quando o Véu desse Tabernáculo terreno for posto de lado, possamos ser recebidos naquele Santo Santuário onde Tu reinas para sempre e sempre. Amém".

4. Ele depois continuava: "Durante os 470 anos que se passaram desde a construção do Templo do rei Salomão, fomos espalhados, e como o decreto de Ciro somente afeta os descendentes daqueles que foram

trazidos em cativeiro para a Babilônia, nós, antes da partida de Zorobabel e de nossos irmãos, com o propósito de prevenir que outros viessem a compartilhar do grande e glorioso trabalho que agora começa, instituímos um novo grau".

5. "Para fazer isso, tivemos o exemplo de nossos ancestrais, que, em todas as construções de importância, adotaram marcas particulares de reconhecimento conhecidas apenas por aqueles empregados nelas. Nós só comunicamos esse grau para aqueles que foram considerados qualificados para presidir sobre Lojas de Ofícios Operativas ou de Companheiros".

6. Na construção do Templo do rei Salomão, os trabalhadores eram divididos em Lojas de acordo com o ofício. No segundo Templo, no entanto, onde o projeto era de escala menor, essa organização da Loja tornava-se desnecessária. Todos os homens habilidosos eram membros de um ofício de construção comum e, como precaução contra fraudes, ficou decidido que apenas aqueles que portassem o grau de Excelente Mestre podiam se tornar membros da "União", mas, para receber esse grau, o candidato tinha de provar ser Mestre em seu ofício.

7. Quando os três viajantes chegaram a Jerusalém, descobriram que Zorobabel tinha convocado uma reunião no Sanedrin. Eles chegaram à Câmara do Conselho e identificaram-se como lhes tinha sido ensinado, e assim foram admitidos à Câmara onde Zorobabel, Haggia e Joshua sentavam-se como os três principais do Sanedrin. Conforme entraram na Câmara, Zorobabel perguntou-lhes de onde tinham vindo.

8. Eles responderam que tinham viajado da Babilônia, a terra do cativeiro, e Zorobabel depois inquiriu por que eles tinham deixado a Babilônia para vir a Jerusalém, a cidade da promessa. Eles responderam: "Para ajudar na reconstrução do Templo do Senhor. Tendo escutado que estavam a ponto de reconstruir o Templo, viemos com a esperança de obter permissão para permanecer entre vós e contribuir com nossos melhores serviços para completar esse grande e glorioso trabalho".

9. Zorobabel quis saber como eles esperavam obter admissão. Eles responderam: "Em virtude de certos sinais, toques e palavras recebidos na Babilônia", e depois deram as provas, como era requerido, e foram admitidos ao centro da Câmara.

10. Joshua rezou: "Deixa o esplendor de Tua Majestade, ó Senhor nosso Deus, brilhar sobre nós; faz prosperar o trabalho de nossas mãos; Sim, faz prosperar nosso trabalho e possa tudo que fazemos ser em honra e glória a Ti, ó Nome Mais Sagrado. Amém".

11. Zorobabel falou: "Nós apreciamos muito suas intenções, mas queremos saber mais especificamente quem são vocês".

12. Eles responderam: "Nós somos de sua nação e povo, nascidos das mesmas tribos, e ramos da mesma linhagem, sendo, como vós mesmos, descendentes dos Patriarcas Abraão, Isaac e Jacó, mas as transgressões de nossos ancestrais despertaram o desagrado do Mais Alto, nosso povo (como dito pelo profeta Jeremias) foi dado em cativeiro nas mãos do rei da Babilônia, pelo período de 70 anos – um evento que aconteceu no quarto ano do reinado do rei Jehoiakim; mas os anos de cativeiro acabaram e a ira do senhor foi apaziguada. Ele inspirou o coração de Ciro, rei da Pérsia e Babilônia, para editar um decreto libertando-nos e garantindo-nos a permissão de retornar para nossa terra nativa e reconstruir o Templo do Senhor".

13. Zorobabel falou: "Nosso próprio conhecimento desses fatos, e a sinceridade com a qual vós os relataram, não deixam dúvida de vossa honestidade, mas queremos saber quem eram vossos ascendentes imediatos".

14. Eles responderam que seus ascendentes imediatos eram príncipes e governadores em Israel, cuja fidelidade a seu rei e nação fizeram o rei da Babilônia, como punição, levá-los em cativeiro.

15. Zorobabel perguntou-lhes: "Em que tipo de trabalho querem ser admitidos?"

16. Eles responderam que julgavam que mesmo o menor serviço no trabalho do Senhor seria uma honra, e, portanto, pediam apenas emprego.

17. Zorobabel disse: "Vossa humildade denuncia vosso mérito, e não temos dúvida de que estão qualificados para os mais altos ofícios, mas esses já estão preenchidos. Reportem-se ao Superintendente de Trabalhos, que lhes dará ferramentas e lhes dirá o que fazer; mas temos essa particular prescrição para dar-vos: que, caso encontrem qualquer coisa que pertencia ao velho Templo, devem imediatamente reportar-nos o achado. Vão, e possa o Deus de nossos Pais ir convosco e fazer prosperar vosso trabalho".

18. Nos dias seguintes, os três viajantes apresentaram-se novamente a Zorobabel e ao Sanedrin, onde lhes perguntaram a respeito da descoberta que tinham feito.

19. Eles responderam que, de fato, tinham feito uma descoberta, 470 anos, seis meses e dez dias depois da dedicação do Templo. De acordo com as instruções de Zorobabel, eles reportaram ao Superintendente de Trabalhos, que os mandou limpar o terreno antes que as fundações do Templo fossem lançadas. Durante seu trabalho, cedo naquela manhã, um deles, quebrando o chão com sua marreta, atingiu alguma coisa que, pelo som, julgou ser uma cavidade oca; e, chamando outros companheiros para limpar a terra solta com suas pás, encontraram um grande anel de bronze fixado a uma pedra larga e chata com as palavras 'AM - B' - "TSAPN" gravadas nela.

20. Trata-se na língua dos trabalhadores e na linguagem de uma das províncias da Babilônia, onde os Companheiros passaram, de palavras que significavam "o caminho para tesouros escondidos", sugerindo uma instrução para procurar naquele ponto ou ao redor dele. A pedra foi erguida e descobriram debaixo dela a coroa de um arco perfeito, mas não podendo encontrar nenhum caminho de entrada, e não conseguindo remover a pedra-chave, o trabalhador, com uma alavanca, abriu um buraco e descobriu uma cavidade abaixo.

21. Essa descoberta incitou neles o desejo de saber o que ela continha, por isso resolveram explorá-la, mas, com medo do que poderiam encontrar, eles sortearam entre eles quem deveria descer. Eles combinaram sinais próprios e um deles foi baixado por seus Companheiros, com o uso de uma corda em torno de sua cintura e equilibrando-se segurando-a com a mão esquerda sobre sua cabeça. O fundo foi alcançado sem problemas.

22. O sol, entretanto, naquela hora da manhã, apenas aparecendo pelos pórticos do leste, e com seus raios ainda paralelos com o horizonte, e a abertura sendo extremamente pequena, levou o trabalhador a achar-se envolvido por uma escuridão quase total e, começando a sofrer pela má qualidade do ar, fez o sinal convencionado e foi trazido para fora. Examinando a pedra-chave, eles ficaram surpresos ao encontrar nela certas características que provavam, pelas informações que tinham, ser aquela a câmara secreta do rei Salomão.

23. Eles foram ao trabalho e removeram outra pedra para permitir que mais luz e ar entrassem, e outro dos Companheiros foi baixado. Tateando, ele encontrou alguma coisa que parecia ter forma regular e retangular, em cima da qual estava um rolo; querendo saber do que se tratava, ele fez o sinal e foi puxado para fora. Ao inspecionarem o rolo, descobriram que se tratava do Livro Sagrado da Lei, o que lhes trouxe muita alegria e disposição para continuar as buscas.

24. Tendo alargado a entrada, tirando uma terceira pedra, e o sol estando a esse tempo já iluminando melhor o interior, um outro Companheiro foi baixado. Examinando o lugar, ele vislumbrou um aposento esplêndido, suportado por sete colunas; ao redor das vigas estavam os 12 signos do zodíaco e os nomes das 12 tribos de Israel, e o que tinha sido encontrado anteriormente, que era um altar de puro mármore branco, com o formato de um cubo duplo e rico em ornamentos esculpidos, erguido ao Senhor Deus, e naquele momento os raios do sol passando pela abertura e incidindo sobre o topo do altar, iluminaram um círculo de ouro, no qual estava o grande, peculiar e misterioso nome da Divindade; e em um triângulo do mesmo metal dentro do círculo estavam inscritos outros caracteres, dos quais eles não podiam entender o significado, apesar de não terem dúvida de que estavam conectados com a Palavra Sagrada.

25. A seguir, eles contaram a Zorobabel que na frente do altar estavam as iniciais dos três Grandes Mestres que presidiram a construção do Templo do rei Salomão. Considerando que tinham feito uma descoberta de muita importância, e tendo fechado a abertura com cuidado, os trabalhadores vieram comunicar os detalhes ao rei, conforme a promessa feita.
26. O primeiro trabalhador deu um passo à frente, dizendo a Zorobabel: "Esse é o Rolo que eu agora apresento; e esse é um desenho da Câmara como ela aparece à luz do sol nesse meridiano".
27. Os viajantes entregaram o Rolo e o desenho a Zorobabel, que lhes disse que a descoberta que tinham feito era da maior importância, falando: "É nada menos do que O Livro Sagrado da Lei, há muito perdido, mas agora encontrado. Bênçãos ao Senhor!"
28. Para que não houvesse mal-entendidos nem mal observados, Zorobabel mandou-os de volta para a Câmara, mas agora com Ezra, o Escriba, que era muito estudado em linguagens, para reportar o que observasse. Depois de um posterior exame da Câmara, os viajantes e Ezra retornaram ao Sanedrin.
29. Ezra falou: "Tudo foi corretamente declarado pelos viajantes e, adicionalmente, na base do altar, encontrei essa joia, tendo gravada nela a marca de Hiram Abiff, e parece que pertencia àquela eminente pessoa".
30. Zorobabel depois perguntou como os viajantes tinham sido empregados durante o cativeiro. Eles responderam que tinham trabalhado muito em Maçonaria e o rei inquiriu o que eles queriam dizer com Maçonaria.
31. Eles responderam que eles se referiam àquela ciência grande e universal que inclui quase todas as outras, que para diversas delas eles tinham dado sua atenção, mas tinham particularmente estudado a parte que ensinava seus deveres para com Deus, com seus vizinhos e com eles mesmos. Do conhecimento que eles então tinham adquirido, das tradições de seu povo, eles acreditavam que tinham sido os humildes instrumentos, nas mãos do Mais Alto, na restauração do que estava perdido pela prematura morte de Hiram Abiff, o Filho da Viúva.
32. Zorobabel disse depois: "Será nosso cuidado recompensar suas descobertas e também mostrar sua importância. Nós os investimos com essas faixas como distintivos de honra, e com essas joias como um prêmio por seus eminentes serviços; nós também colocamos esses bastões em suas mãos como emblemas de poder e autoridade, e os constituímos e apontamos Príncipes e Governadores em Israel. Para enobrecê-los ainda mais, vestimo-los com esses aventais e recebemo-los entre nós como Companheiros e Irmãos, e, se continuarem fiéis, agindo com honra, será nosso cuidado instruí-los em todos os ramos de nosso conhecimento místico".

33. Ele depois passou a instruí-los como segue: "Companheiros, a descoberta que foi feita é de enorme importância, e podem ver que o mundo está em débito com a Maçonaria pela preservação do Livro Sagrado das Leis. Se não fosse pela sabedoria e precaução de nosso primeiro Gão-Mestre, construindo sob o Templo uma câmara secreta, que permaneceu intocada pelas chamas, e pela fúria do inimigo, essa única cópia da Lei teria sucumbido à destruição do Templo. Os caracteres no triângulo – cujo significado os viajantes não entenderam – representam, como foi sugerido a nós pelo Sanedrin, o nome de Deus em três linguagens diferentes; e tudo indica, em nossa opinião, o método de pronúncia verdadeiro e há muito perdido da Palavra Sagrada inscrita sobre o círculo, pois é essencial a natureza ser compreendida pela sabedoria humana, ou pronunciada pela linguagem de qualquer indivíduo. Finalmente, a tradição maçônica informa-nos que a antiga palavra dos Mestres Maçons perdida na construção do Templo de Salomão seria um dia recuperada, e como a joia que o Sanedrin descobriu traz a marca de Hiram Abiff não pode haver dúvida de que os caracteres no triângulo significam aquela palavra perdida e a maneira de pronunciá-la, e sabemos também que ela podia ser comunicada apenas quando os três Grande Mestres estavam presentes e consentiam em dá-la".

34. "Que não podemos fazer nenhum bem nem serviço aceitável senão pelo poder e pela misericórdia do Mais Alto, que sem seu especial favor devemos sempre nos achar inaproveitáveis servos a Seu ver. Portanto, de acordo com a maneira adotada pelos nossos ancestrais e como praticado pelos Sacerdotes, nós mostramos, com isso, a forma exterior de contrição e humildade, como se fôssemos nos prostrar com nossas faces na terra, e nos atirássemos sobre as misericórdias do Deus Vivo, olhando para diante com confiança no cumprimento de Suas afáveis promessas, pelas quais estaremos aptos a passar através da arca de nossa redenção para aquelas mansões de êxtase e glória, e na presença Dele, que é o Grande Eu Sou, o Alfa e o Ômega, o Primeiro e o Último."

35. O trabalho no segundo Templo começou no ano de 535 a.C. e foi cercado de dificuldades. Os samaritanos, sucessores das dez tribos que se separaram do reino depois da morte do rei Salomão, pediram para ter permissão de tomar parte no trabalho, mas foram recusados, não apenas porque não eram verdadeiros judeus, mas porque, uma vez admitidos, eles instalariam altares pagãos no Templo. Como consequência dessa recusa, os judeus ficaram sob contínua ameaça, e acharam necessário manter armas perto de suas mãos enquanto trabalhavam. Posteriormente, os samaritanos, por meio de seus representantes na Babilônia, quando Ciro já morrera, foram capazes de influenciar o monarca que então reinava para parar o trabalho.

Capítulo Doze

A Exaltação de Zorobabel

1. Por sete anos, o sítio do Templo ficou aberto e deserto. Depois, no ano de 521 a.C., o príncipe Dario subiu ao trono da Pérsia. Por uma chance afortunada, Dario e Zorobabel tinham sido camaradas de armas anos antes. O primeiro havia jurado que se um dia viesse a ocupar o trono da Pérsia, faria qualquer coisa a seu alcance em favor de seu amigo.
2. Um Conselho foi convocado no Templo no segundo ano do reinado de Dario da Pérsia, para deliberar sobre o estado infeliz em que se encontrava a nação durante os reinados de Artaxerxes e Ahasuerus, e para divisar meios pelos quais pudessem ganhar o favor do novo soberano no trabalho de reconstruir o Templo. Zorobabel, Haggai e Jeshua atuavam como diretores. Ezra e Nehemias também eram oficiais do Sanedrin, ao todo 72. Foi decidida uma aproximação com Dario.
3. Zorobabel viajou uma vez mais para a Sala de Audiências na Babilônia. O rei Dario estava sentado em um sofá baixo no leste da Câmara quando Zorobabel foi anunciado como um príncipe da casa de Judá, que, 16 anos antes, tendo encontrado favor aos olhos de seu predecessor, obtivera a liberdade para reconstruir o Templo do Mais Alto em Jerusalém. Foi explicado que Ciro tinha lhe concedido a honra de se tornar um Cavaleiro da Espada e que agora vinha para demandar justiça ao rei.
4. Dario perguntou por que ele não usou os emblemas daquela Ordem e tomou lugar entre a corte, como lhe competia. O rei foi informado que em seu retorno para a Judeia, Zorobabel tinha sido atacado por inimigos de sua nação e desprovido de suas condecorações, e só conseguira passar a ponte que cruzava o rio nos confins da Babilônia por meio da espada que Ciro previamente lhe havia ofertado.
5. Em seguida, Dario inquiriu por que ele havia retornado à Babilônia, e escutou em resposta que, tendo retornado para Jerusalém, ele e

seus compatriotas tinham sido diversas vezes interrompidos em seu trabalho pela malícia de seus inimigos, de tal maneira que os mais antigos dos judeus acharam por bem submeter o caso ao grande rei; em corroboração dessas declarações, dois dos próprios governadores de Dario, Tattenai e Shetharbonezai, tinham mandado cartas que foram a seguir lidas.

6. A Dario, o rei. Toda Paz... Seja sabido pelo rei que fomos à província da Judeia, até a casa do Grande Deus, que é construída com grandes pedras, madeira é assentada nas paredes, seu trabalho vai rápido o suficiente e prospera em suas mãos. Depois perguntamos àqueles anciãos e dissemos: "Quem lhes deu permissão para construir essa casa e acabar essas paredes?" Perguntamos também seus nomes, para certificar os homens que estavam à testa deles. E, desse modo, eles retornaram a nós e disseram: "Nós somos os servos de Deus do Céu e da Terra, e construímos a casa que estava construída muitos anos atrás, que um grande rei de Israel construiu e estabeleceu. Mas depois que nossos pais provocaram o Deus do céu deixando-o em desagrado, Ele nos entregou nas mãos de Nabucodonosor, rei da Babilônia, o Caldeu, que destruiu essa casa, e levou o povo para a Babilônia. Mas, no primeiro ano de Ciro, o rei da Babilônia, o mesmo rei Ciro fez um decreto para construir essa casa de Deus. E os vasos de ouro e prata da casa do Senhor, que Nabucodonosor tirou do Templo que estava em Jerusalém e os trouxe para o Templo da Babilônia, aqueles tirou Ciro dos templos da Babilônia e entregou-os a Sheshbazzar, a quem Ciro fez governador, e disse a ele: 'Toma esses vasos, vai, coloca-os no Templo que está em Jerusalém, e deixa a casa de Deus ser construída em seu lugar'".

7. Depois veio o mesmo Sheshbazzar e lançou as fundações da casa do Senhor que está em Jerusalém, e desde esse tempo até hoje tem estado em construção, e ainda não está concluído. Agora, portanto, se parece bom para o rei, seja feita uma busca na casa do tesouro do rei, que está na Babilônia, se estiver, que um decreto foi feito por Ciro, o rei, para construir essa casa de Deus em Jerusalém, e deixem o rei mandar-nos sua vontade a respeito desse assunto.

8. Dario instruiu seus generais e conselheiros para seguirem uma pesquisa pelos registros de seus predecessores a respeito desse assunto. Depois da pesquisa, o Chanceler produziu um rolo e disse a Dario: "Esse rolo, que foi copiado de um achado entre os registros em Ecbatana, no palácio que está na província Media, mostra que Ciro garantiu a permissão para reconstruir o Templo de Jerusalém, como declarou esse estrangeiro".

9. Dario convidou Zorobabel a se retirar, enquanto uma resposta para a carta dos governadores era preparada. Dario depois ditou para o Chanceler, que escreveu as palavras do rei em folhas de papel ou

pergaminho. Dario depois ordenou que Zorobabel viesse novamente, dizendo-lhe que ele admirava o zelo e a perseverança com os quais ele tinha se comprometido para promover o trabalho que havia assumido. Ele disse a Zorobabel que tinha escrito a seguinte carta a seus governadores:

10. O Chanceler do rei leu em voz alta: "Dario, o rei – para Tattenai, Governador além do rio, e Shethar-bozenai, saudações. Estou mandando uma cópia do decreto que foi encontrado entre os registros de Ciro. Deixem a casa ser construída. Deixem as despesas saírem dos bens reais, mesmo o tributo além do rio, e oferendas para os sacerdotes para sacrificar e rezar ao Deus do céu pela vida do rei e de seu filho. Quem alterar essa palavra, deixem uma viga ser tirada de sua casa, e deixem-no ser puxado e enforcado nela; deixem sua casa transformar-se em uma esterqueira por isso. E o Deus, que motivou Seu Nome de habitar ali, destrua todos os Reis e povos que puserem suas mãos para alterar ou destruir essa casa de Deus que está em Jerusalém. Eu decretei isso. Que seja feito com rapidez".

11. Dario depois contou a Zorobabel que as cartas seriam despachadas imediatamente, e asseguraria a futura proteção do povo de Zorobabel enquanto estivessem reconstruindo o Templo e, como uma marca de estima e favor, elevou Zorobabel a Cavaleiro do Oriente.

12. Zorobabel aproximou-se e ajoelhou-se em um joelho. Dario pôs sua espada no ombro de Zorobabel e disse: "Levanta-te, Cavaleiro do Oriente. Quando retornares a Jerusalém, passarás a salvo pelos meus domínios, mas solicito que permaneças algum tempo em meu país. Nesse meio tempo, eu te indico como um de meus guarda-costas, e como marca adicional de minha aprovação, eu te invisto com essa faixa (Dario pôs ao redor da cintura de Zorobabel uma faixa verde de seda, franjada com ouro). Usa isso em nome da vitória obtida sobre teus inimigos na passagem do rio".

13. Zorobabel tomou seu lugar perto do trono, junto aos outros dois guardas.

14. Um dos guardas falou a Zorobabel, dizendo: "O Grande rei mostra sua satisfação por mim, cada um de nós três deve dar sua opinião respondendo a essa questão: quem é mais forte: o vinho, o rei ou a mulher? E ele julgará de quem é a resposta mais sábia, e a ele, Dario dará grandes presentes, e grandes coisas em sinal de vitória. Como ser vestido em púrpura, beber em ouro, dormir sobre ouro, e uma carruagem com rédeas de ouro, e uma tira de cabeça em fino linho, e uma corrente em seu pescoço: e ele sentará perto de Dario por causa de sua sabedoria, e será chamado de primo do rei".

15. Cada um dos três escreveu sua palavra em uma tira de papel, selou-a com seu selo privado, depois a dobrou e a colocou debaixo da cabeça

de Dario. Depois se retiraram para a extremidade do quarto. Mais tarde, Dario acordou, levantou-se e pegou as tiras debaixo do seu travesseiro e instruiu que os jovens guardas fossem chamados e assim poderia cada qual declarar sua própria sentença. O rei depois disse-nos para declarar nossos pensamentos a respeito de quem é mais forte: o vinho, o rei ou a mulher.

16. O guarda disse depois a Zorobabel que cada uma das três respostas era para ser lida de um rolo, em turno.

17. O primeiro guarda disse: "Oh, sim, homens, como é forte o vinho que faz errar todo o homem que o bebe, faz virar a cabeça do rei, do fiador e do livre, do pobre e do rico; transforma todo o pensamento em felicidade e alegria, de tal forma que o homem não lembra da tristeza nem do débito. Faz falar sobre as coisas por talento; e, quando estão em seus copos, eles esquecem seu amor pelos amigos e irmãos, e um pouco depois sacam a espada, mas quando se afastam do vinho, não lembram o que fizeram. Oh, sim, homens, não é o vinho o mais forte, que provoca essas coisas?"

18. O segundo guarda deu sua resposta ao enigma: "Oh, sim, homens, os homens não excedem em força e regem as forças do mar e da terra, e tudo o que há neles? Mas ainda o rei é mais poderoso, pois ele é senhor de tudo isso e tem domínio sobre tudo; e é obedecido em tudo o que mande fazer; se ele ordena fazer guerra uns contra os outros, eles o fazem; se ele os manda contra seus inimigos, eles vão; e derrubam montanhas, paredes e torres; eles matam e são mortos e não desobedecem às ordens do rei; se conseguem a vitória, trazem tudo para o rei, como também o espólio e todas as outras coisas; da mesma forma acontece com aqueles que não são soldados, e não têm nada a fazer nas guerras, mas usam a agricultura; quando colhem, trazem ao rei e compelem a pagar tributos ao rei. E mesmo sendo ele apenas um homem, se ele manda matar, eles matam; se manda poupar, eles poupam; se manda bater, eles batem; se manda construir, eles constroem; se manda cortar, eles cortam; se manda plantar, eles plantam. Então, todo seu povo e seu exército obedecem-no. Oh, sim, homens, como poderia o rei não ser o mais poderoso, quando é obedecido a esse ponto?"

19. Depois Zorobabel falou: "Oh, sim, homens, não é o grande rei, nem a multidão de homens, nem o vinho quem governa sobre todos eles. Quem exerce liderança sobre todos? Não é a mulher? As mulheres dão à luz os reis e todas as outras pessoas que dominam por terra e por mar. Todos vêm delas, até os que plantam as vinhas de onde vem o vinho. Essas também fazem os trajes para os homens, que lhes trazem glória; sem mulheres os homens não poderiam existir. Sim, e se os

homens tiverem juntado ouro e prata, ou qualquer outra riqueza, eles não amam uma mulher que é graciosa em favor e beleza? Por isso também precisam saber que as mulheres têm domínio sobre vocês; por acaso vocês não trabalham, e dão e trazem tudo para a mulher? Sim, um homem pega sua espada e vai em seu caminho para roubar, para navegar por rios e mares; e enfrenta um leão; e anda na escuridão; e quando roubou, assaltou e pilhou, ele traz tudo para seu amor. Sim, muitos perderam o juízo por mulheres e tornaram-se escravos de seus caprichos. Muitos também pereceram, erraram e pecaram por mulheres. E agora, não me acreditam? Não é o rei grande em seu poder? Todas as regiões não o temem? Mesmo assim, eu vi o rei e Apame, a concubina do rei, filha do admirável Bartacus, sentada à direita do rei. E, tomando a coroa de sua cabeça, colocou-a sobre a sua, ela também golpeou o rei com sua mão esquerda. E ainda assim, o rei olhou para ela encantado; se ela risse dele, ele também riria; mas, se ela se indispusesse com ele, o rei teria prazer em fazer o que ela quisesse em nome da reconciliação."

20. "Oh, sim, homens, não são as mulheres fortes? Grande é a terra, altos os céus, suave é o sol em seu curso, pois ele regula os céus e retoma seu curso outra vez no mesmo lugar depois de um dia."

21. "Não é ele grande para fazer essas coisas? Portanto, grande é a verdade, e mais forte que todas as coisas. Toda a terra chama pela verdade, e os céus a abençoam; todos os trabalhos tremem e sacodem com ela. Vinho é fraco, o rei é fraco, mulheres são fracas, todas as crianças são fracas; e assim são fracas todas as suas obras; e não há verdade nelas; em suas iniquidades, todas perecerão. No entanto, a verdade, ela dura; é sempre forte; ela vive e conquista para sempre. Com ela, não há aceitação de pessoas ou prêmios; mas ela faz as coisas que são justas, retém as injustas e enfraquece as coisas; e todos os homens fazem o bem de seu trabalho. Nem em seu julgamento há injustiça e ela é a força, reino, poder e majestade de todas as idades. Bendito seja o Deus da verdade".

22. Dario abraçou Zorobabel colocando sua mão esquerda no ombro direito e Zorobabel fazendo o mesmo, e ambos disseram: "Grande é a verdade, e poderosa acima de todas as coisas".

23. Dario depois disse: "Pede o que quiseres, mais do que está apontado por escrito, e eu te darei, porque provaste ser o mais sábio. Sentarás junto a mim. Serás chamado meu primo."

24. Zorobabel respondeu: "Lembra-te de teu voto, o que tu prometeste construir em Jerusalém, no dia em que vim a teu reino. E para mandar todos os vasos que foram tomados de Jerusalém, que Ciro separou, quando ele prometeu destruir a Babilônia, e mandá-los de novo

para lá. Também prometeste construir o Templo que os edomitas queimaram quando a Judeia foi desolada pelos caldeus. E agora, ó Senhor, ó Rei, isso é o que quero e desejo de ti, e isso é uma liberalidade principesca procedente de ti: eu desejo, portanto, que faças boa a promessa, o desempenho que, pela tua própria boca, prometeste ao rei dos céus".

25. Dario disse: "Zorobabel, tudo será garantido de acordo com teu desejo".
26. Zorobabel retornou a Jerusalém, onde se apresentou ao Sanedrin. O Mais Excelente Chefe estava sentado no leste, dois Vigilantes no oeste. Os irmãos chamados Cavaleiros Maçons de Jerusalém estavam na sala do corpo do conselho, que estava forrada de vermelho.
27. O Mais Excelente Chefe perguntou: "Que horas são?", e os Cavaleiros responderam: "A Estrela da Manhã levou as sombras da noite e sua grande luz começa a alegrar nossa Loja. É hora de reconstruir o Templo."
28. Conforme Zorobabel aproximou-se, o guarda perguntou: "Quem vem lá?"
29. Zorobabel replicou: "Um Irmão que obteve permissão de Ciro para reconstruir o Templo. Ele, posteriormente, recebeu uma confirmação de Dario. Ele agora retorna para residir com seus Irmãos maçons na Judeia."
30. O guarda pergunta: "Qual é seu nome?", e lhe é dito que seu nome é Zorobabel.
31. O guarda anuncia ao Sanedrin que é Zorobabel, que obteve permissão de Ciro para reconstruir o Templo, e depois recebeu uma confirmação de Dario, e está agora retornando para residir com seus Irmãos maçons na Judeia, e aguarda as boas-vindas do Sanedrin.
32. O Mais Excelente Chefe diz: "Irmãos e Cavaleiros. É nosso próprio príncipe. Deixem as portas serem abertas para que ele se aproxime. Esse é nosso valoroso príncipe, que, quando os anos de nosso cativeiro expiraram, apareceu ante o Trono de Ciro, que, admitindo a justiça de seu pedido, garantiu-nos a nossa liberdade e armou-o com uma espada que ele ainda usa e uma insígnia de um Cavaleiro da Espada. Na batalha que aconteceu entre nós e nossos inimigos na ponte que cruza o rio Eufrates, ele perdeu sua fita, mas com sua espada ele forçou passagem para nós. Depois de chegar a Jerusalém foram feitos preparativos para a reconstrução do Templo, e estamos cientes que, ao limpar o terreno para suas fundações de três valorosos Irmãos que nos seguiram vindos da Babilônia, fizeram uma descoberta de grande interesse como para induzir o Sanedrin a comemorar formando esse exaltado grau na Maçonaria, O Mais Sagrado Arco

Real, do qual o príncipe Zorobabel é o primeiro diretor. Sendo posteriormente interrompidos em nossos labores, Zorobabel foi solicitado pelo Sanedrin para confirmar com Dario, que gentilmente o recebeu e fez dele um Cavaleiro do Oriente, do qual a faixa que ele agora usa é o emblema. Tendo prevalecido sobre o monarca, esse mandou cartas a seus governadores para não nos molestarem outra vez. Ele, por solicitação do rei, permaneceu com ele mais algum tempo na esperança de ser posteriormente útil a seus compatriotas. Sendo posteriormente afortunado na solução de uma questão posta a ele e a outros por Dario, o rei mandou de volta com ele muitos pertences valiosos do Templo, que não tinham vindo quando fomos libertados por Ciro. Sabendo que há uma Ordem de Nobreza que é ocasionalmente conferida aos maçons do Arco Real, ele agora se apresenta ante os Cavaleiros Maçons de Jerusalém e requer ser admitido um entre eles."

33. "O zelo e a perseverança que mostraste na boa causa merecem uma participação na maior honra que podemos conceder. Tua integridade e fortaleza foram postas à prova. Ciro, dando a fita, atuava com nobreza de espírito, mas não aquela da igualdade que invariavelmente usamos nós. A perda da fita na ponte deve convencer-te de que pompa e grandeza não são tão permanentes como a honra na Maçonaria. Mereceste também a fita que agora usas e a amizade conferida a ti por Dario, mas não fosse a sabedoria maçônica que mostraste quando resolveste aquela questão, e teus serviços à nação poderiam não ser tão bem-sucedidos".

34. Os Cavaleiros Maçons de Jerusalém, liderados por Zorobabel, Haggia e Joshua, reconstruíram o Templo e tornaram-se o príncipe e os governadores de Jerusalém.

35. O grande dia de festa dos Príncipes de Jerusalém é celebrado no 23º dia do 11º mês, Adar, que é o aniversário do dia em que agradecimentos foram feitos ao Todo-Poderoso pela reconstrução do Templo. Os outros dias de festa são como segue:

36. O 20º dia do décimo mês, chamado Tebet, quando os embaixadores fizeram uma entrada triunfante em Jerusalém, no seu retorno da Babilônia.

37. Os dias dos equinócios, nos meses de março e setembro, em memória do Templo ter sido construído duas vezes.

38. Cinco membros constituem um quórum: um conselho não pode ser aberto com menor número.

39. Se um Príncipe dá a outro um desafio, ele deve ser excluído para sempre.

40. Os príncipes existem estritamente para observar o método de aplicação da justiça e boa ordem, e sua conduta na vida deve ser impecável.

41. Se qualquer membro de um Conselho ou Loja estiver presente, ou ajudar, ou assistir dando ou recebendo qualquer dos sublimes graus simbólicos de uma maneira clandestina ou irregular, contrária ao verdadeiro intento e significado dos estatutos e regulamentos do supremo Conselho, ou das constituições e leis da verdadeira Antiga, Livre e Aceita Maçonaria, está sujeito à expulsão.

42. Um Príncipe de Jerusalém que visita um Conselho inferior ou Loja deve se apresentar vestido com a roupa e os ornamentos de um príncipe, e, quando sua aproximação é anunciada, o oficial presidente manda um Príncipe de Jerusalém examiná-lo e, se reporta em seu favor, ele deve ser recebido debaixo de um arco de aço e ser escoltado por quatro Irmãos e sentará à direita do oficial presidente. Uma anotação de seu nome e posto deve ser feita nas tábuas, para que ele possa posteriormente receber honras devidas sem exames; a mesma cerimônia deve ser observada tanto quando ele se retira como quando entra.

43. Príncipes têm o direito de ser cobertos em todas as Lojas subordinadas, Capítulos ou Conselhos, e podem falar sem pedir permissão. Se, em qualquer eleição de oficiais, um príncipe de Jerusalém solicita votos para si mesmo ou qualquer outra pessoa, ele deve ser expulso para sempre.

Capítulo Treze

O Grande Arquiteto da Igreja

1. Depois da construção do segundo Templo, os maçons negligenciaram seus labores e abandonaram à devastação do tempo os valiosos edifícios que tinham construído com tanto esforço; então, a sabedoria de seus artífices, a força dos materiais e a beleza de sua arquitetura estavam da mesma forma expostas à confusão, destruição e decadência.
2. Mas o Eterno Mais Alto Deus decidiu manifestar Sua Glória e substituir as decadentes estruturas materiais por aquela geometria sublime e espiritual que o poder humano existente não podia afetar e cuja duração seria eterna.
3. E o Eterno Mais Alto Deus deu-nos a Pedra Angular Ponderada para representar o Filho do Homem, que nasceu quando a Divina *Shekinah* apareceu aos Magos do Oriente. Então, a Pedra Angular Ponderada é símbolo do Grande Arquiteto da Igreja, que chamava a si mesmo de Rosa de Sharon e o Lírio do Vale.
4. Como maçons, dizem-nos para comemorar a Redenção do Homem, para mostrar a Glória de Deus, a Quem pertence toda a Honra, Glória e Louvor, agora, daqui para a frente e para sempre.
5. E éramos instruídos a viajar por todo o mundo em busca da Sagrada Rocha, ou Monte de Adamante.
6. Quando chegamos ao topo das montanhas, por meio de largos desertos e grandes perigos, vimos a Sagrada Rocha de nossa salvação e do lado da rocha uma fonte brotava e a voz de um Cordeiro dizia: "Vem e bebe".
7. E sobre essa Rocha foi construída uma grande Igreja em uma grande Cidade. E a Cidade estava fundada nem em sangue nem em iniquidade, mas em Retidão e Verdade, porque foi dito: "A pedra chorará da

parede, e a trave da madeira responderá. Aflição para ele que construiu uma vila com sangue e estabeleceu uma cidade pela iniquidade. Retidão e Verdade são estáveis como uma Rocha".

8. A cidade era inabitada por famílias, línguas e nações e estava guardada por um bando de Anjos com espadas flamejantes e a Cidade era chamada "O Senhor está lá" ou *Jeovah Shammah*.

9. No centro da cidade estava situada a grande Igreja na forma de uma cruz quadrada regular. De leste a oeste em comprimento, porque a Glória de Deus aparece no leste e desaparece no oeste, e, portanto, todas as Igrejas, Capelas e lugares de devoção religiosa também são, ou deveriam ser, assim situadas. Em largura eram do norte ao sul e em altura imensuráveis. Sua profundidade era insondável.

10. E ouvimos a voz do Grande Arquiteto dizendo: "Venham junto a mim todos os que labutam e estão carregados, e Eu lhes darei descanso". E trabalhamos e laboramos na construção da Igreja e nossos salários eram as esperanças de um reino, não desse mundo.

11. Possa todo Irmão assim trabalhar e laborar para podermos vir juntos ao Monte Sião, e juntos à cidade do Deus vivo, a Jerusalém celestial, e para uma inumerável companhia de anjos, para a assembleia geral e igreja do primeiro nascido, que estava escrito no céu, e para Deus, o juiz de todos, e para os espíritos dos homens justos feitos perfeitos, e para Jesus, o Mediador da Nova aliança: onde nosso sol não mais irá se pôr nem nossa lua se esconderá novamente, pois o Senhor será nossa luz eterna e os dias de nossas lamentações estarão terminados.

12. E, conforme nos aproximávamos da torre da grande igreja, éramos chamados à Câmara do Meio por três homens sábios que nos levavam ao Gabinete da Sabedoria, seguindo uma Estrela Flamejante aparecendo no Oriente.

13. E víamos que o Gabinete da Sabedoria era um estábulo de boi e lá conhecemos um muito glorioso Irmão, sua Esposa muito Sagrada e a sempre abençoada Palavra; e seus nomes eram José, Maria e Jesus.

14. E logo depois desse tempo, São João Batista fez sua aparição no deserto, perto das margens do Mar Morto, para distinguir a Maçonaria de todos os velhos sistemas filosóficos e religiosos que estavam se aproximando uns dos outros.

15. A Palavra viveu 40 anos e meio sobre a terra, deixou um exemplo brilhante e esplendoroso para seguirmos, e sofreu uma morte dolorosa e ignominiosa para nossa salvação.

16. Depois era a pedra, o canto do edifício, tirada do Templo pelos trabalhadores e atirada entre as ruínas.

17. Todo-Poderoso e Eterno Pai, nós agradecemos a Ti e Teu desígnio de mandar ao mundo Teu querido filho, que, depois de ter deixado um brilhante e glorioso exemplo para seguirmos, sofreu por nossas transgressões na cruz.

18. Como a Rosa Mística, a Palavra foi sacrificada sobre uma cruz plantada no cume de uma montanha, que se eleva acima da superfície em direção às esferas celestiais por três quadrados, três círculos e três triângulos. No instante em que o véu do templo rasgou-se, a Terra foi coberta pela escuridão, a estrela-dia da Misericórdia estava obscura e a Palavra foi perdida.

19. Quando a Palavra foi perdida, pode ser facilmente imaginado em que profundidade de miséria todo o verdadeiro maçom foi mergulhado. As estrelas desapareceram, a luz do sol e da lua estava obscurecida e a escuridão caiu sobre a face da Terra.

20. A nona hora chegou e a Maçonaria estava subjugada pela tristeza, e o mais profundo sofrimento e consternação espalhava horror sobre sua fronte.

21. A terra tremeu, as rochas foram rachadas, o véu do templo rasgou-se, a escuridão espalhou-se pela Terra e a verdadeira luz partiu de perto de nós. Nossos altares foram derrubados, a Pedra Cúbica verteu sangue e água, a Estrela Flamejante foi eclipsada, nosso Pastor estava desaparecido, a Palavra estava perdida, e desespero e tribulação caíram pesadamente sobre nós.

22. Alguns dos Irmãos, que possuíam relíquias do antigo Templo, vagavam entre as florestas e montanhas na mais profunda obscuridade. Outros procuravam a tumba sagrada na qual a Palavra estava escondida, e olhavam em silêncio pelo espaço de três dias. Nunca antes foi tal perplexidade experimentada pelo coração humano.

23. Na primeira hora do terceiro dia, sendo o primeiro dia da semana, chegou a hora do Perfeito Maçom.

24. Na hora do Perfeito Maçom, a Palavra foi encontrada e a Pedra Cúbica transformou-se na Rosa Mística. A estrela Flamejante reapareceu em todo seu esplendor, nossos altares foram renovados, a verdadeira luz restaurada a nossos olhos, as nuvens da escuridão dispersaram-se; e o Novo Mandamento foi dado para amar um ao outro.

25. A Estrela e a Glória circular declaram a *Shekinah*, onde quer que ela apareça, não importa se no Sinai, em Salém ou no lugar onde os magos do Oriente viram a Palavra abençoada.

26. E a Palavra ascendeu à Loja do Céu, onde ela continua, com o Espírito Santo, a fazer intercessões por nós com o Pai, Três pessoas em Um Deus.

27. Mas é sustentado por um vasto número que os escritos dos Apóstolos estavam incompletos, que eles continham apenas os germes de outra doutrina, os mistérios manipulados de gerações para gerações em nossa tradição Maçônica, e proclamada no deserto por São João Batista.
28. Do nascimento da Palavra, aprendemos que o Grande Capitão de nossa Salvação nasceu para redimir a humanidade caída.
29. Da vida da Palavra, aprendemos que nos é requisitado seguir o caminho da Verdade.
30. Da morte da Palavra, aprendemos que nosso débito natural está completamente pago e o rigor da lei satisfeito.
31. Da ressurreição da Palavra, aprendemos que a estrela-dia da Misericórdia surgirá para conduzir nossos pés nos caminhos da Verdade e da Paz.
32. Não podemos subestimar a importância de qualquer Verdade. Não podemos dizer nenhuma palavra que possa ser julgada irreverente por qualquer um de qualquer fé. Não dizemos ao muçulmano que só é importante para ele acreditar que só existe um Deus, e que não é essencial se Maomé foi seu profeta. Não dizemos aos judeus que o Messias, que eles esperam, nasceu em Belém há dois mil anos, e também não dizemos ao cristão que Jesus, o Nazareno, era apenas um homem, ou sua história o retorno de uma velha lenda. Fazer isso está além de nossa jurisdição. Maçonaria, de nenhuma idade, pertence a todos os tempos; de nenhuma religião, ela encontra grandes Verdades em todas.

Capítulo Catorze

Graus Primitivos Cristãos

1. Caius Flavius Valerius Aurelius Claudius Constantine (c.274-337 d.C.) era filho de Flavius Valerius Constantinus Chlorus e Helena, uma princesa britânica e filha de Caylus. Constantino nasceu na cidade inglesa de York. Ele sucedeu seu pai como governador da Espanha, Gália e Bretanha, e foi proclamado imperador do Oeste pelas legiões romanas em York e pelo derrotado Maxentius.
2. Constantino foi o primeiro imperador romano a abertamente encorajar o Cristianismo, e celebramos sua conversão na fundação da Ordem da Cruz Vermelha.
3. Candidatos que entram nessa ilustre Ordem são devidamente admitidos sobre um triângulo equilátero e precisam obedecer à Nova Lei, tomar a cruz e seguir os passos do Cordeiro, o que significa que podem nutrir a esperança de reconstruir em seus corações o templo do Mais Alto Deus.
4. Eles buscam Emanuel. São dirigidos de perto por Hiram, o Filho da Viúva. Esperam descansar em Shiloh, a Cidade de Deus. E são descendentes de Uzziah, rei de Judá, famoso por seus sucessos militares.
5. O dístico da Ordem é "In Hoc Signo Vinces", que significa "Sob esse signo, vencerás".
6. Essa Ilustre e Cavalheiresca Ordem foi fundada por Constantino depois da batalha de Saxa Rubra, no ano de 312 d.C., na qual ele finalmente derrotou o imperador rival, Maxentius. Fundou-a em memória do milagre divino que o levou à conversão da fé cristã, e como uma recompensa ao valor e à constância de alguns de seus soldados.
7. A Ordem da Cruz Vermelha é, portanto, não apenas a mais antiga, mas a mais honorável instituição de nobreza maçônica; e cabe aos

Cavaleiros da Ordem honrar os privilégios advindos daqueles valorosos irmãos, e sempre lembrar as suas palavras de ordem, que são: Fé, União e Zelo.

8. Antes de sua conversão ao Cristianismo, Constantino tinha sido iniciado nos Mistérios no *Collegium Artificium*, ou Colégio de Artífices, em Roma, e tinha alcançado a posição de Magister, ou Mestre. Esse treinamento, sem dúvida, iluminou sua mente e o predispôs a desejar um conhecimento mais completo do Mais Alto Deus, cuja devoção formava o âmago de um dos antigos mistérios, e assim, quando assumiu a Púrpura Imperial, nem mesmo as necessidades do império ou as responsabilidades de comando puderam erradicar ou restringir seu profundo interesse pela Verdade e Sabedoria.

9. A forma de sua conversão é assim relatada: em uma tarde, durante a marcha de seu exército em Roma, Constantino meditava sobre o destino das coisas sublunares e sobre os perigos de sua expedição, e, sentindo que não poderia ter sucesso sem assistência divina, suplicou ao Céu que lhe desse inspiração e sabedoria para escolher o caminho certo. O Grande Arquiteto do Universo ouviu suas preces, e o sol já se punha quando, de repente, surgiu no céu um Pilar de Luz com a forma de uma cruz e com a inscrição "In Hoc Signo Vinces".

10. Tão extraordinário fenômeno criou um extremo assombro nas mentes do imperador e de seu exército, e os pagãos julgaram isso um mau presságio; mas, no dia seguinte, Constantino, amparado pelas visões da noite, mandou fazer um Estandarte Real portando a cruz como ele a tinha visto nos céus, e determinou que deveria ser sempre carregado, à sua frente, em suas guerras, como uma Insígnia de Vitória e Proteção Celestial.

11. A tradição relata que, por isso, diversos maçons cristãos entre os soldados apresentaram-se à frente e abertamente declararam sua fé; e que o imperador, para comemorar o evento, convocou-os a usar em suas armaduras uma Cruz Vermelha com 16 estrelas representando as 16 letras das palavras místicas.

12. Chegando à capital, diz-se que Constantino, com a assistência do Irmão Eusebius, abriu um Conclave de Cavaleiros da Ordem e posteriormente esses valentes e ilustres homens formaram a guarda pessoal do soberano.

13. A Rosa e o Lírio foram adotados pelo nosso Real Fundador como emblemas do Ser Divino que ele tinha aprendido a adorar. Misticamente, eles representam a Rosa de Sharon e o Lírio do Vale.

14. Entre os outros atos de Constantino, seu encorajamento ao aprendizado é notável; ele também ordenou que as Escrituras fossem mantidas cuidadosamente e frequentemente lidas em todas as igrejas; e destinou

a quarta parte de seus rendimentos aos pobres e a outros propósitos piedosos. Por conta disso, sua memória ficará nas mentes dos bons homens e maçons até o fim dos tempos.

15. Em 329 d.C., Santa Helena, filha de Caylus, rei da Bretanha, consorte de Constantino e mãe de Constantino, o Grande, fez uma peregrinação à Terra Santa em busca da cruz do redentor.

16. Depois de revirar as colinas do Calvário, destruindo o Templo de Vênus, três cruzes foram encontradas; mas era difícil determinar qual delas tinha supliciado a forma divina do Cordeiro de Deus.

17. O pontífice Marcelino, sendo consultado, sugeriu colocá-las ao lado da cama de uma mulher doente há muito tempo e a ponto de morrer, e, pondo suas mãos sobre as cruzes, seria constatada a virtude e eficácia daquela que havia pertencido ao Senhor, conforme a mulher fosse curada. As ordens do pontífice foram obedecidas; duas das cruzes não deram resultado, mas, quando ela colocou as mãos sobre a terceira, ficou miraculosamente curada e imediatamente se levantou, dando glórias a Deus, dizendo: "Ele foi ferido por nossas transgressões, Ele foi injuriado por nossas iniquidades, o castigo de nossa paz estava sobre Ele, e com Seus vergões somos curados".

18. No lugar onde as cruzes foram encontradas, Santa Helena e Constantino ergueram uma igreja imponente, cem passos de comprimento por 60 passos de largura, parte dela cobrindo o lugar da crucifixão e, por causa do rebaixamento do piso, o Sepulcro aparece acima do solo da igreja como uma gruta. Há uma soberba cúpula sobre o sepulcro; e no corredor estão as tumbas de Godfrey, o defensor do sepulcro, e Balduíno, o primeiro rei cristão de Jerusalém.

19. A seguir, Santa Helena, com a sanção de Constantino, instituiu a Ordem dos Cavaleiros do Santo Sepulcro. A Ordem foi confirmada pelo Pontífice Marcelino, e o Patriarca da Cidade Santa foi nomeado Chefe dos Cavaleiros, que eram selecionados dentre os Irmãos da fraternidade da Cruz Vermelha. Ajoelhando na Tumba Sagrada, era compromissado por um solene juramento de guardar o Santo Sepulcro, proteger os peregrinos e repelir os ataques dos infiéis e inimigos da Cruz de Cristo.

20. De acordo com a Tradição Maçônica, o grau de Cavaleiro de Constantinopla também foi fundado por Constantino, o Grande, com o propósito de corrigir certos males que ameaçavam sua soberania. O orgulho e a arrogância da nobreza e seu poder tinham aumentado muito sob o fraco poder exercido pelos seus predecessores; e ele antevia que seu trono poderia ser ameaçado, a menos que pudesse trazê-los a um estado de maior submissão.

21. Portanto, com o objetivo de curvar a nobreza e trazê-la para um nível apropriado, com súditos mais humildes, ele instituiu uma ordem

de cavaleiros que concedia a algumas pessoas comuns, artesãos e trabalhadores. O imperador comprometeu-se, em solene engajamento, que ele, pessoalmente, nunca mais conferiria esse grau a ninguém; quem quer que desejasse obter essa honraria deveria tê-la merecido e ser reconhecidamente premiado por aquelas pessoas comuns que já tinham sido criadas Cavaleiros da Ordem.

22. Ele também concordou que não mostraria favor a ninguém que não fosse os Cavaleiros de Constantinopla. E deu ordens para executar qualquer pessoa que recebesse o grau e que não reconhecesse que todos os homens são iguais perante Deus.
23. Os nobres diziam sobre os maçons: "Estas são as pessoas comuns; eles estão abaixo de nossa visão; seria degradante para nós, a nobreza, falar com eles".
24. Eles falaram a Constantino, dizendo: "Poderia vossa majestade conferir o grau de Cavaleiro de Constantinopla a nós, seus humildes servos?" Constantino respondeu: "Eu não o confiro a nenhum homem."
25. Os nobres perguntaram: "De quem então podemos recebê-lo?" Constantino respondeu: "Desses construtores e laboriosos maçons a quem vocês referem-se como inferiores, os Cavaleiros de Constantinopla".
26. Rapidamente, os nobres perceberam que tinham perdido a confiança de seu soberano. A delegação foi informada de que seu favor só seria mostrado aos Cavaleiros de Constantinopla.
27. A percepção de que não poderiam sobreviver sem o favor e a amizade de seu imperador fez a honraria ser largamente perseguida. Muitos dos nobres, tendo cumprido os quesitos do grau, receberam-no das devidamente constituídas autoridades maçônicas. Assim, Constantino teve sucesso em submeter seus orgulhosos súditos e em preservar a autoridade de seu trono.
28. Esse grau enfatiza a virtude da humildade. Ensina-nos a odiar a arrogância e o orgulho, para lembrar que aqueles que ocupam um nível de vida mais baixo podem ter mais mérito intrínseco que nós mesmos, e acima de tudo nunca esquecer que aquele que exalta a si mesmo será humilhado, mas aquele que se humilha será exaltado.
29. Constantino e Helena insistiram que nossa Ordem deveria para sempre reconhecer que todos os homens são iguais perante o Mais Alto Deus.
30. Possa o sempre abençoado Soberano do Universo tomar os membros desse Conselho em Seu sagrado resguardo pelas vigílias da noite e os labores do dia, e assim eles possam estar preparados para a chegada da noite, quando nenhum homem poderá trabalhar.
31. Depois da morte de Constantino, um Irmão Cavaleiro que foi mandado para visitar as ruínas do antigo templo retornou de lá, tendo encontrado

as Escrituras de nosso santo patrono. Essas foram as circunstâncias do fato:

32. Tendo chegado às ruínas do Templo de Herodes, ele descobriu que o imperador Juliano tinha começado outro templo sobre elas. Ele foi compelido a ajudar os trabalhadores que estavam preparando as fundações e, ao removerem uma das pedras, uma câmara foi descoberta.

33. Como o interior não podia ser visto com clareza devido à sua grande profundidade, ele foi solicitado a descer para verificar o que lá havia. Seus companheiros trabalhadores o baixaram com uma corda, e ele achou uma grande quantidade de água acumulada no chão da câmara e, no seu centro, uma coluna no topo da qual estava um livro embrulhado em um fino tecido de linho.

34. Ele não descobriu mais nada e, tomando o livro, foi puxado para cima. Algum tempo depois, o volume foi aberto e um grande medo caiu sobre todos os presentes, tanto judeus como gregos, pois já no início, em grandes caracteres, estava escrito: "No princípio era a Palavra, e a Palavra estava com Deus, e a Palavra era Deus". Isso prova de fato ser a cópia de um manuscrito de nossos escritos sagrados.

35. Esse incidente, junto com outros milagres mandados pelo céu na mesma época, tornaram evidente que a profecia da desolação do Templo nunca se tornara inválida, pois o Livro declarava que Ele que tinha ordenado isso era o Mais Alto Deus, o Criador de todas as coisas. Mostrou ainda que os que estavam trabalhando naquele edifício trabalhavam em vão, pois uma divina e imutável sentença tinha decretado sua destruição final. Essas circunstâncias motivaram que todos imediatamente declarassem que não era agradável ao Mais Alto Deus que o templo fosse restaurado.

36. A tradição que acaba de ser revelada deveria ficar impressa em nossa mente, dizendo que os decretos do Mais Alto Deus não podem ser revertidos pela mão do homem. Juliano, o Apóstata, tentou reconstruir o Templo judeu, mas falhou na tentativa de alcançar seu desígnio, e como punição pelo pecado, achamos que seu fim foi uma cena miserável de blasfêmia.

37. Dizem as narrativas que, quando foi ferido pelo dardo persa, ele tentou montar em seu cavalo para liderar uma segunda carga contra o inimigo, mas caiu exausto nos braços de seus atendentes. Enchendo suas mãos com o sangue que corria de suas feridas, ele as elevou ao ar e morreu, exclamando amargamente: "Tu conquistaste, ó Galileu".

38. Depois da morte de Juliano, a religião cristã espalhou-se velozmente, exceto no leste.

Capítulo Quinze

Os Cavaleiros Templários e os Cavaleiros de São João de Jerusalém

1. A cidade de Jerusalém foi reconstruída e ornamentada no segundo século d.C. por Publius Aelius Hadrianus, imperador de Roma, e dada aos cristãos no século V. Os persas capturaram-na em 614, e poucos anos depois caiu nas mãos dos muçulmanos, sob cujo regime opressivo ela muito sofreu, até que Pedro, o Eremita, encorajou os príncipes ocidentais e Cavaleiros maçons a libertarem a Igreja oprimida.
2. A Palavra tinha sido perdida novamente e o Terceiro Templo, no coração do homem, devia ser construído e dedicado ao Mais Alto Deus da Verdade.
3. Quando os Cavaleiros e os Príncipes de Jerusalém uniram-se para conquistar a Terra Santa, fizeram o juramento de dar até a última gota de seu sangue para estabelecer a verdadeira religião do Mais Alto Deus.
4. Finalmente, quando chegou o tempo e os Príncipes de Jerusalém uniram-se em uma liga para libertar a Terra Santa da opressão dos infiéis, os bons e virtuosos maçons, ansiosos em participar de empreendimento tão piedoso, ofereceram seus serviços aos confederados, sob a condição de terem um chefe de sua própria escolha, cujo nome só seria revelado na hora da batalha; a condição foi aceita e eles partiram.
5. Diz-se que os Cavaleiros e Príncipes de Jerusalém, não sendo capazes de expulsar os sarracenos da Terra Santa, concordaram com Godofredo de Bouillon em velar os mistérios de sua religião sob emblemas, assegurando-se assim contra a intrusão de traidores ou pretensos amigos.

6. Mostravam tal valor e coragem esses Cavaleiros Eleitos que despertaram admiração e passaram a liderar os Príncipes de Jerusalém, os quais, acreditando que seus mistérios inspiravam-os com coragem e fidelidade à causa da virtude e religião, manifestaram desejos de serem iniciados. Sendo considerados merecedores, sua vontade era atendida, e assim a Arte Real, encontrando a aprovação de grandes e bons homens, tornou-se honorável e popular, difundindo-se entre os valorosos por todo o mundo. Foi dessa forma que continuou a se espalhar, para longe e amplamente, através de gerações até os dias de hoje.

7. Consequentemente, concluímos que os mistérios da Maçonaria são na realidade aqueles da religião. Os Cavaleiros eram, no entanto, cuidadosos e não confiavam esses importantes segredos a ninguém, cuja fidelidade e discrição não tivesse sido integralmente provada. Então, inventaram diferentes graus para testar seus candidatos, a quem davam apenas segredos simbólicos sem explicação, para prevenir traição e suficientes apenas a capacitá-los e fazê-los reconhecidos um ao outro. Com esse propósito foi resolvido usar diferentes sinais, palavras e toques em cada grau, assim poderiam se sentir seguros contra os sarracenos, covardes ou intrusos.

8. Godofredo de Bouillon desfraldou a bandeira da Cruz e, em 1099, expulsou os invasores. Seus companheiros, logo depois, elegeram-no rei de Jerusalém; mas, como ele não achava apropriado usar uma coroa real onde seu Abençoado Salvador tinha usado – uma coroa de espinhos, consentiu, pelo bem comum, ser chamado de "Defensor e Barão do Santo Sepulcro", título que portou até sua morte, em 1100.

9. No ano de 1118, os primeiros Cavaleiros da Ordem, em número de 11, fizeram seus juramentos sob as mãos de Armelfo Guavi Mundos, príncipe e patriarca de Jerusalém, que tinha vindo da província de Amiens, na França.

10. Estabelecida a paz, eles não podiam praticamente cumprir seus votos, e assim, retornando para seus países, resolveram fazer em teoria o que não puderam fazer na prática.

11. Não desanimaram, apesar de, frequentemente, quando pensavam ter chegado à compreensão da luz interior, percebiam que ainda não havia sido dessa vez. Em todos os tempos, a verdade tem sido escondida sob símbolos e, com frequência, por uma sucessão de alegorias – em que véus depois de véus têm de ser rasgados antes que a verdadeira luz seja alcançada e a verdade essencial fique revelada.

12. Durante o período das Cruzadas, nossa Ordem do Santo Sepulcro floresceu e, mesmo depois de perdida a Terra Santa, ela continuou a existir em muitos países da Europa. Não há mais nenhum Templo, porque a luz do Senhor está universalmente espalhada, e o mundo tornou-se uma casa sagrada de sabedoria. A hora chegou, é agora,

quando os verdadeiros devotos cultuarão o Pai em espírito e em verdade.

13. Houve uma terrível catástrofe que se fez sentir em nossa Ordem cerca de dois séculos depois de sua formação na Palestina. Durante esse período, a Ordem havia florescido grandemente, e tinha sido de essencial utilidade à causa da religião; ainda assim, por mais estranho que possa parecer, seus objetivos eram realizados por homens que professavam a mesma fé, mas atuando com o propósito básico de possuir pessoalmente os tesouros e as terras da Ordem.

14. Com essa intenção, Felipe, o Belo, rei da França, e o papa Clemente V, no ano de 1307, fizeram uma aliança maldosa, juntando-se para destruir a ilustre Ordem. Na noite de 10 de outubro daquele ano, quando o Grão-Mestre e os Cavaleiros repousavam tranquilos na cidade cristã de Paris, Felipe, com seus asseclas armados, prenderam-nos em sua casa no Templo e, ao nascer do dia, todos os Cavaleiros espalhados pela França foram capturados e lançados às prisões.

15. Uma acusação formal contra eles foi logo depois apresentada e nela eram chamados de lobos, perjuros, idólatras e tratados em geral como os mais vis dos homens. Os Irmãos Cavaleiros, surpresos e injuriados, protestaram sua inocência, desafiaram seus inimigos a apresentarem provas e afirmaram a integridade da Ordem. Mas o destino deles já estava determinado.

16. Muitos foram postos sob tortura para forçar confissões dos crimes que lhes eram imputados e dos quais eram inocentes, e aqueles que sobreviveram ao suplício foram condenados a definhar na prisão por muitos anos, sem ajuda alguma e sem o suficiente sustento que lhes garantisse a vida. Na maioria das vezes, eram levados em grupos, de até 50 indivíduos ocasionalmente, e queimados em fogueiras até a morte.

17. Jacques de Molay, nosso ilustre Grão-Mestre, juntamente com quatro de seus priores, foram as últimas vítimas dessa impiedosa perseguição. Depois de ficarem quase sete anos na prisão, esses ilustres Irmãos Cavaleiros foram executados defronte à Catedral de Paris, em 13 de março de 1314; depois de lido o decreto e a sentença do sanguinolento Felipe, os gloriosos mártires de nossa Ordem foram queimados vivos diante da multidão.

18. Essa foi a prece de Jacques de Molay, antes da execução:

19. "Perdoa, ó Deus, aqueles falsos acusadores que causaram a inteira destruição da Ordem, que a Tua providência deixou sob meu comando. Se Te agrada aceitar essa prece, que agora vos ofereço, garante que chegará o dia em que o mundo, agora iludido, possa conhecer melhor quem dedicou a vida a Ti. Confiamos em Tua bondade e misericórdia para nos compensar pelas torturas e morte que agora sofremos; e que

possamos gozar de Tua Divina Presença nas mansões da felicidade. Assim seja".

20. Por toda a Europa, a mesma perseguição foi empreendida com maior ou menor crueldade. Apesar de o rei Eduardo II da Inglaterra, que dominava nessa altura uma grande parte da Escócia, não ter perpetrado qualquer crueldade desse tipo em seu país, talvez em razão do avanço de Bruce e seu exército, por quem os Templários eram protegidos, ainda assim, também lá, nossa Ordem foi finalmente privada de seus privilégios e possessões.

21. A privação física à qual nossa Ordem foi submetida era cruel e difícil o suficiente para intimidar o mais valente coração. Pobreza, castidade e obediência eram as três grandes tarefas-base que pautaram a existência de nossos predecessores de valorosa memória.

22. Precisamos permanecer em contato com a história dos Cavaleiros Templários, sua ascensão e progresso, suas grandes e gloriosas conquistas, seu número, riqueza, e alto posto em todos os reinos da Europa, sua perseguição e queda, e o sofrimento do Grão-Mestre, Jacques de Molay, e seus bravos Cavaleiros por ordem do papa Clemente V, a crueldade e barbárie de Felipe, o Belo, e os potentados e governos da Europa, a história de nossa Ordem dos Cavaleiros de Malta.

23. No ano de 1048, alguns piedosos maçons de Amalfi, no reino de Nápoles, construíram um Monastério e Hospital em Jerusalém dedicado a São João. Esses maçons eram conhecidos como a Irmandade de São João de Jerusalém, ou Hospitalatários, e era seu dever assistir os peregrinos doentes e necessitados que, com espírito de piedade, tinham se dirigido para a Terra Santa.

24. Tendo crescido rapidamente em número e riqueza, em 1118 tornou-se uma Ordem Militar sob o comando do Grão-Mestre Raymond du Puy, que acrescentou aos votos de Castidade, Pureza e Pobreza, a obrigação de defender a Igreja contra os infiéis.

25. Quando, em 1191, Jerusalém foi capturada por Saladino, ela deixou a Cidade Santa para se tornar uma Ordem Soberana, com seu quartel-general em Acre.

26. Em 1290, só sobrara Acre das conquistas de Godofredo de Bouillon. Foram feitos apelos aos reis cristãos para defender e reter ao menos aquela única cidade sobre o solo da Terra Santa, mas os monarcas estavam muito ocupados com seus mútuos ciúmes e disputas para escutar.

27. Em 1291, Acre foi capturada pelos sarracenos chefiados por Melik de Serif, que destruiu completamente a cidade e matou 60 mil habitantes. Um pequeno grupo remanescente de nossos Cavaleiros que escapou refugiou-se primeiro em Chipre, mas decidiu estabelecer-se em Rodes.

28. O Grão-Mestre da Ordem, Fulco Villaret, desembarcou na ilha, mas encontrou feroz resistência e, depois de uma luta de quatro anos, tomou a cidade principal em 1310.
29. A Ordem permaneceu em Rodes por mais de 200 anos, apesar das repetidas tentativas turcas de desalojar nossa Irmandade.
30. Em 1522, a ilha foi sitiada por Suliman, o Magnífico, com um imenso exército e, apesar de os Cavaleiros, sob comando do Grão-Mestre Philip de Villiers de l'Isle Adam, terem lutado bem, foram derrotados e forçados a uma rendição honrosa.
31. Por sete anos os irmãos Cavaleiros vagaram sem terra, indo sucessivamente para Castro na Candia, para Messina na Sicília e para Viterbo em Roma.
32. Em 1530, o Imperador Carlos V concedeu à nossa Ordem a Ilha de Malta, que os Cavaleiros deviam proteger e defender e, principalmente, erradicar os piratas mouriscos que, naquela época, infestavam o sul do Mediterrâneo.
33. Estando de acordo, nossos Irmãos foram para Malta e aproximaram-se da costa remando suas galeras, dois homens para cada remo, frente a frente, cada Cavaleiro com a espada em sua mão direita e o remo na esquerda. Conforme chegaram à praia cantaram um hino inspirado no versículo 16 do 19º capítulo do Apocalipse, e cujo refrão dizia: "Rex Regnum et Dominus Dominorum".
34. Os habitantes da ilha, vendo sua aproximação como se fossem guerrear, chamaram-nos em árabe, dizendo: "Vieram em paz?" Os Cavaleiros responderam na mesma língua: "Sim, viemos em paz", ao que os ilhéus responderam: "Então venham em paz".
35. Agora assentada em Malta, a Ordem tornou-se outra vez uma Potência Militar Soberana, arrecadou grande fortuna e estabeleceu seus Priorados através da Europa, enquanto seus membros mantinham as tradições de coragem e valor que herdaram de nossa antiga Irmandade.
36. Até o ano de 1723, eles lutaram na quase constante e interminável guerra contra os turcos, que desperdiçaram grandes quantidades de sangue e riquezas para tentar subjugar o magnânimo e intrépido heroísmo de nossos irmãos Cavaleiros.
37. Mas em breve viria uma nova ordem. Os exércitos de Napoleão varreram a Europa e os tronos cambaleavam para a queda. O pequeno domínio dos Cavaleiros de São João não escapou ileso.
38. Em 9 de junho de 1798, a esquadra francesa apareceu em frente a Malta, com Napoleão em pessoa a bordo, e nosso Grão-Mestre Ferdinando von Hompesch foi obrigado a capitular. Assim, a existência da Ordem como uma Potência Soberana teve seu fim, e agora só existe representada em nossa pacífica Sociedade Maçônica.

Capítulo Dezesseis

A Maçonaria Expandida

1. A Maçonaria nos ajudará a nos aproximar daquelas antigas religiões que já governaram a mente dos homens, de quem as ruínas encobrem a história de um grande passado, tais como as colunas partidas de Palmira e Tadmor caídas, descoradas, nas areias do deserto. Elas trazem ante nós aqueles velhos, estranhos e misteriosos credos, encobertos nos mitos da Antiguidade, e deixados indistinta e indefinidamente ao longo da linha que divide o tempo da eternidade, formas de estranha, selvagem e surpreendente beleza misturando-se em uma enorme multidão de figuras, com formas monstruosas, grotescas e horrendas.

2. A religião ensinada por Moisés, que, como as leis do Egito, enunciava princípios de exclusão, foi tomada emprestada, em todos os períodos de sua existência e por todas as crenças com as quais teve contato. Enquanto, pelo estudo dos instruídos e sábios, ela enriquecia a si mesma com os mais admiráveis princípios das religiões do Egito e da Ásia, foi sendo modificada durante as perambulações do povo hebreu, por tudo o que era impuro ou sedutor nas maneiras e superstições pagãs. Possuía uma forma na época de Aarão e Moisés, outra na de Davi e Salomão, e ainda outra na de Daniel e Filo.

3. Na época em que João Batista surgiu no deserto, perto das costas do Mar Morto, todos os sistemas filosóficos e religiosos eram muito próximos uns dos outros. Os judeus e egípcios, os mais exclusivistas de todos os povos de então, entregaram-se a uma forma eclética que prevaleceu entre seus mestres, os gregos e romanos. É sustentado por muitos, e até por Paulo em seus ensinamentos, que os escritos dos apóstolos estavam incompletos e que continham apenas os germes de uma outra doutrina, que devia receber da mão dos filósofos não apenas os arranjos sistemáticos de que precisava, mas todos os desenvolvimentos que ainda repousavam ocultos naquele tempo, mistérios manipulados de geração para geração em nossas tradições maçônicas.

4. Se, em algum lugar, irmandades de uma determinada crença tivessem sido excluídas de nossa Ordem, esse fato mostraria quão erradamente podem ser entendidos os planos e os propósitos da Maçonaria; pois, onde quer que a porta de algum grau se fechasse sobre alguém que acredita em um Deus e na imortalidade da alma, em razão de outros princípios de sua fé, identificaria um grau que não poderia fazer parte da Maçonaria, que é universal; passaria a ser alguma outra coisa, exclusiva, que envereda pelo campo da intolerância.

5. Cada grau ergue uma plataforma na qual os israelitas, os maometanos e os cristãos podem ficar lado a lado, como verdadeiros Irmãos. Qualquer que seja a religião, lugar de nascimento ou língua, estaremos sempre entre Irmãos. Nossa linguagem nos é única, é a linguagem da Maçonaria, que fala diretamente ao coração.

6. A Maçonaria é a criada da religião. Brâmanes, judeus, maometanos, católicos, protestantes, cada um professando sua religião particular, sancionada por suas leis, podem reter sua fé e continuar sendo maçons. A Maçonaria ensina, e tem preservado em sua pureza, os princípios cardeais de uma velha e primitiva fé, que suporta e é a fundação de todas as religiões.

7. A principal instrução da Maçonaria diz que as razões de um bom homem são sua bondade, sua moralidade e sua capacidade de viver uma vida verdadeira, justa, afável e fiel. A Maçonaria é a obediência leal à lei de Deus.

8. O bom maçom faz o que é bom, e ele consegue isso porque anda pelo caminho do amor e do dever; não meramente porque a lei estabelecida pelo homem ou os mandamentos de Deus o mandam fazer isso. Não é em vão que os pobres e oprimidos olham para ele.

9. Encontram-se esses homens em todas as facções cristãs, protestantes ou católicas; em todas as grandes religiões do mundo civilizado, entre os budistas, muçulmanos e judeus. Eles são bons pais, cidadãos generosos e impecáveis em seus negócios: vê-se a Maçonaria em seu trabalho e em seu lazer.

10. O verdadeiro maçom não ama apenas sua família e seu país, ama toda a humanidade; não apenas o bom, mas também o mau entre seus Irmãos. Afinal, os antigos e honoráveis da terra ordenam que ele os reverencie, seu joelho obstinado dobra-se apenas às ordens de sua alma humana. A Maçonaria é sua liberdade ante Deus, e não sua escravidão perante os homens.

11. Os velhos teólogos e filósofos das religiões antigas não nos bastam agora; há erros a serem erradicados, e em seu lugar têm de ser colocadas novas verdades, radiantes com as glórias do céu. Há grandes

equívocos e males na Igreja, no Estado, na vida doméstica, social e pública, para serem consertados e superados.

12. A Maçonaria não pode, nesta época, abandonar a sua maneira tolerante de viver; ela precisa peregrinar nas ruas, aparecer nas praças e ensinar os homens pelas suas obras e sua história, muito mais eloquentes do que qualquer discurso.

13. A Maçonaria é muito devotada à tolerância, e ela transmite de maneira insofismável a grande ideia original da Arte Antiga, segundo a qual a crença em um verdadeiro Deus e uma vida virtuosa e moral constituem o único requisito religioso necessário para tornar um homem apto à iniciação maçônica.

14. Ainda temos vívidas lembranças dos tormentos terríveis que foram utilizados para derrubar novas formas de religião ou para extinguir as antigas. A Maçonaria vê com o olho da memória o desnecessário extermínio de pessoas de todos os sexos e idades pelas selvagens tropas de Moisés e Josué – apenas porque tiveram a má sorte de não conhecer o Deus dos hebreus, ou por tê-lo cultuado com o nome errado.

15. Ela vê os instrumentos de tortura; o chicote, a forca e as estacas; as vítimas de Diocleciano e Claverhouse; os miseráveis executores; os não conformistas; os *quakers* enforcados. Ela vê Cranmer segurar seu braço, agora não mais abanando as chamas, até a mão cair no calor que a consome.

16. Ela vê a perseguição de Pedro e Paulo, o martírio de Estevão, os julgamentos de Inácio, Policarpo, Justino e Irineu; e depois, em retorno, o sofrimento dos pagãos miseráveis sob os imperadores cristãos e todos aqueles em todas as épocas que sofreram pela fome e pobreza, perigo e prisão, a roda, a estaca e a espada – ela vê todas, e estremece ante o extenso rol de atrocidades humanas.

17. O homem nunca teve o direito de usurpar as prerrogativas de Deus, e condenar e punir outrem por sua crença.

18. Nascidos em uma terra protestante, seremos dessa fé; se tivéssemos aberto os olhos à luz sob a sombra de São Pedro em Roma, seríamos católicos devotos; nascidos no quarteirão judeu de Aleppo, teríamos condenado Cristo como impostor; em Constantinopla, teríamos chorado "Allah il Allah – Deus é grande, e Maomé é seu profeta". O lugar de nascimento e a educação deram-nos a nossa fé.

19. Poucos acreditam em alguma religião porque examinaram as evidências de sua autenticidade, e fizeram um julgamento formal, pesando os testemunhos envolvidos. Nem um em dez mil conhece alguma coisa a respeito das provas de sua fé. Acreditamos no que somos ensinados;

e aqueles que menos sabem a respeito das evidências em que seu credo se baseia são, seguramente, os mais fanáticos.

20. O que é verdade para mim não o é para outrem. Os mesmos argumentos e evidências que convencem uma mente não impressionam outra; essa diferença está no homem desde seu nascimento. Nenhum homem pode assegurar que está certo em um ponto em que outro homem, igualmente inteligente e bem informado, tem opinião oposta. Cada um pensa ser impossível a sinceridade do outro; e os dois, como sempre, estão igualmente errados. "O que é a verdade?" é uma questão profunda, a mais intrigante já colocada ao homem.

21. Muitas crenças do presente e do passado parecem incompreensíveis. Elas nos surpreendem com um novo vislumbre da alma humana, essa coisa misteriosa, cada vez mais intrigante à medida que a vemos trabalhar.

22. Aqui está um homem, superior a mim em intelecto e conhecimento, e ainda assim, sinceramente, acredita no que me parece totalmente absurdo para merecer atenção; não posso conceber, e, honestamente, não acredito, que ele possa ser sadio e correto, mas ele, de fato, é. Sua razão é tão perfeita quanto a minha e ele é tão honesto quanto eu. As fantasias de um lunático são realidade para ele. Nossos sonhos são realidades enquanto duram; e naquele momento em que aconteceram, não são mais irreais do que aquilo que aceitamos quando despertos. Nenhum homem pode dizer que tem a posse da verdade.

23. Quando homens discutem opiniões diametralmente opostas e todos são honestos, quem decidirá quem está com a verdade e como poderão dizer com certeza que a tem? Não sabemos nada a respeito da verdade.

24. Acreditarmos e sentirmos absoluta certeza de que a nossa crença é verdadeira não é nem a mais minúscula prova do fato, não importa quanto acreditemos nele.

25. Portanto, nenhum homem tem, ou alguma vez já teve, o direito de perseguir outro por suas crenças por achar que não pode haver duas opiniões antagônicas; se um pode perseguir o outro porque acredita que as ideias dele são erradas, então o outro tem o mesmo direito, pelas mesmas razões.

26. A verdade nos aparece como a imagem de um bastão quando vista através de um recipiente cheio d'água, dobrada e distorcida; um argumento mergulha e convence a mente de um homem, enquanto, para a de outro, ele emerge mais rapidamente. Não é mérito em um homem ter uma fé pessoal, excelente, e filosoficamente como deve ser. Não é mais um mérito do que seus preconceitos e suas paixões.

27. Um muçulmano sincero tem tanto direito de nos perseguir como nós a ele; portanto, a Maçonaria sabiamente requer não mais que a crença

em uma grande, toda poderosa Divindade, o Pai e Preservador do Universo. Por isso, ela ensina a seus membros que a tolerância é um dos deveres principais de todo bom maçom.

28. O sistema maçônico considera toda a raça humana como uma grande família, já que todos têm a mesma origem e terão o mesmo destino; todas as distinções de posto, linhagem, nacionalidade, são total e igualmente ignoradas.

29. A Maçonaria ainda vigia, para não ser contaminada com ateus ou libertinos que possam profanar o Santo dos Santos de seus Templos; esses não podem ser admitidos ali sem a grotesca violação dos nossos votos muito solenes e sagrados. Ela exige o reconhecimento da existência do Grande Arquiteto do Universo, e a reverência a Seu sagrado nome, independentemente de ideias sectárias; em uma palavra, para praticar toda a virtude que adorna e enobrece o caráter humano e abandonar todo vício que o macula e degrada. Ela prega um amor generoso por toda a humanidade, não importa que credo religioso seja praticado.

30. Nenhum mal afligiu tanto a humanidade quanto a intolerância a respeito da opinião religiosa; ela matou os seres humanos de várias maneiras; se trazidos à vida juntos, fariam uma nação de povos que, deixados para viver e crescer, dobrariam a população da porção civilizada do mundo; e é nessa principal porção que as guerras religiosas são travadas.

31. Nenhum homem verdadeiramente obedece à lei maçônica se meramente tolera aqueles cuja opinião religiosa opõe-se à dele próprio. Todas as opiniões do homem são sua propriedade particular, e o direito de mantê-las é exatamente igual para todos eles. Somente tolerar, suportar uma opinião diferente, é assumi-la como herética, e dá o direito de perseguir se pudermos fazê-lo e se reinvindicarmos mérito em nossa tolerância.

32. O credo maçônico vai além disso; nenhum homem tem qualquer direito de interferir com a crença religiosa de outro. Ela prega que cada homem é absolutamente soberano na escolha de sua crença, e essa crença deve ser totalmente estrangeira para todos que não a praticam; e que, se houver qualquer direito a perseguição, será, em qualquer caso, um direito mútuo, porque uma parte tem o mesmo direito que a outra de se sentar para ser juiz de sua própria causa; e Deus é o único magistrado que pode decidir com justiça entre eles.

33. Para esse Grande Juiz, a Maçonaria remete o assunto; e abrindo amplos portais, ela convida para ali entrarem e viverem em paz e harmonia protestantes, católicos, judeus, muçulmanos, hindus; enfim, todos aqueles que levarem uma vida verdadeiramente moral e virtuosa, que amem seus Irmãos, ajudem os doentes e necessitados, e acreditem

no Uno, Todo-Poderoso, Sábio, Sempre Presente Deus – Arquiteto, Criador e Preservador de todas as coisas, autor das leis de Harmonia que sempre regeram o Universo, o grande, vasto, infinito ciclo de vida e morte, de quem o inefável nome recebe de todos os maçons profundas homenagens. De quem recebemos milhares de bênçãos que nos fazem sentir a mais sincera gratidão, agora, desde sempre e para sempre.

34. Como um maçom à procura da luz e da verdade, muitas jornadas feitas em diferentes graus são simbólicas. Mas a pesquisa não é pela verdade de qualquer credo ou religião particular, essa busca seria em vão, pois o que é verdade para um não é para outro; frequentemente por evidências ou argumentos, mas quase sempre por acaso de nascimento, educação e circunstâncias, é que nossa crença religiosa é formada; e argumentos e testemunhos agridem a mente do homem quando dirigidos a seu credo religioso e fé apenas de relance e sem sentimento.

35. Os símbolos maçônicos e cerimônias encerram as grandes e primitivas verdades, conhecidas dos primeiros homens que viveram; quaisquer que fossem os significados peculiares que pudessem lhes dar, ou das peculiaridades que julgassem existir. A Maçonaria não tem nada a fazer a respeito.

36. A Maçonaria conduz seus iniciados por certas cerimônias, para mostrar símbolos e emblemas; ela não oferece sua interpretação antecipadamente, mas apenas indica sua tendência geral; ela põe a linha na mão que guiará o maçom através do labirinto; compete a cada um interpretar e aplicar os símbolos e as cerimônias da maneira que achar mais verdadeira e apropriada.

37. Uma enorme quantidade de homens acredita que o Redentor do homem já apareceu sobre a Terra; muitos acreditam que ele era um homem, outros, o filho de Deus, outros ainda que ele era a divindade encarnada, uma enorme multidão ainda espera pelo Redentor; cada um aplicará nossos símbolos e cerimônias de acordo com sua fé.

38. Como a história de nosso Grão-Mestre Hiram, no qual muitos veem a condenação e o sofrimento de Cristo; outros, aquele desafortunado Grão-Mestre dos Cavaleiros Templários; e outros ainda, a descida anual do sol a regiões escuras, no solstício de inverno; de nenhuma outra maneira poderia a Maçonaria possuir sua universalidade, aquele caráter que sempre lhe foi peculiar desde sua origem e que permitiu que dois reis, adoradores de duas divindades diferentes, pudessem sentar-se juntos como Grão-Mestres enquanto as paredes do Templo eram levantadas; e aos homens de Gebal, que reverenciavam os deuses fenícios, trabalhar ao lado de hebreus, para quem tais deuses eram uma abominação.

39. Pitágoras disse: "Deus nem é o objeto do sentido nem sujeito à paixão, mas invisível, somente inteligível e supremamente inteligente. Em Seu corpo Ele é como a luz, e em Sua alma Ele assemelha-se à verdade. Ele é o Espírito universal que permeia e espalha-se sobre toda a natureza. Todos os seres recebem a vida Dele".

40. Há apenas um único Deus, que não está, como alguns podem entender, sentado acima do mundo, além do Universo; mas sendo ele mesmo tudo em tudo, ele vê todos os seres que preenchem sua imensidão; o único Princípio, a Luz do céu, o Pai de todos.

41. Ele produz tudo, Ele ordena e dispõe tudo; Ele é a Razão, a Vida e o Movimento de todas as coisas.

42. Cada um de nós faz as aplicações dos símbolos e cerimônias que achar apropriadas à sua própria fé e credo.

43. Mas a vontade Dele, que governa todos os eventos, fez com que a luz brilhasse outra vez; a estrela-dia da misericórdia aparecer com extremo brilho; e a palavra de Deus ser encontrada.

44. Os Irmãos escolhidos, que seguiram os passos sagrados do Redentor, ensinaram depois aos outros que era necessário praticar a fé, a esperança e a caridade, e obedecer à nova lei antes que pudessem retomar os trabalhos místicos da Ordem.

45. Foi apenas por meio desses sublimes princípios que a Maçonaria reapareceu para os alegres olhos do homem, e desde esse período os maçons não construíram mais edifícios materiais, mas se ocuparam de edificações espirituais. Seu trabalho é sustentado pela temperança, prudência, justiça e força, e eles já não temem as vicissitudes da vida ou os sombrios terrores da sepultura.*

---

*N.T.: Os Testamentos Maçônicos constituem-se rica fonte de consulta e referência para o estudo da Maçonaria, cujos ensinamentos reconhecidamente estão espalhados pelos 33 graus do Rito Escocês Antigo e Aceito, assim como dos sete graus do Rito do Arco Real ou York, dos oito graus do Rito Francês ou Moderno ou de quaisquer outro sistema de ritos.

Linha do Tempo

a.C.

4600   Começam a surgir mitos astronômicos.

4500   Sacerdócio profissional estabelecido na Bretanha Neolítica; primeira pequena vila estabelecida em Biblos.

4000   Plataforma de observação montada em Maes Howe; valas e pedras entalhadas surgem em Bryn Celli Ddu.

3500   Começa a ser construído o complexo do Vale de Boyne, na Irlanda.

3300   Estabelecido o pequeno assentamento que se tornará a primeira cidade da Suméria, Uruk.

3200   Construída a Câmara de Bryn Celli Ddu; Newgrange concluída.

3150   Hábeis construtores chamados "Senhores da Luz" chegam ao Egito de um ilha desconhecida; unificação do Alto e Baixo Egito em um único reino.

3000   A mais antiga referência à cidade de Jerusalém.

2900   Biblos expande-se, tornando-se uma cidade.

2800   Muitos sítios do "Pote Entalhado" são abandonados na Bretanha.

2750   São escritas as mais antigas versões do Épico de Gilgamesh.

2700   O primeiro Zigurati é construído na Suméria; acaba o Antigo Império egípcio; artefatos de bronze em Wiltshire, mas não na Escócia.

2655   Skara Brae é abandonada.

2650   A primeira pirâmide é construída em Sakara.

2600   O primeiro Templo em degraus é construído no Peru.

2528   Barcos fenícios são enterrados na pirâmide de Quéops.

2500   Param as construções megalíticas em Orcadas; assentamento de Avebury Stones.

2407   Dilúvio bíblico (datação tradicional judaica).

2300 Biblos é queimada por invasores.
2100 A Estela de Naram-Sin na Suméria mostra o rei com Vênus, a Lua e o Sol juntos no horizonte.
2000 Artefatos de bronze aparecem na Escócia.
1900 A antiga data mais provável do encontro entre Abraão e Melquisedeque em Jerusalém.
1800 Os egípcios tomam o controle da Fenícia.
1500 São registradas as Tábuas Sumérias de Vênus.
1447 Moisés leva os hebreus para fora do Egito (datação tradicional judaica).
1350 O comércio marítimo fenício está bem estabelecido no Mediterrâneo.
1300 Período de seca no Oriente Médio – durou 300 anos.
1100 Os fenícios reconquistam a independência.
1020 Saul torna-se o primeiro rei de Israel.
1002 Davi torna-se rei de Israel.
1000 Os fenícios estabelecem minas de cobre em Chipre; Tiro é reconstruída em uma ilha fortaleza. Tábuas sumérias registrando o levante helicoidal de três estrelas.
980 O rei Hiram destrói seus Templos em terra e os reconstrói em sua ilha fortaleza.
967 Salomão constrói o Templo.
740 Isaías presencia o retorno da *Shekinah* e profetisa um futuro Messias.
630 Lista de presságios astrais registrada na Babilônia.
622 Encontrados documentos debaixo do templo de Jerusalém.
609 O rei Necho II do Egito/Fenícia patrocina a viagem fenícia ao redor da África.
600 Vênus ainda é cultuada como a rainha do Céu pelos judeus; os fenícios navegam ao redor do continente africano.
586 Destruição do Templo de Salomão.
539 Começa o templo de Zorobabel.
460 Heródoto escreve sobre os Templos de Vênus e registra a prostituição nos templos.
400 O início da Astrologia pessoal na Caldeia.
250 Maneto compila a lista dos reis egípcios.
166 Qumran é fundada por sacerdotes de Jerusalém.
150 Eupolemus afirma que Abraão inventou a Astrologia.
120 Luciano escreve sobre a prostituição nos templos em Biblos.
66 Os judeus começam a guerra contra os romanos.
19 Começa o Templo de Herodes.

7	Jesus nasce sob a luz da ascensão da *Shekinah* em 25 de dezembro.

d.C.

34	Jesus começa sua missão messiânica quando chega aos 40 anos de idade.
36	A data mais tardia possível para a crucificação de Jesus.
68	Os Manuscritos do Mar Morto são enterrados em Qumran e embaixo do Templo de Jerusalém.
70	Jerusalém e o Templo são destruídos pelos romanos, sob o comando de Tito.
1099	Os Cruzados tomam Jerusalém.
1118	Os fundadores da Ordem dos Cavaleiros Templários começam a escavar sob as ruínas do templo de Herodes.
1128	As escavações dos Templários terminam
1140	Documentos retirados das escavações templárias são levados para a Escócia.
1307	Os Cavaleiros Templários são presos como hereges.
1441	Começa Rosslyn.
1598	Primeira reunião maçônica em uma Loja.
1714	Primeira reunião registrada da Grande Loja de York.
1717	Estabelecida uma Grande Loja em Londres.
1725	Formada a Grande Loja da Irlanda.
1736	Formada a Grande Loja da Escócia.
1813	Formada a Grande Loja Unida da Inglaterra.

APÊNDICE 1

O Mistério da Jarda Megalítica Revelado*

> *E eu vi naqueles dias quão longas cordas eram dadas para dois anjos... Por que eles tinham pegado aquelas cordas e saído? E ele disse-me: "Eles foram medir".*
>
> O Livro de Enoch

A Descoberta da Jarda Megalítica

Quando o falecido professor Alexander Thom pesquisou mais de mil estruturas megalíticas desde o norte da Escócia através da Inglaterra, Gales e França ocidental, ficou impressionado ao descobrir que elas foram todas construídas usando a mesma unidade de medida. Thom chamou essa unidade de jarda megalítica (MY – *Megalithic Yard*) porque era muito próxima em tamanho à jarda imperial, sendo exatamente 2 pés e 8,64 polegadas (82,966 cm). Como engenheiro, ele podia apreciar a fina precisão inerente à jarda megalítica, mas estava intrigado como um povo tão primitivo poderia ter reproduzido consistentemente essa unidade ao longo de uma zona que se expandia por muitas centenas de milhas.

A resposta que escapava ao falecido professor não estava nas rochas, mas nas estrelas. A MY revela ser muito mais que uma unidade de medida abstrata como o metro moderno. Ela é uma medida de cunho científico, repetidamente construída por meios empíricos. Ela está baseada na observação de três fatores fundamentais:

1. A órbita da Terra em torno do Sol
2. A rotação da Terra em seu eixo
3. A massa da Terra

---

*N.T.: De uma palestra dada pelo dr. Robert Lomas, Universidade de Bradforf; Sr. Christofer Knight e professor Archie Roy, Universidade de Glasgow, no Festival de Ciências de Orcadas, setembro de 2000.

Fazendo a sua Própria Jarda Megalítica

Esses antigos construtores marcavam o ano identificando os dois dias em que a sombra projetada pelo sol nascente estava perfeitamente alinhada com aquela do Sol poente. Chamamos isso de equinócios de primavera e outono, que caem em torno de 21 de março e 21 de setembro, respectivamente (no hemisfério norte). Eles também sabiam que havia 366 auroras de um equinócio da primavera até o próximo, e parece que acreditavam que esse número era sagrado.

Eles depois riscavam um grande círculo no chão e o dividiam em 366 partes. Tudo o que temos de fazer é copiar o processo, conforme segue:

Estágio 1 — Escolher um local apropriado

Encontre uma área razoavelmente plana que permita uma visão aberta do horizonte, principalmente a leste e a oeste. Você precisará de uma área de aproximadamente 40 por 40 pés (cerca de 12m), com superfície razoavelmente macia, que pode ser grama, terra ou areia.

Estágio 2 — Preparar o equipamento

Serão necessários os seguintes itens:

1. Dois bastões fortes e macios com aproximadamente seis pés (cerca de 2m) de comprimento e poucas polegadas de diâmetro. Uma das pontas deve ser afiada como um lápis.
2. Um maço grande, ou uma pedra pesada.
3. Uma varinha curta com as pontas bem aparadas e com aproximadamente dez polegadas (cerca de 25cm). Para simplificar, deve ter pequenas marcas que a dividam em cinco partes iguais.
4. Uma corda (de varal pode servir) com aproximadamente 40 pés de comprimento (cerca de 12m).
5. Um pedaço de barbante de cinco pés de comprimento (cerca de 1,5m).
6. Um pequeno e simétrico peso com um furo no centro (uma arruela pesada).
7. Uma vara reta de três pés de comprimento (cerca de 1m).
8. Uma lâmina afiada.

Estágio 3 — Construindo um grau megalítico

Um círculo megalítico era dividido em 366 partes iguais, o que, quase com certeza, deu origem ao nosso moderno círculo com 360 graus. Parece provável que, quando a matemática caiu em uso na Idade Média, eles simplesmente descartaram seis unidades com o propósito de fazer o círculo divisível em quantas partes se quisesse. O grau megalítico era 99,36% do grau moderno.

Com o objetivo de criar uma jarda megalítica, só precisamos medir uma sexta parte de um círculo, que conterá 61 graus megalíticos. Isso é fácil de fazer porque o raio da circunferência a segmenta exatamente seis vezes.

Então, vá para um canto da área escolhida e espete um dos bastões verticalmente no terreno. Depois, pegue a outra corda e dê uma volta que possa ser amarrada no bastão.

Originalmente, os construtores megalíticos devem ter dividido a sexta parte do círculo em 61 partes iguais por tentativa e erro com pequenas varetas. É muito provável que eles tenham percebido que uma relação 175:3 dá uma 366ª parte de um círculo, sem haver a necessidade de calibrá-lo.

Nosso próximo passo é assegurar que a corda tenha 175 unidades de comprimento de um laço ao outro que precisamos fazer. O comprimento dessa unidade não importa, mas, nesse caso, por conveniência, use a varinha curta de dez polegadas (cerca de 25cm) marcada em cinco partes iguais. Repetindo-a 35 vezes, teremos o comprimento de 175 unidades (35 x 5), que, nesse caso, corresponde a aproximadamente 30 pés (cerca de 9m).

Agora, colocamos o primeiro laço sobre o bastão fixo e esticamos a corda até seu comprimento total, tanto na direção oeste como na leste, e colocamos o segundo bastão no outro laço. Podemos agora riscar uma circunferência no terreno. Como estamos usando o sistema que considera a relação acima, não é necessário fazer um sexto da circunferência inteiro; alguns metros são suficientes.

A seguir, pegamos o pedaço de barbante e amarramos firmemente ao peso para formar um prumo.

Podemos depois levar o segundo bastão a algum lugar no arco traçado e espetá-lo usando o prumo para garantir sua verticalidade. Agora, pegue a vara de medir e marque um ponto que está a três unidades de medida da borda do segundo bastão. Retorne ao centro e retire o primeiro bastão, marcando o furo com uma pedra ou outro objeto qualquer. Esse bastão tem de ser colocado no ponto recém-marcado na circunferência, tendo cuidado para colocá-lo também na posição vertical. Evidentemente, ele estará a três unidades de medida do outro bastão.

Retorne ao centro da circunferência e olhe para os dois bastões. Entre eles, estaremos vendo exatamente a 366ª parte do horizonte e da circunferência.

Estágio 4 — Medindo o tempo

Dividimos o horizonte, e então ele tem o mesmo número de partes das auroras no curso de uma órbita do Sol. Agora precisamos medir a rotação da Terra em seu eixo.

Temos de esperar uma noite clara, quando as estrelas são claramente visíveis. Fique atrás do centro e espere uma estrela brilhante passar entre os bastões. Há 20 estrelas com a grandeza astronômica de 1,5, que são conhecidas como estrelas de primeira grandeza.

O movimento aparente da estrela no horizonte é causado pela rotação da Terra. Então, o tempo que a estrela leva para passar de um bastão ao outro será um período exatamente igual a 1/366 partes do dia (uma rotação completa).

Há 86.400 segundos em um dia e, portanto, a 366ª parte do dia será 236 segundos, ou três minutos e 56 segundos. Então, nossos dois bastões nos deram um acurado relógio que trabalhará a qualquer momento.

Quando vemos uma estrela de primeira grandeza aproximando-se do primeiro bastão, pegamos o prumo e seguramos o barbante em um comprimento de aproximadamente 16 polegadas (cerca de 40m), e balançamos o prumo como um pêndulo. Conforme a estrela passar pelo primeiro bastão, conte os pulsos de um extremo ao outro.

Só há dois fatores que afetam a oscilação do pêndulo: o comprimento do barbante e a gravidade – que é determinada pela massa da Terra. Se balançamos um pêndulo mais rapidamente ele vai longe a príncipio, mas não muda o número de pulsos.

Nossa tarefa agora é contar o número de pulsos enquanto a estrela se move entre os bastões. Precisamos ajustar o comprimento do barbante até encontrarmos 366 pulsos durante o período de 3 minutos e 56 segundos. É como fazer várias tentativas até encontrar o comprimento correto, então temos de nos preparar para várias observações de estrelas.

Estágio 5 — Fazendo a medida da jarda megalítica

Quando tivermos o comprimento correto do pêndulo, marcamos o barbante no ponto exato em que estavam nossos dedos. A seguir, pegamos a vara reta, colocamos a marca do barbante aproximadamente no centro, seguramos nessa posição e esticamos a linha. Marcamos a vara no ponto em que o centro do peso a toca. Agora balançamos o pêndulo na direção da outra ponta da vara e marcamos também a posição do centro do peso.

Jogue fora o pêndulo e corte a vara nos dois pontos que marcaram a posição do peso.

Parabéns. Temos aqui uma vara que mede exatamente uma jarda megalítica.

É interessante notar que a curiosa unidade de medida britânica conhecida como *rod* ou *pole* é igual a seis jardas megalíticas com precisão de 1%. Há quatro *rods* em um *chain* e 80 *chains** em uma milha. Será que a milha moderna é baseada na medida pré-histórica da jarda megalítica?

---

*N.R.: Um *chain* (trena) mede 20,11 metros, sendo esta uma medida antiga de agrimensura. Um *rod* (vara) mede 5,03 metros.

APÊNDICE 2

Avaliação Estatística dos Losangos de Rosslyn

Nesse teste, nosso propósito era estabelecer uma hipótese nula indicando que aqueles losangos não pretendiam mostrar a latitude de Jerusalém, Rosslyn, Orcadas e Trodheim. Portanto, daremos o balanço de probabilidades, em cada aspecto, com a ideia de que as marcas eram randômicas. Essa é uma técnica-padrão usada para investigar a possibilidade de uma sequência de ocorrências acontecerem juntas apenas por coincidência. (Lomas, R & Lancaster, G: *Forecasting for Sales and Material Management,* Macmillan, 1985)

Acreditamos que tudo o que foi entalhado na construção de Rosslyn tinha uma razão, e que essa imagem não é decorativa, mas, com objetivo de análise, assumiremos que há uma chance igual de que fosse. Colocaremos no cálculo, portanto, uma probabilidade de 50-50 para cada uma das seguintes condições acontecerem por chance:

1. Os losangos são simplesmente uma tolice sem sentido;
2. Que o ângulo do losango de baixo corresponde ao do nascer do Sol no solstício em Jerusalém;
3. Que o ângulo do segundo losango corresponde ao solstício em Rosslyn;
4. Que o ângulo do terceiro corresponde ao solstício em Orcadas;
5. Que o ângulo do quarto corresponde ao solstício em Trondheim;
6. Que todos os quatro losangos estão em uma correta sequência de norte para sul, similar à dos lugares de importância para a família St. Clair;
7. Que o diagrama corresponde aos padrões de simbolismo do "Povo do Pote Entalhado".

Claramente estamos sendo muito justos com a hipótese nula dando 50-50 de probabilidade para que cada evento seja uma completa coincidência. O resultado, no entanto, é 1:128, o que significa que a hipótese nula está muito abaixo de 1%, o mínimo limiar de possibilidade usual e, então, podemos rejeitá-la.

Apêndice 3

Os Nomes de Vênus em Várias Tradições

Anat	Hebreia
Asherah	Cananeia
Asherat	Cananeia
Ashtar	Cananeia
Ashtoret	Fenícia
Astart	Hebreia
Baalat	Fenícia
Baalat-Gebal	Fenícia
Estrela Brilhante da Manhã	Maçônica
Estrela da Manhã	Maçônica
Freyja	Norueguesa
Frigg	Norueguesa
Hamaliel	Maçônica
Hathor	Egípcia
Inanna	Suméria
Ishtar	Suméria
Matrona	Hebreia
Nut	Egípcia
Salém	Cananeia
Sekhmet	Egípcia
Shachar	Cananeia
Shalem	Cananeia
Uatchet	Egípcia

Índice Remissivo

A

Aarão 67, 345, 347, 349, 350, 355, 413
Abel 129
Aberdeen 33
Abi-baal 33, 105, 109
Abraão 58, 126, 142, 152, 153, 156, 157, 158, 159, 162, 165, 166, 167, 168, 181, 187, 198, 209, 210, 217, 221, 224, 243, 254, 262, 274, 295, 306, 336, 337, 345, 377, 410, 423, 431
Acácia 166, 431
Acco 101
Ackerman 179, 181, 182, 443
Acre 410
Adam 85, 156, 426
Adão 129, 145, 289, 333, 335, 336, 348
Adon 105, 106, 108
Adonai 350, 351, 365
Adoni 105
Adonias 93
Adoniram 354, 355, 356, 360, 364, 365, 366, 367, 369, 371
Adonis 105, 106
Ahab 171, 184, 185, 187
Ahaz 176, 177
Ahiram 122, 123
Ahura 194
Akhenaton 148
Akitu 288, 291
Albright 74, 147
Alexandre 195, 294
Amoneus 172
Amos 178
Anat 86, 140, 142, 431
Anderson 30, 33, 131, 138, 443
Apiru 148, 149, 152, 155, 156, 157, 158, 159, 187, 212
Apocalipse 251, 263, 411
Árabe 104, 122, 413
Aradus 105
Arca da Aliança 64, 71, 97, 99, 148, 154, 158, 159, 165, 214, 215, 216, 221, 228, 273, 347, 348, 355, 364, 372, 373, 377
Arqueoastronomia 43, 45
Arqueologia 20, 21, 23, 43, 45, 96, 110, 113, 115, 183

Asgard 84, 86, 87
Asha 194
Ashmole 325
Astronomia 17, 19, 20, 40, 43, 45, 46, 47, 49, 50, 59, 63, 96, 119, 136, 146, 148, 164, 177, 182, 195, 232, 255, 294, 295, 303, 320, 321, 322, 334, 366
Atenas 173, 310
Atlântico 118, 124, 125, 126, 128
Auld 72
Avebury 49, 421

B

Bíblia 23, 24, 33, 38, 39, 76, 94, 95, 96, 98, 104, 114, 123, 126, 127, 131, 132, 136, 138, 140, 143, 146, 147, 149
Bit-Hileni 102
Bloomsbury 36
Boaz 32, 33, 35, 39, 71, 76, 100, 102, 139, 381
Bonde 72, 81
Boyne 49, 50, 53, 58, 120, 421
Brienne 262
Brodgar 49
Bruce 46, 329, 410
Búfalo 154
Burgundy 254
Butle 8, 174, 228, 443
Byblos 105, 122, 123, 446

C

Cabala 10, 218, 219, 220, 222
Cabo da Boa Esperança 118
Caim 129, 337
Cairo 124, 198
Caithness 267, 277
Caldeus 287, 293, 294, 377, 394

Calígula 240
Callanish 49
Cambridge 7, 22, 60, 72, 77, 79, 82, 115, 276, 325, 444, 447
Canaan 447
Cananeus 93, 97, 100, 101, 102, 109, 110, 113, 126, 131, 134, 138, 143, 145, 146, 147, 148, 152, 157, 158, 159, 170, 171, 174, 176, 177, 184, 186, 190, 207, 248, 254, 258, 274, 281
Candidatos 27, 29, 34, 64, 131, 136, 137, 167, 168, 216, 217, 298, 331, 401, 408
Celtas 58, 79, 88, 179, 181
Charles 37, 51, 105, 201, 207, 444
Chipre 102, 201, 249, 411, 422
Christos 243
Circuncisão 187, 190, 220, 250
Ciro 194, 294, 310, 378, 379, 380, 383, 384, 385, 389, 390, 391, 394, 395
Clemente 64, 409, 410
Concepção 8, 50, 52, 102, 107, 108, 124, 150
Constantino 261, 331, 401, 402, 403, 404, 405
Cowie 7, 267, 271, 279
Creta 21, 104, 173, 174, 201
Críptico 68
Cúbito 48
Cubo 95, 114, 357, 376, 377, 391, 414
Cul Baal Rosh 109

D

Dalai Lama 232
Dallas 163
Damasco 232, 233, 344, 380, 381, 382

Dan 33, 138, 157, 158, 177, 186, 350, 384
Davidson 82, 86, 272, 444
Davies 7, 23, 33, 72, 73, 81, 151, 182, 198, 211
Delta 37, 95, 139, 140, 212, 335, 339, 356, 371, 377
Dilmun 117, 126
DNA 120, 298
Domo da Rocha 65, 98, 99, 274
Domo dos Espíritos 99
Dowth 49, 53
Druzo 121
Duat 157
Dunbar 273
Durrington 49

E

Éden 145, 177, 219
Edfu 120
Edmund Ironsides 80
Egito 18, 43, 52, 53, 64, 93, 100, 101, 109, 116, 117, 118, 119, 120, 121, 124, 127, 128, 134, 143, 145, 148, 149, 157, 159, 166, 182, 198, 201, 209, 210, 212, 214, 249, 260, 261, 262, 273, 285, 286, 292, 299, 300, 351, 353, 356, 357, 373, 381, 384, 418, 425, 431
Eisenman 188, 189, 235, 238, 240, 241, 246, 249, 253, 444
El 105
Eleazar 67, 349, 350, 351
Elibaal 105
Enoquiana 177, 275
Eogan 53, 113, 444
Equinócio 16, 32, 39, 40, 51, 59, 67, 100, 108, 131, 133
Eshmun 105, 108

Essênios 189, 196, 199, 200, 202, 203, 204, 205, 206, 207, 234, 237, 239, 243, 251, 252, 254
Etiópia 46
Eufrates 114, 118, 380, 381, 382, 394
Eva 129
Êxodo 64, 100, 145, 159, 161, 186, 237, 238, 239, 245, 247, 280, 290, 344, 372
Eyrbyggja 88
Ezequiel 98, 121, 181, 193, 196, 200, 210, 214, 376, 379

F

Festa de São João 32
Fontaine 262
França 21, 30, 41, 61, 80, 96, 106, 139, 140, 271, 281, 346, 431
Frankfort 119, 444
Franklin 323, 325
Freyja 81, 83, 84, 85, 86, 87, 88, 134, 271, 272, 431
Frigg 86, 431

G

Gad 150, 151, 377
Garret 325
Gedaliah 376, 377, 378
Gênesis 136, 141, 174, 183, 184, 259
George 30, 53, 68, 147, 324, 325
Giblitas 124
Gibulum 356, 371
Gilgal 157, 186, 187, 188

Gilgamesh 287, 288, 289, 291, 421, 447
Gisors 262
Gizelle 80
Gnosticismo 212
Graham 64, 72, 174
Grande Loja Unida da Inglaterra 15, 28, 29, 35, 37, 68, 77, 163, 320, 326, 423
Grécia 305, 315, 316, 317, 318, 319
Grieve 226
Guillermus de Santa Clair 80

H

Haakon 88
Hanina 197
Hathor 18, 122, 258, 431
Hazor 102
Heath 47, 48, 60, 63, 329
Hebreus 24, 134, 145, 146, 147, 148, 149, 178, 183, 212, 213, 237, 246, 249, 258, 354, 358, 367, 415, 419, 422
Herodes 22, 70, 77, 98, 99, 123, 198, 199, 200, 244, 252, 253, 271, 323, 405, 422, 423
Heródoto 102, 106, 127, 128, 174, 422
Hipólito 189, 203, 204
Hiram 32, 33, 34, 35, 38, 40, 50, 64, 65, 68, 72, 82, 93, 94

I

Idris 96
Inanna 258, 431
Irineu 238, 415
Isaac 141, 142, 174, 175, 183, 209, 228, 248, 252, 380, 418
Ishbosheth 210

Ishtar 288, 289, 291, 431
Ísis 166, 263, 356
Islândia 81, 82, 88
Isthamar 67

J

Jacó 155, 183, 185, 220, 221, 231, 232, 347, 348, 351, 385
Jacobitas 30, 217
Jebuseus 97, 101, 110, 120, 150, 159, 161, 166
Jehoash 210
Jeroboão 170, 171
Jerubaal 148
Jesus Cristo 16, 19, 22, 66, 85, 97, 109, 130, 171, 207, 223, 233, 234, 235, 251, 303, 329
Jezebel 171, 184, 185
Joabert 95, 356, 367, 384
João Batista 16, 32, 188, 233, 238, 239, 244, 246, 253, 260, 399, 416, 431
Joshua 349, 382, 384, 385, 395
Josippon 240
Jubeil 101
Judá 141, 166, 169, 178, 179, 185, 186, 191, 194, 198, 199, 200, 206, 219, 355, 384, 385, 386, 387, 388, 389, 390, 398, 411
judeus 17, 34, 58, 74, 75, 76, 77, 79, 80, 86, 93, 101, 106, 114, 115, 116, 117, 127, 128, 148, 166, 171, 177, 180, 185, 186, 187, 194, 210, 212, 213, 214, 219, 220, 221, 224, 225, 226,

228, 229, 232, 235, 236, 237,
239, 243, 244, 249, 253, 257,
261, 270, 271, 273, 275, 277,
279, 281, 282, 283, 284, 285,
288, 290, 291, 292, 293, 294,
296, 297, 298, 305, 306, 307,
308, 309, 320, 322, 324, 333,
338, 351, 361, 365, 373, 380,
384, 431
Juízes 147, 148, 149, 159, 181,
210, 325, 366, 367

K

Kedeshim 107
Kennings 83, 87
Kinahna 121
Kittim 240, 242

L

Lachash 246
Levante 30, 224, 292, 345, 422
Levitas 67, 216, 233, 274,3 47,
349, 364, 365, 377
Líbano 100, 101, 103, 118, 122,
124, 126, 142, 201, 356, 381
Lixus 125, 126, 127, 258
Loki 83, 88
Londres 29, 30, 36, 68, 119, 267,
282, 321, 325, 326, 330, 423
Lucian 106, 445

M

Maçonaria 19, 22, 23, 24, 27, 28,
29, 30, 31, 32, 33, 35, 36, 37,
38, 39, 40, 63, 77, 82, 84, 88,
89, 90, 96, 97, 98, 100, 105,
110, 113, 114, 117, 153, 155,

156, 162, 165, 188, 194, 223,
224, 229, 231, 232, 233, 241,
243, 271, 280, 292, 293, 306,
314, 316, 317, 318, 319, 321,
325, 349, 350, 360, 365, 371,
372, 373, 375, 376, 377, 378,
379, 380, 381, 382, 383, 385,
386, 387, 401, 403, 404, 408,
413, 418, 431
Mago 200
Malak 134, 174, 262, 281, 359
Malta 41, 43, 90, 410, 411, 413
Maqom Semes 125
Marrocos 125, 140
Mayflower 116
Mediterrâneo 43, 64, 100, 107,
116, 120, 121, 124, 126, 127,
128, 183, 251, 378, 411
Mehen 201
Melqart 102, 103, 105, 108, 109
Moisés 11, 58, 64, 67, 79, 97, 103,
104, 116, 133, 136, 150, 151,
153, 155, 159, 163, 167, 168,
172, 174, 187, 191, 193, 194,
204, 217, 219, 220, 222, 223,
224, 225, 227, 228, 231, 232,
234, 239, 242, 247, 250, 257,
270, 279, 299, 338, 367, 381,
382, 383, 384, 385, 386, 387,
402, 409, 418, 426, 428, 431
Moloch 172, 173, 175, 176, 177,
181, 182, 192, 251, 375

N

Nabta 116, 118
Napoleão Bonaparte 121
Napoleão III 121
Nebuzaradan 376, 378
Necromancia 17, 247
Nicanor 99

Noé 11, 59, 129, 189, 207, 337, 338, 339, 341
Normandia 80, 254, 262, 263
Noruega 41, 80, 88, 263, 270, 272, 281
Noruegueses 81, 84, 85, 86, 88, 89, 108, 126, 262, 270, 272, 279, 280
Novo Testamento 17, 22, 24, 100, 129, 188, 233, 235, 240, 243, 248, 253, 255, 257, 263, 264, 265, 267, 298, 314

O

Odin 84, 85, 86, 87, 108
Ophrah 148
Ottar 84
Oxford University 44, 83, 444, 447

P

Palestina 105, 170, 184, 188, 207, 268, 291, 346, 431
Paqad 141
Páscoa 96, 100, 156, 207, 245, 250, 259, 262, 291, 351
Pelicano 263
Pentagrama 67, 349, 383
Pentateuco 153
Persas 202, 295, 310, 311, 317, 407
Phanius 253
Phineas 253
Pirâmides 48, 50
Pirâmides 121, 126
Poços 343
Poseidon 173
Primitivos 12, 41, 45, 54, 57, 58, 63, 89, 97, 118, 127, 150, 178, 179, 197, 198, 207, 224, 242, 253, 287, 408

Q

Quadriga 197
Quakers 307, 317, 415
Quartzo 50, 120, 143
Qumran 22, 66, 187, 195, 196, 197, 199, 200, 201, 202, 206, 207, 208, 222, 232, 233, 234, 235, 236, 240, 241, 243, 246, 252, 254, 255, 276, 277, 287, 329, 330, 423

R

Rá 17, 18, 202, 258
Rito de Perfeição 163
Rodes 411
Roma 17, 21, 233, 250, 402, 407, 411, 416
Romanos 58, 66, 67, 97, 98, 125, 126, 206, 235, 238, 239, 241, 242, 243, 244, 246, 251, 253, 254, 260, 261, 263, 414, 423
Rouad 101

S

Saduceus 235, 243, 254
Samaria 102
Satã 15, 252
Sicário 240
Sidon 101, 103, 106
Sinai 123, 214, 215, 216, 217, 225, 237, 356, 382, 431, 444
Síria 96, 121, 176, 201, 359, 392
síria 366
Sirius 258
Sodoma 129, 343, 344
Sor 104
Stenness 49

Stolkin 95, 356, 367, 368, 369, 371
Stonehenge 21, 43, 46, 47, 48, 49, 50, 445
Strabo 104

T

Tabernáculos 383
Tacitus 447
Tammuz 157
Tanit 182
Tekton 253
Torá 254
Triângulos 270, 353, 399
Trípoli 101
Tutmosis III 212

U

Uatchet 18, 258
Ugarit 105, 108, 131
Ur 101, 114, 118, 287, 447
Uriel 59, 222, 334, 335
Urim 131
Uruk 288, 289, 421
Urushalim 96

V

Valhala 84, 95
Vikings 81, 82, 89

W

Woden 134

X

Xerox 73

Y

Yehimilk 105, 107, 113

Z

Zabud 355
Zadok 152
Zelotes 252, 253, 254
Zion 74, 181, 336, 356
Zodíaco 18, 86, 141, 166, 197, 206, 296, 297, 299, 303, 304, 348, 396
Zorobabel 12, 23, 70, 98, 99, 169, 203, 217, 300, 318, 387, 388, 389, 390, 391, 392, 393, 395, 398, 399, 400, 401, 402, 403, 404, 405, 431

BIBLIOGRAFIA

A Companion to the Bible. PUBLICADO PELA T & T CLARK, EDINBURGH, 1939.
ACKERMAN, Susan. 'Sacred Sex, Sacrifice and Death', *Bible Review*, vol. VI, nº 1, Fevereiro, 1990.
ALBRIGHT, WF. *From the Stone Age to Christianity*, John's Hopkins Press, 1940.
ALI, JR & CUNIH, P. 'The orientation of Churches: Some New Evidence', *The antiquaries Journal*, 81, pp. 155-93, 2001.
ALLEGRO, John Marco. *Lost Gods*, Michael Joseph, London, 1977.
——. *The Treasure of the Copper Scroll*, Routledge & Kegan Paul, London, 1960
ANDERSON, James. *The Book of Constitutions of the Grand Lodge of London*, 1738.
ANDERTON, Bill. *Life Cycles*, Quantum, 1990.
BARAMKI, D. *Phoenicia and the Phoenicians*, American College Press, Beirut, 1961.
BELLESORT, Marie-Noel. 'Le Jeu de Serpent: Jeux et Jouets dans l'Antiquité et lê Moyen Age', *Dossiers d'Archéologie*, 1992.
BLACK, M. *The Book of Enoch or I Enoch*, A New English Edition, Leiden, EJ Brill, 1985.
——. 'The Development of Judaism in the Greek and Roman Periods', *Peake's Commentary on the Bible*.
BOCCACCINI, G. *Beyond the Essenes*, Eerdmans (Grand Rapids), 1998.
BONNET, H. 'Skarabaeus', in *Reallexikon der Agyptischen* Religionsgeschichte, Berlim, DeGruyter, 1952.
BRANDON, SGF. *The Fall of Jerusalém and the Christian Church*, SPCK, London, 1951.

BROWN, RE. *The Semitic Background of the Term Mistery in the New Testament*, Philadelphia, 1968.
BUTLER, A. *The Bronze Age Computer Disc*, U.Fulsham & Co, 1999.
Cassel's Concise bible Dictionary: Cassel, 1998.
CHARLES, RH. *The Book of Jubilees*, OUP, 1902.
——. *The Book of Enoch*, OUP, 1912.
COHN, Norman. *Cosmos, Chaos and the World to Come*, Yale University Press, 1993.
CROSS, FM. 'King Hezekiah's Seal Bears Phoenician Imagery', Biblical *Archaeology Review*, Março/Abril, 1999.
CROSSAN, JD. *The Essencial Jesus – Original Sayings ans Earliest Images*, Castle Books, 1998.
CROSSAN, JD & WATTS, Richard G. *Who is Jesus?* New York, Harper Collins, 1996.
CROSSLEY-HOLLAND, K. *The Norse Myths*, a *Reteling*, André Deutsch, 1980.
DAWKINS, R. *Unweaving the Rainbow*, Penguin, 1998.
DE ST CLAIR, L. *Histoire Généalogique de la Famille de Saint Clair*, Paris, 1905.
DEUTSCH, R. 'First Impression — What we Learn from King Ahaz's Seaj', *Biblical Archaeology Review*, Maio/Junho, 1998.
Dictionary of National Biography, ed. Sidney Lee: Smith Elder & Co, London, 1903.
DINELY, M. *The First Orkney Brewery*, Orkney Science Festival, 2001.
DUNAND, M. *De l'Amanus and Sinai*, Beirut, 1953.
DYER, J. *Ancient Britain*, Routledge, 1997.
EISENMAN, R. *James the Brother of Jesus*, Faber & Faber, 1997.
——. *The Dead sea Scrolls Uncovered, Element*, 1992.
——. *The Dead Sea Scrolls and the First Christians*, Element, 1996.
ELLIS DAVIDSON, HE. *The Lost Beliefs of Northern Europe*, Routledge, 1993.
EOGAN, George. *Knought and the Passage Tombs of Ireland*, Thames and Hudson, 1986
EVANS-PRITCHARD, EE. *Theories of Primitive Religion*, Oxford University Press, 1965.
EISENCK, HJ e NIAS, DK. *Astrology, Science or Superstition*, Maurice Temple Smith, 1982.
FOHRER, G. *History of Israelite Religion*, SPCK, London, 1973.
FRANKFORT, Henri. *Kingship and the Gods*, University of Chicago Press, 1978.
FURNEAUX, R. *The Other Side of the Story*, Cassell, 1973.
GAUQUELIN, M. *Cosmic Influence on Human Behaviour*, Aurora Press, 1994.

GOLB, Norman. *Who Wrote the Dead Sea Scrolls?* BCA, 1995.
Gould's History of Freemasonry, Caxton, 1902.
GRAVES, R. *The White Goddess*, Faber and Faber, 1948.
GRIMAL, N. *History of Ancient Egypt*, Blackwell, Cambridge, 1992.
HACKWELL, W. John. *Signs, Letters, Words. Archaeology Discovers Writing*, Charles Scribner's Sons, New York, 1987.
HAWKING, Stephen. *The Universe in a Nutshell*, Transworld, London, 2001.
HEATH, Robin. *Sun, Moon and Stonehenge, Proof of High Culture in Ancient Britain*, Bluestone Press, 1998.
HEDGES, John. *The Tomb of the Eagles*, Tempvs Reparatvm, 1992.
HENSHALL, AS. 'The Chambered Cairns', in *The Prehistory of Orkney*, Edinburgh University Press, 1993.
HERM, Gerhard. *The Phoenicians*, Victor Gollancz, 1975.
HERÓDOTO. *Histories*, Wordsworth Classic of World Literatura, 1996
——. *The History*, George Rawkison, New York, Dutton & Co, 1962.
HERTZBERG, Arthur. *Judaism*, George Braziller, New York, 1962.
HEYERDAHL, Thor. *The Ra Expeditions*, George Allen & Unwin, 1971.
Historisk Tidsskrift: Universities Forlaget, Bind 79, number 2, 2000.
HOFFMAN, Michael. *Egypt Before the Pharaohs*, Michael O'Mara Books, 1991.
HUNTER, RH. *Cassell's Concise Bible Dictionary*, Cassell, 1996.
HYDE, D. *A Literary History of Ireland*, T. Fisher Unwin, 1899.
JAGERSMA, H. *A History of Israel to Bar Kochba*, SCM Press, 1985.
JOHNSON, AR. *Myth, Ritual and Kingship*, Clarendon Press, 1958.
KITSON, A (ed.). *History and Astrology*, Mandala, 1989.
KNIGHT, C & LOMAS, R. *Uriel's Machine, The Ancient Origins of Science*, Arrow, 1999.
——. *The Second Messiah*, Arrow, 1997.
——. *The Hiram Key*, Arrow, 1997.
LAYISH, Dov Ben. *A Survey of Sundials in Israel*, 1969.
LEHNER, Mark. *The Complete Pyramids*, Thames and Hudson, 1997.
LEVY, A. 'Bad Timing', *Biblical Archaeological Review*, Julho/Agosto 1998.
LIDEN, K. 'From Pagan Santuary to Christian Churches: the Excavation of Maere Church, Trondelag', *Norwegian Archeological Review*, 2, 23-32, Oslo, 1969.
LOCKYER, N. 'Some Questions for Archaeologists', *Nature*, vol.73, 1906, p.280
——. *Stonehenge and Other British Stone Monuments Astronomically Considered*, Macmillan, 1909.
LOMAS, R. http://www.bradford.ac.uk/acad/mancen/lomas. Ref. Seminar Number 9.

LOMAS, Robert. *The Invisible College*, Headline, 2002.
LOMAS, R & Lancaster, G. *Forecasting for Sales and Material Management*, Macmillan, 1985.
LUCIAN: *Dialogues of the Gods*, Penguin Classics, 1960.
MACHENZIE, D. *Pre-Columbian América*, Gresham Publishing Company, 1922.
MACKIE, E. *The Megalithic Builders*, Phaidon Press, 1977.
MAN, John. *Alpha Beta, How Our Alphabet Shaped the Western World*, Headline, 2000.
MCCLELLAND, David C. *The Achieving Society*, The Free Press, New York, 1961.
MCFADYEN, JH. *Introduction to the Old Testament*, Hodder and Stoughton, 1905.
MILMAN, H. *History of the Jews*, Everyman, London, 1909.
MONTET, P. Byblos et l'Egypte, Paris, 1928.
OESTERLEY, WOE & ROBINSON, TH. *Hebrew Religion, Its Origin* and *Development*, SPCK, 1952.
O'BRIEN, W. *Bronze Age Copper Mining in Britain and Ireland*, Shire Archaeologist, 1996.
O'KELLY, Michael J. *Newgrange; Archaeology, Art and Legend*, Thames and Hudson, 1982.
PALSSON, H & EDWARDS, P (ed.). *The Orkenyinga Saga*, Penguin Classics, 1981.
PARRY, Robert. *Astrology's Complete Book of Self-Defence*, Quantum, 1990.
Peake's Commentary on the Bible, Thomas Nelson and Sons, 1962.
PIXNER, Bargil. 'Jerusalem's Essene Gateway,' *Biblical Archaeology Review*, vol. 23, nº 3, Maio/Junho, 1997.
POLANO, H (ed.). *The Talmud*, Frederick Warne, 1936.
Rappoport, AS. *Myths and Legends Of Ancient Israel*, Senate, 1995, (3 vols.).
RAY, TP. *Nature*, vol. 337, n° 26, 345-346, Jan.1989.
RAYMOND EAE. *The Mythical Origin of the Egyptian Temple*, Manchester University Press, 1969.
RENAN, E. *Mission de Phénicie*, Paris, 1864.
RENFREW, C. *Before Civilisation*, Jonathan Cape, 1973.
——. *Archaeology, Theories, Methods and Practice*, Thames and Hudson, 1996.
ROBINSON, HW. *The History of Israel, Its Facts and Factors*, Duckworth, 1938.
ROBINSON, J. *Born in the Blood, The Lost Secrets of Freemasonry*, Guild Publishing, London, 1989.
ROBINSON, TH. *The History of Israel*, (*A Companion to the Bible*), T & T Clark, 1939.

RUSSEL, DS. The *Method and Message of Jewish Apocalyptic 200 BC — 100 DC*, SCM Press, London, Sachs, Gunter: The Astrology File, Orion, 1997.
SCHONFIELD, Hugh. *The Passover Plot*, Element, 1965.
SCHULTZ, J. *Movements and Rythms of the Stars*, Floris Books, 1987.
SCHWAREZ, HP. 'ESR Dates for the Hominid Burial site of Qafzed in Israel', *Journal of Human Evolution*, 17, 1988.
SINCLAIR, A. *The Sword and the Grail*, Century, 1993.
STEINER, R. *The Festivals and Their Meaning*, Rudolf Steiner Press, 1981.
STEVENSON, David. *The Origins of Freemasonry*, Cambridge University Press, 1988.
STIEBLING, WH. 'Did the Weather make Israel's Emergence Possible?,' *Biblical Review*, vol.X, nº 4, August 1994.
STURLUSON, Snorri. *The Prosa Edda*, traduzido por Jean L. Young, Cambridge University Press, 1954.
SYKES, B. *The Seven Daughters of Eve*, Corgi, 2001.
SZEKELY, EB (tradutor & ed.). *The Essene Gospel of Peace*, Book One, International Biogenic Society, 1931.
TACITUS. *The Histories*, Penguin Classics, 1962.
TEMPLE, R. *He Who Saw Everything: a Verse Translation of the Epic of Gilgamesh*, Century, 1991.
THOM, A & AS. *Megalithic Rings*, BAR British Series 81, 1980.
THOM, Alexander. *Megalithic Sites in Britain*, Oxford University Press, 1967.
THOM, AS. *Walking in All the Squares*, Argyll Publishing, 1995.
THOMPSON, WPL. *History of Orkney*, The Mercat Press, 1987.
THOULESS, RH. *An Introduction to the Psycology of Religion*, Cambridge University Press, 1971.
TURVILLE-PETRE, EOG. *Scaldic Poetry*, Oxford University Press, 1976.
TWOHIG, ES. *Irish Megalithic Tombs*, Shire Archaeology, 1990.
VERMES, G. *Scripture and Tradition in Judaism*, Penguin Classics, 1973.
——. *The Dead Sea Scrolls in English*, Penguin, 1995.
WALLACE-MURPHY, T & HOPKINS, M. *Rossliyn, Guardian of the Secrets of the Holy Grail*, Element, 1999.
WARD, JSM. *Freemasonry and the Ancient Gods*, Cassell, 1928.
WHISTON, W. (Ed. e trad.). *The Works of Flavius Josephus*, William F Nimmo, 1890.
WHITFIELD, P. *Astrology, a History*, The British Library, 2001.
WICKHAM-JONES, CR. *Scotland's First Settlers*, Historic Scotland, 1994.
WILSON, AN. *Paul, The Mind of the Apostle*, Sinclair-Stevenson, 1997.
WILSON, Colin. '*Why I Now Believe Astrology is a Science*,' Daily Mail, Quinta feira, 22 de Março de 2001.
WILSON, I. *Jesus:The Evidence*, Weinfeld and Nicolson, 1984.

WISE, M, Abbegg, M & COOK, E. *The Dead Sea Scrolls, a New Translation*, Harpert SanFrancisco, 1996.
WOLTERS, Al. *The Copper Scroll, Overview*, Text and Translation, Sheffielf Academic Press, Sheffield, 1996.
WOOLLEY, *sir* Leonard. *Ur of the Chaldees*, Pelican, 1929.
ZERTAL, A. 'Israel Enters Canaan,' *Biblical Archaeology Review*, vol XVII, nº 5, Setembro/Outubro, 1991.

MADRAS® Editora

CADASTRO/MALA DIRETA

Envie este cadastro preenchido e passará a receber informações dos nossos lançamentos, nas áreas que determinar.

Nome _____
RG _____ CPF _____
Endereço Residencial _____
Bairro _____ Cidade _____ Estado ____
CEP _____ Fone _____
E-mail _____
Sexo ❏ Fem. ❏ Masc.   Nascimento _____
Profissão _____ Escolaridade (Nível/Curso) ____

Você compra livros:
❏ livrarias   ❏ feiras   ❏ telefone   ❏ Sedex livro (reembolso postal mais rápido)
❏ outros: _____

Quais os tipos de literatura que você lê:
❏ Jurídicos   ❏ Pedagogia   ❏ Business   ❏ Romances/espíritas
❏ Esoterismo ❏ Psicologia ❏ Saúde   ❏ Filosofia/música
❏ Bruxaria   ❏ Autoajuda   ❏ Maçonaria ❏ Outros:

Qual a sua opinião a respeito dessa obra? _____
_____

Indique amigos que gostariam de receber MALA DIRETA:
Nome _____
Endereço Residencial _____
Bairro _____ Cidade _____ CEP _____

Nome do livro adquirido: ***Livro de Hiram***

Para receber catálogos, lista de preços e outras informações, escreva para:

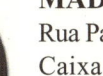

MADRAS EDITORA LTDA.
Rua Paulo Gonçalves, 88 – Santana – 02403-020 – São Paulo/SP
Caixa Postal 12183 – CEP 02013-970 – SP
Tel.: (11) 2281-5555 – Fax.:(11) 2959-3090
www.madras.com.br

MADRAS® Editora

Para mais informações sobre a Madras Editora,
sua história no mercado editorial
e seu catálogo de títulos publicados:

Entre e cadastre-se no site:

www.madras.com.br

Para mensagens, parcerias, sugestões e dúvidas, mande-nos um e-mail:

marketing@madras.com.br

SAIBA MAIS

Saiba mais sobre nossos lançamentos,
autores e eventos seguindo-nos no facebook e twitter:

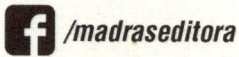

@madrased

/madraseditora